地方制度法釋義

增訂第5版

劉文仕 著

五南圖書出版公司 印行

蘇序

　　劉文仕博士這本新作問世，我抱著祝賀與祝福的一片虔心寫幾句話，祝賀是因為我知道寫這樣規模的大書是多不容易的一件事，以他平日公務之忙碌，更不消說。祝福則是因為釋義書必須跟著所注釋的法律成長，生之還要養之，以這個領域變化的潛力之大，我當然要再為他增加了這個甜蜜的負擔好好祝福，希望版版不息。

　　先睹為快還是要說說快在哪裡，「釋義書」顧名思義就是要體系化的註釋一部法律，但不同於逐條釋義，釋義書必須兼顧體系和細節，體系則要宏觀定位內部和外部在法條章節乃至制度上的聯繫；地方制度法至少就必須說清楚它和憲法的關聯，乃至於從歷史的觀點分析它是如何跟著憲政的變化，因運而生。劉博士更大的企圖心則表現於規範釋義和經驗規則的跨越，應然和實然的辯證，也就是結合公共行政學的研究，把地方制度法背後有關地方治理的思維，從歷史演變、國際比較到制度選擇，都作了必要的說明，讓讀者在知其然以外更能知其所以然，此一視角上的跨域和方法上的匯流，毫無疑問也成了本書的一大特點。我倒無意說每本釋義書都要承擔這麼沈重的功能，但地方制度法這個議題本身的複雜性和挑戰性，足以合理化這樣大氣的論述方式，作者本身的學術背景和長期從事地方法制的工作經驗，尤其實際參與地方制度法的立法和執行，使得他的論述如果只侷限於一個角度，和多數的同型書一樣，反而會很可惜。除了體系和方法外，閱讀中我也很享受本書的許多細膩之處，比如有關居民權利義務的專章，還有跨域合作的專節，都反映了我們這個地狹人稠環境在治理上的特殊需要。

　　當然我會特別注意他對自治監督和府際衝突的論述，因為這已經上升到憲政的層次，絕對是具有高度未來性的議題，司法院提出的司法院大法官審理案件法修正案特以專章加以規定，已足說明。劉博士數度參與司法院釋憲的言詞辯論庭，邏輯縝密辯才無礙，每次都讓人留下深刻的印象，在司法程序越來越走向「多用說的，少用寫的」之際，將來也許還會有機會看到他在憲政議題上活躍的身影。從法制而法學，再參與最後的司法程序，劉博士樹立了很好的榜樣，特為之序。

蘇永欽

2014年8月8日於司法院

五版序

　　一股衝動，想把這本以大學教科書為取向的著作給燒了。

　　如果能夠有類似如歐盟於2018年實施的《一般資料保護規則》（GDPR）關於被遺忘權的規定，真希望能夠要求考選部不再將本書引為考題參考書，尊敬的大學教授不再拿來當指定教材，相關論文也不要再引註、甚至移除這本書的相關內容，就讓這本著作澈澈底底從地球上消失。

　　會有這樣的念頭，是出於強烈的無力感：臺灣的地方自治還有明天嗎？

　　五都、六都，已經是地方體制變革走向錯誤的第一步。所謂的「市」，無論在哪個國家，一般的理解，都是工商繁榮的人口聚集區；而能設為一級市，更須具備一定的人口規模。現行地方制度法第4條，基本上就體現這樣的格局。

　　然而，在實際運作上，作為臺灣一級市的直轄市，大部分的轄區，不是山，就是曠野，也難怪在某部會首長的心目中，直轄市是「鄉下地方」。現在又有立委提案，擬將人口規模與工商條件，從並列要件修正為擇一要件。這樣的議案，幸虧及時刹車，否則對已積重難返的地方體制，無異雪上加霜。

　　現階段，包括直轄市與市，有四分之三以上的人口，生活的區域，完全不存在基層自治（即鄉鎮市自治），只有如天邊彩霞的「超級自治體」。

　　《國土計畫法》聊備一格，《行政區劃法》草案始終被束諸高閣，

修正於1999年北、高二直轄市時代的《財政收支劃分法》，沿用迄今逾20年，也未配合地方發展需要進行檢討。

在缺乏理性對話空間的政治環境下，中央資源集中、權力極度擴大，地方自治權能被嚴重弱化、銷蝕。中央與地方權限劃分，法制上本來就存在模糊概括的現象，實務上又缺乏謹守憲政分際的裁決組織，垂直分權治理淪為空談。

地方資源匱乏，如何跨域合作以有效整合運用資源的理想，也因黨派角力而寸步難行。府會關係，議論的是黨派立場，是統獨與意識形態；而不是自治事項如何落實、地方居民福祉如何增進，也不是地方建設如何穩健發展。自治監督，也因政治掛帥，充滿煙硝，衝突不斷。

《憲法》，只被充當主權國家的花瓶、門面；第十章、第十一章被視如敝屣。《地方制度法》也是千瘡百孔。

回思1998年，為爭取自治立法權，奉前臺北縣長蘇貞昌之命，進行國會遊說，成功獲得民進黨簡錫堦立委、當時仍為國民黨籍的趙永清立委與新黨謝啓大立委等領銜聯署，跨黨派共同提案，並由臺北縣政府於同年12月22日主辦召開聯合記者會，三位委員不計黨派立場，連袂共同主持。此景如今安在？

翌（1999）年4月，作者與臺北市政府法規會主委邱聰智共同籌劃，於世貿國際會議廳，就地方自治發展困境舉辦研討會。馬英九市長與蘇貞昌縣長同台、同框，有志一同對中央提出應尊重地方自治權的呼籲。此景如今安在？

2000年1月17日、18日兩天，由臺北縣政府法制室主辦，在立法院舉辦「地方制度法施行一周年總體檢」會議，包括13個縣市長、副縣長及21個縣市政府民政、財政、稅捐、法制、人事、主計、研考等一級單位主管140餘人，不分政黨齊聚一堂，針對地方財政、人事、立法權及府會關係的問題，針砭時弊、研提建言。此景如今安在？

2000年第一次政黨輪替，翌年10月陳水扁總統邀集政府、學術及企

業界人士組成「政府改造委員會」，筆者以內政部民政司司長身分，擔任地方分權改革小組執行秘書，我們深信健全的地方自治是強國的根本，中央政府必須體認到地方政府為夥伴關係，無論是縱向的中央與地方政府新關係的建立，或是地方政府之間橫向的協調合作關係的建構，以及中央與地方資源的合理分配，都應以「全民福祉」為依歸，作合理的規劃，重視授權，權力下放。本小組包括7位部會首長，與學界、企業界精英焚膏繼晷、殫精竭力，摒棄黨派私心，共籌地方自治體制的合理調整與建構。此景如今安在？

　　燒了它，因為不能假裝書中所闡述的地方自治理念，是一種有用的知識；但從1999年制定施行，迄今已逾20年，本書充為國內唯一一本以《地方制度法》為名且以法的章節結構鋪陳的教科書，如果它不存在了，爾後要從何獲取地方制度法教材的完整論述？

　　幾經掙扎，爰決定著手進行第5版的修訂增補。既然決定要修，就要修好修滿。這也是本書自2014年付梓以來，最大幅度的一次增修；尤其，配合司法院憲法法庭判字第6號判決的作成，第十五章第五節之三，更作了根本性的調動。

　　引監察院老院長于右任的詩：「不信青春喚不回，不容青史盡成灰，低回海上成功宴，萬里江山酒一杯。」雖然一路坎坷艱辛，筆者仍抱著極大的期待，在全球地方分權總發展趨勢的導引下，臺灣地方自治發展的明天會更好。

劉文仕

2022年8月1日

誌於新店‧青山鎮‧雲山之軒

自序

　　《地方制度法》自1999年施行迄今15年，「地方制度」充為現代國家行政與政治體系的重要一環，在各大學已逐漸成為一獨立的學門，在公務部門的訓練機構也是重要的基礎職能；然而不同於其他法律學科，地方制度法所涉領域包羅廣泛，不僅橫跨憲法、行政法、行政爭訟法、財稅法、政府組織、政治學、公共行政學、議事學、比較制度，甚至也含括動態的府際關係、公共治理、政策網絡、人事行政……等。

　　文仕長期觀察臺灣地方自治法治化的進程，又實際承擔地方制度的業務執行，參與總統府有關地方制度改造的規劃，以及司法院大法官有關中央與地方權限爭議的辯論。近10年來，除賡續過去興趣[1]，深入研究地方自治學理、制度，陸續將心得發表於重要學術期刊[2]外，並於國家文官學

---

[1]　作者對於地方制度這一議題，最早發表的一篇文章為〈表解「直轄市自治法」相關法制之比較評估〉，《立法院院聞月刊》（第21卷第8、9期）及〈以合憲途徑化解地方自治權之衝突—兼論憲法「賸餘權」歸屬之爭議〉，《司法週刊》（第716期），於各報章發表言論近五十篇，並撰寫《地方立法權體系概念的再造與詮釋》（臺北：學林文化公司，2001年）及《地方制度改造的憲政基礎與問題》（臺北：學林文化公司，2003年）二書。

[2]　包括1.〈從歐盟成員國地方治理發展經驗解構1996－2005臺灣地方制度改革的兩大迷思〉，《臺灣民主季刊》（第3卷第3期，2006年9月）；2.〈立足統一邁向分權：法國地方分權制度的嬗變與前瞻〉，《東吳政治學報》（第25卷第2期，2007年6月）；3.〈「村民自治」是中國政治民主化的春天？—現代化理論的觀點之分析〉，《中共研究》（第41卷第4期，2007年4月）；4.〈從中山先生大亞洲主義的觀點分析—以歐

院、司法官學院等各訓練機構及大學講授地方制度法，擔任相關國家考試題庫召集人，最大的感觸是，國內仍欠缺適合於大學院校與公務人員一般研習、並能藉此完整理解地方自治理念、全盤掌握地方制度視野與實務操作的教科書，著手撰寫本書的意念油然而興。

然而，強烈的動機、意念，是一回事；實際著手執行，又是另一回事。畢竟相對於其他已建構出完整體系的傳統法政學門，「地方自治法學」或「地方制度法學」則仍處於萌芽階段，內容範圍取捨、章節架構的舖排，尚乏共識。

尤其，本書從意念的啟動、資料的蒐集整編、著手撰寫，以至完稿，前後歷經數年；其間，為因應大法官釋字第666號解釋宣告「社會秩序維護法罰娼不罰嫖條款限時失效」的社會不安，文仕臨危受命，承擔政策釐訂及後續修法研議任務，任務完成後又另分心著手論著「情色危機：性交易管理法制新解」一書，本書撰寫中斷經年。此外，這段期間又歷經地方整併的地殼大變動，《地方制度法》與相關法規相應的重大修正，行政實務見解也不斷推陳出新，如何掌握最新訊息，更是一大挑戰。

所幸，誠如F. D. Sherman所言：「生命中的一大喜悅，是發現在每個人生道路的轉折處，都有和善健壯的手臂扶我一把，助我繼續前行。」本書最終能順利付梓，除特別感謝內政部法規會與民政司同仁，隨時提供最新實務動態；於完稿之後，又承蒙多位著有專業的好友的縝密校正、提點，分別為中央選舉委員會企劃處處長高美莉（第一章至第五章）、內政

盟模式建構兩岸次國家區域整合的一種可能〉，《國父紀念館館刊》（第17期，2006年5月）；5.〈臺灣中央與地方垂直分權的歷史變遷：法制結構的分析〉，《國會月刊》，（上）（第38卷4期，2010年4月，頁40-68）、（下）（第5期，2010年5月，頁45-54）；6.〈中央與地方在2009年高雄世運案權力互動的分析〉，《國立臺灣體育學院學報》（第24期，2011年1月，頁69-97）；7.〈1982—2012法國地方體制改革及其對我國的啟示〉，《國會月刊》（第39卷9期，2011年9月，頁7-47）；8.〈法國憲法地方分權化發展及其配套法律的變革〉，《國會月刊》（第40卷11期，2012年11月，頁68-100）；並出版《地方分權改革新趨勢》（新北：晶典圖書公司，2012年）。

部民政司副司長黃正雄（第十四章、第十五章）、簡任秘書羅瑞卿（第九章至第十一章）、地方行政科科長唐根深（第十二章、第十三章）與專員林正德（第六章至第八章）；另外，現有學術前輩的相關著作，雖有論述稍嫌過時，或偏重專論性文章的彙整，或流於外國法制的轉述，但對於本書的撰寫，仍提供了寶貴的參考價值，併此獻上最誠摯的謝忱與敬意！

　　尤其，內人豫珍持續不間斷的鼓勵，更是最大的精神支柱；同時，千折百迴中，一股強大的內在動力，就是要給小兒耘非、小女夢非形塑學習標竿，工作繁忙從來不是身為人父的懶散藉口，時間如何妥適規劃，才是關鍵；無論目標如何艱鉅，都要堅持理念，積極實踐。

　　清代文人黃仲則詩云：「文章草草皆千古，仕宦匆匆只十年。」文仕自1986年法制高考及格，曾先後任職宜蘭縣政府科員、立法院議事組科員、法制委員會科長、全國第一大地方自治團體（昔臺北縣政府）法制室主任，2000年接任內政部民政司司長，今年暮春再升行政院法規會主任委員。從事公職倏忽28載，雖自許每個階段都曾留下令人「拍案驚奇」的事跡，但在瞬息萬變的網路世代，幾經「洗版」之後，又將留下何事以啓來茲？著書立說，也許可以讓自己的研究心得，多傳數年。

　　午夜自省，文仕何德何能受到這麼多的眷顧與栽培，這本書就當作是一種獻禮，獻給一路提攜我的立法院議事組主任胡濤、法制委員會主任秘書劉明堅與張瑞濱、臺北縣縣長蘇貞昌、內政部部長張博雅、廖了以與李鴻源、行政院院長江宜樺等，以及啓蒙我政治思潮的涂教授懷瀅、法教授治斌、蔡教授政文、高教授永光、周教授陽山、曹教授俊漢、李教授伸一、曲教授兆祥……等；同時也要獻給所有關心臺灣地方自治發展的學界前輩、實務同儕與莘莘學子，以及我最鍾愛的家人。

劉文仕

2014年8月25日誌於

新店‧青山鎮‧雲山之軒

目錄

第六章　臺灣地方自治法制的發展與體系　　**93**

CHAPTER

1

　　地方自治是憲政體制的重要一環，「分權授能」則是近幾年來全球性地方治理改革的核心議題。臺灣自1950年開始實施地方自治，迄今已過一甲子，1999年地方制度法的制定施行，包括區域整合的活化、縣市地位的重新塑造、自治事項的細緻化、府會關係的法定化、垂直互動關係的制度化等，在臺灣政治民主化的變遷過程中，確實發揮相當重要的穩定作用，擘劃出嶄新的地方建設藍圖。

　　2010年12月底起，行政區域的大整併，成為5直轄市17縣市的局面，進入地方結構的另一個嶄新時代；2012年11月內政部又審查通過桃園縣改制為直轄市的計畫，行政院核定，於2014年12月正式實施。如此重大的制度變革，在地方自治原理下，究竟應有何配套？直轄市應賦予如何功能？扮演如何角色？才能提升6直轄市的城市競爭力，令其肩負起帶動周邊區域均衡發展的任務。逐漸邊緣化的縣市又將何去何從？基層自治的鄉鎮市被行政分工的區取代，未來居民基層服務，又將如何落實？臺灣近幾年地方制度變革的整體走向，是否符合全球化地方分權改革的趨勢？凡此，不僅是一般關心國家政治發展的國民所關切，更為各級政府機關人員與法政系所學生所必須具備的知識與評價能力。

　　本書即以全球化視野與本土的憲法高度，從地方自治基本原理的認識出發，檢視全球地方分權的發展趨勢，進而對現階段規範地方制度、自治權運作最重要的基本規範（地方制度法）有所理解。

　　「地方自治」（local self-governance）、「地方政府」（local government）與「地方制度」（local system），是三個並非全等卻相互聯繫的概念。在法制上，經常被互通使用，如日本的《地方自治法》、英國的《地方政府法》（Local Government Act），我國過去在1994年用《省縣自治法》、《直轄市自治法》，精省後則改以《地方制度法》的用語[1]。其研究領域，固各有著重部分；但地方自治，本來就是分權觀念與

---

[1]　「地方政府」與「地方制度」，在國內官方文件，並未加以區分，如全國法規資料庫就將《地方制度法》譯為「Local Government Act」。

民主觀念的直接結合與有意識的憲政安排[2]，現代民主國家談地方制度，其核心概念就脫離不了「地方自治」。

地方制度是一個國家政府體制的主要構成部分，各層級政府間互動關係的形成與發展，經歷長期的演變過程，其關係的調整則一直擺盪在權力集中與權力分散之間；而基本上，國外有關議題的討論早已粲然大備。90年代中期以後，由於社會結構的遞變，使得不同層級間關係更趨複雜化，政治過程的實踐也迭生齟齬，文獻研究的視角乃從單向的或雙向的關係，轉向犬牙交錯的網絡化，地方政府研究的領域更呈現出豐富而多元的面貌。而其研究面向與重點，長久以來即存在不同的途徑，作為大學教育的學門，主要有二：

第一種途徑是偏重於靜態的法制面，從各民主先進國家（特別是日、法、英、美、德）的憲法相關規定、自治法律與地方自治理論切入，解析、闡述我國憲法與相關地方自治法規的規範內容，公法學者一般採這樣的途徑，而以「地方自治法學」稱之。

第二種途徑則相對於法律學界的法制研究，部分學者體認到權力集中或分散的擺盪引發的問題，是政治運作上無可避免的事實；而單純靜態的法制建構與適用，也無法因應解決問題的需求；因此，聚焦於動態的政治互動關係，嘗試運用「府際關係」或「地方治理」的概念，進行中央與地方政府間權限衝突因素的分析。此為一般公共行政或政治學領域的學者所採用，其學科名稱偏向於使用「地方政府」或「地方治理」。

「地方制度」係國家行政與政治體系的重要一環，而作為一獨立的學門，其概念範圍本即非常廣泛。規整國家考試及公務人員各項訓練測驗題發現，因命題委員研究學門的不同，考題五花八門、包羅萬象，即令是公法學者從法制面的分析途徑，就經常出現憲法、行政法、財政法、租稅法、行政爭訟法、議事法、組織法領域的題目；政治學者、公共行政學者又偏好動態的治理觀念、政策網絡、人事行政，甚至遍及各國地方政府組

[2] Hans Kelsen原著，雷崧生譯，《法律與國家》（臺北：正中書局，1970年），頁388。

織、制度（如以下各章所附「自我評量」[3]）。

　　作為學術研究，如此百花齊放、百鳥爭鳴的多元現象，本無可厚非，甚至應予鼓勵。但在臺灣，地方自治一直未能成熟發展，實定法制上，雖有過去的《省縣自治法》、《直轄市自治法》與現階段的《地方制度法》，但充其量只能說是地方自治事務形式上的法制化而已，仍欠缺充分的理論基礎。如果，考試領導教學，欲藉此強化或培植基本的自治理念，如此領域「無規範」狀態，其實是不利於目標的達成[4]。

　　然而，相信與其他有志一同的學術先進所面臨的困境一樣，究竟範圍廣度應涵攝哪些部分？探討哪些主題？作為大學教科書及公務人員在職進修的題材，在內容上應如何取捨？

　　筆者認為，我國憲法第十一章以「地方制度」為章節的名稱，現階段，更進一步援為規範「地方自治制度」的法律規範。因此，「地方制度法」作為一種法律課程學門，無論是學院的研修、國家文官的基礎紮根或高階公務人員的升官等訓練，其面向都應廣泛地包括與地方自治或垂直分權體制基礎理論的闡述，憲法、法律與法規命令有關規定的解說，垂直府際互動原則或水平府會運作關係，以及自治爭議事件調和機制的研究等。

　　首先，有關基礎理論部分，允宜先釐清幾個相關的概念，例如地方政府與地方自治、中央集權與地方分權（地方分權、權力下放與去集權化）；理解中央與地方關係的設計，單一制或聯邦制在分權結構上有何不同；探討地方自治的內涵與地方自治權的來源。在面對全球化時代的來臨，對各主要國家地方分權發展趨勢的認識，也是必要的功課。

---

[3] 本學科於國家考試中主要為一般行政、戶政類科，偶爾也會出現在律師高考或司法官特考「憲法與行政法」的綜合運用題。如1.特種考試地方政府公務人員考試（本書簡稱特地）三等一般行政與戶政之「地方政府與政治」、四等一般行政之「地方自治概要」；2.公務人員特種考試原住民族考試（簡稱特原）三等一般行政之「地方政府與自治」、四等一般行政之「地方自治概要」；3.公務人員高等考試三級考試（簡稱高）一般民政與戶政之「地方政府與政治」、普通考試（簡稱普）一般民政之「地方自治概要」。然為求周延，建議考生仍要兼讀公共行政學者有關地方治理方面的著作。

[4] 惟從104年高普考試題觀之，命題委員似已意識到此一混雜現象，而漸聚焦於地方制度法的論述範圍。此一趨勢允值肯定。

　　其他與整體地方自治有關的原理原則，特別是行使自治監督權時，應把握的分際，例如「權限劃分原則」、「輔助性原則」、「親善夥伴原則」、「便宜原則或法定原則」、「比例原則」等，雖貫穿整個地方自治的研究領域，原可在總論中論述，但鑑於其核心意旨運用於中央對地方的監督，或更爲貼切，因此，於中央與地方關係的章節再一併論述。

　　至於其他行政法上共通適用的原則，例如「依法行政原則」、「行政明確性原則」、「禁止差別待遇原則」、「誠信原則」、「信賴保護原則」、「裁量合宜原則」……等，不僅中央機關，對地方行政權的運作，也非常重要，但應讓諸行政法或行政程序法講授，毋庸在地方制度法領域內特別闡述。

　　其次，就憲法言之，我國憲法本文第十章「中央與地方之權限」、憲法第十一章「地方制度」與憲法增修條文第9條等，都是我國地方自治設計的根本規範；而司法院大法官作爲「憲法維護者」、「憲法發言人」的角色，歷年來曾作出重要的解釋，例如釋字第260、498、527、550、553、738、769號等，也都具有等同憲法位階的效力。

　　再者，於法律層面，1999年制定施行的《地方制度法》是現階段地方自治建設的基本藍圖，規範要點，包括地方自治團體的設置、定位、居民的權義、自治事項的內容、自治法規、自治組織、自治財政及中央與地方及地方間的關係，當屬研究的主軸。此外，在攸關地方施政血脈的財政規範，尚需輔以《財政收支劃分法》、《地方稅法通則》與《規費法》，甚至《公共債務法》，才能窺其全貌，允應有概要式的理解；《公職人員選舉罷免法》涉及地方居民對自治人員的選舉、罷免權，《公民投票法》涉及居民對自治事務的創制複決權，《地方民意代表費用支給及村里長事務補助費補助條例》也與自治人員權益有關，於相關章節，都應略加介紹。至於其他的專業法律，如《國土計畫法》、《都市計畫法》、《區域計畫法》……等，雖在論述相關議題（如國土空間規劃高權）時，難免觸及一、二；但此終究只是輔助說明的性質，似無必要深入探討，更不應援爲考試命題的主要來源，徒然增加學習上的負擔。

　　第四，在行政命令的層次，地方制度法最主要的法規命令有《地方行

政機關組織準則》、《地方立法機關組織準則》，其次，爲《公共造產獎
助及管理辦法》；另外，內政部爲實施地方制度法或處理地方自治所生疑
義，亦迭作成相關函示，將其中較重要者予以綜合歸納、分析，運用法理
進行必要的評議，亦有益於對地方自治實務問題的掌握；尤其，對垂直府
際互動原則或水平府會的運作關係的闡明，以及自治爭議事件調和機制的
研究，都提供了重要的素材與對話基礎。

綜合上述要旨，本書除第一章導論外，其他各章節要旨如下：

首先，第二章至第五章，是關於地方自治的基礎理論；第六章就臺灣
地方自治法制的發展，作系統性的介紹；第七章至第十六章則以現行地方
制度法的實定規範爲本，歸納出幾個重點。

第二章「幾個基本概念的界定」，包括「地方政府與地方自治」、
「中央集權與地方分權」（地方分權、權力下放與去集權化）。

第三章探討「中央與地方關係的設計」，一個國家之所以被識別爲聯
邦制或單一制，究應如何判斷？不同的設計，其中央與地方權力劃分制度
有何不同？

第四章「地方自治與地方自治權」，包含地方自治的基本要素、核心
內容，住民自治與團體自治在不同的國家，其表現如何？兩者究竟有何關
係？地方自治權的來源是本質存在或外力授予？乃至於地方自治的基本權
力爲何？

第五章「地方自治的全球化趨勢」，討論全球化對地方自治發展的影
響、地方自治的國際化發展與各主要國家（特別是歐盟各單一制成員國）
地方分權的發展趨勢。

第六章「臺灣地方自治法制的發展與體系」，第七章至第十五章則
以地方制度法爲綱，分別論述「地方自治團體的定位、類型與區劃」、
「權限劃分與地方自治團體的任務」、「居民的權利義務」、「自治立
法」、「地方治理與跨域合作」、「自治團體組織」、「府會關係與議會
自律」、「自治財政」與「自治監督與垂直府際關係」等議題。

爲利讀者學習、思考，每章並附歷年國家考試的相關試題以利「自我
評量」。

CHAPTER

2

幾個基本概念的界定

第一節　地方政府與地方自治

　　地方政府相對於中央政府，都是組織化集體行動的結構概念；地方自治固必須仰賴地方政府來遂行其目的，但地方政府的設置或存在並不等同於地方自治。

　　考察近代地方自治的起源，其實是伴隨著西方統一國家崛起的產物，係肇因於接替封建體制的絕對王權時代，中央為求方便且有效地統治廣袤領土並防止大權旁落，不得不採取異於曩昔的分層劃區行政制度，再以國家選拔的專業行政官僚取代過去統治地方的封建世襲貴族的同時，並賦予這些區域若干自行處理自己區域內事務的權責。換言之，「廢封建置郡縣」的本質，是屬於代理中央意志與貫徹中央命令的國家派出機關性質的設計，其目的在於實現「行政一體」；不僅聽命中央治理地方的行政官僚是科層制度，中央與地方政府的關係與組織也是官僚體制的層級節制關係。

　　隨著公共事務的龐雜繁多，這樣的科層官僚體制實已無法全面管控、處理，權力的分割與分享迫在眉前，世界民主諸國在分層劃區的特定領域內，允許該地域內的機關能透過當地住民的同意或意見參與，直接決定或處理當地的公共事務，也就是在官治之外，同時承認自治，重新建構中央與地方關係，以期有效解決龐大僵硬的巨靈「利維坦」（Leviathan）問題。

　　地方政府可能純屬國家派出的官治機關，也可能在官治之外兼有自治機關的性質[1]。換言之，地方政府的設置或存在本有所謂的「在地性」（localism）、「直接性」（directniss）、「社區性」（communitarianism）與「網絡性」（networks）的特質，但是否適格界定為地方自治政府，除了須具備與中央政府構成上下垂直關係的結構外觀

---

[1]　無論單一制國家或聯邦制國家，地方自治的成分容有輕重之分，但在一個國家之內，存在一個純粹的自治機關，殆難想像。

外，尚須具備地方自治的內涵。

　　所謂地方自治，係指地域社會的自我治理（local autonomy），為自律（autonomy）與自我管理（self-government）的結合形態，至少須包含幾個基本要素：國家領土之內的特定地域、住民與自主決定地方公共事務的權力，以及經住民同意組成處理公共事務的機關。而且，所謂的地方自治，必須在維繫國家整體的前提之下，遂行自我管制與自我實踐的機能。

第二節　地方分權、權力下放與去集權化　

　　有關中央與地方關係的討論，「地方分權」（decentralization）、「權力下放」（devolution）與「去集權化」（deconcentration）也是三個彼此聯繫而又相互區別的概念。

　　中央與地方關係所指涉的權力，主要包含決策（立法、計畫權）、管理（執行）權與裁量權，以及與權力相應而生的責任。基於分層治理的需要，世界各國大多會以地域管轄為基礎，來劃分中央（central，即全國）與地方（peripheral，即地域、地區）權力的機制；不過，這種區分的性質仍存有相當大的歧異，包括：在憲法架構下如何處理中央與地方關係？各個層級的政府如何分配其職能與責任？中央政府如何透過各種權力的運用來控制地方政府？如何調整各層級政府間的權限衝突？以及地方自治體所享有的決策自主權的程度如何？

　　中央集權（centralization）係基於全國統一性、一致性、平等性與繁榮性的理由，將權力歸由中央調控的模式；地方分權則要透過地方民主的模式，分散中央權力，以建立垂直制衡網絡來保護自由；地方民主隱含著地方自主性與達到人民回應性的目標[2]。

　　不論從民主政治分權或國家治理的職能分工的觀點，中央與地方

---

[2]　Andrew Heywood著，楊日青等譯，《政治學新論》（臺北：韋伯文化，2002年），頁158-159。

權限的劃分都有其必要；一個現代國家無論採何種憲法體制（聯邦或單一），都是介於權力的整合（integrative）或集權（centralizing）型與分散（devolutionary）或分權（decentralizing）型的兩極之間的光譜，沒有絕對的集權或絕對的分權；既需要國家的一體性以促進不同地區之間的交往和人民福利的平等，也需要地區的分權化和自主性帶來的民主和效率的統一。

　　「地方分權」與「中央集權」相對，是中央與地方政府間的權力分配的兩個對立的體系和概念；「地方分權」此一詞彙被以各種不同的形態廣泛地運用，這個詞彙卻也經常被用來描述迥異的事物，其概念範圍與其他類似的概念（如權力下放、去集權化等）關係如何？也有不同論述；有些文獻將三者並列為不同的概念，有些文獻則將權力下放與去集權化視為地方分權的兩個類型。

　　第一種觀念認為「權力下放」與「地方分權」是兩個不同的概念。「地方分權」又稱「分割性地方分權」，是中央與地方政府間的權力分配的一種方式，屬政治分權，乃係一個國家將其治權的一部分，賦予地方政府，而中央僅立於監督地位的一種制度。「權力下放」乃中央行政體系一條鞭的制度下，對於中央派駐地方的機關，賦予較多的自主權限，又稱「分工性地方分權」、「中央分治」制度，其意涵實為行政分權[3]。前者，發生權限的移轉與分享，地方擁有事務的管轄權，有決策權與執行權。至於後者，則僅為權限的委託，中央政府掌控一切治權，地方政府只不過是其派出機關，對於所有事務的處理，均須聽命於中央政府的中央集權制度。

　　第二種觀念，認為地方分權通常被指涉為將權力由中央政府移轉至較低的政治—行政（political-administrative）以及地域（territory）階層。這種正式權力的移轉可經由二種主要形式：行政的地方分權，也就是所謂的去集權化（deconcentration），乃係指將權力移轉予較低階的中央政府機

3　歐信宏等編，《府際關係：政府互動學》（臺北：國立空中大學，2005年），頁76。

關或其他的提升至與中央政府權責相當的地方公權力主體；相對的，所謂
的政治或民主的地方分權，乃是指涉移轉權力予代表或下放至權責類似的
角色，例如民選政府等[4]。

　　另外，有認為地方分權可分為兩種形態：屬於英國型的，稱為
decentralization（地方分權），即中央政府與地方政府權力的劃分，各有
其獨立範圍；亦即中央政府將其一部分的權力，確定的移轉於地方。地方
政府在其範圍內，有高度的裁量權及相當的自主權。另一種屬於法國型
的，稱為「去集權化」，是中央政府將部分權力，交與地方政府，代為行
使，而中央政府仍保有最終決定權。也就是，地方政府只係受中央政府的
委任，為其代理人而已[5]。

　　相關的論述紛然雜遝[6]，甚至彼此矛盾，例如第一種觀念，既認為地
方分權與權力下放概念不同，但又將地方分權區分為「分割性的地方分
權」與「分工性的地方分權」，前者又等同地方分權，後者則非地方分
權，而為權力下放。

　　第二種觀念之一係將地方分權當作中央與地方權力分配的總稱，而將
權力下放與去集權化並為地方分權的兩個類型。

4　A. Agrawal and Ribot J., "Accountability in Decentralization: A Framework with South Asian
　and West African Environmental Cases," *The Journal of Developing Areas*, Vol. 33, 1999, pp.
　473-502.

5　阮毅成，〈地方分權〉，《中華百科全書》（數位典藏，2004），http://ap6.pccu.edu.
　tw /Encyclopedia/introduction.asp。

6　另外，還有一種分類法：1.政治的地方分權：不同階層的政府團體（中央與地方）被
　賦予決定與其相關的事務之權利。2.行政的地方分權：不同層級的政府來經營管理資
　源以及委任事務，而此通常是經由憲法所劃定。3.財政的地方分權：將原來集中化的
　租稅與收入權力分散到其他層級的政府，亦即，地方政府也被賦予收取並維持財政來
　源之權利，並藉以遂行其責任。4.市場的地方分權：政府將私經濟功能加以私有化或
　解除管制。參Gregersen, H., Contreras-Hermosilla, A., White, A. and Phillips, L. "*Forest
　Governance in Federal Systems: An Overview of Experiences and Lessons*," 轉引自Elizabeth
　Linda Yuliani, "Decentralization, deconcentration and devolution:what do they mean?"
　2004/4/27-30, http://www.cifor.cgiar.org.

　　第二種觀念的另一主張，同樣將地方分權分爲兩種形態，即地方分權與去集權化。

　　其實，這三個概念都是相對於「中央集權」而來，而彼此有互爲因果、層次的關係；去集權化就是要求中央集權模式的解構，也就是，將原屬中央的權力調整到地方政府[7]。至於調整的方式，可能包含所有的權力內涵，包括決策權、管理權與裁量權；這樣的類型通常就意味著統治權的分割，中央與地方的關係是一種政治的關係。

　　另外一種方式，則是從功能上考量，中央並不承擔權力實現的所有步驟，只保留決策權，而將管理權、裁量權轉移給地方政府；這樣的方式，統治權的完整性並未分割，中央與地方的關係是一種行政上的委任（delegation）關係，地方政府此時的角色相當於國家的派出機關。《現代英漢綜合大辭典》有關devolutionary一詞，最主要的界定就是「delegation of authority or duties to a subordinate or substitute」（向下級機構授予權限或義務）及「a transfer of powers from a central government to local units」（由中央政府移轉權力予地方政府）。換言之，在英文裡使用devolutionary的提辭，基本上即隱含「上對下的授權或委託」的關係[8]；本質上與de-centralization是相對於centralization的具有政治意涵的用語略有不同。

　　因此，本書的論述邏輯，基本上認爲在中央與地方關係討論的範疇，談地方分權，就是地方政府在政治上對中央政府進行治權分割；權力下放，則是在行政上與中央政府進行職能分工。

---

[7]　另亦有學者將「私有化」（privatisation）歸類爲「權力下放」的特殊類型的見解。參 I. Ferguson & C. Chandrasekharan, "Paths and Pitfalls of Decentralization for Sustainable Forest Management: Experiences of the Asia-Pacific Region" 轉引自 Elizabeth Linda Yuliani, 2004.

[8]　國內學者因此有直接翻譯成「職權委付」者，如曹俊漢，《全球化與全球治理》，頁 348。其實，這種授權關係在法制上乃包含地方制度法上的委辦關係及行政程序法上的委託關係。

　　地方政治系絡在20世紀末期發生急遽變化，政府已非國家的唯一中心，國家不再單獨承擔所有的責任，中央集權由上而下的管理模式，事實上也無能為力解決所有外在環境的挑戰，國家公共權威的去集權化，包括向上移轉（國際組織）、向下移轉（國家次級政府如區域、地方及社區等）及向外移轉（市場、社會與非營利部門），乃不可避免的趨勢，形成公共事務行為者的多元化與分散化；但行為者之間彼此相互依存且各有自主性，產生多層次的連結關係與地方治理概念的出現[9]。這股趨勢，幅度可能跨得很大，促使國家參與決策機制的權力的移轉[10]；有些可能只是從功能上考量，由地方政府就近執行較有效率，將權力作局部調整。前者就是所謂的地方分權，後者則屬於權力下放的範疇。

　　然而，地方分權與權力下放常因為權力分配程度上的輕重，而產生因果關聯，大部分的政治地方分權都伴隨著權力下放[11]。例如日本於1990年代提出「中央應下放權力予地方」的口號，其結果卻造就了2000年4月「地方分權推進法」的實施；該法最大的特徵，在於廢除以往政府的工作委由自治體代行的機關委託事務制度，將自治體的事務分為自治體固有的自治事務與代行處理的法定受託事務兩項。地方分權的理念，乃在中央與地方功能角色重新洗牌，地方事務交由地方自治體處理，除活化地方的活力之外，地方也可提供貼心的住民服務[12]。因此，在有些情況下，本書也可能因需要將地方分權與權力下放兩個概念，混合交叉運用。

9　Tony Bovaird & Elke Löffler, "Moving From Excellence Models of Local Service Delivery to Benchmarking 'Good Local Governance'," *International Review of Administrative Sciences*, Vol. 68, No. 1, 2002, pp. 9-24.

10　L. Hooghe & G.. Marks, *Multi-Level Governance and European Integration* (Oxford: Rowman and Littlefiel. 2001), pp. 1-10.

11　H. Gregersen,, A. Contreras-Hermosilla., A.White & L.Phillips, "Forest Governance in Federal Systems: An Overview of Experiences and Lessons"轉引自Yuliani, 2004。

12　老川祥一編，蘇定東譯，《地方自治之架構與功能》（臺北：內政部，2007年），頁7-9。

自我評量

➤ 「分權」（decentralization）似乎是今日處理地方事務的普遍主張。請問我國中央政府欲落實分權主張，現行法制應如何修改？（102升等）

➤ 採行「地方分權制」主要理論基礎有哪些？而其實際展現的地方政府與中央政府互動關係之特性又有哪些？（96地特）

CHAPTER

3

中央與地方關係的憲法設計

第一節　聯邦制與單一制的判準

　　從一個主權國家組織國家權力方式的不同，中央與地方關係的設計，約可歸整為聯邦與單一兩種體制，美國與1982年以前的法國分別代表兩個制度的典型。

　　憲法學者在分析中央與地方權力結構，受到聯邦制「雙重主權」（dual sovereignty）理論[1]的影響，以「雙重主權」理論或「權力來源」理論來論述「聯邦制」與「單一制」兩個對立的制度概念，認為：「單一制國家的地方行政區是中央根據治理的需要劃分建立的；地方享有的權力，非本身固有的，而是中央授予的，中央對地方享有完全的主權，對外由中央政府統一代表國家行使主權。」「聯邦制是兩個或兩個以上主權國聯合而成的國家結構形式，聯邦的成員邦本是主權國，於其組成聯邦時，各自將主權的一部分交給聯邦行使，其餘權力保留在自己手裡。在聯邦制下，聯邦（中央）和各成員邦（地方）都享有主權，擁有自己的憲法，中央和地方的權限劃分須由聯邦憲法加以規定。」[2]

　　一個國家究為聯邦制或單一制，其判別的標準為何？國際公法中並未給予任何指示。有學者歸納聯邦制的判別應具八個基準如下：一、中央政府擁有外交與國防上的獨占性控制權力；二、防止成員國脫離聯邦的憲政豁免權；三、中央政府之於公民的直接權威；四、成員國可確保不被消滅，亦即不會被裁撤或與他者合併；五、共享聯邦的規則制定權：如藉由兩院制達成；六、兩套各自獨立的法院體系，其中一套用以審理聯邦法律；七、司法審查；八、成員國具有明確且保留性的權力[3]。

---

[1]　該理論認為「憲法在兩個獨立的權威（國家與地方政府）之間劃分權力，它們之中的任何一個都可以透過自己的法院來強制實施自己的法律；這項安排就被稱為聯邦主義。」參Dye, R. Thomas著，柯勝文譯，《社會科學導論：權力與社會（Power & Society: An Introduction to Social Science）》（臺北：桂冠圖書，2000年），頁196。

[2]　喬曉陽主編，《立法法講話》（北京：中國民主法制出版社，2000年），頁9。

[3]　D. I. Duckacek, *Comparative Federalism: The Territorial Dimension of Politics*, New York:

　　國內憲法學者薩孟武則主張，地方團體只要具備下列兩個要件，就可界定為聯邦國：一、有自主組織權，可以制定根本組織法；二、有參政權，尤其選任代表，組織一個議院來參加中央政府行使立法權[4]。

　　Heywood則歸整出聯邦制最常見的制度特徵，認為至少應有四個判準[5]，本書採之：

一、自主性相當高的兩層級政府：中央與地方各自擁有互不侵犯的廣泛權力。形成一種中央與地方的二元政府，擁有二元的行政、立法與司法部門。

二、成文憲法：每個層級政府的職責與權力的定義，都被詳載於單一或成文憲法條文中；無任何層級政府可以片面修改憲法，改變兩者的權力關係。

三、憲法的裁決者：雖然聯邦制存在「國中之國」（state within a state）或各成員國（州、邦、省）各自分立的憲法；但對於中央與地方的糾紛，最終仍須有一獨立的司法機關（通常為聯邦最高法院）透過解釋憲法，據以仲裁。

四、連鎖性的制度：如採兩院制，賦予地方政府在中央決策過程中的發言權，以促進中央與地方政府的合作與瞭解。

　　符合上述判準的聯邦制國家，大體上不出30個國家[6]。美國、瑞士、加拿大與澳大利亞被公認最典型的聯邦制國家；其他，主要有德國、奧地利、巴西、阿根廷、馬來西亞、1993年之後由單一制轉變為聯邦制的比利時等。由於聯邦制並非一種理論模式，而是一種用以組織國家權力的方

Holt, Rinehart and Winston, 1970.

[4]　薩孟武，《中國憲法新論》（臺北：三民書局，1986年），頁507。

[5]　Andrew Heywood著，楊日青等譯，《政治學新論》（臺北：韋伯文化，2002年），頁220-221。

[6]　學者Jan-Erik Lane與Svante Ersson更歸納指出，較無爭論的典型的聯邦國家只有15個，參所著，*The New Institutional: Performance and Outcomes* (New York: Routledge, 2000), pp. 120-121.

式。現實中用於組織國家權力的方式，是附隨於特定國情之下的制度的有
效性，自然不可能滿足和受約制於理論的純潔性。因此，有些國家的憲法
雖名爲「聯邦共和國」，但也被視爲只是「準聯邦制的憲法」[7]，甚至是
傾向單一制一元立法權的憲法[8]。

　　相對地，雖非憲法上明定的聯邦制國家，但類如盧森堡、荷蘭等屬於
Lijphart所說的「區塊政治」化（segmental cleavages）程度極高的國家[9]，
也未必就當然被歸類爲單一國家。又如大區化的西班牙、義大利，究竟
應歸類爲單一制或聯邦制？學者也有不同看法，如Watts（1996）與Elazar
（1995）即認爲應歸類爲聯邦制[10]。同樣也有學者質疑，法國從1982年啓
動的地方分權改革的過程，意味著法國大區政府在「國家的安排」方面正
在邁向「聯邦化」[11]。

　　然無論如何，歐洲一些朝向「大區化」的國家，至多只能認爲是包容
聯邦制特徵的單一制國家，尚不應據以否定該等國家的單一性格，從其憲
法規定，大區的存、廢、擴大或縮小，事實上仍掌握在中央政府的意志，
大區並不因權限擴大、自主性增強，而享有如聯邦制國家各聯邦成員的憲
法保障地位，西班牙、義大利如此，法國亦然。如法國第五共和憲法的明
確宣稱法國是「單一而且不可分割的」（une et indivisible），因此，如
缺乏體現最低限度聯邦原則的要求，即使通過憲法在兩級政府之間直接劃

---

[7] 如二戰之前的德意志聯邦共和國憲法，印度憲法由於高度的中央集權，也被稱爲準聯
邦制的憲法。

[8] 如緬甸，本來就只是名義上的「聯邦共和國」，1962年Ne Win將軍政變奪權，廢除當
時的聯邦憲法後，已變成名符其實的單一制國家。

[9] Lijphart, A.原著，張慧芝譯，《多元社會的民主》（臺北：桂冠圖書，2003年），頁
17-18。

[10] L. R. Watts, *Comparative Federal System in the 1990s*, Kinston, Ontario: Institute of
Intergovernmental Relations, 1996; J. D. Elazar, "Federalism," In Seymour Martin Lipset
(ed.), *The Encyclopedia of Democracy* (pp. 474-82), London: Routledge, 1995.

[11] Mark O. Rousseau and Raphael Zariski, *Regionalism and Regional Devolution in Comparative
Perspective*, New York: Praeger, 1987, pp. 270-271.

分最高權（最終性的立法權），仍不能僅因其分權程度的強化或地方區塊的建構，即率爾界定為聯邦國家。

第二節　國家權力的劃分

　　從憲法層面來看，地方自治制度是藉由地方自治團體的設置，令國家權力組織垂直性地「去集中化」或「分散化」，即「垂直分權」，目的是在追求更有效率、更符合民主思想，使政府施政能更貼近人民。

　　各國有關中央與地方權力劃分的機制，聯邦國家與單一國家，有很大的不同。在一個聯邦國家，由於是由原本具有個別主權觀念下的「國家性」的各個國家，各自放棄局部主權所形成的一個新的聯邦國家；但聯邦國家的成員並不全然喪失其具有內部統一性的主權國家性格，只是依各聯邦憲法的規定而喪失若干主權國家的權力，例如國防軍事權、外交權與終局的司法救濟權等。

　　因此，聯邦與其成員之間即須全面性地劃定國家權力，聯邦憲法的重要規範任務之一，即在於確認聯邦與其成員的分權體制，而聯邦憲法亦必須自為立法權完整、詳盡的規劃，不可能授權由聯邦法律來劃分權限，甚至聯邦有權立法的前提，是憲法將該項事務的立法權劃歸聯邦。

　　簡言之，在聯邦國家，通常存在自主性相當高的兩種層級政府，中央與地方各自擁有互不侵犯的廣泛權力，因此必須將每個層級政府的職責與權力的定義，都詳載於單一或成文憲法條文中，以確保無任何層級政府可以片面修改憲法，改變兩者的權力關係[12]。至於，單一國家則不存在這樣的制度特徵，無論其分權制如何程度，其地方自治團體的事權，通常是經由中央政府以法律、命令規範，地方事權，無憲法的直接保障。

　　茲分別詳述如下：

---

[12] Andrew Heywood著，楊日青等譯，《政治學新論》（臺北：韋伯文化，2002年），頁220-221。

一、聯邦國家

　　早在美國聯邦創建伊始，有關聯邦政府的權力來源就存著兩種分歧的理論：契約理論和國家理論。

　　契約理論為「州權派」所主張，認為組成聯邦的各州曾是單獨的、獨立的國家，各州選擇代表在制憲會議上，透過新憲法的制定而結合成為一體；憲法只不過是各州之間達成的契約，聯邦政府是經由各州相互間契約的訂立而建立，各州並將原屬其所有的部分權力移交給聯邦政府。

　　國家理論則認為，憲法是來自於「合眾國人民」的最高法律，創造聯邦政府的，是人民，而非各州政府；無論聯邦（全國性）政府或州（地區性）政府都是由單一的主權者（人民）所創造，同時授予不同層級的政府特定的、有限的權力[13]。

　　1874年的瑞士聯邦憲法第1條規定：「瑞士聯邦係由結為本同盟之蘇黎世、伯爾尼……等23個主權州之人民所組成。」即屬契約論的反應。美國制憲過程，也可看出兩種觀念的衝突與整合；制憲當時，憲法序言開宗明義曾使用「我們……州人民（We the people of the states of...）」，幾經折衝後，最後正式通過的文字，則含混地修正為「我們，合眾國人民……（We, the people of the United States...）」。似較傾向於強調，憲法是作為一個整體的人民的作品，而非州的作品[14]；但個別條文中，仍普遍存在著契約論的痕跡。

　　觀察各聯邦制國家權力配置的模式，或多或少受到這兩種觀念的影響。概括區分，有三種基本的方式：第一種是憲法列舉聯邦權力，對州的權力則作保留權力的概括規定；第二種是憲法將聯邦和州的權力分為幾個層次，對涉及聯邦的權力均加以列舉，憲法未涉及的權力歸屬州；第三種

---

[13] Edward S. Corwin & J. W. Peltason原著，結構群編譯，《美國憲法釋義（Understanding the Constitution）》（臺北：結構群，1992年），頁30-31。

[14] David V. Edward, The American Political Experience, New Jersey: Prentice Hall, Englewood Cliffs, 1998, p. 56.

是憲法對聯邦的權力範圍和州的權力範圍均加以列舉，再規定剩餘權力的
歸屬。

　　第一種，屬契約論國家憲法的共同特點，傾向於明確列舉聯邦的權
力，對州的權力通常只作保留（reserve）權力的規定，絕少對州的正面授
權[15]，例如美國、瑞士、澳大利亞。這些國家的憲法對州的權力機構，一
般也僅採行共和政體的規定，對於州的機構和州以下的地方政府層級，
則隻字不提[16]。但1999年修正、2000年生效的瑞士憲法則屬特例，其修
正案第三章，明定「聯邦、州與地方市鎮（Federation, Cantons, and Local
communities）」專章，並於第50條規定：「各州得考量城鄉等特殊情
況，制定法律確保市鎮的自治。」

　　由此推論，契約論憲法所建立的，似乎僅限於聯邦政府；至於州與州
權是先驗地存在，只是聯邦成立後得到憲法的「認可」。

　　這幾個國家，憲法列舉的聯邦權力主要限於兩方面，一是為維護國家
的存在所必需的權力，如國防、外交與徵稅等；二是為維護基本的經濟生
活統一性所必需的權力，如貨幣、度量衡、對外貿易與州際貿易等。至於
管理社會生活事務的基本權力都不在聯邦的列舉權力之列[17]。同時，除瑞
士外，對聯邦權力究屬專有或共有的權力，一般也未作出明確規定[18]。

---

[15] 瑞士憲法是少數的例外，第3條規定：「各州於聯邦憲法限度內享有主權。凡未委交
　　聯邦政府之權利，概由各州行使。」另，美國憲法正文也沒有任何正面授予州權的規
　　定，只有對州權的禁止和限制，似乎隱含州權的存在不是基於憲法的授予而是認可。
　　但修正案第10條（1791年12月15日生效）卻又規定：「本憲法所未授予美國政府或未
　　禁止各州行使之權限，皆保留於各州或其人民。」

[16] 修正前的瑞士憲法雖規定及於「市鎮」（commune），對其定位語焉不詳。

[17] 但例如阿根廷憲法第75條的聯邦權力範圍則非常廣泛，包括民法、商事法、刑法、勞
　　動、國民教育、社會安全、社會保險等領域。

[18] 但究其規定的性質，應存有聯邦與州共有權力的領域。以美國為例，憲法列舉的聯邦
　　權力並不絕對排除州的權力，對未禁止州行使（如第1條第10項禁止任何州加入任何條
　　約、盟約或邦聯等）而性質又不專屬於聯邦的權力，州仍享有相應的立法權。但聯邦
　　一旦就這些領域的事項制定法律之後，州法與聯邦法律牴觸者無效；聯邦也可立法排

　　第二種，採國家論的憲法，傾向於由單一的主權者（人民）在一個國家的不同層級政府間進行權力的分配，憲法同時是聯邦與州雙方權力的來源，甚至是憲法同時創建了聯邦和州兩級政府。其特色是在聯邦與州之間全面安排國家權力，包括聯邦的專屬權力，聯邦與邦的共同權力以及州的權力。對有關邦權力的規定，也明顯不同於前者，不使用「保留的」概念，而規定爲「憲法未授予聯邦的權力，邦有權行使」[19]。

　　採此模式的國家，如德國、奧地利，學者稱爲「行政的聯邦體系」，其運作就是以聯邦政府爲主要決策者，各邦政府則負責政策執行的細節；不僅憲法會涉及州的機構[20]，並較完整規定聯邦與州的關係，如德國基本法第73條列舉聯邦的專屬立法權（ausschliessliche Gesetzgebung），各邦僅於聯邦法律明白授權並在其授權範圍內，始有立法權（§71）；第74條列舉聯邦與邦的共同立法權（konkurrier-ende Gesetzgebung），但第72條一方面於第1項規定，各邦僅於聯邦未行使其立法權的範圍內始有立法權，第2項則列舉聯邦爲建立同質生活關係或爲維護法律及經濟統一性，得制定基準的事項，另一方面就特定事項（狩獵、自然保護及景觀維護、土地分配、區域計畫、水利、大學院校入學許可及大學院校結業事項等），即使聯邦行使其立法權者，各邦得以法律爲不同規定。最後，剩餘權力歸屬邦（§70）。

　　在這一類國家中，聯邦立法權範圍較前一類國家寬泛得多，廣及民法、刑法、訴訟、公共福利、農林生產之促進、都市土地交易、土地法與住宅津貼法、債務清償法、住宅建築津貼法、廢棄物處理、社會服務，以及一部分政治權利和公共安全的立法，德國基本法雖然對聯邦就共同立法權的行使施加一定的限制條件[21]，但共同立法權的範圍之廣、措辭的彈性

除州對某些事項的管理，此被稱爲聯邦法律的優先占有權（federal preemption）。

[19] 如德國基本法第70條規定：「本基本法未賦予聯邦立法之事項，各邦有立法之權。」

[20] 甚至規定州以下的第三層級地方政府及其權力配置。

[21] 第72條第2項規定：「在聯邦領域內爲建立同質之生活關係，或基於整體國家之利益，爲維護法律及經濟之統一性，而有以聯邦法律規範之必要者，聯邦於第74條第1項第

之大以及限制條件之寬鬆，仍賦予聯邦巨大的立法潛力。

　　大體來說，20世紀之前的聯邦制憲法，多採第一種模式；至於20世紀之後的聯邦制憲法，則都實行後一種憲法安排[22]。較特別的是1867年的加拿大憲法[23]，不僅對聯邦與省（province）的權力都予列舉，並明定省的權力機構，形成第三類的聯邦分權模式。

　　除加拿大外，印度和馬來西亞也屬這一類型。加拿大《1867年北美法案》列舉了聯邦與省的專有（exclusive）立法事務與少量的共同立法事務[24]，剩餘權力劃歸聯邦。印度與馬來西亞憲法的職權劃分表詳細列舉了聯邦與州各自的專有權力以及雙方的共同立法權，印度的剩餘權力屬於聯邦，馬來西亞的剩餘權力則屬於州。這類國家的共同特點是憲法的權力配置向聯邦的顯著傾斜。三個國家中的兩個，剩餘權力是屬於聯邦的；《北美法案》列舉了29項聯邦權力、16項省的權力[25]，印度和馬來西亞的職權

　　4、7、11、13、15、19之1、20、22、25及26款規定之事項領域有立法權。」

22 這似乎反映出聯邦制在進入20世紀之後發生了較大的轉變。較之於20世紀前的聯邦制憲法，20世紀後制定的聯邦制憲法更趨向於將國家的各個組成部分結合為緊密的整體，聯邦政府在其中起主導性的作用。學者分析，有兩個方面的原因或許可以解釋這種現象，一是20世紀後，尤其二戰後成立的聯邦制國家都是歷史上有過集權傳統的國家；二是進入20世紀之後，社會事務的迅速發展和國家職能的膨脹對中央權力的擴張具有更多的要求。因此在二戰後，德國式的由聯邦制定政策、州自主性地執行的模式成為較成功的聯邦制模式，早期的契約傾向的聯邦制國家也在通過有條件財政資助向這一方向轉化。在這方面，尤其值得注意的是瑞士憲法的動向，瑞士2000年生效的新憲法不僅顯著地擴充了中央權力，而且還將合作聯邦主義明確地寫入了憲法。參楊麗敏，〈關於聯邦制分權結構的比較研究〉，《ZZCMS論文網》，http://article.bida.tw。

23 1867年的加拿大憲法，當時法案名稱為《英屬北美洲法》（The British North America Act），1982年始通過《加拿大憲法》（Constitution Act）。

24 如農業、移民、養老金和省內的非再生資源、森林產品及電力能量向他省的輸出等。此外，《北美法案》對省的立法採用了「exclusive」的措辭，但實際對省內教育方面的立法權不是排他的，因為聯邦有保護各省內的少數族裔受教育權的權力（《北美法案》第93條）。

25 《北美法案》體現的權力優勢是傾向於聯邦的。在加拿大建國初期，聯邦的締造者們

分配表列舉的聯邦權力則在數量和重要性上都遠遠超過邦（州）。同時，這些國家的憲法對地區性政府的組織或聯邦與地區性政府間的關係也作了較詳細的規定。《北美法案》中有一章對省的組織機構作出規定，印度憲法中也有類似規定；印度和馬來西亞的憲法還對聯邦和各邦（州）關係作了專門規定。

二、單一制國家

　　最單純的單一制是迪倫法則（Dillon's rules）所描述，地方政府是中央政府的造物——地方政府由中央政府所組建，並從中央政府取得權力。地方政府的權力既來自於中央政府的授予，因此，採單一制國家的憲法一般都不涉及中央與地方權限的劃分，如法國第五共和憲法第十一章（地域團體，Colléctivité territoriale）、日本國憲法第8章與大韓民國憲法第八章（地方自治）。

　　甚至連地方自治團體的種類，也授權另制定法律去規範，如日本國憲法第92條規定：「關於地方公共團體的組織及運營事項，根據地方自治的宗旨由法律規定之。」韓國憲法第117條規定「地方自治團體處理有關居民的福利事務、管理財產，並在法令範圍內制定有關自治規定。（Ⅰ）地方自治團體的種類，由法律規定。（Ⅱ）」或僅規定一部分，未規定的部分則授權法律創設，如法國第五共和憲法第72條規定：「共和國的地方為市鎮、省和海外領地。其他地方公共團體由法律建立。」1972年7月5日國會通過第72-619號「設立大區及其組織法」（Loi n72-619 du 5 Juillet 1972 Portant Création et Organisation des Région），增設22個「大區」（Région）為新的地方組織層級，正式確定大區為享有法人資格的公共機構。1982年3月2日法國國民議會通過「市鎮、省與大區權力與自由法」

　　傾向於建立一個中央政府的權力優於省權的聯邦，這一想法在北美法案中得到了體現。但加拿大的政治實踐卻出現了相反的趨勢，由於包括英國樞密院在內的法院對省權的支持和各省領導人的政治努力，省權比較強大。

（Loi 82-213 du 02 Mars 1982 Relative aux Droits et Libertés des Communes, des Départements et des Régions；一般都以「地方分權法」稱之），改革大區體制，「大區」才正式具有明確的「地域團體」的法律位階，由公共機構便成爲地方第一層級政府。

根據迪倫規則描述的單一制，從其發展進程，在早期有兩種不同的形態。一種是與美國式聯邦制截然對立的「絕對單一制」，地方政府不僅由中央政府所建置，同時也是中央政府的派出機關，在地方性事務上執行中央的指令。這種體制也就是Tocqueville所稱的「行政集權制」[26]。

另一種形態是地方自治的單一制，在這種單一制下，地方政府雖然同樣由中央政府所創造，但地方政府一旦被中央的法律創造後，就具有獨立於中央政府的法律實體地位，並就地方性的公共事務享有自治權[27]。

法國在1804年拿破崙執政時實施所謂的「帝制憲法」，取消執政府，將無限的權力集中於皇帝身上，並設「省督」（Préfet）制度，作爲皇帝統治人民的工具，確立法國地方制度二百年的基礎；1982年地方分權改革前，法國地方體制就遵循這樣的價值體系，中央政府透過其任命的「省督」，作爲派駐地方對地方民選政府進行「監護」（la tutelle）的機制，可謂是第一種類型的代表。至於地方自治單一制，則以英國爲典型，地方政府對與自身密切相關的公共事務擁有行政上的決定權，以及由此派生的普遍性規則制定權。

三、權力劃分的趨同

以上的論述，很容易導出一種觀點，即認爲：單一制國家就一定比較集權，聯邦制國家則比較分權[28]；甚至將單一制與中央集權劃上等

---

[26] Alexis De Tocqueville原著，董果良譯，《論美國民主上卷》（北京：商務印書館，2001年），頁1。

[27] 楊麗敏，〈關於聯邦制分權結構的比較研究〉，《北京法律評論》，2002年，第1期。

[28] 林谷蓉，《中央與地方權限衝突》（臺北：五南圖書，2005年），頁24。

號，而聯邦制就是地方分權的同位語[29]。但事實上，在「雙重主權」論的分析架構下，並未處理到中央調控（central control）或地方民主（local democracy）思維體系的一些問題，意即並不能據以認定聯邦制或單一制與中央集權或地方分權體系的關聯性。中央集權與地方分權並非二分、對立的概念，乃位於衡量同一時間下某些國家集權與分權的程度之連續光譜的兩端，只有程度的差別，因此存在各種中央與地方權力配置的可能組合，而每一組合可藉不同形式呈現[30]。

　　不論從民主政治分權或國家治理的職能分工的觀點，中央與地方權限的劃分都有其必要；「地方分權」與「中央集權」相對，是中央與地方政府間的權力分配的兩個對立的體系和概念；其情形猶諸於聯邦體制與單一體制。但如因此將聯邦制與地方分權劃上等號，認為單一制就理所當然地屬中央集權，則失諸率斷。聯邦制國家的制度，分權的程度未必高於單一制國家，關鍵在於公共權力在不同層級之間的分配；一個廣泛分權的單一制國家，可能比聯邦政府單方所主導的聯邦制國家具有更大的地方分權[31]。

　　地方分權的程度並不是完全由國家權力結構既定的，而更是一個國家的政治選擇。雖然在統計上，聯邦制一般更傾向地方分權，單一制則更傾向中央集權，但是，正和聯邦制可以選擇擴大中央權力一樣，單一制也完全可以選擇高度的地方分權[32]。

---

[29] 左潞生，《世界各國憲法大全》（臺北：國民大會憲政研討委員會，1965年），頁110；這樣的論述，用來描述1982年地方分權改革前的法國，或屬妥切。但如用以說明英國的地方自治，則未必適當；因為，相較於行政集權，地方自治式的單一制也具有類似聯邦制權力分散的效果。

[30] Robert J. Bennett eds. *Decentralization Local Government, and Markets: Toward a Post-Welfare Agenda* (Oxford: Clarendon Press, 1990), p. 30.

[31] Jan-Erik Lane & Svante Ersson, *The New Institutional: Performance and Outcomes* (New York: Routledge, 2000), p. 104.

[32] 張千帆，〈主權與分權─中央與地方關係的基本理論〉，《中研院法學期刊》，第3期，2008年9月，頁55-113。

　　一個國家在發展過程中，終局地形成聯邦制或單一制，主要受到歷史條件、國際客觀環境、地理規模與文化或族群結構因素的影響[33]。至於在權力的分配上，究竟是採取中央集權或地方分權？主要仍受到各國政治體系中的政治性意識形態環境系絡的影響[34]；例如一般而言，抱持自由主義的右翼當權派，基於自由放任主義（Laissez faire）強調國家介入資源再分配的危險，傾向支持國家「中立原則」（Neutrality political）、多元主義決策（Pluralist decision-maker）[35]，理論上會較關注於地方分權的議題。相對地，左翼支持者基於「平等」的核心價值，國家的管理與控制、福利國家的概念，難免較容易接受中央政府調控的模式[36]。

　　然而，伴隨著左右意識形態的壁壘日漸消融，尤其，在全球化下，中央與地方的關係，聯邦國與單一國其實都採取相同的對應，即權力下授；隨著中央的權力中心逐漸向地方移動後，地方也逐漸形成另一類的權力中心主軸。此時，中央與地方的權限區隔，已不在行政上的劃分，而是在運作上的效益與效率。聯邦制和單一制在邊緣界線也日益模糊，任何一種試圖用一種標準區分聯邦制和單一制的嘗試，都會遭遇不可克服的困難。

　　作為一種分配國家權力的方式，其實質是在兩級政府之間進行公共事務最終決策權的分配。如果說單一制代表了國家整體對於各個區域的統治屬性，聯邦制代表了權力的分散和區域的自主性，則一個現代國家的有效治理需要這兩種因素的綜合。一個現代國家既需要國家的一體性以促進不

---

[33] Andrew Heywood著，楊日青等譯，《政治學新論》（臺北：韋伯文化，2002年），頁 160-165.

[34] Eran Razin & Greg Lindsey, "Municipal Boundary Change Procedures: Local Democracy versus Central Control," In Max Barlow and Doris Wastl-walter, eds., *New Challenges in Local and Regional Administration* (London: Ashgate, 2004), pp. 37-56.

[35] Adam Lent ed., *NewPolitical Thought: An Introduction* (London: Lawrence & Wishart Ltd.,1998), pp. 1-25.

[36] 這裡所謂的左翼、右翼的分法是很粗糙的，尤其，新興的政治思潮已顯示傳統的「左─右」光譜已經衰微，用左翼、右翼來描述新興的政治思想，並不很合適（Lent, 1998: 'introduction' x）。

同地區之間的交往和人民福利的平等，也需要地區的分權化和自主性帶來
的民主和效率的統一。一方面由於單一制國家包容了聯邦主義的因素，擴
大地方分權的領域；一方面因福利國家所導向的中央調控職能的增強[37]，
聯邦制也結合了單一制的特點，聯邦制和單一制已不再是截然對立的兩
極，而在一定程度上出現了相互融合的趨勢[38]。單一制與聯邦制之間只是
程度上的差別，不再是截然對立的兩極[39]。

　　最明顯的趨勢之一是單一制國家的憲法，也開始納入對地方政府的
規定。如日本國、大韓民國等等戰後新興的憲法，荷蘭、葡萄牙等歐洲單
一制國家在進入1980年代後，也紛紛修正其傳統的憲法，某種程度規定
了地方政府的自治地位與普遍性規範的制定權。義大利與西班牙的憲法改
革，也納入了聯邦國家的特色，針對中央政府與地方政府之間整個國家的
公共事務立法權，在憲法予以劃分。2003年法國通過「關於共和國地方分
權化組織」的憲法法律（Loi Constitutionnelle n2003-276 du 28 Mars 2003
Relative à l'organisation Décentralisée de la République）[40]，開宗明義更明
確肯認法國是一個「地方分權」的單一制國家，賦予大區地方自治團體的

---

[37] 如日本在1980年代因經濟低迷，為促使經濟快速成長需要，而產生「新中央集權
論」，認為將權限、資源集中於中央政府，較能統籌與整合運用，藉由中央強力主導
經濟政策，較易發揮應有功能，有助於經濟的復甦。另一說則認為隨著國家角色的變
化與國家財政的惡化，政府提供服務的主體呈現多元化，為以最低成本提供住民最大
效益的服務，地方自治團體的規模逐漸擴大，形成所謂「廣域行政」，小規模的基層
自治體的意義被否定，甚至地方自治的重要性也被質疑。

[38] 楊利敏，〈論我國單一制下的地方立法相對分權〉，《廈門大學法律評論》，第1期，
2001年，頁1。

[39] Robert D. Putman, *Making Democracy Work: Civil Tradition in Modern Italy* (New Jersey:
Princeton Uni., 1994), p. 46.

[40] 依法國第五共和憲法第89條規定之修憲程序，除總統可決定付諸人民公投外，亦可交
由國民議會及參議院舉行聯席會議投票通過修憲，經該程序所通過的修憲案稱為「憲
法法」（loi consitutionnelle）；據法國憲法委員會網站（www.conseil-constitutionnel.
fr）公布的資料，自1958年迄今法國已通過24個憲法法律案。2008年之後即未再通過
「憲法法」。

憲法定位、承認地方自治團體的普遍性規範的制定權。

　　由於地方自治的入憲，傳統地方自治單一制的權力結構，也相應發生局部的變化，地方政府的自治地位的存續，受到憲法的保障，而不再完全依賴於中央的善意。雖然，大多數單一制國家的憲法仍然是由國會透過特別的程序進行修改，但畢竟修憲權作爲主權性質的權力是超越於普通立法權之上的。同時，單一制下地方政府的最終性決定權從制定個別性規範的行政權，擴大到普遍性規範的立法權，就蒙上一定的分配公共政策最終決定權的聯邦主義色彩。

　　相對地，同爲聯邦體制的1996年南非共和國憲法，卻一反一般聯邦憲法的設計[41]，只列舉中央與省的共同（concurrent）立法權與省的專有（exclusive）權力，對中央的權力卻未置一詞。以聯邦主義的其他判準來衡量，南非憲法是一部聯邦憲法；但另一方面，該憲法又只授予地方政府部分的權力，未授出的權力則保留給中央政府，參照權力來源理論，又可被歸類爲單一制的憲法。

---

[41] 一般聯邦制憲法的基本要義都傾向於透過憲法限制中央政府的權力。

自我評量

➢ 聯邦制國家與單一制國家對地方自治規範模式，有何異同之處？（94地特）

➢ 民主國家政府體制可分為「聯邦國制」與「單一國制」，請分別說明聯邦國制與單一國制的意涵與特性。（108地特）

➢ 憲法對地方制度之重要規定，係在劃分中央與地方的權限，此究係聯邦國或單一國之憲法規範體例？

➢ 試就我國行憲以來地方自治之發展趨勢，論述未來越趨集權或分權之可能方向有那些？（95身障）

➢ 何謂美國市憲章制（City Charter）？並說明市憲章制可分為哪些類型及內容。（100高）

➢ 單一國強調中央集權，聯邦國主張地方分權。試依我國憲法與地方制度法之相關地方制度規定，說明二者之區別。（95地特）

➢ 由地方制度法統一規範地方制度，究係單一國或聯邦國之立法體例？

➢ 我國地方制度究係採聯邦國制或單一國制？試就史料及憲法規定形式說明之；兼述其在政治權力分配上之影響。（92高）

➢ 英、法兩國之地方分權形態各有不同，如何加以區分？請舉例說明之。（106高三）

CHAPTER

4

地方自治與地方自治權

第一節　地方自治的要素

　　「地方自治」的英文原文爲local self-government或local autonomy、home-rule，是「地方」與「自治」兩詞的組合，前者從區域範圍著眼，而與「全國」或「中央」相對應；後者從治理的主體著眼，與「官治」（中央統治）相區隔，字面的意思就是「自己管理自己」或「自己治理自己」。簡言之，地方自治是相對於中央政府對於全國的絕對控制，就是在國家領土範圍內的特定區域，由該區域內住民自行成立的政治機關或是自行治理的形式，並與國家整體、中央政府治理相區隔的概念[1]。

　　一般認爲，地方自治來源可溯至中世紀自由城鎮（free cities），反對封建專制的結果，這些經濟工商發達的城市向封建統治者力爭城市特權，要求不接受封建君主與封建貴族的管轄、實現城市自由、自治。

　　至於現代「地方自治」的觀念，則肇始於1808年11月19日頒布的《普魯士王國城市組織條例》，其目的乃在於透過市民自行管理與市民日常生活關係密切的公共事務，完成公共行政任務。發展到近代，地方自治已成爲近代憲政的有機組成部分，無論任何一種憲法體制，都需將地方自治或地方分權問題作爲民主國家不可或缺的內容，予以明確定位[2]。1980年代陸續通過的《歐洲地方自治憲章》、《世界地方自治宣言》更強化了各國對地方自治的關注與討論。

　　有關地方自治的內涵爲何？因各國自治發展歷史及地方政治結構的不同，學者論述容有繁簡或側重的不同。本書以單一國的觀點，提出一個較完整的論述如下：即一個國家因歷史形成因素或基於分層治理的需要，將權力分別由垂直劃分若干層級所設置的政府行使；並爲因地制宜及就近提供服務職能，將各層級政府的管理幅度平行切割成若干區域，使各該區

---

[1]　應釐清的是，這裡只呈現概念上的對應關係，並非說明中央官治與地方自治的對立必要結構。如梁啓超《飲冰室全集》所言「集權與自治二者，相依相輔，相維相系，然後一國之政體乃完。」「自治之制，蓋所以補官治之不足，而與官治相輔而行。」

[2]　杉原泰雄，《憲法的歷史》（北京：社會科學文獻出版社，2000年），頁187。

域成為自治單位，享有法律上權利義務主體的地位。區域內的居民得在憲法和法律規定的範圍內，並在國家監督下，依其自主意志組織自治機關，制定規範，並本於財政自主原則，處理該區域公共事務的一種地方政治制度。

　　作為憲法上的一種政治制度，相對於國家所必須具備的領土、人民、主權、政府等四大要素，地方自治的實施，至少也必須具備如下幾個要素：

一、相對於國家的領土要素，地方自治乃存在於一個國家範圍內的特定區域。

二、相對於國家的人民要素，地方自治的構成主體為住居於該區域內的住民。

三、相對於國家的主權要素，地方自治乃由特定區域內的住民組成的團體，具公法人地位，享有自治高權。

四、相對於國家的政府要素，地方自治乃由該特定區域居民依其意願組成自治機關，處理該區域的公共事務。

　　地方自治團體，接近於「微縮的國家」，兩者構成要素，容有近似之處。但相似之中，亦有所區別：

一、領土與區域

　　不同於國家擁有的領土，理論上具不可分割性，而且通常具固定性，其取得方式按國際慣例，不外先占（occupation）、時效（prescription）、添附（accretion，例如填海造陸）、割讓（cession）、獨立（independent）等，或殖民時代的征服（conquest）、購買（purchase），現代也可能採公民投票（referendum）方式決定領土屬那個國家或地區能否獨立……等。

　　地方自治團體的區域範圍，主要乃源出於「空間上」與「社會生活關係上」的聯繫要素，可能先於國家的產生，就已在歷史上自然形成一個空間上休戚與共的生活共同關係，或在國家形成之後，為因地制宜及就近提供服務職能的需要或某種政經政策的考量，透過政治力予以區劃。同時，

地方自治團體的轄區也非總是固定不變的，國家基於政治經濟環境的需要，可以彈性進行自治區域的分割、整併、調整。

二、主權與自治權

其次，自治權也不同於國家主權（Sovereignty）。主權是在一個國家領域內所具有至高無上、排他、不受其他主權主體干涉的政治權威；地方自治權是相對的、侷限的，地方自治團體在法律上雖然享有自主、獨立的權利主體地位，但地方自治團體終究不是「國中之國」，為維護國家法律秩序的統一與憲政體制的完整，地方自治的實施，在憲法與法律的約制下，仍受到國家一定程度的監督。

三、國民與居民

人是社會經濟活動的主體，同時為國家與地方自治團體的構成要素之一，須加區別的是，國家主權屬於全體「國民」（如德國基本法第20條、日本國憲法前言、義大利憲法第1條、我國憲法第2條等），國民擁有國政最高的決定權，也是國家權力行使的正當性來源，即「國民主權」原則。所稱「國民」，必為具備該國國籍而為該國國民者，始足當之。但地方自治團體的主體，雖也多要求必須為國民，但更強調「居住」（或設籍）當地或於當地「生活」的事實，有些國家甚至單純因「居住」的事實，就賦予參與當地自治決策的權利[3]。

---

[3]　如法國第五共和憲法第3條規定：「國家主權屬於人民，人民通過其代表及公民投票行使主權。」但2001年3月舉行的地方選舉，卻首次允許歐盟成員國的公民，也可以參與基層自治體的選舉。

四、政府組成

　　政府作為國家的要素之一，以學者芬納（S. Finer）的說法，「政府是體現制度化的政治」，廣義言之，是由負責為群體制定集體決策的機關所組成[4]。雖然，在現代民主國家，都係透過國民意志以組成國家政府；但在君主制或20世紀極權國家的政府形式，其權威則未必來自於人民的同意。至於地方自治的實施乃源自民主主義的發展，地方自治團體政府的組成，無論採用哪一種模式，都必然要與當地住民的自主意志相結合；抽離當地住民的意思，很難想像「自治」的意義。政府作為社會中最大的公共組織，不僅負有價值導向、安全保衛、維持秩序的責任，也肩負政治統治、經濟管理、社會協調的社會寄託。從任務範圍角度，政府職能可分為政治職能、經濟職能和社會職能。其中，中央政府最主要的職能是政治職能，其次，是在經濟方面通過財政和貨幣政策調節經濟發展，確保宏觀經濟的穩定增長。至於，地方自治團體所處理的公共事務，較大的層分是涉及當地公共利益的社會職能，例如土地使用規劃、交通、衛生、教育、文化、環保、治安等。

第二節　地方自治的核心內容

　　從上述的論述，可以歸整出地方自治的實施必須具備兩個核心內容[5]，即「住民自治」與「團體自治」[6]。「住民自治」，即「地方事由地方人管」，不外是地方直接民主的表現，故性質上屬政治意義的自治；「團體自治」則因其含有不受國家權力侵害、干涉的自由權意涵，在性質

4　張明貴，《政治學—政府與政治》（臺北：五南圖書，2002年），頁7。

5　學者有稱為「構成要件」、「本質」、「本旨」等，不一而足。

6　黃德福等，《中央與地方權限劃分調整問題探討》（臺北：行政院研究發展考核委員會委託研究，1993年），頁19-21。

上屬於法律意義的自治。從地方自治的發展歷程分析，英美與歐陸的地方自治，其實各有其不同的重點[7]：

一、住民自治

「住民自治」根源於保護論，認為自治的權利屬於天賦，為人民所固有，先於國家而存在，原始社會由個人結合的自由社群便具有自治權；國家出現後，這種固有的自治權依然存在，國家不但不能干涉，而且應予保護。基於民主主義的原理，強調特定區域內住民的自我管制與自我實踐，並從政治觀點出發，強調地方公共事務，應經該地域內住民的同意或參與，由當地住民依其自主意思自行規劃、決定與執行；並就其結果，自我負責。

住民自治是地方人民自主權力的展現，失此要素，地方自治即失其存在的意義，不具自治的實質意涵。但住民自治僅為自治權的充分條件，卻非必要條件，仍須配合團體自治方為完足。自歷史發展的軌跡而言，住民自治的理念，以英美國家為典型。

（一）英國

英國素有地方自治母國之稱，其住民自治傳統可謂是支撐英美法系國家民主政治最重要的基盤。英國住民自治的傳統，早於11世紀成為統一國家之前，即已存在parish（教區）等基於「生活共同體」關係而自然形成的社區單元結構，其公共事務即由住民全體組成的住民大會決定，構成住民自治的原始形態。

長此以往，住民自治深植人心，住民參與地方事務的處理，變成住民的固有權利，並在19世紀，即建立起地方自治法制的基礎[8]。1834年修正

---

[7]　蔡秀卿，《地方自治法》（臺北：三民書局，2009年），頁18-25。

[8]　於此僅在說明住民自治產生的原始形態，不能因此過度解讀英國的地方自治團體擁有所謂的先於國家的自治權力；作為單一制國家，英國的地方自治團體仍是源自於1888

的《濟貧法》（Poor Law Amendment Act 1834），本法執行機關「監護委員會」（board of guardians）的部分委員，得由居住該教區擁有土地的所有權人或占有人，按一定比例選舉產生，初具民主議會的雛形。1888年制定《地方政府法》（Local Government Act），將地方行政區域重新劃分county、town、borough，各設議會組織，部分議會成員亦由住民選舉產生，英國近代地方自治制度正式確立[9]。

（二）美國

美國地方住民自治的概念，在殖民地時期基本上是承襲自其母國（英國）。約1830至1840年的郡委員會（county board），也是由3個以上住民選舉產生的委員組成。

大體言之，英美兩國地方自治的形成，都是起源於由住民主導決定或執行地方公共事務的精神。不同的是，英國的住民自治形態是由於歷史、宗教等生活共同關係自然形成的；在美國卻有其發展上特色，美國擁有形式多樣、差別巨大的地方政府[10]，本來依照《獨立宣言》，「人民有權改變或廢除任何對人民共同利益造成破壞的政府形式，並有權創立新政府。」

但此一自治政府的基本原則，是否適用於州以下的地方政府，卻一直存在爭議；人民組建地方政府的權利很大程度仍取決於州政府的態度。許多大城市處理事務的自主權，是市民向州議會請求，經州議會同意並通過「市憲章」（city charter）所賦予；市議員雖由住民選舉產生，但城市自

年制定的《地方政府法》；換言之，英國的地方自治團體仍屬中央政府的創造物，其法人資格的取得是透過國會立法權所賦予。

[9] 1929年地方議會承接施行近百年的「監護委員會」的權力與責任，board of guardians於翌（1930）年廢除。

[10] 美國州以下所稱的地方政府，是由8萬多個郡（county）、鄉鎮（township）、自治市（municipality）、特別區（special district），加上數以萬計的準政府組織（quasi-governmental orgaization）共同集合成。

治體是州議會的創造物，州議會可以變更自治城市的組織與權限。

美國獨立建國後，城市住民對這種由州議會主導地方自治的機制，逐漸表現不滿，要求地方事務應由城市自主處理，禁止州議會以特別立法方式限制城市權限。並由市民起草自治憲章草案，經住民投票同意後報送州議會或首長批准，或僅報備查，即發生與州議會通過的憲章同等效力。美國現在有近一半的州制定「地方自治條款」，允許地方住民有權制定「地方自治憲章」（home-rule charter），賦予住民自主治理的權利，得改變或廢除現有政府形式並創建自己所選擇的政府形式[11]。

二、團體自治

所謂「團體自治」，是基於自由主義的立場，強調地方與國家間的分權關係，追求免於國家干涉的自由，從法律觀點出發，在中央政府的主導決定下，劃定國家領土之內的特定地域，賦予獨立於國家之外的法律人格，得依一己的意思與目的，經由自己成立的機關，而非國家派任機關，自行處理該地域內的公共事務，強調自治團體的自主權。基本上不認為人民有天賦的自治權，而由國家主權所賦予，國家可隨時撤回這種權利。

團體自治乃是自治權的最基本要素，缺此要素，自治權將失所附麗，不具自治的形式意涵。但團體自治雖為自治權的必要條件，卻非充分條件，仍須配合住民自治方為完足。自歷史發展的軌跡而言，團體自治的思考模式在法、德等國較為發達。

（一）法國

中古世紀以來的歐洲國家，國家的種種活動幾乎都由中央（特別指王室而言）決定並執行，徹底的集權。但另一方面，所謂的國家活動，範圍不外是外交、戰爭、賦稅與刑罰，中央對地方居民的日常生活規範不感

---

[11] Vincet Ostrom, Robert Bish & Elinor Ostrom, *Local Government in the United States* (San Fransisco: ICS Press., 1988), pp. 1-18.

興趣；人民日常生活遁入了兩個領域：其一是教會，教區組織結構遍及全國，由神職人員進行運作；其二是莊園，是集經濟、政治、法律於一體的行政管理單位，彼此之間互不干涉。

另外，從11世紀到13世紀，在七次十字軍東征與回教徒西進，以及東西雙方商業往來文化交流，在各東西要道上所形成的「自由市」，相對於廣大鄉村處於封建領主，這些自由市所具有的獨立自主性乃突顯在擁有自我的規範制定權。16世紀龐大的民族國家建立以後，法國國王菲力普四世與教皇發生衝突，國家推行了主要可能就積極干預的政策。按照科層原則組織起來並直接依托於中央權力的行政官員，其毫不掩飾的目的就是要動搖和摧毀舊的地方自治，從而控制各地方。

1789年大革命爆發後，在雅各賓黨的主導下，正式走向典型的中央集權之路。1799年拿破崙一世掌權，通過的「共和八年憲法」，翌（1800）年通過有關《法國領土及行政管理的分割法》（la loi du 28 Pluviôse an VIII Concernant la Division du Territoire de la République et l'administration），廢除舊的地方結構，根據歷史傳統將法國的地方分為省（Département）、區（arrondissement）、縣（canton）與市鎮（commune）四個行政層級。1804年拿破崙稱帝，修改憲法，取消執政府，將無限的權力集中於皇帝身上，設「省督」（Préfet）制度，作為皇帝統治人民的工具，確立中央集權的行政管理體系，奠定法國地方制度二百年的基礎[12]。1958年第五共和憲法將地方組織明確劃分為市鎮、省及海外領地，並明定地方組織由民選議會依據法律規定實施自治；在各省及各海外領地內，政府所派駐代表負責維護國家利益、行政監督與法律之遵守。由此可見，法國的地方自治，是從中央集權的需要，創設地方自治團體，並賦予該團體法律上的人格，得在中央派駐官員監督及法律的規範下，享有自治的權能。

---

[12] 有關法國中央集權與地方分權的演變史，詳參劉文仕，〈法國地方分權制度的嬗變與前瞻〉，《地方分權改革新趨勢》（新北市：晶典文化，2012年），頁39-100。

（二）德國

　　二戰後的德國，雖然走向聯邦體制，但其地方自治的發展思維，卻明顯受到法國地方傳統的影響。在中世紀晚期，大多數城市也曾經獲得「自治市」的地位，但幾個世紀後，便失去獨立性，轉而處於絕對主義統治者的權力控制之中。19世紀後，才「自上而下，開始推行」地方自治改革；普魯士於1808年頒行《普魯士王國城市組織條例》，奠定德國現代地方政府基礎的先導。

　　該法揭示「保護自由，透過參與維持市民精神」，開啓一種地方自治模式的先河。其制度核心可謂吸收了1789年法國地方制度的精髓，一方面賦予民選的議會「不受限制地決定地方共同體所有事務的權力」，一方面由議會選舉產生的市鎮行政機構，在「雙重功能」的原則下，除執行地方事務之外，並須執行國家委託的任務，將地方政府定位在國家管制的架構內。

　　其出發點，並不在於承認地方擁有獨立於國家的固有自治權限，「自治團體」的建構與權限的賦予，只是一種「工具性」目的，透過地方自治培養住民對公共事務與國家政策的關心，在普法戰爭後，建立統一的德意志帝國，重新建立強權的中央集權。其本質並非承認地方自治團體享有獨立於國家的固有自治權，而是在國家管制的架構內，由國家所承認或賦予，在限定的範圍內才享有自主性。

　　這樣的精神，在1919年轉向民主的威瑪憲法後，地方制度的基本條款，才開始發生有意義的轉變，其第127條明定保證市鎮與郡「在法律範圍內」實行自治。1949年戰後的德國基本法第28條，再次申明市鎮、郡都有權利「在法律的範圍內，本其責任，處理地方共同體的所有事務」[13] 並

---

13 但就國家的構成而言，地方政府並非聯邦體系中的一個獨立層級，而是州政府的一個組成部分，由各州政府制定「地方治理法律章程」（Gemeindeordnungen and Kreisordnungen）予以規範。Hellmut Wollmann著，陳偉、段德敏譯，《德國地方政府》（北京：北京大學出版社，2004年），頁4-10。

規定地方民主機制，賦予地方居民政治參與權。

　　簡言之，德國是將地方自治制度作為國家統一的手段，並透過居民民主的保障來實現地方自治團體的自治機能。

三、住民自治與團體自治的關係

　　綜合上述，可以大致歸納，英美的地方自治是先於國家的歷史事實，是社群居民相互間基於「生活共同體」關係而自然形成的社區單元結構，於近代國家體制形成後，為防止國家權力的絕對化，而保留該自治體的存續；至於歐陸地方自治，則是在近代國家建立之後，為維繫政治支配體制而創設。其形成背景既屬不同，對於自治的意義、自治保障的程度、範圍，自亦不同[14]。

　　但就地方自治的機能而言，住民自治與團體自治具有手段與目的並行而互補的關係。住民自治須以團體自治為前提，地方自治才不致淪為空談；團體自治若無住民自治，固可避免中央權力的壓迫，但來自地方權力機關的內部壓迫，對住民造成的痛苦可能更直接、更切身感受。日本的地方自治由於先後受德、英及美國的影響，其地方自治制度是不同模式結合的產物；上述兩種地方自治理論在日本地方自治中即呈現出「團體自治」與「住民自治」的結合。而當代立憲主義國家，不分英美法系或歐陸法系，二者在觀念上也漸趨一致，地方自治的理念，莫不兼含團體自治與住民自治兩個意涵。

　　基於國民主權與人權保障的憲法原理，團體自治可謂是達成住民自治的手段，而住民自治則為地方自治的核心。質言之，一方面地方自治團體擁有免於國家干涉的自由，進而形成垂直的權力分立以制衡國家權力；而住民自治則強調人民自律的自我統治與自我實現。團體自治的原則要求把國家干預限制在最小限度內，充分發揮地方自治團體的自主性與自律性。該原則在制度上表現為擴大地方公共團體事務，強化地方公共團體的自治

---

[14] 蔡秀卿，《地方自治法》（臺北：三民書局，2009年），頁24-25。

權，確立地方財政的自主性，縮小國家的監督權。住民自治的原則要求有
關地方團體的行政，盡可能在更多的範圍內，承認住民參與的機會，最大
程度地滿足住民關心本地方公共團體運營的要求，賦予地方自治團體處理
事務的權能。該原則在制度上表現為：由住民直接或由住民選舉的代表組
成自治機關，行政事務以住民直接或間接選舉的地方自治團體的意志決
定，由居民自主監督地方的運營。

第三節　地方自治權的來源

一、地方自治權理論的發展

　　地方自治權的來源，涉及自治本質的論證，既有本土制度歷史實踐過
程的回應，又有全球發展思潮的匯流。從早期英美與歐陸地方自治的發展
軌跡，大致與地方自治內涵的論述形成一定的脈絡關係，可以歸整出兩者
不同的政治維度，也相應出現「固有權說」及「傳來說」兩種學說，彼此
分庭抗禮；嗣經長期的歷史流變，理論內涵在原有概念基礎上不斷延展、
修正與完善，學者又提出「制度保障說」與「人民主權說」。茲分述如
下：

（一）固有權說

　　固有權說源於1787年法國大革命時期自然法的思想，與個人擁有天
賦權利一般，認為地方權乃與國家權相對應的概念，地方自治團體的自治
權係其固有的權力，性質上相對於「憲法」或「國家」，乃先驗的存在；
因此，憲法或國家法律對地方自治權的規範僅具確認意義，不具形成效
果。

　　從人類政治社群的發展歷史觀察，人類社會的組織乃是由小而大，從
家庭、聚落、城邦等生活共同體、遞次發展成為國家結構。法、德中古世
紀的「自由市」如此，英國11世紀成為統一國家之前的教區等社區單元亦

然。同樣地，在美國的各級政府建制中，最早的政府結構不是聯邦，而是市鎮，尤其是新英格蘭地區的市鎮[15]；亦即先有完全自治的市鎮，而後才有郡，郡又成立於州之前，而州成立於聯邦之前。因此，地方固有權是早於國家的，地方結合成為國家後，才將部分權力交給國家。

　　地方團體的起源既遠在國家形成之前，即非因國家的承認才開始存在；毋寧因為人類生存所必須的共同生活圈的漸次擴大，最終乃有國家的成立。因此，國家非但並未創設地方團體及賦予其權利，相反的，地方團體乃為其自身的利益而組成國家，國家則自地方自治團體受讓其權利。

　　此種說法，與「社會契約論」有其理論上共通之處。在這類國家中，地方才是一般人民生活的重心。此種學說常用於限制國家以立法方式削弱地方的自治權，對地方自治的保障有正面效果。

　　然而，單一國家主張的主權單一不可分性，地方自治固有權觀念係在預設國家存在的前提下形成，主張地方自治權係與國家對抗的概念，不免與傳統的主權學說有所扞格，基於國家統一性考慮，法理上，也難以獲得多數贊同；徵諸歐陸地方自治的發展，強調地方自治權先於國家存在，也與歷史不符。即使是在美國的三級政府體制中，各州都有制憲權，州政府享有高度的自治權，而各州有關於地方自治的規定，若非由州憲法加以規定，就是由州立法法案加以規定；無論採取哪一種形式，都無法改變地方政府的自治權力是由州所賦予，而非固有的基本認定。事實上，美國地方政府的自治程度，很大程度上取決於州與地方政府的關係。因此，固有權說從美國自治法制的發展歷史，也非全無缺陷。

（二）傳來說

　　此說最早產生於19世紀後半葉的德國。該理論基於主權國家理論，基於國家主權單一不可分，國家內部不可能存在與主權同質、並可與之抗

---

15 新英格蘭地區位於赫德森河（Hudson River）以東，包括今天的康涅狄格、羅德島、馬薩諸塞、佛蒙特、新罕布希爾與緬因等六個州。

攘的地方固有自治權，認為自治權是由國家傳來的；地方自治團體的法律
人格地位、區域範圍，都是來自於國家的創設，強調國家的存在對地方自
治的意義。作為自治權內容的立法、財政、組織、人事等權能，也唯有在
國家承認的前提下才有存立的餘地，國家並可隨時撤回承認，或以修改憲
法或法律的方式限制或剝奪自治權能，因此，又稱為「承認說」、「委任
說」或「國家授與說」。直到威瑪憲法時期，該學說仍為德國的許多學者
所接受。

此說用來解釋歐陸於近代國家成立以後的地方自治發展，容有其說服
力。日本學者也從不同方面論證傳來說，認為不可以將地方自治權力視為
絕對化的存在，地方公共團體既是一種地緣性的協同團體，又是作為超越
其地區而存在的國家統治機構環節之一的公共性機能集團。地方公共團體
離開國家不可能有完善獨立的存在，離開了國家權力，不可能具有獨立的
固有權，其存在的根據全在於國家的權力[16]。

美國法制上，愛俄華州最高法院法官John F. Dillon於1868年City of
Clinton vs. Cedar Rapids and Missouri Railroad Company案所建構的「迪倫
法則」（Dillon's rules），也採傳來說，指出「地方自治團體的設立、權
力都源自於州的立法機關。是州立法機關賦予地方自治團體以生命，沒有
前者，後者就沒有存在的可能。州立法機關可以創制地方自治團體，相對
也就可以予以廢止，或剝奪地方自治團體的權力、控制其自治活動。於不
存在憲法限制的條件下，州立法機關甚至可以通過法律，摧毀本州內所有
的地方自治團體——假設州立法機關真有可能如此愚蠢、荒謬的話。……
因此，地方自治團體只不過是州立法機關的代理人。」

迪倫法則顯然將地方政府視為州政府的創造物。聯邦最高法院曾於
1903年Atkins vs. Kansas、1923年City of Treton vs. New Jersey案兩度接受
迪倫法則；1907年Hunter vs. City of Pittsburgh案，聯邦最高法院判決指
出，「州」對「市法人」有無限制的權力，市法人是州的次級政治單元，

---

[16] 山內敏弘，〈分權民主論的50年〉，張慶福主編，《憲政論叢》（北京：法律出版
社，1998年），頁371。

係基於州政府權力運作便利而創設；市法人的權力源自州的授予，授權的大小、性質、期限、區域，均取決於州的絕對裁量權，……州並可隨時撤銷或修正此類授權[17]。

　　傳來說符合單一國家地方自治的歷史經驗，在美國法制上也多次受到聯邦最高法院的加持，過去曾居於主流通說的地位。但傳來說也意味著國家對地方自治的絕對優勢，不但地方政府的自治地位很不穩固，地方自治權的內容充滿流動性，甚至地方自治權限之有無也完全繫於國家意志決定，在極端的情況下甚至如迪倫法則，中央可以全盤否定自治權，摧毀所有的地方自治團體。在地方分權的全球發展趨勢下，此說不被現時學者廣泛支持，自可理解。

（三）制度保障說

　　「固有權說」與「傳來說」分別立於地方自治權與國家主權保障光譜的兩個極端。

　　晚近興起的「制度性保障說」（Einrichtungsgarantien）則在接受傳來說立場的前提下，兼顧地方自治權的保障，予以折衷、補充，認為地方自治是隨歷史的發展所衍生的重要政治制度，與其他的法律制度（如大學、婚姻、財產制度等）相同，均應受到憲法的保障，以避免制度的本質或核心事項受到立法者的侵擾。

　　此說源於德國威瑪法時代，1928年學者卡爾‧史密特（Carl Schmitt）所著的《憲法學》一書，其原始意涵乃在於透過憲法的規定，一個特別的保護可以保障特定的制度，並對抗國家（特別是立法者），禁止其濫用其權限排除該憲法規定[18]。1931年Schmitt發表《自由與制度性

---

[17] B. J. Fordham, *Local Government Law: Legal and Related Materials* (Mineola. New York: The Foundation Press, Inc., 1986), pp. 51-52; E. G. Frug, *Local Government Law* (St. Paul, Minn.: West Publishing Co.,1994), p. 109.

[18] 德國威瑪憲法時代，主流的憲法學說認為基本權利並不拘束立法者，認為基本權利的規定只是一種方針條款，因而立法者得透過立法手段任意限制人民的基本權利。為保

保障》（Freiheit und institutionelle Garantie）一文，正式自威瑪憲法第127條[19]規定的解釋論出發，肯認市鎮與市鎮共同體的自治，爲歷史傳統過程中所形成應受憲法保障的公法上制度。

制度保障說基本上維持傳來說的立場，認爲地方自治權來自國家的承認，另一方面，又重視憲法對地方自治的保障，即確認地方自治爲憲法秩序的重要組成部分，國家的法律不得任意侵害地方自治的核心領域。

該說於戰後至1970年代，一直是德國公法學界的通說；1950年代也被日本清宮四郎與田上穰治等學者採用，成田賴明更進行新的論證，認爲「現代國家的地方公共團體並不是建立於國家對立、緊張關係之上的自然權和人格權主體，而是作爲民主的國家構造的一環，和國家一起，爲服務國民生活福利的提高，而將由國民主權出發的公權力從國家獨立出來，在各地自己的責任之下所行使的制度，自發尊重這種制度的意義，並把它作爲一種在本質性內容上不容侵犯的公制度來保障」[20]。

換言之，本理論並非將地方公共團體視爲國家的對立物，而是在憲法和國家結構之內的共存物，此有益於理解現代社會國家與地方之間的相互依存關係。

然而，制度保障說也有其本質上的弱點，既然認爲國家立法不能破壞作爲國家公法上制度的地方自治法律，即國家法律不得隨意破壞地方自治法律的有效性，也不能破壞由歷史傳統所形成的制度內容及其本質內容的法律。但地方自治制度的「核心或本質」內容究係爲何？實則言人人殊，

障人民基本權利，Carl Schmitt提出「制度性保障理論」，主張「制度」和「基本權利」二分，認爲「某些既存或爲憲法所肯認的制度須受憲法直接保護，立法者不得以法律任意變更其核心價值內涵」，這就是原始意義的制度性保障。詳參Carl Schmitt著，劉鋒譯，《憲法學說》（上海：上海人民出版社，2005年），頁169-192。

[19] 威瑪憲法第127條規定：「市鎮與市鎮共同體在法律範圍內享有自治權力。」（Gemeinden und Gemeindeverbände haben das Recht der Selbstverwaltung innerhalb der Schranken der Gesetze.）

[20] 山内敏弘，〈分權民主論的50年〉，張慶福主編，《憲政論叢》（北京：法律出版社，1998年），頁371-374。

本身就是一個不確定的法律概念，在學者之間無法形成一致的見解。尤其，地方自治既係因憲法規定而受保障，是否可以透過修憲程序，根本剝奪地方自治權或廢止地方自治團體？如為肯定，保障地方自治的功能，其實仍相對有限。

（四）人民主權說

如果說制度保障說是為修正國家意志決定論，在承認說的立場上加以補充，使與現代立憲主義發生連結；人民主權說則可謂是為補充固有權說的不足，提供更上位的理論基礎。

早在1868年美國「迪倫法則」的提出，就一直受到州權派的反對，1871年密歇根州最高法院首席法官庫雷（Thomas Cooley）於People v. Hurlbut一案就首先發難，認為聯邦憲法第十修正案「本憲法所未授予合眾國或未禁止各州行使之權力，均由各州或人民保留之。」就哪些權力保留給人民？雖未明確指明，但地方自治的權力應該是保留給人民的天然權力；據此，人民有權獨立制定憲法與自治憲章，劃定地方政府單位的結構與權力，而非由州政府通過州憲法或州立法法案來決定地方政府的設置與權力或權利。

這就是著名的「庫雷主義」（Cooley Doctrine），這個理論很快得到印第安納、德克薩斯與愛俄華州的支持。

如托克維爾所論證「美國的市鎮成立於郡之前，郡又成立於州之前，而州更成立於聯邦之前。」而市鎮之所以擁有自治權，與其說是市鎮的固有權，毋寧應是更根本的源自於1620年代「五月花號公約」（The Mayflower Compact）所確立的植基於全體人民意願的自治原則。根據這個公約，「每個人都是其自身利益最好的也是唯一的裁判者，除非社會感到自己被個人行為侵害或必須要求個人協助，否則社會無權干涉個人的行為」，因而每個人都應該是自己事務的主宰，而將這一原則擴展到州與地方政府的關係中，則意味著市鎮在所有公共事務都由全體市鎮居民自主決定。

當承認說被質疑傾向國家意志決定論，而固有權說又缺乏歷史經驗的支持，爲補充固有說論理的不足，1970年代以來，出現「新固有權說」，指出地方自治並不是國家承認之後才成立的，而是居民及地方團體本來就有的基本人權，乃至固有的團體基本權。也有人指出，地方自治並不是由憲法或國家所賦予，而是作爲民主主義的內在要素所固有的物質而存在的[21]。其實，就已隱含人民主權論的概念。

尤其，在20世紀中葉後，因經濟的全球化，地方政府一方面取得更強化的職能，一方面因國際競爭壓力導致國家施政效能的集中需求，以及跨國、跨域企業在地方營運上的影響，地方自治結構被扭曲，地方事務被企業財團操縱，地方未得其利先受其害；而隨著都市化的興盛，都市公害、生態的破壞，及其他社會問題滋生，市民意識覺醒，市民運動興起，要求直接參與公共事務的決定。

人民主權說崛起，其理論已不單是爲補充固有說的理論闕漏，而是要積極地以人民主權思想強化地方自治的權利。強調地方分權的垂直制衡其要義與權力分立的平行制衡並無二致，國家與一切地方自治團體的存立，都應以人權保障爲終極目標。地方自治權直接淵源自人民主權的必要授權，其實質含義要求在涉及人民大眾的事務中必須有人民的參與。這種參與既表現爲有關國家整體事務的決策與處理，又表現爲涉及地方事務的決策和運營。人民主權在國家和地方關係上有一最基本的要求，即「地方優先」或「地方優位」，亦即凡是地方公共團體能夠處理的事務，應當完全由地方公共團體自己處理的原則[22]。

---

[21] 山内敏弘，〈分權民主論的50年〉，張慶福主編，《憲政論叢》（北京：法律出版社，1998年），頁372-373。

[22] 許志雄，〈地方自治的觀念與理念〉，《憲法之基礎理論》（臺北：稻禾出版社，1992年），頁283。

二、評價

　　地方自治不僅是縱向的國家權力分配方式，其背後還有深刻的社會政治理念作為其制度支撐。現代語境中的地方自治是對絕對國家主義的克服，是個人主義與個人自由等價值在地方生活的體現，也是近代西方民主政治根源的幽暗意識的反映，透過地方自治對中央政府過度集權發生垂直制衡的力量，形成國家絕對主義與個人自由之間關係的平衡籌碼。

　　其實，各種理論的產生，都只是特定國家政治實踐過程中的反映，伴隨著國家所面臨的問題的解決需要而建構，很難說孰是孰非。學者在論述地方自治權理論時，經常就提及上述的四種理論。其實，嚴格來說，地方自治權的來源就只有「固有說」與「傳來說」兩個對立的命題。這兩個命題，在方法論上本來都歸納自歷史經驗的實存現象，而非出自理論邏輯上的應然理想，不同的經驗事實，就會形成不同的結論。因此，理論建構就不應以此非彼。

　　然而，在不同觀點之下，依然可以看到一些共同之處，即以中央與地方利益上的對立作為解決中央與地方關係的觀念前提，發展和確保地方自治權力的實現，在堅持國家主權單一原則的前提下，尊重地方居民的意願，滿足其參與願望，實現生動、活潑的地方生活。

　　隨著社會的演進，傳統意義上的地方自治觀念出現了一些新的問題，在面臨經濟全球化和政治民主化潮流過程中，地方自治概念本身不斷受到新的挑戰，其內涵也會不斷發展，「制度保障說」與「人民主權說」的提出，檢視其內涵，其實只是分別針對「承認說」與「固有說」理論不足的闕漏，予以補充，而非否定。人民主權說與固有權說一脈相承；制度保障說則欲藉由地方自治的理想形態及不可侵犯的核心領域，透過憲法手段取得國家的承認，並發生「定住」的效果。

　　我國憲法就垂直權力分立之政府體制，係採單一國，而非聯邦國體制[23]。從早期地方自治的發展過程，承認說本應有較高的解釋力。惟自大

---

[23] 111年憲判字第6號參照。

法官釋字第498號解釋參酌德國法制，將「制度性保障」理論引進地方自
治開始[24]，制度性保障說幾乎成為國內地方制度討論顛撲不破的主流見
解。

　　從權力的法律關係上言之，聯邦制是地方自治的憲法化[25]；透過允許
各州和聯邦分享「主權」，聯邦制為地方自治提供了憲法性保障。在聯邦
制國家，中央或地方政府所擁有的權力，需透過憲法的規定，且權力分配
也只有通過修憲才能改變[26]；換言之，聯邦制已經為各地方主權提供了天
然的政治保障。因此，如果說憲法為地方自治提供了制度性保障，在聯邦
制國家固無障礙[27]。

---

[24] 我國制度性保障理論在實務上最早由大法官在釋字第380號解釋引進，迄第396號解釋
　　則全面肯認制度性保障在我國憲法實務上的地位，並逐漸擴及訴訟制度（釋字第396
　　號）、大學自治制度（釋字第380號）、地方自治制度（釋字第498號）等。第498號解
　　釋謂「地方自治為憲法所保障之制度。基於住民自治之理念與垂直分權之功能，地方
　　自治團體設有地方行政機關及立法機關，其首長與民意代表均由自治區域內之人民依
　　法選舉產生，分別綜理地方自治團體之地方事務，或行使地方立法機關之職權，地方
　　行政機關與地方立法機關間依法並有權責制衡之關係。」理由書則釋明：「地方自治
　　團體在憲法及法律保障範圍內，享有自主與獨立之地位，國家機關自應予尊重。」早
　　於釋字498，釋字第419號解釋就副總統可否兼任行政院院長的解釋，即已提及地方自
　　治團體的制度保障，是憲法的基本原則之一。

[25] 張千帆，〈主權與分權—中央與地方關係的基本理論〉，《中研院法學期刊》，第3
　　期，2008年9月，頁55-113。

[26] Mark Tushnet, "Federalism and Liberalism," *Cardozo Journal of International and
　　Comparative Law*, Vol. 4, 1996, pp. 329-344.

[27] 但是這種保障並非不能打破，例如美國聯邦憲法的修憲標準很高，而得以約束聯邦權
　　力的擴張，然而在羅斯福新政期間通過聯邦最高法院被迫認可的不成文方式，仍然從
　　根本上改變了聯邦與各州權力分配。美國司法實施聯邦主義的方法有三種：「權力」
　　聯邦主義界定權限並對聯邦權力規定限制，「過程」聯邦主義通過代議政治機構為聯
　　邦主義利益提供保護，「豁免權」聯邦主義則為州政府界定了一定範圍的法律上的豁
　　免權。事實上，美國經驗表明，權力和過程聯邦主義似乎都不足以約束聯邦權力的
　　擴張。參見Ernest A. Young, "Protecting Member State Autonomy in the European Union:
　　Some Cautionary Tales from American Federalism," *New York Uni. Law Review*, Vol. 77,
　　2002, pp. 1682-1718.

　　然而，如學者所言，由於在單一制，主權「原子」並沒有發生「裂變」，即使在地方分權的單一制國家，主權仍然屬於中央，地方只是獲得某種程度的立法授權。單一制憲法一般既不規範中央和地方關係，也不限制中央的立法權限，因而中央可以在任何領域立法，甚至在邏輯上完全可以就某個地方問題立法，而不違反任何憲法條文或原則，例如法國。此所以有學者斷言，單一制和聯邦制的最大差別在於地方自治是否具有憲法地位[28]；從而，在單一制國家的地方自治能否引用制度性保障的理論，仍是個爭議性的問題。

　　我國憲法雖別於一般單一制國家的憲法體例，分別於第十章、第十一章與增修條文第9條，規範了中央與地方的權限及地方制度，但如據以論定我國地方自治受憲法制度的保障，則未必真切；至少不能說明全部的狀況，例如直轄市與鄉鎮市的自治，則無法以原始意義的制度性保障理論圓滿論述。

　　直轄市的設計是我國相當獨特的制度，原來，五五憲草第111條規定：「市之自治，除本節規定外，準用關於縣之規定。」並無直轄市與市的區分。但1943年5月19日國民政府公布的「市組織法」第3條則規定：「凡人民聚居地方，具有左列情形之一者，得設市，受行政院之指揮監督：一、首都。二、人口在百萬以上者。三、在政治經濟文化上有特殊情形者。」開啟院轄市制度的先河。其意旨殆以首都為全國施政中樞，中央機關均設置於此，且為國際觀瞻之所繫，自宜隆其體制。人口在百萬以上者，社會情形必甚複雜，公安、衛生、公用事業等設施亦與普通縣市不同，亦須較多的組織機構，故設為直轄市。至政治經濟文化上有特殊情形者，如當時的廣州為南區經濟中心，雖人口未必達於百萬，亦有設為直轄市的必要[29]。

28　張千帆，〈主權與分權—中央與地方關係的基本理論〉，《中研院法學期刊》，第3期，2008年9月，頁55-113。

29　林紀東，《中華民國憲法逐條釋義（第四冊）》（臺北：三民書局，1988年），頁152。

　　然檢討當時政治背景，此等規定的目的，與其說是爲賦予特定城市特殊的自治地位；毋寧認爲是基於政治經濟上的考慮，意圖減少此等城市的自治性格，此由該法第15條規定：「院轄市市長，簡任。」而非民選，約可索其梗概。1947年制憲時，於第十一章「地方制度」章，除明定省、縣的自治及市準用縣的規定（第128條）外，第118條復規定：「直轄市之自治，以法律定之。」並未賦予憲法直接保障的地位。

　　又如，鄉鎮市這一層級的自治，在制度性保障理論的架構下，其周延性也有待推敲。根據我國憲法規定，縣（市）是最基本的自治單位，縣以下並無鄉鎮市自治的規定。鄉鎮市自治過去終究是行政命令的產物，省縣自治法與地方制度法雖繼續保留此一基層自治，然其自治地位卻經常朝不保夕，生殺予奪似乎都操諸中央政府的意志。

　　而根據Carl Schmitt提出的制度性保障理論，其原始意義原爲「某些既存或爲憲法所肯認的制度須受憲法直接保護，立法者不得以法律任意變更其核心價值內涵」。第二次世界大戰後，德國基本法正式落實人民基本權利的效力，人民得直接援引憲法中的基本權利對國家主張，本理論的內涵也因應作出調整。調整後的制度性保障理論即爲通稱的現代意義的制度性保障，指「國家必須建立某些制度或法律，確保其存在，以實現基本權利」。若欠缺一個可以實現基本權利之環境或制度，縱使人民空有基本權利也不具意義；現代意義的制度性保障理論即在敦促國家必須建構各種足以實現人民基本權利的制度或法律。

　　問題在於，我國直轄市與鄉鎮市的自治，本來就不是源自於憲法的指令，而僅屬於憲法授權立法者自由創設或立法者（甚至行政部門）所自行創造的產物，立法者當然有充分的權限可以作出各種可能的決定，其權力與職責可以輕易被中央政府限制或擴張，地方自治團體可以被再造、再組織，甚至最極端的「去自治化」[30]。

---

[30] 當然這是就法制邏輯的推論，然而從政治層面，如果因地方政府在法制上扮演從屬的地位，而認爲任何地方政府體制的存廢，都由中央政府的意志來定奪，就大錯特錯了。

　　由於我國地方自治並非全部受憲法的保障，大法官應該注意到這個「要命」的闕漏，釋字第498號一方面釋明「地方自治為憲法所保障之制度」，另方面卻又說「地方自治團體在憲法及法律保障範圍內，享有自主與獨立之地位，國家機關自應予尊重。」將制度性保障的內涵從憲法位階，擴張至法律位階，以此自圓。然而，將制度保障說最重要也最原始的憲法位階的意涵，下降至中央立法機關所得制定、修、廢的法律層次，是否仍能維持該理論的存在價值？不無疑義。

　　值得推敲的是，大法官釋字第419號揭示國民主權、權力分立、地方自治團體的制度保障，均屬憲法的基本原則；但在2000年3月所作出的釋字第499號解釋，同樣揭示具有本質重要性的憲法基本原則，卻不再論列地方自治團體[31]。其時間點，又正好於精省之後，而鄉鎮市去自治化議題方興未艾之時，是否因此影響大法官有關地方自治團體制度保障論的邏輯思維？也不得而知。2022年1月4日起施行的《憲法訴訟法》（以下簡稱憲訴法）第82條立法說明，更明確指出「憲法保障之地方自治……不及於鄉、鎮、市」，則更直白地點出制度保障說在鄉鎮市自治層級的缺憾。

第四節　地方自治權的內容

　　從憲法層面來看，地方自治制度是藉由地方自治團體的設置，令國家權力組織垂直性地「去集中化」或「分散化」，即「垂直分權」，目的是在追求更有效率、更符合民主思想——垂直性權力分散的結果往往也就能更接近人民——的組織設計[32]。地方自治既意味著地方居民對地方公共事務享有自我決定的權力，一方面又標識著地方自治團體擁有免於國家干涉

31　僅羅列「憲法第1條所樹立之民主共和國原則、第2條國民主權原則、第2章保障人民權利，以及有關權力分立與制衡之原則」。

32　蔡宗珍，《地方自治法規之效力及其監督之研究》（內政部委託研究報告，2005年），頁11。

的自主權力，進而形成垂直的權力分立以制衡國家權力，這樣的權力構成地方自治團體的「核心領域」或「核心成分」，學者稱爲「地方自治團體統治高權」。其項目或範圍應包含組織權（organisationshoheit）、人事權（personalhoheit）、財政權（finanzhoheit）、立法權（satzungegewalt）及空間規劃權（planungshoheit）。茲分述如下：

一、自主組織權

　　地方自治團體在受憲法及法律規範的前提下，享有自主組織權。所謂自主組織權，係指地方自治團體對該自治團體是否設置特定機關與其組織形態、內部或外部組織、職掌分派、職位與員額配置、事務處理程序等，得視各該自治團體轄區廣狹、人口多寡、社會結構繁簡、公共事務質量及其他情形，由該自治團體自行決定的權限[33]。

　　然此一組織權限亦非漫無邊際，如美國聯邦憲法第4條第4項即明定「合眾國應保證全國各州實行共和政體（republican form）」，以此相對於君主制、貴族世襲制度或直接民主制，此一條款雖被Charles Sumner稱爲「沉睡的巨人」，授予國會至高無上的權力，得直接監督各州活動，以確保各州遵行「共和體制」[34]。但只要符合共和體制的架構下，各州即得自行決定政府的組織形態，包括採一院制而非聯邦政府的兩院制。

　　我國地方制度法也規定，中央可透過準則框架的規範，取得對地方組織設計的主導權。對於各級地方自治團體的機關、單位及職位，應由中央訂定準則性的規範，再由地方自治團體依據該規範訂定組織法規。大法官釋字第467號解釋並明示：地方自治團體享有自主組織權[35]。釋字第527號

---

[33] 釋字第527號參照。

[34] Edward S. Corwin & J. W. Peltason著，結構群譯，《美國憲法釋義》（臺北：結構群文化，1992年），頁183-184。

[35] 另依《行政法人法》第41條第2項規定：「經中央目的事業主管機關核可之特定公共事務，直轄市、縣（市）得準用本法之規定制定自治條例，設立行政法人。」本來，在法制上，中央應先核可符合法定要件而得設立行政法人的特定公共事務，地方政府即

解釋理由書，進一步闡述：「所謂自主組織權係謂地方自治團體在憲法及法律規範之前提下，對該自治團體是否設置特定機關（或事業機構）或內部單位之相關職位、員額如何編成得視各該自治團體轄區、人口及其他情形，由該自治團體之立法機關及行政機關自行決定及執行之權限。」

　　惟地方制度法既規定對各級地方自治團體的機關及職位的設置程序，應由地方立法機關依照法律及中央主管機關擬訂的組織準則，制定組織自治條例，始得辦理，違反此一程序設立的機關及所置人員，地方立法機關自得刪除其相關預算、審計機關得依法剔除、追繳其支出。

二、人事自主權

　　地方自治團體對該區域的公共事務，既擁有自主決策的權力，相對即負有決策良窳與執行成敗的責任；地方首長為貫徹其政策與理念，自應相對賦予任免、遷調所屬職員協助其完成自治任務，並且在其職務關係內有做成相關人事決定，排除中央干預、主導的人事行政權力。為此，德國、法國及日本等國家，並有「國家公務員」及「地方公務員」體系的區隔，中央及地方各自立法規範公務員的任免等事項，彼此互不隸屬、交流。

　　在我國，釋憲實務見解就人事高權的部分，未見指示；有認為屬於中央的考試權，當然包括憲法明定的人事行政權，因此人事行政權自非地方自治的範疇[36]。憲法第108條並將「中央及地方官吏之銓敘、任用、糾察及保障」，列為中央自行立法並執行，或得交由省、縣等地方自治團體執

得據以自主決定是否立法設立行政法人，遂行公共事務。但行政院人事行政總處則函頒「中央目的事業主管機關審核地方特定公共事務設行政法人處理原則」，一方面規定全國地方政府以設立五個為原則，一方面又規定地方政府應先提出申請書，送中央就組織、業務、財政、人事等各面向，邀請相關機關、學者專家先行審核（行政院104年5月1日院授人字第1040033025號函參照），核可後始得制定自治條例，設立行政法人。從行政法人法規定的業務面的監督，擴及於數量多寡必要性、組織、財務、人事面的監督。

36 法治斌、董保城，《憲法新論》（臺北：元照出版社，2010年），頁422。

行的事項；換言之，人事行政權僅屬委辦事項，地方自治團體仍需透過中央法律的授權，才取得該權力；憲政實務上，對國家公務員與地方公務員也未加區分，地方公務員從考試、訓練、分發、任用、懲處、保障、退休及撫卹等，仍均適用與中央公務員同一規範的法制，並受到中央考試權節制。但從確保地方自治高權的總體趨勢分析，地方政府一級單位主管或附屬機關首長從過去的事務官，逐漸政務化[37]，使與地方行政首長同進退，此意味著地方首長在人事任用權上的擴大與彈性，有利地方首長網羅理念一致的優秀人才至地方服務。

三、財政自主權

　　財政自主權即地方自治團體為支應自身提供地方公共服務所需經

---

[37] 依1950年的臺灣省各縣市實施地方自治綱要，縣除了縣長係透過公民自治選舉產生外，綱要本身並無副縣長或其他輔佐人員的規定，更無任用方式或任用資格條件的規定；而是在中央與地方公務員一體化的原則下，由銓敘部依公務人員任用法規定，以「職務列等表」的方式呈現。在國家整體組織譜系中，縣市的一級單位主管或一級附屬機關首長，僅被歸類為相當部會所屬四級機關的地位，為薦任第九職等的事務官。1989年8月28日考試院才以考臺祕議字第2677號函「准」人口逾150萬的大縣市（如臺北縣），可跨到簡任第10職等。相反地，當時，省政府與直轄市政府則相當於部會層級，省主席或直轄市市長由行政院官派，其一級機關首長則相當於部會司處長，職務列簡任第12職等。1994年省縣自治法與直轄市自治法的施行，是地方首長人事權的一個關鍵變遷。首長改由直接民選，並於法律中明定省政府與直轄市政府一級機關首長，職等改列為比照簡任第13職等的政務官，副省長與秘書長則比照簡任第14職等。但縣市一級單位主管與一級機關首長，於2000年之前仍維持原狀，未予調整。地方制度法施行後，始將縣市一級單位主管與附屬機關首長，不分大小縣市，一律調高為簡任第11職等，並參照人口多寡，單位主管有3至5人可以機要進用；2006年修正地方制度法，更進一步將得機要進用的人員不分主管或首長，增至二分之一；2007年，機要進用又改列為比照簡任第12職等的政務官。另，考試院為解決直轄市與縣（市）間，公務員「同一職務不同職等」的問題，於2018年5月10日院會通過「縣市公務員職務列等調整」案，縣（市）政府副局（處）長職等比照直轄市，由薦任第9職等調高為薦任第9職等至簡任第10職等。

費，而得自行籌措必要財源，並予自主管理的權限。「財政」為庶政之母，公共事務的實施與建設有賴於財政的挹注，地方財政可謂是自治團體最重要的物質基礎，是地方自治的血脈與核心內容，財政狀況的良窳，直接就影響到施政能力的強弱；「自有財源」（own-source revenues）的重要性，不言可喻；而充足的自有財源，又是地方「財政自主」的關鍵[38]。

自有財源不足，一切施政都需仰賴於中央的補助，則一切地方自治權限均將流於空談，欠缺現實的實踐意義[39]。所謂「地方財政」，指地方自治團體透過租稅及財產管理等方式獲取收入，加以管理運用，從而籌措處理地方公共事務所必要的經費。財政自主權，包括自主課稅權（租稅立法權、租稅收入權及租稅行政權）以及預（決）算的編制權與自我控制權。但單憑自主財源仍無法滿足地方自治團體最低度的財政需求，更重要的是，穩定財源與財政自主權的保障。

例如釋字第550號解釋指出：「地方自治團體受憲法制度保障，其施政所需的經費負擔乃涉及財政自主權的事項，有法律保留原則的適用。」即揭明此一意旨。對於地方稅課權作為地方自治團體財政高權的一部，釋字第277號解釋就說明，地方自治團體得依地方稅法通則規定行使憲法第109條第1項第7款及第110條第1項第6款賦予的自治稅課立法權。另釋字第346號解釋亦曾指出：「有關納稅義務之事項，固宜於名為稅法之法律中規定之，惟憲法並未限制其應規定於何種法律，而立法機關就某種稅捐是否課徵，認為宜授權主管機關裁量，因而以目的特定、內容具體及範圍明確之方式，所為之授權規定，亦非憲法所不許。」也就是說，地方的單行性法規亦得作為地方稅課的立法依據。

---

[38] 黃世鑫、郭建中，〈自有財源與地方財政自主？地方自治內涵之省視〉，《政策研究學報》，2002年，第7期，頁1-34。

[39] 蔡茂寅，〈當前地方自治重大問題及其因應之道的問題—政黨輪替下的思考〉，《新世紀智庫論壇》，2000年，第10期，頁39-40。

四、自主立法權

地方自治團體為處理地方公共事務，落實自治政策，自須相應擁有制定在其管轄區域內具強制法效力的規範性法律文件的自主權限[40]。

相對於財政自主等明顯而直接的效益，自主立法權係屬隱性的、間接的，而較不被地方政府關注；但誠如學者所稱，立法權是中央與地方權限劃分中，競爭最激烈的領域，誰一旦掌握立法權，誰就擁有第一線發號施令的地位[41]，此所以有認為自治立法權為地方自治的核心[42]。判斷某種組織體的自我決定權的有無，最重要的要素便是規範定立權；換言之，自治立法權即地方自治體是否擁有自主權的最重要依據[43]。因此，地方立法權不論是在權力分工或是職能行使上，都是地方自治體是否能夠實現真正的地方自治的主要指標。

在聯邦制的國家，為確保各邦自治權限不至於遭到聯邦的不當侵奪、限制，立法權的分配為憲法的重要內容，固勿論；即使在單一制國家，也不乏於憲法層次明定地方的立法權力，如日本國憲法第94條、韓國憲法第117條規定，地方自治團體，得於法律範圍內，制定條例或有關自治的規定。法國1958年第五共和憲法對此雖屬空白，但2003年憲法法第72

---

[40] 國內的實務理解，通常亦將所謂的「政策規劃權」視為地方立法高權的延伸範疇。長久以來，學界與實務界通說均採否定論，至地方制度法第三章第三節「自治法規」規範功能的全新設計，才有了本質的改變，也揭開了臺灣地方立法體制改革及自主立法權積極運轉的序幕。地方制度法突破舊威權時代的封閉政策，將地方自治法規採用與國家法律同樣的法制用語，而以自治條例稱之，並賦予自治條例得規定罰則，建構「干預保留」的法效性，形成相對於「法律保留」而有一定的「法制空間」的「自治條例保留」概念。參劉文仕，《地方立法權—體系概念的再造與詮釋》（臺北：學林文化，2001年），頁148。

[41] 黃錦堂，《地方自治法治化問題之研究》（臺北：月旦出版社，1998年），頁39。

[42] 陳櫻琴，〈論「地方立法權與執行中央政策之爭議」〉，《月旦法學雜誌》，1998年11月，第42期，頁63-74。

[43] 塩野宏，「国と地方公共団体との関係のあり方」，ジュリスト（東京），1074号（1995年），頁233。

條第3項也已明定「地方自治團體爲行使其職權，擁有條例制定權。」

　　我國憲法第109條及第110條，本即定有「省（縣）立法事項」，第113條及第124條復有「省（縣）立法權由省縣議會行之」的規定，釋字第527號解釋又明揭「地方自治團體在受憲法及法律規範之前提下，享有……對自治事項制定規章並執行的權限。」足見，在我國憲法層次上，地方自治團體擁有自主立法權，應無異論[44]。

五、國土的空間規劃權

　　特定地區土地空間利用的調整與安排，密切關係該地區經濟發展與特色，地方自治團體對自治轄區內的土地，應有負責加以設計規範的自主權力。地方國土規劃係屬廣義的自治高權之一，一般學者都以計畫高權（Planungshoheit）稱之；惟計畫高權也經常被用來指涉政策規劃形成的自由或行政區劃，本書則僅指自治團體就其轄區內土地可否利用、如何利用、如何進行土地空間的平面管制[45]，如規劃何者爲住宅區、商業區、工業區、農業區、文教區、保育區……等（即土地使用分區管制），以發展其經濟、文化特色的自主權限。爲免混淆，特以「國土的空間規劃權」稱之。

　　我國過去有關土地的平面管制，因土地是否屬都市土地或非都市土地，分別適用不同規範體系。若屬都市計畫範圍內的土地，其管理依據爲《都市計畫法》及其授權訂定的施行細則與《土地使用分區管制規則》；若非屬都市土地，則依《區域計畫法》及其授權訂定的施行細則與《非都市土地使用管制規則》管理。

　　本來在國家法律對於國家與地方自治團體的計畫高權，爲一定的權限分派決定，建構中央與地方權限劃分的秩序；於此項立法決定不牴觸憲法與地方制度法的前提下，相關計畫主體的行政機關，自負有遵守該等權限

---

[44] 有爭議的，只是地方自治團體能否制定具強制性的自治法規？（詳第十一章）
[45] 另外還有垂直管制，主要係屬建築法規範的領域。

分派秩序的義務[46]。依《地方制度法》的規定，都市計畫的擬定、審議及執行，是屬於自治事項。根據《區域計畫法》規定，非都市土地的各種使用地「編定」的計畫管制措施及其「變更」，係由《區域計畫法》授權訂定，而依《地方制度法》規定，「都市計畫」爲地方自治事項，論者又謂區域計畫屬都市計畫的一環，因此，也應屬地方政府的自治權責事項[47]；而各該地方自治團體在法律及其授權法規的容許範圍內，應享有一定的「規劃形成自由」，俾滿足地方自治團體的空間設計需求。自治監督機關亦僅能根據憲法、法律以及授權法規進行適法性的監督，而且其依法律授權訂定的管制規則，也必須保留給地方主管機關一定的計畫形成餘地，不能以過度嚴格的要件限制「架空」其空間規劃權。

　　依2016年5月1日施行的《國土計畫法》，《區域計畫法》不再適用

---

[46] 前大法官蘇俊雄於釋字第532號解釋協同意見書參照。

[47] 這樣的認知，其實並不符法制沿革的實際。國土資源的利用原包含三個層次，由上而下爲：國土規劃、區域計畫及都市計畫。40年代，由於國土規劃概念的模糊，曾將區域計畫列爲都市計畫的一種；但62年修正《都市計畫法》時，鑑於區域計畫的擬定是以區域性的地理特質、資源條件、人口成長及經濟活動等作爲考慮基礎，屬於「都市」以上的發展計畫，並以均衡城鄉發展爲目標；因此，特將《都市計畫法》有關「區域計畫」的規定刪除，另行制定《區域計畫法》。質言之，區域計畫法規範的事項是跨自治區域的，是都市計畫法的上位法；地制法上的「都市計畫」概念並不能涵攝區域計畫，區域計畫不屬於地方自治事務。其次，依憲法第108條規定「土地法」係由中央立法並執行，或交由省縣執行的事項，也就是一般所稱的「委辦事項」。都市計畫法與區域計畫法，原來都是內政部地政司主管的法規，屬於廣義的「土地法」。縱使70年成立營建署，該二部法律都改由營建署主管，但因土地管制乃涉及土地政策的實施，「非都市土地管制規則」仍保留由地政司主管。綜上可知，非都市土地管制事項，在法制的變遷過程中，從未改變其由中央統籌劃一的屬性，僅容許「直轄市或縣市政府」酌情調整而已，其性質應屬委辦；此所以各地方均僅由行政機關用公告方式調整，而未制（訂）定自治法規。縱有訂定規則的需要，亦僅能由縣市政府以「國家官署」的角色，訂定「委辦規則」，議會應無權制定自治條例。惟學者陳立夫、陳愛娥對此有不同意見，參內政部營建署2020年2月4日召開「直轄市、縣（市）國土計畫、土地使用管制規則及國土功能分區圖之法律性質座談」會議紀錄。

（§45），本法一方面規定由直轄市、縣（市）主管機關應辦理直轄市、縣（市）國土計畫之擬訂、公告、變更及執行；全國國土計畫公告實施後，直轄市、縣（市）主管機關應依中央主管機關規定期限，辦理直轄市、縣（市）國土計畫之擬訂或變更（§15Ⅰ前段），並應報請中央主管機關核定（§11）。另一方面又規定直轄市、縣（市）全部行政轄區均已發布實施都市計畫者，得免擬訂直轄市、縣（市）國土計畫（§15Ⅰ後段）。前者，似仍採《區域計畫法》的精神，認屬中央權限，但地方可在中央所定框架下，擬訂轄區內的國土計畫；但後者則又似維持《都市計畫法》的精神，地方擁有較寬廣的規劃自主權。

自我評量

➤ 何謂地方自治？地方自治運作可能存有那些問題？試論述之。（100地特）

➤ 地方自治區域與國家行政區域之差別何在？請說明之。（91升等）

➤ 何謂團體自治？何謂住民自治？請說明其意義，並舉各種例子說明之。（92升等、93地特、94特原）

➤ 從地方自治歷史的發展形態來看，吾人可以從團體自治和住民自治兩方面來瞭解憲法保障地方自治的意義，試分別就此兩方面申論其內涵。（98地特）

➤ 請說明地方自治的意義及其構成要件。並詳述地方自治的本質理論。（94高）

➤ 請詳細討論地方自治權力來源的不同學說，並分析我國在實務上是採取何種學說？（110地特）

➤ 對一個國家整體的有效運作而言，地方自治可發揮那些功能？試分別說明其內涵。（97身障）

➤ 請問如何以憲法保障地方自治團體之權力，以實現團體自治之意涵？試申述己見。（103原四）

➤ 依司法院大法官解釋，說明地方自治團體之基本權為何？上開基本權之設定，對我國地方自治之發展有何貢獻？（92地特、94地特）

CHAPTER

5

地方自治的全球化趨勢

第一節　全球化對地方自治發展的影響

全球化是一個長期的、整體性的社會歷史變遷過程；包括各種社會關係與處置措施等空間性組織的轉變，而產生跨越洲際或橫跨區域的行為、互動與權力運作等交流與網絡的一種或一系列過程。

在學理上，全球化是指「互賴程度的增加」、「時空的壓縮」、「跨越疆界的活動」[1]。儘管學者對全球化存在不同視角的看法與理解，卻有一項共同結論，亦即Castells所詮釋的，全球化是區域界線消除的進程，其結果之一就是全球互賴主義產生的新生活方式[2]。其基本特徵就是，在經濟一體化的基礎上，世界範圍內產生一種內在的、不可分離的和日益加強的相互聯繫及依賴[3]。全球化幾乎將世界上的所有國家都納入到國際政治經濟的一體化進程和全球的互動網絡之中。隨著經濟全球化的浪潮、資訊網絡時代的衝擊，在全球治理的理念下，國與國的疆域日趨模糊，一方面創造出超國家的區域集團，如歐洲聯盟（EU）、亞洲太平洋經濟共同體（APEC）與北美自由貿易組織（NAFTA）……等。

另一方面，全球化深遠的變遷，在生活中的每一個層面展開，世界任何角落的事件都會對其他每一角落的演變產生影響，國際網絡和其他距離瓦解了時空距離，從而，世界正進入一段異常複雜的時期，民族國家及其政府不再像以前那麼勝任，其主權與邊界日益具有可滲透性。

國際因素已經成為制約國內政治發展的基本變量，國家能力捉襟見肘，地方也無法自外於大環境；這無疑改變了層級組織與網絡型組織之間、權威的垂直流動與水平流動之間的平衡，伴隨著新的治理模式的衍化，國家機關的角色與功能必須因應國際政治經濟情勢變化的衝擊而調

---

[1] David Held等著，沈瑞宗等譯，《全球大轉變：全球化對政治、經濟與文化的衝擊》（臺北：韋伯文化，2001年），頁21、37。

[2] M. Castells, *The Information Age: The Power of Identity* (New York: Blockwell, 1997), p. 6.

[3] 俞可平，〈經濟全球化衝擊下的治理變遷與中國政治〉，曹天予主編，《現代化、全球化與中國道路》（北京：社會科學文獻出版社，2003年），頁295-314。

整，連帶影響到中央與地方政府之間的權力配置與運作方式。

　　在國際事務往來聯繫的擴張化、深化與迅速化之下，形形色色與相互對立的力量正被釋放出來，這些力量可被歸結為處於一方的全球化、集權化、一體化，與處於另一方的地方化、分權化、分裂化之間的衝突。這些力量之間的衝突「分合並存」，如何在兩極之間，尋求對立方向的平衡，成為各國權力結構再建構的核心議題。因此，在全球化的時代最引人注目的變化，是政治分裂與權力分散，眾多的分歧力量來自幾種相反的拉力：全球化vs.區域化、集權vs.分權與整合vs.零碎化；James Rosenau稱這種力量間的衝突為「裂解整合」（fragmegration），以便涵蓋存在於裂解（fragmentation）與整合（integration）兩端之間的複雜連結[4]。表現在地方政治系絡的變化，其中一個值得注意的趨勢就是「地方治理」概念的出現與擴大。

　　過去，政府是由上而下的管理；到了20世紀末期，「政府已非國家的唯一中心」，國家不再單獨承擔所有的責任，事實上國家也無能為力解決所有外在環境的挑戰，造成國家公共權威的移轉，包括向上移轉（國際組織）、向下移轉（國家次級政府，如區域、地方及社區等）及向外移轉（市場、社會與非營利部門）的三大方向。其中，向下與向上移轉，乃形成公共事務行為主體的多元化與分散化，但行為者之間彼此相互依存且各有自主性，產生多層次的連結關係與地方治理概念的出現[5]。這種國家公共權威的移轉，基本上仍是一種分權觀[6]。從1980年代起歐洲的整合已逐漸衍生出多層級的治理模式，由於歐洲的整合，促使國家參與決策機制的

4　James N. Rosenau, *Along the Domestic-Foreign Frontier: Exploreing Governance in a Turbulent world* (Cambridge University Press, 1997), pp. 25-52, 99-117.

5　Tony Bovaird & Elke Löffler, "Moving From Excellence Models of Local Service Delivery to Benchmarking 'Good Local Governance'," *International Review of Administrative Sciences*, Vol. 68, No. 1, 2002, pp. 9-24.

6　高永光，〈兩岸地方治理之比較研究〉，《國政研究報告》：憲政（研）094-006號（臺北：財團法人國家政策基金會），2005年5月10日，http://old.npf.org.tw。

權力逐步移轉到歐盟及其國內的區域與地方政府[7]。

　　從1990年代以迄21世紀帷幕開啓，世界大部分國家都在積極尋求政府改革的途徑，各式各樣的改革策略應運而生，政府改革從一個國家擴散到另一個國家。而觀諸這些國家，其歷史背景雖有不同，也各有其獨特的政治制度，又處於不同的發展階段；但學者研究發現，這些國家所秉承的改革觀念與戰略卻驚人地相似[8]；改革的一個重要動力就是民主化；而「地方分權」又是民主化最常見的主題。

　　全球化一方面可能摧毀行爲的本土情境，但另方面也在各地導致了「對地方的重新強調」[9]。因此，「全球化」與「地方回應」是一組伴隨而生的現象，尤其隨著全球化的實現，地方主義越來越重要。究其主要原因包括：

　　第一，國家在面臨經濟持續低迷、嚴重失業與財政赤字的困境下，中央政府將「分權」作爲樽節公共支出的政治手段之一，促使地方政府必須承擔更大的財政責任[10]。

　　第二，社會結構的變遷導致都市化的人口集結，對公共基礎設施的需求遽增，地方政府面對的公共議題更加複雜。

　　第三，全球化不僅擴大國家與國家之間的互動，地區、城市之間的交流、聯繫也更形密切，促成地方政府之間既競爭又合作的關係。在參與經

---

[7] L. Hooghe & G. Marks, *Multi-Level Governance and European Integration* (Oxford: Rowman and Littlefiel, 2001), pp. 71-74.

[8] Elaine Ciulla Kamarck, "Globalization and Public Administration Reform," in Joseph. S. Nye Jr. and John D. Donahue eds., *Governance in a Globalizing World* (Washington: Brookings Institution Press, 2000), Chapter 12, pp. 271-296.

[9] 李永展，〈全球化與社區產業經濟—南投水里上安社區爲例〉，《建築與規劃學報》，第3卷第1期，2002年，頁1-14。A. Giddens著，李惠斌、楊雪冬譯，《超越左派右派：激進政治的未來》（臺北：聯經，2000年），頁2。

[10] 劉坤億，〈地方政府治理機制的創新挑戰：市場治理模式的功能與限制〉，發表於「地方自治變革與地方政府功能提升」學術研討會（臺北：內政部民政司與淡江大學公共行政學系暨公共政策研究所共同舉辦，2002年12月22日），頁1-25。

濟全球化的過程中，都市是地方政府展現競爭優勢的核心區域，同時都市的行政管理體制須與國際接軌，城市發展不再是個別國家的問題，而是全球共同面對的問題[11]。

在全球化經濟體制之外，政治結構的分權和權力下放在更廣泛的意義上，成為一個事關福利國家存續的問題。社會文化、生態環境和經濟問題的複雜性要求適當而有效的解決辦法；這種解決辦法不可能「自上而下」，地區和地方參與者的技能和執行成為有效的解決問題的關鍵資源[12]。

隨著全球經濟的衝擊與中央政府的分權授能，地方政府肩負更重的責任，開始扮演「大」政府角色，以解決國內外環境變遷造成的城市衝突問題。各國為了因應挑戰，不能不重新審視賦予地方政府的實質權力[13]。而近40年來大規模的地方分權改革，其理念已非傳統的制衡思想，更大的成分是在於政府效能的發揮，減少中央調控、使民眾更容易接近及對民眾需求的有效回應。而以若干鄰近都市為核心的區域化發展（小區域主義 micro-regionalism），也是當前全球治理下的重要趨勢[14]，跨域資源整合與合作形成的區域主義，正是對全球化發展最佳的回應，同時也是對全球化一種最本土化形式的承接。不僅自治團體間的權限壁壘，已予撤除；中

---

[11] 劉宜君，〈地方政府因應全球化策略之研究—以臺灣臺北市為例〉，《競爭力評論》，第5期，2003年，頁82-99。

[12] M. Keating, "Europeanism and Regionism," in B. Jones & M. Keating (eds.), *the European Union and the Region* (Oxford: Clarendon Press, 1995), pp. 1-45.

[13] 劉宜君，《地方政府因應全球化策略之研究—以臺灣臺北市為例》，頁82-99。

[14] 國際政治相對於過去以國家為中心相互聯合的大區域主義，已經逐漸出現小區域主義的發展趨勢，這種小區域主義以國家內部的城市或經濟區為主體，通過與其他國家內部的城市或經濟區之間所形成技術經濟網絡相互聯結。這種區域主義的形成不是政府主導形成的，而是資訊技術、交通運輸以及全球財貨和服務市場所促成的。這些能夠互相連結的跨國的城市和經濟區，通常都是帶動經濟成長的火車頭，他們可以吸收資本帶來繁榮，享有相當程度的自主性。這種小區域主義是一種新形式的同盟關係，呈現以城市為多元中心的網絡組合。

央與地方間也應有更具彈性的權力流動。

　　當許多運動促成國家能力的縮減時，另一個重要的成果無疑是改變了層級組織與網絡型組織之間、權威的垂直流動與水平流動之間的平衡[15]。前者，形成多層級治理（multi-level governance）的概念，強調提升超國家與地方組織的角色，使用雙軌策略，一方面嘗試透過超國家合作恢復早已失去的領航能力，另一方面將競爭力，轉移至更深的層級，即地區[16]。區域中的次國家層級（地方）及政治——行政單位，成為國家中心下的一部分，重要性與日俱增。另一個典型特徵是，規則體系的大幅度擴散包括一種轉移治理以便他的操縱體制能更貼近其政策對象的趨勢，將以往的集中化的公共權威自願而合法地重新分配到各次級層次的治理體系[17]。

　　在全球日趨一體化的今天，各國的地方制度不斷經歷著變革，呈現出某些協同的趨勢，分權化已成為一種世界性現象。世界各國同樣都同時面臨來自地方與中央的挑戰。而國家邊界的重要性下降，地方政府體制成為在提供充分的服務、生活環境、地方特色、對投資者或居民要求的靈活反應方面進行競爭的重要部分。顯然地，國際經濟競爭的壓力，導致了次級政府網絡的誕生，並促動政府趨向一致[18]，全球化似乎與將許多政府職能下放給地方政府的要求同時發生[19]。

---

[15] James N. Rosenau. "Governance in the Twenty-first Century," *Global Governance*, Vol. 1, No. 1, 1995, pp. 14-43.

[16] Alexander Grasse & Jan Labitzke, Regions in a Globalisation-Localisation Dialectic and the Italian Case，發表於「全球地方治理理論與經驗」國際研討會（臺北：溫世仁文教基金會、臺灣歐盟研究中心等主辦，2009年11月14日）。

[17] James N. Rosenau & Ernst Otto Czempiel eds., *Governance without Government: Order and Change in World Politics* (Cambridge: Cambridge University Press, 1992), p. 3.

[18] Ann Marie Slaughter, "The Real New World Oder," *Foreign Affairs*, Vol. 76, 1997, pp. 183-197.

[19] Elaine Ciulla Kamarck, "Globalization and Public Administration Reform," in Joseph. S. Nye Jr. and John D. Donahue eds., *Governance in a Globalizing World* (Washington: Brookings Institution Press., 2000), Chapter 12, pp. 271-296.

第二節　地方自治的國際化發展

　　1980年代以來世界主要國家的地方自治發展已出現全球化的趨勢，例如1985年7月27日歐洲委員會（Council of Europe）就是在這樣的背景下，通過歷史上有關地方自治議題首見的國際協約：《歐洲地方自治憲章》（European Charter of Local Self-Government，以下稱歐洲憲章）[20]；1993年6月「國際地方自治體聯盟」（The International Union of Local Authorities, IULA）第31次大會，也參採歐洲地方自治憲章精神，通過《世界地方自治宣言》（IULA World Wide Declaration of Local Self-Government，以下稱世界宣言）；1998年5月，「世界城市與地方自治體協會」（World Associations of Cities and Local Authorities Coordination）與「聯合國人居環境中心」（United Nation Center for Human Settlements, UNCHS）更進一步共同草擬《世界地方自治憲章》草案（World Charter of Local Self-Government，以下稱世界憲草）[21]。其中，《世界地方自治宣言》僅屬政策理想的宣示性質，不具拘束力；《世界地方自治憲章》草案也因美國、中國及部分發展中國家的反對，迄今未正式通過。但這些文件，在在反應出各國都已體認到全球化對政府治理的衝擊，及其應有的回應作為[22]。揆其要義，仍可歸納出共同的趨勢如下：

一、揭櫫地方自治核心思想

　　正面肯定地方自治是落實民主政治體制的主要基礎，如歐洲憲章前言所揭櫫「公民有權參與處理公共事務，乃正當有效之民主原則」「維繫與

---

[20] 該憲章自1985年10月15日開放簽字，1988年9月1日生效。田嶋義介，《自治体が地方政府になる―分権論》（東京：公人の友社，2004年），頁22-24。

[21] 比較地方自治研究會、財團法人自治体国際化協會，《世界地方自治憲章と各国の応》（平成15年度比較地方自治研究會調查研究報告書，2003年），頁1-3。

[22] 山口二郎、山崎幹根、遠藤根（編），《グローバル化時代の地方ガバナンス》（東京：岩波書店，2003年），頁1-31。

加強歐洲各不同國家之地方自治，大有助於建立一個以民主政治與地方分權原則為基礎之的歐洲。」世界宣言與憲草前言也都揭示了類似的意旨。

其次，歐洲憲章也確認地方自治對行政效率與分權具有重要意義，揭示「公民可能就是在地方層面最能直接行使此一權利；同時，也只有地方當局可以完全擔負起公民有效與共同統治的責任。」「地方當局之存在，須有民選且高度自主之決策機構；地方當局應賦予可行之適當途徑與方法，以實現其職責。」世界宣言前言也同此意旨；世界憲草前言則更進一步從全球化的視角，指出「全球化所生問題，須於地方層級推動；且國家若與市鎮間缺乏緊密對話與合作，將無法推動解決問題。」

二、落實制度保障理論

三個文件均考量單一國與聯邦國的法制差異，同於第2條規定「簽約國須於其憲法或國內法承認地方自治之原則。」

三、界定地方自治概念

歐洲憲章第3條第1項具體確定「地方自治係指地方自治團體於法律範圍內，以自我之責任，為住民之權益，管理與營運基本公共事務之權利與實質權能。」至自治權的實現，同條第2項明定「應由住民以直接、平等、普通、秘密、自由投票之方式選出成員組成議會行使之。議會之外，並設置對議會負責之執行機關。」同時揭示代議民主不能妨害直接民主，明定「本規定於法律承認之範圍內，並不妨礙住民集會、住民投票及其他住民直接參與之權利。」

世界宣言第2條、世界憲草第3條原則上做類似的規定，但可能要避免涉入地方自治權「固有論」或「傳來論」的爭辯，減列了「於法律範圍內」的文字。對於地方行政機關的設置，也兼採「議行合一」與「議行分立」制，其主要人員由議會任命或以與議員相同之產生方式選出，均無不可。其次，憲草也未採「住民直接參與」的規定。

四、標識權限劃分原則

三個文件都有類似的詳細規範。

（一）自治權限內容

地方自治權限，分「法定」與「非法定」兩種，前者如歐洲憲章第4條第1項所定「地方自治團體之基本權限與事務，由憲法或法律定之。但其他依法律之特定目的而賦與地方自治團體之權限者，不在此限。」至於後者，第2項規定「於法律範圍內，凡未明文排除屬於地方自治團體之事務，或未被劃分歸屬其他團體之事務，地方自治團體均得自主處理之。」世界憲草第4條規定，大致與此相同。世界宣言第3條則分別規定在第3項與第2項。

（二）權限劃分原則

1. 法定原則

前揭歐洲憲章第1項，又稱「法定原則」，為確保地方自治權限，應於憲法或法律（特指有關地方自治的法律）為一般性的規定，或於其他專業法律予以明定。

2. 全權原則

前揭第2項所定的剩餘權的歸屬原則，即法律未排除於地方自治權之外的，或未明定專屬其他團體的事權，都概括歸地方自治團體得全權自主處理。

3. 輔助原則

「公共事務原則上應優先由最接近市民之政府層級處理之。如欲劃歸其他層級政府處理者，應考慮事務之範圍、性質，並符合效率性與經濟性之要求。」（歐洲憲章第3項）世界宣言與憲草均有同樣原則，這是權限劃分最重要的原則，又稱「基層自治體優先原則」。世界憲草還特別在前

言中揭示「輔助性原則是民主主義及市民參與發展之基礎。權責分配應基於此原則爲之。」

4. 概括排他性原則

　　賦予地方自治團體之權限，應具有概括排他性。除法律另有規定外，無論中央或廣域自治體，均不得侵害或限制該權限。（三個文件第4項規定雷同）

5. 委辦事務自主處理原則

　　中央政府或廣域自治體將事務委由地方自治團體處理時，應儘量賦予地方自治團體得斟酌地方情況予以處理之自由。（歐洲憲章、世界宣言第5項）

6. 地方參與原則

　　直接涉及地方自治團體之事項，於計畫階段或決策過程，應儘可能適時以適當方法，賦予地方自治團體表示意見之機會。（歐洲憲章第6項）

五、地方自治團體轄區變動

　　地方自治團體轄區之變動，應事先與相關地方自治團體協議。如法律定有住民公民投票之規定者，得以公民投票之方式決定之。歐洲憲章第5條、世界宣言第4條第2項及世界憲草第5條均有相同規定。

六、明定自主組織人事權

　　地方自治團體於不違反法律一般規定之範圍內，爲確保事務之有效處理，得依其地域之需要，自主決定其內部行政機關之組織。並得就職位之勤務條件，依勤務績效與能力，任用高資質之職員，提供適當之進修、俸給與升遷。歐洲憲章、世界宣言及世界憲草第6條均有類似規定。世界憲草考量到基層自治體能量不足，並特別規定「爲因應住民付託，履行其責任，市鎮得接受上級政府之協助，以提升其組織、技術與管理能力。」

七、保障地方公職人員的權益

　　三個文件對地方議會議員權利的保障均定有明文，規定「議員行使職權之自由，應予保障。」「對於議員執行職務所需之財政基礎與即因此所受收入損失之補償，以及專任議員適當之報酬與社會福利，應予保障。」「有關議員兼任職務或活動之限制，應以法律或基本原則定之。」世界宣言第4條第1項擴及行政機關主要人員的保障，規定「憲法或法律定有議會之休會或解散，或地方行政機關主要人員之停職或解職者，應依正當程序行之。並盡可能於法定之短時間內回復機關功能。」

八、規制自治監督原則

　　歐洲憲章與世界憲草第8條就自治監督應遵循的原則，包括下列三項，但世界宣言僅規定了依法監督原則與適法性監督原則：

（一）依法監督原則

　　對地方自治團體之行政監督，應依憲法或法律所明定之程序及事項之範圍內，始得為之。

（二）自治事項適法性監督、委辦事務合目的性監督原則

　　對於地方自治團體有關自治事務處理之行政監督，僅得以確保憲法原則或法律之遵守為目的。有關地方自治團體受委任事務之執行，上級機關始得為合目的性之監督。

（三）便宜及比例原則

　　對於地方自治團體之行政監督，應衡酌因監督所保護利益之重要性，並應以符合比例之方法為之。

九、確保財政自主權

　　三個文件都詳盡規定了地方自治團體財政自主權的保障。要點如下：

（一）固有財源及其處分自主權

　　於國家經濟政策範圍內，地方自治團體應享有權限，得自主處分充分之固有財源。

（二）事權與財政的均衡

　　地方自治團體之財源，應依憲法及法律所定之事務與權限比例定之。

（三）自主課稅權

　　地方自治團體之財源，至少應有一部分係來自於法律範圍內得自主決定稅率、費率之地方稅或規費。

（四）財政彈性運用權

　　地方自治團體得運用之財政體系，應具多元彈性，得適時因應處理事務所需支出之變動。

（五）財政調控制度

　　對於缺乏財政基礎之地方自治團體，應建立改善其財政負擔之財政調整手段；但該手段不得限制地方自治團體固有權限之自主性。對於地方自治團體的補助，應盡可能不限制其使用目的；補助金之交付，亦不得因此侵害地方自治團體固有權限範圍內事務處理之自主性。

（六）財政分配之意見參與權

有關地方自治團體財源之分配與其方式，應聽取地方自治團體之意見。

（七）自主舉債權

地方自治團體得於法律範圍內，以投資為目的舉債加入國家資本市場。

十、推動跨域合作

三個文件都規定了有關地方自治團體跨域合作的事項，包括地方自治團體得協助其他自治團體處理事務；於法律範圍內，亦得為實現共同利益而與其他自治團體組成聯合組織。符合法律所定條件下，並得與其他國家之自治團體共同合作。但歐洲憲章第10條第2項，對地方自治團體加入增進共同利益之聯合組織或國際組織，明定須取得國家之同意，世界宣言則無此規定。

十一、賦予司法救濟權

三個文件都規定「為確保地方自治團體得自主處理事務，並尊重憲法與法律保障之地方自治原理，應賦予地方自治團體司法救濟權。」

十二、住民參與權

這是世界憲草第10條特有，而為另兩個文件所無的規定。「市鎮決策過程及針對地方領導機能之遂行過程，應賦予住民參與有關市民以適切方式參與決定的權利。」「應賦予市鎮與非營利組織、私部門及其他利益團體建立合作關係之權能。」

第三節　各國的因應與趨勢：以歐盟為例

　　當許多運動促成國家能力的縮減時，另一個重要的成果無疑是改變了層級組織與網絡型組織之間、權威的垂直流動與水平流動之間的平衡[23]。前者，形成多層級治理（multi-level governance）的概念，強調提升超國家與地方組織的角色，使用雙軌策略，一方面嘗試透過超國家合作恢復早已失去的領航能力，另一方面將競爭力，轉移至更深的層級，即地區。區域中的次國家層級（地方），成為國家中心下的一部分，重要性與日俱增。另一個典型特徵是，規則體系的大幅度擴散，包括一種轉移治理以便其操縱體制能更貼近其政策對象的趨勢，將以往集中化的公共權威自願且合法地重新分配到各次級層次的治理體系[24]。

　　各國在地方分權體系方面因應全球化的制度策略，總的來說，主要表現在兩個部分，其一，為輔助原則在國內中央與地方關係上的適用；其二，為多層級治理架構的建構，這個議題也包括了大行政區的形成與基層自治體的整合。本書僅以歐盟[25]單一制國家的發展為例說明之：

---

[23] James N. Rosenau. "Governance in the Twenty-first Century," *Global Governance*, Vol. 1, No. 1, 1995, pp. 14-43.

[24] James N. Rosenau & Ernst Otto Czempiel eds. *Governance without Government: Order and Change in World Politics* (Cambridge: Cambridge University Press, 1992), p. 3.

[25] 英國於2019年正式脫離歐盟，但鑑於英國為地方自治母國，本節仍予列入。本節主要是以東歐以外的「單一體制」國家為基礎，包括西歐的法國、英國與愛爾蘭，南歐的義大利、西班牙、葡萄牙與希臘，以及北歐的丹麥、瑞典與芬蘭等10個國家，在特定部分再納入主要的聯邦制國家，如德、奧、比利時等。這樣的選擇，主要是出於同為單一體制的考慮；其次，雖然東歐的成員國，例如匈牙利、捷克、斯洛伐克，在前蘇聯解體後，地方制度也發生了很大的改變；各國先後都放棄了原先以中央命令控制地方管理的蘇維埃體制，建立地方自治制度，並加強對地方自治制度的監督，其地方制度某種程度從中央的嚴密管控朝向地方民主的變遷；但其終究尚未完成民主鞏固，對民主化過程的地方治理觀念仍有諸多矛盾，擔憂太多的地方民主會導致國家概念的裂解。P. Swianiewicz, "Cities in Transition from Statism to Democracy," in M. Haus, H. Heinelt & M. Stewart (eds.), *Urban Governance and Democracy* (London: Routledge,

一、輔助原則的興起與擴大適用

（一）輔助原則在歐盟與各成員國間關係的調和

輔助原則最早起源於1930年代教宗庇護六世對法西斯集權主義（totalitarism）的一種反動；從天主教的觀點而言，輔助原則被認為能夠有效地適用於社會組織中的各種社會生活，其主要的精神是，如果個人能做，家庭就不做；家庭能做，社會就不做；如果社會能做，政府就不做。

此教義一直為後繼的教宗所遵從，進而影響歐洲國家對政府與人民間關係的政治思維。惟其法制觀念的正式出現，則始自1958年的《建立歐洲經濟共同體條約》（又稱羅馬條約）第164條規定，在科技研發領域內，「共同體應採取行動以輔助會員國所採取的作為」；第174條規定，在環境保護方面，「共同體僅在其措施較會員國個別作為更能確保其目標的達成時，才採取行動。」

1982年歐洲議會曾正式決議輔助原則應成為修改《歐洲聯盟條約》的重要原則之一[26]。1984年歐洲議會提出《歐洲聯盟條約》草案（Draft Treaty on European Union）作為積極改革共同體的藍圖，其中將輔助原則視為一般的憲政原則，但最後並未被接受。一直到1993年生效的《歐盟條約》才正式明定採取「輔助原則」。

歐盟特別強調輔助原則，顯然是為防止共同體權力無限擴張的一個剎車動作，以維持共同體與會員國間的權力均衡。輔助原則是一種由下而上的組織原則，已成為處理國家主權與超國家機構權力之間矛盾的指導規

2005), pp. 102-128。而從立法的觀點來看，東歐的走向也不全然是為了拓寬地方職能，加速機構轉移，而是將其徹底限制在機械的方式內（Erik Amn°a & Stig Montin eds., *Towards a New Concept of Local Self-Government: Recent Local Government Legislation in Comparative Perspective* (Norway Fagbokforlaget: Bergen, 2000), p. 56參照）。這樣的民主背景，在發展理論上，其參考性仍待檢驗，因此未予納入。

[26] European Parliament Resolution concerning the substance of the preliminary draft Treaty establishing the European Union (14 September 1983), http://www.ena.lu.

範，對超國家體制的歐洲共同體各機構具有法律拘束力[27]。

　　2004年10月，歐盟25國領袖在義大利首都羅馬簽署《歐盟憲法條約》（European Constitution），確立輔助原則為歐洲聯盟運作的基本原則之一。並透過「法定職權原則」規範歐盟與會員國相互間的政治秩序。第I-11條第1項規定：「歐盟職權之界限依據法定職權原則。歐盟職權之行使受輔助原則與比例原則之規範。」第2項規定：「依據法定職權原則，歐盟應於會員國就本憲法約定職權範圍內活動，以追求本憲法之目標。本憲法未規定之職權，保留給會員國。」第I-12條規定歐盟職權主要包括：專屬職權、共享職權（shared competence）與補充職權。

　　其中專屬及共享權限，共同體享有優先適用原則。但優先原則又受到輔助原則的制約，明定：「專屬權限以外的領域，必須依據輔助原則採取行動。」並界定輔助原則是一個「動態的概念」（dynamic concept），「允許共同體在授權範圍內，基於情況的需要，得以擴張或限制其作為。」

　　在非專屬權限部分，共同體是否要行使權力，須考量兩項標準：1.較佳效果試驗（the more effective attainment test），判斷由共同體執行任務效果是否較佳，須依社會、經濟、科技與法律性質的客觀標準來決定。較佳效果意指較令人滿意，不僅技術上效益，有可能包括集權化的效益；2.超越邊境效果（the cross-boundary dimension effect），指任務的規模或效果超越國界方由共同體執行，是以如國家層級的行動對會員國顯然較有效益，或共同體層級的行動較不利於會員國，就不能通過此試驗。

（二）輔助原則與歐盟地方分權的的交互作用

　　輔助原則的運生原為聯邦主義者所極力爭取，旨在抗衡歐盟中央集權

27 王玉葉，〈歐洲聯盟之輔助原則〉，《歐美研究》，第32卷第2期，2000年，頁1-30。但有學者認為，輔助原則僅屬政治性宣示，非法律原則。A. Estella, *The EU Principle of Subsidiarity and it's Critique* (Oxford: Oxford University Press, 2002), pp. 159-175.

化的趨勢，一般亦認爲該原則具有類似聯邦主義（federalism）的意涵[28]。
輔助原則可做爲在聯邦體制內不同層級政府權力分配的準則，上級政府只
在下級政府無法有效解決問題時才出面協助，如此在最低層的單位均能獨
立自主，竭盡所能去處理地方事務，依次而上，以至各地區、各會員國，
最後到共同體或其他國際組織。

　　這種方式可以兼顧效率，又容許地方政府、地區，以至於國家，都能
依憑自己的熱望與特性，繁榮發展，免受高層權威不必要的干涉與限制。
聯邦主義的精神即要求下級政府的地位與責任應儘可能發展，放手讓底層
單位盡其所能，賦予最大可能的自主權，彼此形成一個既合作又競爭的組
織結構。所有決策儘可能接近民意，根留地方，保全地方社會文化的多樣
性。

　　本來，輔助原則並非僅侷限於歐盟與其加盟國的關係，也適用於一
國之中的中央與地方關係。1985年的《歐洲地方自治宣言》即揭櫫應以輔
助原則保障地方自治，強調地方應在不受外力的干預下自行處理地方的事
務，以維護地方自主性與自律性。

　　儘管如此，然而，歐盟發展的近前半世紀，正式條約（特別是1993
年的《歐盟條約》）中所規定的「輔助原則」，事實上都僅作爲歐盟與
加盟各國在處理主權上的最高指導原則，賦予會員國抵抗共同體擴權的依
據，並未保證會員國國內的地方自治。如此可能將原來由地方過渡到共同
體再返還給會員國的權限，反而落入各國中央或聯邦政府手中，相對強化
各國的中央集權，與當初「貼近人民」的初衷背道而馳[29]。

　　因此，歐盟憲法起草委員指出「落實輔助原則而不考慮地區（特別是

28　1991年歐盟條約草案剛出爐時，美國國務卿James Baker即謂歐盟採輔助原則，有如美
　　國的聯邦主義，即把責任下放給有能力做得好的最低階層的政府。王玉葉，〈歐洲聯
　　盟之輔助原則〉，《歐美研究》，第32卷第2期，2000年，頁1-30。

29　Andrew Evans, "Regional Dimensions to European Governance," in *The International and
　　Comparative Law Quarterly*, Vol. 52, No. 1, 2003, pp. 28-30.

原先擁有立法權的地區），是不現實的[30]。」故應使輔助原則適用於歐盟成員國的地區與地方，以確保後者較獨立的運作。由此乃催生出一套滲透著輔助原則精神與地方自治理念的歐盟的分權的基本價值元素：

1. 民主：提高聯邦州、自治區與其他具有立法權的準州實體（地區）的地位及專有權能。

2. 輔助性：歐盟應將其僅限於行使明確界定的執行框架性立法的權能，尤其是在歐洲地區政策領域；解決各項歐洲基金運用的細節和決策事務，應保留給各成員國適當層級的地區或地方政策當局。

3. 透明：對於轉讓給歐盟的權力要保持民主控制。

4. 參與：地區與地方應可參與直接或間接影響其利益的歐洲政策的制定與執行。

5. 團結：承認歐洲的團結是歐洲一體化過程中重要且必要的步驟。

　　在此理論基礎上，《歐盟憲法》將輔助原則的適用範圍擴大到地區和地方政府，在第I-11條第3項明定：「歐盟就其非專屬職權領域，僅於政策目標不能由會員國於其本國之中央、地區或地方層級有效達成，而歐盟因其規模與效果較易實現者，始得提案採取行動。」更重要的是，《關於適用輔助原則與比例原則議定書》明確將輔助原則納入歐洲法院的司法審查範圍，使輔助原則具體化為可執行的規則。本規定與1993年《歐盟條約》、1999年《阿姆斯特丹條約》有關輔助性條款最大差異之處，在於本條款規定輔助原則的適用，在考慮政策性質、規模與效果的層級，除了傳統歐盟與會員國之外，尚應考慮會員國地區與地方層級。歐盟憲法下，輔助原則攸關某些歐盟、會員國地區與地方層級權責的劃分[31]。

　　輔助原則對原本注重行政一體化制度的單一國產生劇烈的衝擊，在輔

---

[30] Patrick Dewael, *Contribution of Minister-President Patrick Dewael Observer in the Committee of the Regions delegation European Convention*, 2002.10.4, http://european-convention.eu.int.

[31] 洪德欽，〈歐盟憲法之法理分析〉，洪德欽主編，《歐盟憲法》（臺北：中央研究院歐美研究所，2007年），頁13-80。

助原則的帶動下，歐盟各國展開前所未見的國家體制的大規模改革。而揆其發展趨勢具有相當程度的共同性：

第一，改革的用語幾乎是普遍的，即要求分權，一些原來具有中央集權傳統的國家也逐步實行權力下放和地方分權，增強地方政府的自治權力，減少中央調控，擴大財政自主、非官僚化，提高行政效率，對民眾的回應性和鼓勵公民參與，使民眾更容易接近。

第二，權限垂直劃分的明確化與聯邦化。

第三，國家憲政權力結構的變革，由於歐洲的整合，促使國家參與決策機制的權力逐步移轉到歐盟及其國內的區域與地方政府[32]，創造出歐盟、國家和區域此三種層級系統所組成的多層級組織，各層級之間彼此牽連，將最後決定權局部移轉超國家及次國家層次，儼然是歐盟政府現代化過程中無可避免的趨勢[33]。

多層級治理模式反映在地方政府結構上，有兩個主要的關切：其一是如何強化第一層地方政府在經濟上的統合能力，以與歐洲合作夥伴甚至全球進行經濟競爭；其二是如何處理最基層地方政府行政能力不足的問題。由此，乃導出「大行政區的形成」及「基層自治體的整合」兩個議題，連帶確立一個國家「多層級政府的建構」。

---

[32] L. Hooghe & G. Marks, *Multi-Level Governance and European Integration* (Oxford: Rowman and Littlefiel, 2001), pp. 71-74.

[33] Mario Telo, "Combiner les Instruments Politiques en Vue d'une Gestion Dynamique des Diversités Nationals," 2001, http://www.jeanmonnetprogram.org.

二、多層級治理體系的建構

（一）大行政區的形成

　　當代，分權化已被認為是民主實踐中善治的重要內涵[34]；次國家層級的區域化及分權化或聯邦化，是政治、經濟與社會再重構的複雜過程，即所謂全球在地化，區域儼然成為經濟現代化的資源。其實，在第二次世界大戰後，聯邦和中央集權─單一政體達成妥協後，出現了一個不對稱的新模型「區域國家」（Regional State）。明確設計作為「第三條路」（third way）的區域國家模型，成為歐洲新的憲政體制[35]。

　　在跨越21世紀前後10年間，歐盟單一制國家的次中央層級政府體制發生了結構性的變化，比利時於1993年從單一制轉型為純粹的聯邦制國家[36]；而最主要的發展動向就是所謂的「大區化」，最典型的是90年代中期開始的憲政和行政改革的義大利和西班牙，學者甚至認為西班牙和義大利已經是聯邦制國家[37]，或正在形成中的聯邦國家（A Federal State in the Making）[38]。希臘和葡萄牙已朝著區域化的方向調整；法國也是走得最遠的一個。英國自1997年5月以來，工黨政府積極推行分權改革，其主要表現之一就是使威爾士、蘇格蘭和北愛爾蘭三個地區組成了具有自治地位的

[34] J. Loughlin & Alain Delcamp, "La décentralisation dans les Etats de l'Union Européenne," A. Delcamp and J. Loughlin (eds.), *La décentralisation dans les Etats de l'Union Européenne.* Paris: La Documentation Française, 2003, pp. 11-26.

[35] J. Labitzke, "Stato Federale e Sociale? Sul Rapporto fra Federalismo e Politica Sociale nella Repubblica Federale di Germania," *Culture, Economie e Territori*, No. 24, 2009, pp. 31-50.

[36] G. Marks, "Structural Policy in the European Communities," in M. A. Sbragia (ed.), *Euro. Politics* (Washington, DC: The Brookings Institution, 2002), p. 213.

[37] L. R. Watts, *Comparative Federal System* (Kinston: Queen's Uni. & McGill-Queen's Uni. Press., 1999), p. 3.

[38] J. Labitzke, "Stato Federale e Sociale? Sul Rapporto fra Federalismo e Politica Sociale nella Repubblica Federale di Germania," *Culture, Economie e Territori*, No. 24, 2009, pp. 31-50.

一級政府[39]，只有愛爾蘭仍是純粹的單一國家。

　　全球化的迅速成長使歐盟與外國的經濟競爭加劇，受外部競爭擴大的影響，現代經濟活動領域包含高科技和勞力密集型產品的服務。整體而言，歐洲同時面臨社會經濟和人口結構改變的巨大挑戰；如何提供充分且更完善的工作場所、改善競爭環境、投資更多「人力資本」、降低歐洲地區所得差距及社會排他性，都是堅持歐洲傳統福利制度將面臨最為嚴峻的挑戰。

　　歐盟長期以來忽略「次國家單位」可以、且應該應付全球化帶來巨大挑戰的角色。隨著當今全球化與地方化兩大潮流的交融與整合，一個日益國際化的地方也必將是一個日益自治的地方。當面對全球化越發嚴峻的經濟變化與高度彈性需求之際，區域的角色日益重要。國家邊界已不再阻礙自由貿易，而讓區域直接與世界競爭。新經濟結構於新的區域環境與條件下發展，國界不再是問題，市場全球化、發展國際事業結構、高度彈性的網絡，以及資本、管理與技術的流動性，大大削減了國家影響經濟的力量。因此，全球化首先意味著區域化，甚至是全球在地化，而將全球和地方領域加以整併。

　　次國家單位自主性提高而直接與超國家機構互動的現象，不只是歐盟機構設計的邏輯發展，也是各國憲政秩序中分權趨勢下的必然結果[40]。從之前歐洲共同市場所提供的的關稅和非關稅壁壘保護，全球化已經使區域和城市具有較高的競爭力。國家層級中，總體經濟學所掌控的潛能和分配程度正逐漸弱化，同時地方經濟政策也達到自身的極限。就促進經濟集合體形成角度分析，城鎮層級對於有效的結構政策、創新生活制度和科技發

---

39 2014年9月蘇格蘭獨立公投，最後雖未通過，論者有指出英國將轉型為「聯邦制國家」：但地方分權與是否聯邦或單一制，係屬兩事，即使倫敦中央政府按照計畫繼續放權，使蘇格蘭享有如美國州同樣的自治權力，而牽動北愛爾蘭與威爾斯的同等要求，參照聯邦制的基本判準，英國仍屬單一制。

40 藍玉春，〈歐盟多層次治理：論點與現象〉，《政治科學論叢》，第24期，2005年6月，頁49-76。

展，其規模仍太小。區域化和伴隨著行動集合體的創新，提供了一致的發展計畫[41]。

　　此外，社會挑戰對區域當局也產生新的任務，鑑於當前「第三次工業革命」的進程以及在全球化狀況下的不確定性，區域必須能夠對抗全球化勞動市場分工的威脅和地方人口多樣化的問題[42]。爲完成這些任務，大規模的管理和調控權限——意指財政自主權以及結構性政策、研究、科技、勞動市場與就業的立法與行政權限，這些對次國家層級而言實屬必要，且憑藉著州、區域、省、縣、自治區等類似的政治參與者而造成廣泛的需求，此皆爲造成歐洲進一步分權與區域化的主要原因[43]。

　　整體而言，歐盟各國區域的自主性已逐漸增強。這使得歐盟決策不單只是成員國與歐盟機構兩者的問題，而是成員國、歐盟和區域的三角問題。這種三角關係實際上是符合「多層級治理」（multi-level governance）的決策模型[44]。在此模型中，區域的重要性僅次於成員國中

41　Alexander Grasse & Jan Labitzke, Regions in a Globalisation-Localisation Dialectic and the Italian Case，發表於「全球地方治理理論與經驗」國際研討會（臺北：溫世仁文教基金會、臺灣歐盟研究中心等主辦，2009年11月14日）。

42　Dieter Eissel, "Local and Reginal Governance in EUs Perspective," 發表於「全球地方治理理論與經驗」國際研討會（臺北：溫世仁文教基金會、臺灣歐盟研究中心等主辦，2009年11月14日）。

43　Alexander Grasse & Jan Labitzke, Regions in a Globalisation-Localisation Dialectic and the Italian Case，發表於「全球地方治理理論與經驗」國際研討會（臺北：溫世仁文教基金會、臺灣歐盟研究中心等主辦，2009年11月14日）。

44　雖然歐盟政體特質的界定，其決策究爲「國家主導」（state centered）或「超國家主導」（supernational oriented），還是「多層級治理」（multi-level governance）甚有爭議。然而歐盟的發展確實可被視爲國際間一個特殊實體（sui generes），早已超出一般國際組織之特質，但卻又無法與聯邦國家體制吻合的政體。事實上，歐洲整合形成了超國家層級、國家層級、次國家層級（各國的地方政府及區域單位）、利益團體等多個層級的運作體系，也因此有學者們提出所謂的「多層級治理」途徑來解釋動態的歐盟決策機制運作。Gary Marks及Liesbet Hooghe等人爲提出歐盟多層級治理模式的先趨。許琇媛，〈以多層級治理探討歐盟之決策機制〉，發表於「2005年臺灣政治學會

表5-1　歐盟成員國的大區設置情形

法　國	義大利	西班牙	葡萄牙	希　臘	英　國	愛爾蘭
17大區	20大區 2自治省	17自治大區	2自治大區	13大區	4地區	8大區

央和歐盟機構[45]。「區域已成爲知識轉移、地方創新體系建設、吸引投資的主要空間單位。[46]」法國有17個大區[47]，西班牙有17個，義大利有20大區2個自治省，葡萄牙有2個自治大區[48]，希臘有13個大區。

（二）基層自治體的整合

　　大區化政策的採行並非解決貧窮落後與平衡經濟發展的、唯一的空間策略（spatial strategy），社會整合也通常是以城鄉問題（urban-rural）來討論。市鎮作爲基層行政體制的基礎，在歐盟成員國中一直受到精心的維護。

　　整個歐洲，市鎮平均人口僅在500人至5,000人之間；在1960年代之前，由於地方職能單純，市鎮規模的問題並不顯著。但1960年代之後由於福利國家的蓬勃發展，對地方政府的職能、規模、數量都產生了重大影響。尤其，歐盟所確立輔助原則，要求將決策權力下放至受到政策影響的最基層層級。也因爲對市鎮功能的過度強調，導致地方政府單位過小而

年會暨學術研討會」（臺北：臺灣政治學會主辦，2005年11月21日），頁1-22。

[45] 黃偉峰，〈歐盟共同區域政策對歐洲區域動員之影響〉，洪德欽（主編），《歐洲聯盟經貿政策》（臺北：中央研究院歐美研究所，2000年），頁9-47。

[46] Danuta Huebner, EU-Commissioner for regional policy in a speech 26.4.2007: "EUROPEAN TERRITORIAL COOPERATION 2007-2013, WHICH CHALLENGES?", http://ec.europa.eu.

[47] 法國原有26個大區，含22個本土大區、4個海外大區，2014年地方制度改革，將本土22個大區合併爲13個，自2016年1月1日實施。

[48] 葡萄牙原計畫仿法國，將全國劃分爲7個大區，但被1998年舉辦的公民投票否決。

不能靠自己提供太多服務、缺乏財政自主能力，也導致地方在資源與需求之間的平衡上的重大差異。由於規模太小，很少有大城市以外的地方政府能夠僱用專業官員來管理服務事業，歐盟成員國紛紛進行基層地方政府改革：採合併模式或採跨域合作的模式。但無論如何，因為基層政府治理規模不經濟的理由就廢除基層自治體的，似未見其例。

表5-2　歐盟成員國（1950～2007）市鎮合併情形一覽表

	德國	奧地利	比利時	保加利亞	丹麥	西班牙	芬蘭	法國	匈牙利	義大利	挪威	捷克	英國	瑞典	葡萄牙
1950	14,338	4,039	2,359	1,389	1,387	9,214	547	38,800	3,032	7,781	744	11,459	1,118	2,281	303
2007	8,414	2,357	596	264	277	8,111	416	36,783	3,175	8,101	431	6,244	238	290	305
增減%	-41	-42	-75	-81	-80	-12	-24	-5	+5	+4	-42	-46	-79	-87	+0.6

資料來源：Conseil de l'Europe, *Comité sur la démocratie locale et régionale, 2007*, cité par *Les Cahiers français*, « La réforme de l'Etat », n° 346, p. 50.

就地方合併模式，聯邦制的德國、奧地利、比利時都有顯著的成果[49]；帶動改革浪潮的英國，也不遑多讓；在歐盟成員國中英國的地方政府規模較大，數量本來就不多，1950年只有1,347個，1973年增加到1,857個，經過大規模的合併，於1975年數量減至521個[50]。

北歐國家的表現尤其突出，丹麥整體地方政府體系改革可以分為三個連續推進的階段，即結構調整、職責的重分配與財政改革。其中結構調整

---

[49] 德國從24,512個合併為8,500個，比利時從2,663個合併為589個，奧地利從3,500個減為2,300個。同一個時期，東歐國家不減反增，例如匈牙利從1962年原來的3,021個，於1988年降低為1,364個，但1992年又回升為3,133個；捷克從1950年的11,459個於1988年減為4,104個，1990年代又超過6,000個；斯洛伐克也增加超過了原來的20%。同樣的，克羅埃西亞、阿爾巴尼亞、馬其頓地方政府的數量也增加了34個到150個不等。Swianiewicz, "Cities in Transition from Statism to Democracy," pp. 105-106.

[50] 董禮勝，《歐盟成員國中央與地方關係比較研究》（北京：中國政法大學出版社，2000年），頁93。

主要是小市鎮的自願合併。改革原則爲：建立有效率的、財政上有生存能力的地方單位；一個社區應當包括在一個地方政府內；市鎮合併應當尊重居民的意願。改革的結果275個市政區劃取代了原有的88個自治市與979個農村行政區域。使人口規模提高到5,000至10,000人之間[51]。改革後，地方政府已具備廣泛而充足的人力與資源基礎，可以單獨滿足其公共福利職責之需，同時超出單個市鎮所能承擔的職責和功能，都由郡政府承擔，相對地，市鎮間的合作乃因而大幅下降。

其次，瑞典改革前一百年間的地方政府結構基本單位是鄉村與城市的社區（早期的教區）以及自治鎮和城市。基層體系一般在地域上等同於一個市鎮，居民平均只有1,600人[52]。1952年進行第一次合併改革，自治市鎮從2,489個大幅降低爲1,037個；1959年開始進行第二次改革，至1974年結束更減少到278個[53]。最後一次改革引起了市鎮結構上的根本性變化，人口上升到平均16,000人，是改革前的十倍。另外，合併的設計是力求將新的市鎮中心放在「對於平衡的經濟和產業的發展起帶動作用的成長中心」[54]。

然而，對部分歐盟成員國來說，市鎮合併並不是處理基層地方政府行政能力不足問題的唯一模式，市鎮合作、交給中間層級地方政府多種職責等也都是可行的辦法。

---

[51] 相應的全國範圍內的行政區劃改革，郡級行政區劃的數量也由22個降爲14個，這落實了郡級區域的調整目標，即人口規模維持在20萬至25萬之間。例外的是位於外島的伯恩霍爾姆郡，人口才5萬人。

[52] 常志霄、張志強（譯），Rose E. Albak, L. E., Strömberg & K. L. Stahlberg等（原著），《北歐地方政府：戰後發展趨勢與改革》（北京：北京大學出版社，2005年），頁202-203。

[53] 後又略有增加，但幅度非常小，這是因爲非社會主義政黨於1976至1982年執政期間鼓勵市鎮分離使然。

[54] Kjellberg, F., "Local Government Reorganization and the Development of the Welfare State," Paper presented at the Workshop on Towards a Theory of Local Government Reform, ECPR-joint sessions, Salzburg, April, 1984, pp. 13-18.

　　例如法國，雖然擁有最多的地方政府聚居區，有36,780個市鎮[55]，其中15,700個人口不到300人，超過30,000人口的市鎮不及1%；政府單位過小而不能靠自己提供許多服務、也缺乏財政自主能力。但法國傳統意識形態上強調社區價值、地方性和聚居區不論規模大小的歷史身分的重要性。認為即使是最小的地方政府單位，也能承擔一定的職責。地方政府可以在自然形成的層級保持自己的領域與自己的決策機關，並在必要的時候通過聯合在自己的權限範圍內從事事務。通過最低層級地方政府單位及其聯合體的能力的事務和市鎮之間的事務可以由處於中間層級的省（collectivité départment）來處理。

　　法國政府雖曾於1971年立法推動市鎮合併，並未見成效，從1971年到1992年才合併了800多個。然以市鎮自願合作爲基礎所建構的「都會共同體」（communautés urbaines）模式的發展，卻因兼顧了歷史感情與管理規模經濟，在歐盟各國普遍流行的市鎮合併模式之外，建立了的另一種模式。從1966年規定對於人口超過5萬人的市鎮，得設立都會共同體；里爾、史特勞斯堡、里昂和波爾多都是最早直接依據1966年8月9日第66-624號命令強制設立的。嗣根據一項法令包括敦克爾克在內的一批市鎮，則是參照在地的多數市鎮意願，提出申請經加權計算的多數同意設立的[56]；法國現已有16個都會共同體，另外，尚有156個城郊共同體（communauté d'agglomération）、2,334個市鎮共同體（Communauté de communes）。

　　義大利的情形與法國類似，其市鎮數量不減反增，從1950年的7,781個至1999年增至8,099個。

---

[55] 法國在1789年以歷史與地理經緯，將地方分爲83個省與以教會鐘樓爲中心的44,000個市鎮，碎裂的地方格局，於焉成形。參劉文仕，〈法國憲法地方分權化發展及其配套法律的變革〉，《國會月刊》，第475期，2012年11月，頁68-100。

[56] 敦克爾克，是由18市鎮組成，人口22萬，是法國最小的都會共同體；里爾共同體則擁有87個市鎮，面積612平方公里，人口超過110萬，是最大共同體。但1996年後自願成立共同體的條件限制須達50萬人口方可成立，就不能成立類似敦克爾克這樣人口不滿50萬的共同體。Alistair Cole & Peter John, *Local Governance in England and France* (New York: Routledge, 2001), p. 124.

　　另一個以市鎮合作取代市鎮合併的例子，出現在北歐的芬蘭。芬蘭目前市鎮數量455個，其中102個是都市市鎮（城市），353個鄉村市鎮，一半以上市鎮人口不到6,000人。1960年代，政府進行規劃所謂的小市鎮問題的建議；當時普遍的觀點認為，小的市鎮被許多嚴重的問題困擾著，諸如經濟與行政基礎薄弱、行政組織不合時宜、政治權力集中在地方「首長」手中，不能滿足國家賦予的服務需求。該計畫原建議廢除一半的市鎮，但由於遭到來自市鎮的反對，而未落實。從1965年至1993年，才從最先的547個減少為455個。其原因乃由於都市發展，鄉村市鎮都被合併在鄰近的都市市鎮[57]。芬蘭合併改革失敗的原因有很多，市鎮聯盟的組織體系與聯合地方自治委員會的合作模式，消除了許多小市鎮面對的許多問題，則是一個主要的因素。

（三）多層級政府體系的建構

　　面對全球化的挑戰，區域與市鎮各自扮演不同的角色、功能，區域著重於經濟能力的整合，以提升對外競爭力，促進區域的均衡發展；市鎮則更大的成分在追求蘊涵於輔助原則中所代表的民主價值。因為最接近民眾的地方政府單位最能有效代表民意。經由此管道所制定的法律與政策最能反映民眾的利益，對政策制定與執行的不滿，民眾也較能有效表達。讓民眾有參與機會，可增強個人在社會中自主與受尊重的感覺，也因而維護了個人與地方的尊嚴與特性，並提高地方政府的政治責任。輔助原則是一種垂直的分權，賦予地方權力，可隨時自主、彈性、妥當地反映情況的變遷，增強民主政府的機能。各地方社會與文化特殊性的保存，除了維持多樣化本身是一種價值，而且也提供了政治實驗工具性的好處，使各地方維持競爭與合作的關係。

---

57 常志霄、張志強（譯），Rose E. Albak, L. E., Strömberg & K. L. Stahlberg等（原著），《北歐地方政府：戰後發展趨勢與改革》（北京：北京大學出版社，2005年），頁79。

　　歐盟憲法不僅關切共同體與會員國之間的關係，同時也設想了會員國中央與區域，乃至地方層級的互動結構。歐盟成員國分權化實施問題的分析，對民主參與以及有效性與效率性的考慮始終占據很重要的地位。這導致了歐盟成員國，無論幅員廣狹、人口多寡，都不存在單一層級的地方政府結構，而無論是西歐、南歐的三層地方政府（如表5-3）或北歐一個相對簡單的二層地方政府（如表5-4）結構體制，每一層次的功能劃分盡可能的依據就近性與管理性原則以及人口與經濟能力原則，予以客觀評估。儘管有少數差異，政府公共部門的職能，通常還是劃歸最瞭解當地居民情況的機構。只有當低一級政府機構在人口與經濟方面不足以承擔某一職能時，上一級政府才會直接接管該職能。

表5-3　採三級地方政府體制的單一制歐盟成員國

	第一層	中間層	基　層
法　國	17大區	101省	36,862市鎮
義大利	20大區 2自治省	103省	8,000市鎮
西班牙	17自治大區	52省	8,100市鎮
葡萄牙	2自治大區	305市鎮	4,220教區
希　臘	13大區	147省	434市鎮 5,934鄉
英　國	4地區	97郡縣、市區	444市鎮
愛爾蘭	8大區	34郡、郡級市	80市鎮

表5-4　採二級地方政府體制的單一制歐盟成員國

丹　麥	14郡	275市鎮
瑞　典	24郡或地區	289市鎮
芬　蘭	12省	499市鎮

自我評量

> 1985年代以來，相關國際組織陸續通過「歐洲地方自治憲章」、「世界地方自治宣言」，以及提出「世界地方自治憲章草案」等作為反應全球化對地方自治的衝擊。請說明30餘年來全球地方自治發展之趨勢。（107高考三級一般民政、戶政）

> 就推動地方自治而言，國際化之城市必須具備哪些要件以有利於區域發展，並可與全球化接軌？（98特原）

> 考量國土資源之空間規劃及區域治理機制與發展，試擬一我國未來在全球化風潮下地方區域發展之可行性藍圖。（98高）

> 請評論我國地方政府因應「全球化」（globalization）可採行的作為或途徑。（96升等）

> 面對全球化的浪潮，我國地方政府如何研擬積極的服務策略以因應全球化現象，請說明之。（104原四）

> 何謂全球在地化？何以全球在地化會導致地方分權改革？以及我國今後應如何面對全球在地化？（104普）

> 全球在地化（glocalization）普遍出現於世界各地，請說明它的意義，並分析全球在地化對於我國地方政府的運作，可能造成哪些影響？（103地四）

> 何謂區域政府？區域政府在全球化趨勢下所扮演的功能為何？（93高）

> 何謂「輔助性原則」（principle of subsidiarity）？其與多層次治理（multi-level governance）有何相關性？請詳述。（108升等）

CHAPTER

6

臺灣地方自治法制的發展與體系

第一節　臺灣地方自治法制的發展進程

　　1895年清朝將臺灣割讓給日本國之前，臺灣並無近代的地方制度，有之，乃始自日治時代[1]。明治29年（1896年）3月31日以法律第63號公布「有關施行於臺灣之法令文件」，即著名的「六三法」，授權臺灣總督在其管轄區域內，得制定具有法律效力的命令，亦即「律令」。明治39年（1906年）4月6日公布法律第31號就上開法律略有修正，惟「以律令為統治的重要法源時代」仍未更易。為此，臺灣知識分子乃紛紛要求設置「臺灣議會」，希臺灣民意得反應於政治而未果。

　　20世紀初，世界各殖民地民族運動風起雲湧，而1919年朝鮮「三一獨立運動」[2]的震撼和衝擊，迫使日本不得不改變殖民地的統治政策及體制。原敬內閣提出以「內地延長主義」作為殖民地統治的基礎[3]；同年10月任命田建治郎為臺灣首任文官總督，力行「內地延長」的同化政策，標榜「日臺融合，一視同仁」。大正10年（1921年）3月14日發布法律第3號規定，以「敕令」（天皇命令）指定將施行於日本本土的法律，施行於臺灣；其因臺灣特殊情形，有設特例必要者，方得以律令定之[4]。在日本內

1　張正修，《地方制度法理論與實用（一）》（臺北：學林文化，2000年），頁741。

2　三一獨立運動，為韓國在日韓併合之後發起的獨立運動，由於發起日為1919年3月1日而得名。

3　內地延長主義與殖民的特別統治主義相對，前者代表著同化主義的精神。日本統治臺灣大致可分三期：綏撫與特殊統治主義時期、內地延長主義時期以及皇民化時期。初期，為有效壓制臺人的反抗，採取武官總督的特別統治主義。第一次大戰結束後，由於民主、自由與民族自決思想風行全球，臺灣教育亦日益普及、提升，臺人自主與平等意識抬頭。日本政府帝國議會於1919年聲明改以「內地延長主義」為統治臺灣的根本方針，規定日本國內法律原則上適用於臺灣。亦即採行日臺人融合、「一視同仁」的同化政策，高喊「內（日本）臺共學」、「內臺婚姻合法化」以及「日臺一體」的口號，企圖籠絡臺人。參陳翠蓮，〈抵抗與屈從之外：以日治時期自治主義路線為主的探討〉，《政治科學論叢》，2003年6月，第18期，頁141-170。

4　《臺灣省通志》，卷三政事志司法篇第一冊，頁74-79。

地繼受自西方的中央與地方政府體制，開始移植至臺灣，引進「地方自治團體」觀念，開啓所謂「準地方自治制度」時期，臺灣漸有地方自治的形態出現[5]。

　　不過，1945年10月25日日本投降後，所留下的地方行政制度，固左右日後的臺灣非常深遠，但有關法令悉被廢除。因此，在法制上，日治時代的地方行政法令對戰後的臺灣並無影響。

　　殖民法制解構之後，迄至1994年通過省縣自治法與直轄市自治法以前，臺灣地方法制極爲混亂，乃無法以很有條理的方式，來清楚呈現地方自治或地方制度所依據的法令。事實上，臺灣省、臺北市、高雄市係依據行政命令而成立省（市）政府、省（市）議會；而縣（市）、鄉（鎮、市）則是以省議會（含省參議會、臨時省議會）所通過的單行法規，成立縣（市）政府、縣（市）議會、鄉（鎮、市）公所與代表會；因此，臺灣在1949年至1994年間，地方自治團體都是依據行政命令成立其內部組織。其法制規範如表6-1。

　　但相當矛盾的是，國民政府在1946年以前，於訓政時期所訂頒的有關地方行政、地方自治的法令對臺灣仍有深遠的影響，該等法規於行憲後並未廢止，其規範效力如何？迭生爭議。實務上，北、高二市的升格乃至其自治綱要的制度，都是依據1930年公布的《市組織法》；但是組織法的規定與自治綱要又相差甚多，且矛盾重重；而這些法規與地方自治團體所適用的行政命令，也是差異甚大。

　　如何將臺灣地方自治的演變予以分期？學者的描述方式，各有其研究架構、觀點、檢驗標準的差別。惟鑑於法制是一個國家在相關領域所持態度與政策的具體呈現，如從法制結構變遷的視角，臺灣中央與地方關係的演變，大致可劃分爲自治綱要、自治二法與地方制度法三個分期：

5　戴寶村，《臺灣開發史講義》（臺北：僑務委員會中華函授學校，2003年），頁16。

表6-1　大陸時期制定規範地方事務之法律及其延續

法規名稱	頒　布	停止適用	廢　止
省政府組織法	1925.7.1		2000.4.7
縣組織法	1929.5.14		2000.4.7
鄉鎮自治施行法	1929.9.18		（查無資料）
縣組織法施行法	1929.9.21		2004.11.27
區自治施行法	1929.10.12		（查無資料）[6]
市組織法	1930.5.3		2000.4.7
鄉鎮坊自治職員選舉法及罷免法	1930.7.10		（查無資料）
縣長任用法	1932.7.16		2002.6.7
鄉鎮民代表選舉條例	1936.10.24	1941.12.21	1972.3.23
縣參議員選舉條例	1941.5.9	1972.3.23	2003.6.13
縣參議會組織條例	1941.8.9	1972.3.23	2003.5.30
鄉鎮組織暫行條例	1941.10.24		2000.4.5
省參議會組織條例	1942.8.20		2003.5.30
市組織法施行細則	1944.7.28		2001.6.13
市參議會組織條例	1945.1.30	1972.3.18	2003.5.30
市參議員選舉條例	1945.1.30	1972.3.18	2003.6.13

一、地方自治綱要時期（1950.4.20～1994.7.29）

　　1945年9月國民政府於重慶成立「臺灣省行政長官公署」，並公布公署組織條例，光復後開始運作；行政長官總攬軍政及民政大權，省雖設參議會，然僅屬諮詢機關性質。1947年4月20日行政院會議決定撤銷臺灣省行政長官公署、改設臺灣省政府；行政長官改為省政府主席，由行政院會

6　最高法院於2002年7月23日91年度第10次刑事庭會議決議，指出「區自治施行法已廢止」，但並未明示何時廢止。

議決議，就省政府委員中一人提請總統任命。此決議於同年5月16日正式實施。

　　臺灣省政府取代臺灣行政長官公署後，雖因民眾要求「制定省自治法，為本省政治最高規範，以便實現國父建國大綱之理想」，曾於1946年實施鄉、鎮、區民代表及村、里長直接民選，並設立省、縣參議會，參議員為間接選舉產生；但仍非真正的地方自治。洎至國共戰爭情勢逆轉，國民政府於1949年1月派遣陳誠為臺灣省主席，為安撫臺灣人因二二八事件所產生的怨恨與創痛，始決定先於臺灣實施地方自治，以利撤退駐守。

　　當時省政府以地方自治的母法──《省縣自治通則》尚未公布[7]，乃在所謂「不違背憲法及國父遺教」原則及兼顧地方實際情況下，於同年8月15日，聘請對地方自治富有研究及深切瞭解地方實情的省參議員與專家學者，組成「地方自治研究會」，歷時4個月的研討，擬訂《臺灣省調整行政區域》草案、《臺灣省各縣市實施地方自治綱要》草案、《臺灣省縣市議員選舉罷免規程》草案、《臺灣省縣市長選舉罷免規程》草案等四項草案。

　　1950年4月21日，呈經行政院核定，於25日發布實施，並陸續於一年間訂定發布臺灣省《各縣市議會議員選舉罷免規程實施細則》、《各縣市議會議員選舉事務所組織規程》、《各縣市議會議員選舉投票所辦事細則》、《各縣市議會議員選舉開票所辦事細則》、《妨害選舉取締辦法》、《縣市選舉監察委員會組織規程》、《鄉鎮民代表選舉罷免規程》、《鄉鎮民代表會組織規程》、《鄉鎮區長選舉罷免規程》、《各縣市村里長選舉罷免規程》、《各縣市縣市長選舉事務所組織規程》、《各縣市縣市長選舉投票所辦事細則》及《鄉鎮區長選舉事務所組織規程》等14種地方自治法規，初步形成較完整的地方自治制度體系。

---

[7] 依憲法第112、122條規定，省（縣）得召集省（縣）民代表大會，依據省縣自治通則，制定省（縣）自治法。以此才能舉據以實施省（縣）自治。立法院曾於1950年12月二讀通過《省縣自治通則草案》多數條文，但在國家政治情勢特殊，不宜大規模辦理諸如省長、直轄市長等政治選舉政策考量下，並未接續進行三讀；本案空懸立院40年，行政院始於1990年7月3日函立法院撤回《省縣自治通則》草案。

　　其中，《各縣市實施地方自治綱要》關係臺灣省縣市地方自治最為深切，其基本精神為上無悖於憲法，下求適應時地需要，以為辦理縣市地方自治的基本法規。《綱要》經過臺灣省府委員會多次討論修正，並經臺灣省參議會審議，1950年3月4日，由臺灣省委員會第139次會議通過，經行政院核定，於4月24日由臺灣省政府發布施行。包括總則、居民及公民、自治事項、自治組織、自治財政和附則等六個部分。

　　同年7月2日，臺灣開始實施地方自治，縣、市行政首長和民意代表均直接民選[8]。同年10月花蓮縣選出首屆縣長，隨後各縣市亦陸續辦理縣市長、縣市議員、鄉鎮市長、鄉鎮市民代表與村里長選舉。並由17個縣市議員間接選舉產生「省參議員」，省參議會大會決議「請政府於1951年成立省議會，並選舉省長，以符民望」。

　　行政院爰於1951年頒行《臺灣省臨時省議會組織規程》及《臺灣省臨時省議員選舉罷免規程》，並於同年11月由各縣市議員間接推舉55位臨時省議員，12月11日成立臨時省議會，在成立大會中，全體議員發表宣言：「此次因恪於自治通則尚未施行，僅獲成立臨時省議會，誠非得已，然全省同胞所熱切期待者，實為早日完全實行憲法，產生正式議會，故切盼此次成立之臨時省議會，真成臨時，而以本省為始，亦以本省為終，不獨同仁希望如此，全省同胞亦皆期待如此。」1954年6月第2屆臨時省議會議員終改由公民直選產生，省主席則維持官派。1959年取消「臨時」二字，成為第1屆臺灣省議會。

　　嗣臺北市與高雄市分別於1967年與1978年脫離臺灣省升格為「院轄

8　福建省金門縣、連江縣因恪於情勢，未能與臺灣省同步實施地方自治，自1956年依行政院訂頒《金門馬祖地區戰地政務實驗辦法》，成立金門、馬祖戰地政務委員會，統籌兩地區有關事務，惟須配合解嚴及動員戡亂終止，經制定《金門馬祖東沙南沙地區安全及輔導條例》，明定福建省金門、馬祖地區於戰地政務終止後，省縣自治法律制定前，其地方自治暫由內政部訂定方案實施之；至於金門、馬祖兩地區縣以下之自治，應與臺灣地區之地方自治同時法制化。1992年11月7日金馬地區終止戰地政務後，依行政院核定的「福建省金門縣連江縣實施地方自治方案」及內政部核定的《福建省金門縣連江縣實施地方自治綱要》，實施地方自治。

市」，另頒行《臺北市各級組織及實施地方自治綱要》、《高雄市各級組織及實施地方自治綱要》，開始施行直轄市的自治。

　　值得注意的是，臺灣自1950年頒行「地方自治綱要」以來，由於受限於「大中國主義」的憲政思維，始終無法建立一個「合用」的自治體制。早期，臺灣省管轄範圍雖然與中華民國有效主權所及領域幾乎完全重疊，但由於省主席係由中央派任及省議會的諮詢功能設計，自治法人的主體性格並不明顯，中央與地方仍能維持穩定、和諧的關係。然而，隨著1967年、1979年，北、高兩個直轄市的相繼設置，議會主權的增強，傳統的運作模式漸受挑戰。

二、自治二法時期（1994.7.29～1999.1.27）

　　解嚴之後，臺灣從威權體制朝民主化方向轉型，這樣的政治氛圍也刺激了地方自治法治化的發展。1988年立法院三讀通過行政院函請審議《動員戡亂時期臺灣省議會組織條例》及《動員戡亂時期臺灣省政府組織條例》，資為省自治的法治基礎。惟臺灣省議會質疑該二法律是否符合憲法第108條、第112條、第113條規定[9]，不無疑義；爰經第8屆第11次臨時大會第1次會議通過省議員蘇貞昌的提案，依《司法院大法官會議法》第4條第1項第1款規定，聲請大法官會議解釋。

　　大法官會議於1990年4月19日作出釋字第260號解釋，確認「依中華民國憲法有關地方制度之規定，中央尚無得逕就特定之省議會及省政府之組織單獨制定法律之依據，現時設置之省級民意機關亦無逕行立法之權限。」理由書並指出「至行憲後有制憲當時所未料及之情事發生，如何因

---

[9] 憲法第108條第1項第1款：「省縣自治通則由中央立法並執行之，或交由省縣執行之。」第112條：「省得召集省民代表大會，依據省縣自治通則，制定省自治法，但不得與憲法牴觸。」「省民代表大會之組織及選舉，以法律定之。」第113條：「省自治法應包含左列各款：一、省設省議會，省議會議員由省民選舉之。二、省設省政府，置省長一人。省長由省民選舉之。三、省與縣之關係。屬於省之立法權，由省議會行之。」

應，自應由中央盱衡全國之整體需要，兼顧地方之特殊情況，妥速爲現階段符合憲法程序之解決。」

此一解釋，對地方制度合憲化的機制具催化作用。同年6月間，由總統李登輝召開的朝野「國是會議」，即將「地方制度」的合憲途徑列爲重要議題之一[10]，並達成「終止動員戡亂時期」、「回歸憲法」、「廢止《動員戡亂時期臨時條款》」、「修憲採取一機關兩階段方式」、「修憲以《中華民國憲法增修條文》名之」等共識，並一一透過法定體制逐一落實。

1992年5月第2屆國民大會第1次臨時會議決通過《第二次憲法增修條文》，其中第9條即賦予地方自治明確的法源基礎，明定「省、縣地方制度以法律定之，不受憲法第108條第1項第1款、第112條至第115條及第122條之限制」，凍結憲法本文有關地方自治的程序邏輯規定，開啓了臺灣地方自治法治化新契機。原先囿於省縣自治通則未能完成立法，而僅依《臺灣省議會組織規程》、《臺北市各級組織及實施地方自治綱要》、《高雄市各級組織及實施地方自治綱要》、《臺灣省各縣市實施地方自治綱要》等各項行政命令，作爲地方自治運作規範的不當情形，開始出現轉變[11]。

1994年7月立法院三讀通過《省縣自治法》與《直轄市自治法》，臺灣地方自治正式法治化；儘管其過程被學者批評極爲倉卒、粗糙，實質內容相較於自治綱要也只是換湯不換藥；但至少已標誌著從依行政命令實施地方自治的時代，進入依憲法、法律實施地方自治的時期。

三、地方制度法時期（1999.1.27迄今）

自治二法開啓的臺灣省與直轄市首長由省市民直選制度，是近百年來臺灣最高層次地方自治的選舉，1994年12月宋楚瑜先生以472萬的票數當

---

[10] 其他還針對「國會改革」、「中央政府體制」、「大陸政策與兩岸關係」、「憲法與臨時條款修正方式」等議題逐一討論。

[11] 江大樹，〈我國地方議會會期制度初探〉，《政治科學論叢》，1999年12月，第11期，頁73-102。

選第1屆的臺灣省長。

　　省首長的角色由官派省主席，一躍而爲擁有強大民主正當性民選省長，不僅民意基礎大增，人際脈絡也更豐沛，財政資源更膨脹，相對於仍是由國民大會代表間接選舉產生而缺乏民意基礎的李登輝總統，彼此關係頓時出現微妙的變化，所謂的「葉爾欽」效應[12]，逐漸在兩位握有實際政治權力者身上逐漸發酵。翌（1995）年3月，宋省長在地方縣市長會議帶頭向中央指摘財稅劃分不公的聲音，更大大撼動中央的執政基礎，更加深政界對臺灣省的自治結構的疑慮。

　　1996年3月，總統也首次進行直接民選，由李登輝以581萬票當選第9任總統；12月，李登輝即在「確立中央決策地位，提升國家競爭力，強化服務行政效能」的合理化基礎下，召集朝野人士舉開「國家發展會議」；鑑於臺灣省與中央政府在人口上有81%重疊，管轄的土地面積有98%重疊，導致資源分配的嚴重扭曲及浪費。因此，雖臺灣省政府強力反對，會議最後仍作出「合理劃分中央與地方權限、健全地方自治」的「共識」，其要旨之一，即爲調整、精簡省府的功能業務與組織，使省虛級化[13]。

　　翌（1997）年6、7月間，第3屆國民大會第2次會議遂依國家發展會議共識，進行憲法第四次增修，通過「停止辦理臺灣省議會議員及臺灣省長之選舉，並以法律調整省府功能業務與組織」的修憲提案，1998年10月立法院三讀通過《臺灣省政府功能業務與組織調整暫行條例》，第10屆臺灣省議會議員及第1屆臺灣省省長的任期也到12月20日終止，省的完全自治如曇花一現，連帶使得施行近半世紀的省半自治體制也走入歷史。

　　本來，爲配合省制變革，僅檢討修正《省縣自治法》即可，惟爲建構完整、合理的地方法制體系，考量自治二法仍存缺失而有一併酌予修正並充實的必要，又鑑於省政府雖失其自治機關地位，但仍屬中央派駐地方的

---

[12] 葉爾欽效應即謂中央首長與地方首長的民意基礎過於相近，使地方首長與中央首長可能有齊等，甚至凌駕後者之上，危及中央與地方權力均衡。

[13] 國家發展會議秘書處（編），《國家發展會議總結報告》（臺北：國家發展會議秘書處，1996年）。

行政機構，而有在地方相關法律規範的必要，爰參酌憲法上「地方制度」專章的用語，將自治二法合併，改爲地方制度法[14]，爲臺灣跨世紀的自治發展走向擘劃出新的藍圖。

　　衡平而論，一省二市的規劃，乃大中國憲法架構下，嚴重扭曲國家資源分配的畸形格局。1996年國發會有關「精省」的共識及1997年憲法增修條文的第四次修訂，可謂是臺灣本土自治意識的覺醒，也是檢討臺灣逾半世紀政治發展經驗的必然走向。

　　由於直轄市與縣市資源分配的極端不公平，縣市地位一直被矮化，縣市居民長期遭受歧視待遇。精省前，縣市終究係隸屬於省的次級政府，縱有不平，也只能歸因於制度使然；但精省後，國發會既有「縣市政府職權應予增強」的共識，縣市政府政治版圖與行政地位的提升，及其職權的大幅增強，原被期待爲精省後續工程的必然結果，也應該是政治之動態變遷的邏輯結論。各縣市莫不寄望於法律制度能配合全盤修正，以調整「重直轄市輕縣市」的畸形體制。尤其，縣的處境更屬艱難，上有資源分配不公的壓力，下又需隨時面臨鄉鎮市潛在的不合作或積極抵制，徒然增加行政磨合的交易成本，造成資源重複支出，施政躊躇難行，其感受尤其深刻。

　　本來，基於精簡政府層級、提升行政效能的考量，除「精省」之外，國發會還有「取消鄉鎮市自治」的「共識」。惟鄉鎮市自治並非來自憲法的規定，而是自治綱要所創設，經《省縣自治法》沿襲，因此非關修憲，而爲修法層次的問題；朝野黨派的認知，在自治二法的檢討與地方制度的合併立法，將予面對、處理。

　　1996年的國發會及翌年憲法增修條文有關省定位的修正，無疑是臺灣政治發展史上非常重要的轉捩點。透過精省及1999年繼之而來的《地方制度法》的立法，包括直轄市定位的重新檢討，縣市地位的重新塑造，乃至鄉鎮市自治法人的解構及行政區劃的全面調整，中央與地方的權力運作關

---

[14] 縣的自治乃源自於憲法的直接保障，直轄市的自治則爲憲法授權另以法律規範的事務，兩者法規範層次不同，其有關自治內涵、角色功能、任務，應該有不同的思維，合併立法後，一套大衣大家共穿，實非妥當。

係，在理論上乃有逐漸朝向對等合作關係的環境，地方自治的落實，一時間乃展現無垠的生機。原屬建立臺灣本土地方自治體制非常難得的契機。

但實證經驗顯示，各縣市在自治事務的推動上，仍存在甚多難以翻越的藩籬。由於1997年12月的縣市長選舉結果，當時在野的民主進步黨在地方大勝[15]的衝擊效應，執政的國民黨立法意願趨於保守；精省，應省而未省；鄉鎮市自治非但未廢[16]，甚且進一步修正《財政收支劃分法》，令其直接取得統籌分配稅款及其從縣財源的直接取得的成數，強化其對縣的牽制作用；縣市一方面相較於直轄市，地位未見提升，另一方面卻又因省的虛級化，「直轄」中央，冀求與直轄市平等分享資源的熱切，亦加劇中央與地方、縣市與直轄市的緊張關係[17]。

尤其，由於2009年地方制度法修正的「暴衝」，直轄市如雨後春筍般林立，挾其優越財政、人事、組織編制等各項資源的誘惑，現階段憲法所明文確保的唯一自治主體——縣（市），逐漸被邊緣化、被視如敝屣，形成一種憲法裂解、消逝的異常現象。

---

[15] 民主進步黨共贏得臺北縣、宜蘭縣、桃園縣、新竹縣、臺中縣、臺南縣、高雄縣、屏東縣、基隆市、新竹市、臺中市、臺南市等12個縣市長選舉，如加上政治上較傾向在野黨的南投縣彭百顯與嘉義市張博雅，則爲14個。

[16] 國發會迄今已過21年，其間又辦理了5次鄉鎮市自治選舉，當時考量的時空環境是否已有變遷？取消鄉鎮市自治的理由是否依然存在？其實是公共行政領域應予關切的議題。從行政效率（生產力）或行政成本的角度來看行政區劃與政府層級調整問題，政府層級太多，同一層級的政府所管轄的人口及幅員太小，則政府的生產力便無法發揮，極易導致政務成本過高及政府人員之浪費，且因政府碎裂，造成整體競爭力的缺乏。相反地，政府層級如果太少，同一層級的政府所管轄的人口和幅員過大，則政府的生產力便力有未逮，不能滿足其轄區人民的需求；過猶不及，都是治理規模的不經濟，二級政府與三級政府究竟何者適用於臺灣的政治環境？凡此，事實上都容有誠實面對、理性檢討的必要。在陳水扁執政時代政府改造委員會中，不僅民間代表委員有不同的聲音，部分部會首長在多次會議也存有保留的意見。參劉文仕，《從歐盟成員國地方治理的發展經驗解構1996～2005臺灣地方制度改革的兩大迷思》，《臺灣民主季刊》，2006年9月，第3卷第3期，頁35-84。

[17] 劉文仕，《地方制度改造的憲政基礎與問題》（臺北：學林文化，2003年），頁83-85。

第二節　地方自治的法規範體系

　　法規範體系的概念，源自純粹法學派創始人克爾遜（Hans Kelsen）所建構的「法律階層構造論」（Hierarchy of Law），即一切現實法均為法規範，各種法規範構成一「層級的法律秩序」[18]。基本上，這樣的階層關係是一種抽離政策、不論評價的靜態的秩序，如克爾遜所稱，憲法作為法秩序的基本規範，是假設的、最終的規則；該秩序的規範即依照著這個最終的規則，而創立或撤銷、取得或喪失其效力。法規範體系，不是由一些互相平等的、並肩立於同一平面上的規範所構成，而是由一個不同階層的規範所構成的等級制度[19]。由憲法而法律，由法律而抽象的行政命令，上一層產生下一層，下一層又可還原於上一層。如我國憲法第171條及第172條所規定「法律與憲法牴觸者無效」、「命令與憲法或法律牴觸者無效」，即屬之。

　　又，憲法必須為「基本法」的共識，內容難免趨於簡約，另一方面卻也影響到國家未來面對社會巨大變遷時，處理憲法的態度，即寧可透過解釋使憲法發生內在的變遷，而不輕易更動憲法的文字。質言之，「憲法解釋」是成文憲法秩序不變更其正當性與永續性，將憲法精確化、具體化及解決憲法適應力不足的一種「憲法上的措施」。憲法解釋的目的在闡明憲法規範的意旨，並使其具體化，且能確保其在規範目的下對國家生活的適應力；釋憲非僅是「憲法的維護」，其本質既在闡述憲法規範的旨意，形同「憲法的發言人」，具憲法同位階的規範效力[20]。

---

[18] 有學者認為，其嚴謹的邏輯，奠立憲法在各級法律規範中的最高地位，並加強法治國家的基本精神兩方面有不可抹滅的貢獻。涂懷瑩，《中華民國憲法原理》（臺北：自刊，1979年），頁141。

[19] Hans Kelsen著，雷崧生譯，《法律與國家》（臺北：正中書局，1970年），頁142-156。

[20] 問題是，我國釋憲制度與其他國家最大的不同，在於以會議作成解釋，而非以法庭形式作成判決。此從憲法與社會的互動而言，解釋憲法或憲法與下位階規範的衝突，相

一、憲法、增修條文及其解釋

本於憲法最高性的原理，憲法作爲基本規範，乃屬最上層的法規範，是我國實行地方自治的根本法制基礎，一切次級規範均由此衍生，無待爭議。至於憲法增修條文，係1991年廢止動員戡亂時期臨時條款後，因海峽兩岸狀態仍未改變，爲適應現狀，以修正案的方法修憲，一方面增列規範，一方面凍結現階段施行有困難的部分條文。增修條文是仿照美國憲法修正案的方式，以修正案條列於憲法之後、而非在原文處改動，並在增修序言內聲明「因應國家統一前之需要」作爲增修條文時效。換言之，於國家統一前，該增修條文效力等同憲法本文，甚至可謂是憲法本文的限時特別法。

（一）憲法本文

我國雖屬單一制國家憲法，但卻設有第十章「中央與地方之權限」與第十一章「地方制度」二個有關地方自治的專章。其中第十章，參照聯邦國家的法例，於第107條至第109條分別臚列中央專屬事權、得委由地方執行的中央事權與地方自治事權；另一方面，又創設了聯邦國家所無的設計[21]：其一，憲法第109條第1項第12款及第110條第1項第11款規定，中央得以國家法律賦予地方自治事項；其二，一般聯邦國家憲法，僅規定中央或地方一方的權限，他方則概括其餘；我國則以絕非聯邦國家所採行的剩餘權分配方式處理剩餘權問題，亦即有未列舉事項時，另於第111條規定，「有全國一致之性質者屬於中央，有全省一致之性質者屬於省，有一

較於一般法院的個案審理，顯然較可超出個案，扣緊比較全面性的問題。然大法官「有法拘束力」的輸出乃表現在解釋文，應包括解釋主旨與理由書（即所謂的「傍論」）。但從最近的趨勢，解釋理由已略顯流於「學術性論述」的性格，如何確認其規範效力？恐須多加審酌。

[21] 此殆因憲法起草人之一張君勱意識上力倡聯省自治，欲藉立憲使國家趨於聯邦化，減少中央權力，最後經政治協商妥協，才成爲現今憲法的條文。

縣之性質者屬於縣。」依事務性質採「均權理論」定其權責歸屬；若發生爭議，則由立法院解決。

　　第十一章則分第一節「省」與第二節「縣」的自治制度。前者包括省施行自治的條件（§112）、省自治法規應規定的事項、審查、施行障礙的解決、與國家法律牴觸的效果及有無牴觸的解釋（§113～117），以及直轄市自治的授權（§118）、蒙古各盟旗的自治（§119）與西藏自治的保障（§120）。後者則包括縣施行自治的確認、條件（§121、122）、縣民的政權（§123）、議會組成與職權（§124）、縣規章的限制（§125）、縣長的設置與職權（§126、127），以及市準用規定（§128）。

　　另外，第十三章「基本國策」，有關對地方的財源補助（§147）、保障邊疆民族自治權益的保障、扶植與發展（§168、169）等條文，也均屬第一層的規範。

（二）增修條文

　　憲法自1991年迄今，計進行七次增修，其中涉及地方自治者，主要包括1992年第2次：賦予地方自治明確的法源基礎，並且開放省長民選。1997年第4次：凍結省級自治選舉，省設省政府、省諮議會，省主席、省府委員、省諮議會議員均由行政院院長提請總統任命之。而根據2005年的第7次增修條文第9條規定，憲法本文的第108條第1項第1款、第109條、第112條至第115條，以及第122條均停止適用，而改依憲法增修條文第9條之規定。其主要內容如下：

1.省的組織：省設省政府，置委員九人，其中一人為主席；設省諮議會，置省諮議會議員若干人，均由行政院院長提請總統任命之。
2.省政府的功能：省承行政院之命，監督縣自治事項；臺灣省政府之功能、業務與組織之調整，得以法律為特別之規定。
3.縣級組織：設縣議會，縣議會議員由縣民選舉之；設縣政府，置縣長一人，由縣民選舉之。

（三）憲法解釋與憲法裁判

　　如前所述，臺灣自1950年實施地方自治，以迄1994年自治二法的公布施行，數十年間均係處於「非法律主治」的狀態，主要的依據即爲「地方自治綱要」。其間因屬威權體制、中央集權，省（縣、市）徒有自治之名，而無自治之實，縱有自治爭議，也多賴於中央行政部門的訓令，司法院大法官會議雖偶有涉及地方制度或垂直分權的解釋，如釋字第14、33、38、74、122、165、207、235、258～260、307、363號等13號解釋，其中於戒嚴時期，除第38號解釋外，多係對地方議會議員相關權義事項的解釋；較具地方自治實質意義的解釋，類多發生於1989年宣告解嚴以後，反映出解嚴後地方自治意識的覺醒。

　　1994年地方自治法治化之後，相關問題已多納入法律規整，大法官僅就精省的後續問題作出第467號、第481號解釋。洎1999年地方制度法頒行，配合地方分權的全球思潮，地方意識抬頭，中央集權勢衰，衝突日劇，而中央已不能扮演球員兼裁判的角色，大法官以憲法守護的權責，即取而代之，行使權力衝突的仲裁功能，陸續作出數起攸關地方自治根本原理的解釋，如釋字第498、527、550、553、738、769號及憲法法庭判字第6號等。茲匯其要點製表6-2如下：

表6-2　大法官有關地方制度的解釋與裁判

時期		案號	要　旨
自治綱要時期	戒嚴	14	省市議會議員非監察權行使之對象。
		33	省市議會議員互選之議長非監察權行使之對象。
		38	有關縣立法可否限制縣民自由權利，及縣立法可否爲法官審判的依據等問題。
		65	地方公共團體，係指依法令或習慣在一定區域內，辦理公共事務之團體。

表6-2　大法官有關地方制度的解釋案（續）

時期	案號	要　旨
解嚴	74	國民大會代表不得兼任省縣議員。
	122	憲法未設地方議會議員言論保障規定。
	165	地方議會議員就無關會議事項所爲顯然違法之言論，無免責權。
	207	省市議會議員、議長不得兼任私立學校校長。
	235	宣示審計權乃屬監察權的範圍，應由中央立法並執行之。
	258	直轄市憲法地位與省相當，其教、科、文預算比照關於省之規定。
	259	關於直轄市自治之法律未制定前，由中央頒行之自治法規，應繼續有效。
	260	依憲法規定，中央尚無逕就特定之省議會及省政府之組織單獨制定法律之依據；現制省級民意機關亦無逕行立法權限。
	307	涉及中央與地方編列地方警政預算的權限問題。
	363	地方行政機關爲執行法律，得依職權發布命令爲必要補充，但不得牴觸法律。
自治二法時期	467	86年憲法增修條文施行後，省不再有自治事項，亦不具備自主組織權，自非地方自治團體性質之公法人。
	481	行政院依省縣自治法授權訂定福建省政府組織規程，未規定人民選舉省長與省議員，符合母法授權意旨，與憲法無違。
地制法時期	498	地方自治爲憲法所保障之制度，基於地方自治團體具有自主、獨立之地位，以及中央與地方各設有立法機關之層級體制，地方自治團體行政機關公務員並無列席立法院之義務。
	527	1.地方制度法明定應設置之職位，於地方政府組織自治條例未制定前，於過渡期間內先行設置，並依法任命人員，尚非法所不許。 2.上級監督機關對地方自治法規或地方行政機關辦理自治事項行使監督權時，地方如有不服，能否逕行聲請大法官解釋？
	550	於不侵害地方自治團體自主權核心領域之限度內，基於國家整體施政之需要，對地方負有協力義務之全民健保事項，中央依據法律使地方分擔保險費之補助，尚非憲法所不許。
	553	憲法設立釋憲制度之本旨，係授予釋憲機關從事規範審查，尚不及於具體處分行爲違憲或違法之審理。自治監督機關撤銷地方自治團體辦理自治事項之決定，係屬行政處分，如有不符應循行政爭訟程序救濟。

表6-2　大法官有關地方制度的解釋案（續）

時期	案號	要　旨
	738	各地方政府自治條例所定電子遊戲場業設置場所應距離特定場所1,000公尺或800公尺以上，雖與中央電子遊戲場業管理條例規定之50公尺限制不同，但未必牴觸法律。
	769	縣（市）議會議長及副議長之選舉及罷免，非憲法第129條所規範，地方制度法有關記名投票規定之部分，自不生違憲問題。
	判6	進口肉品等之安全容許量標準，屬中央立法事項。衛福部函告各地方政府相關自治條例無效或不予核定，並未逾越自治監督權限，均屬合憲。

二、法律規範

　　第二層規範為何？國家最高立法機關所制定的國家法律，應屬當仁不讓；但立法院所制定的法律，涉及地方自治事務的，除僅具有一般法律性質與位階的各機關組織規範與作用規範外，尚有為建構及維繫地方自治所制定的制度規範如《地方制度法》。此外，《地方民意代表費用支給及村里長事務補助費補助條例》，涉及地方人事費用的支出，於次要的部分，可一併注意。

（一）地方制度法

　　地方制度法原係建構與維繫地方自治的根本規範，為今日臺灣施行地方自治，規範各級地方政府組織、運作與功能發揮，並確立中央與地方及地方與地方相互間基本關係的綱要性依據；是介於憲法與一般法律之間的「憲政性法律」，我國地方制度法第1條規定「本法依中華民國憲法第118條及中華民國憲法增修條文第9條第1項制定之。」明示其憲法法源[22]。該

---

[22] 日本國《地方自治法》第1條開宗明義即規定「本法基於地方自治之本旨，規定有關

法原分五章88條，其間除配合縣市改制需要，增加11個條文；2014年又增訂第四章之一「直轄市山地原住民區」，7個條文，合計106條。其內容詳於以下各章論述，於茲僅略述其架構如下：

1. 總則：包括立法依據、用語、地方劃分、地方政府機關之設置與名稱、行政區域劃分、縣市單獨改制或合併等。

2. 省政府與省諮議會：主要為根據憲法增修條文內容更具體地規定省級政府的地位、組織，以及有關職權。

3. 地方自治：本章可說是本法的主幹，其下再細分為四節，分別是：(1)地方自治團體及其居民之權利義務；(2)自治事項；(3)自治法規；(4)自治組織；(5)自治財政。

4. 中央與地方及地方間之關係：主要規定地方政府辦理自治事項違法時之處理、代行處理、中央與地方及地方間事權爭議之解決、地方行政首長與議員（代表）職務之變動與改選補選，以及公職人員任期之調整等事宜。

5. 直轄市山地原住民區：明定直轄市山地原住民區的定位、自治事項、過渡條款與財政等。

6. 附則：包括地方行政首長懲戒、地方政府員工之給與、縣市單獨改制或合併改制之配套措施，以及施行日期等。

　　地方制度法充為現階段實施地方自治最重要的基礎法律，甚多內容僅屬綱要性立法，仍需各項配套法律的完成，才能完整提供落實地方自治的規範依據；其要項製表6-3如下：

公共團體之區分及其組織與運作事項之大綱，並確立國家與地方公共團體間之基本關係，以確保地方公共團體之民主化與效率化之行政及保障其健全發展為目的。」非常明確地揭櫫地方自治基本法的宗旨，相對於此，我國地方制度法第1條僅明示其憲法法源，而無法從中理解整部法律的核心思想，稍嫌不足。

表6-3　地方制度法配套法律制定情形一覽表

條次	內容	配套法律	公布日期
§7 I	省、直轄市、縣（市）、鄉（鎮、市）及區之新設、廢止或調整，依法律規定行之。	行政區劃法	尚未立法
§7-3	依第7條之1改制之直轄市，其區之行政區域，應依相關法律規定整併之。	同上	
§16①	對於地方公職人員有依法選舉、罷免之權。	公職人員選罷法	1980.5.14
§16②	對於地方自治事項，有依法行使創制、複決之權。	公民投票法	2003.12.31
§16④	對於地方教育文化、社會福利、醫療衛生事項，有依法律及自治法規享受之權。	散落在各專業法規	
§16⑤	對於地方政府資訊，有依法請求公開之權。	政府資訊公開法	2005.12.28
§55 II	直轄市政府主計、人事、警察及政風主管或首長依專屬人事管理法律任免。	主計機構人員設置管理條例 人事管理條例 警察人員人事條例 政風機構人員設置管理條例	1981.12.28 1942.9.4 1976.1.17 1992.7.1
§56 II	縣（市）政府主計、人事、警察、稅捐及政風之主管或首長依專屬人事管理法律任免。	同上	同上。但稅捐人員尚無專屬人事法律
§61 I、II	直轄市長、縣（市）長、鄉（鎮、市）長之薪給、退職金及撫卹金之支給，以法律定之。	地方民選行政人員待遇支給條例	尚未立法
§61 III	村（里）長事務補助費補助項目及標準，以法律定之。	地方民意代表費用支給及村里長事務補助費補助條例	2000.1.26

表6-3　地方制度法配套法律制定情形一覽表（續）

條次	內容	配套法律	公布日期
§67 I	直轄市、縣（市）、鄉（鎮、市）之收入及支出，應依本法及財政收支劃分法規定辦理。	財政收支劃分法	1951.6.13
§67 II	地方稅之範圍及課徵，依地方稅法通則之規定。	地方稅法通則	2002.12.11
§67 III	地方政府規費之範圍及課徵原則，依規費法之規定。	規費法	2002.12.11
§68 II	直轄市、縣（市）公債及借款之未償餘額比例，鄉（鎮、市）借款之未償餘額比例，依公共債務法之規定。	公共債務法	1996.1.17

（二）地方民意代表費用支給及村里長事務補助費補助條例

本條例依地方制度法第52條第3項及第61條第3項規定制定，主要分「地方民意代表」與「村里長」權益兩個部分。

1. 地方民意代表費用支給

本條例的制定一方面保障地方民意代表執行職務所需的財政基礎，另一方面也在避免地方民意代表挾其立法、預算權，任意擴增其福利，造成地方財政負擔。特就地方制度法第52條所定直轄市議員、縣（市）議員、鄉（鎮、市）民代表得支領的研究費等必要費用，以及在開會期間得酌支的出席費、交通費及膳食費，明確規定其上限（§3、4）；各費用支給項目及標準均應本法所定，不得自行增加其費用。

至所謂「必要費用」，除研究費外，並得因職務關係，由各該地方民意機關編列預算，支應其健康檢查費、保險費、為民服務費、春節慰勞金及出國考察費。議長、副議長及代表會主席、副主席，尚得由各該地方民意機關編列預算，支應因公支出之特別費（§5），其額度與核銷方式，

另以附表規範。此外，直轄市議會議員每人得聘用公費助理6人至8人，費用總額每月不得超過新臺幣24萬元；縣（市）議會議員每人得聘用公費助理2人至4人，費用總額每月不得超過新臺幣8萬元，並得比照軍公教人員年終工作獎金酌給春節慰勞金（§6）。

2. 村里長事務補助費補助

考量村里長工作性質無專職必要，地方制度法第61條明定為「無給職」，但鑑於村里長承擔基層庶務的執行與村里民日常各項服務的繁瑣工作，扮演基層溝通協調、政令傳達、民意反映、糾紛調停的重要角色，仍應給予必要的經濟補貼，地方制度法第61條特規定，由鄉（鎮、市、區）公所編列村（里）長事務補助費。

惟又考量村里長與村里民互動密切，在地方政治動見觀瞻，有者淪為地方選舉樁腳，為避免地方政府運用政府財政資源進行酬庸。本條例爰統一明定每村（里）每月新臺幣45,000元事務補助費[23]。此補助費並非村（里）長個人待遇，而係指文具費、郵電費、水電費及其他因公支出之費用（§7），依法須按指定用途別科目支用，逐筆檢具單據辦理核銷；事務補助費之補助項目及標準，依本條例之規定；本條例未規定者，不得編列預算支付。本條原規定鄉（鎮、市、區）公所得因村里長職務關係，編列預算，支應健康檢查費、保險費，其最高標準比照鄉（鎮、市）民代表會代表（§7）。2018年4月25日公布之修正案則明定，保險費係屬鄉（鎮、市、區）分所「應」編列預算支應，且該保險費預算，應包含投保保險金額新臺幣5,000,000元以上傷害保險之保險費金額（§7修正條文）。

---

[23] 自2022年12月25日起提高為50,000元。

自我評量

➢ 臺灣地區實施地方自治，最初主要依據「臺灣省各縣市實施地方自治綱要」及「臺北市各級組織及實施地方自治綱要」、「高雄市各級組織及實施地方自治綱要」，後來則依據「省縣自治法」及「直轄市自治法」（簡稱自治「二法」），現在則依據「地方制度法」，請寫出「自治綱要」時期、自治「二法」時期及「地方制度法」實施等三個時期的起迄年間；並請說明「自治綱要」時期所以必須進入自治「二法」時期的主要原因，以及「二法」必須廢止，另訂「地方制度法」的原因。（91基特）

➢ 試舉例說明地方自治、地方立法、地方行政之區別；兼述臺灣實施地方自治的法制化過程。（94升等）

➢ 請說明我國民主革新以來地方自治的重要發展趨勢。（107高考三級一般民政、戶政）

➢ 試述地方自治之法令體系？其效力位階發生疑義時應如何解決？（97地特）

➢ 根據現行法制與大法官會議解釋，地方自治團體落實或辦理地方自治事項過程中須遵守何種限制與規範？（101高）

CHAPTER

7

地方自治團體的定位、類型與區劃

第一節　地方自治團體的定位

相關條文：

第2條（第1款前段）

地方自治團體：指依本法實施地方自治，具公法人地位之團體。

第6條

省、直轄市、縣（市）、鄉（鎮、市）、區及村（里）名稱，依原有之名稱。

前項名稱之變更，依下列規定辦理之：

一、省：由內政部報行政院核定。

二、直轄市：由直轄市政府提請直轄市議會通過，報行政院核定。

三、縣（市）：由縣（市）政府提請縣（市）議會通過，由內政部轉報行政院核定。

四、鄉（鎮、市）及村（里）：由鄉（鎮、市）公所提請鄉（鎮、市）民代表會通過，報縣政府核定。

五、直轄市、市之區、里：由各該市政府提請市議會通過後辦理。

鄉（鎮）符合第四條第四項規定，改制為縣轄市者，準用前項之規定。

第14條

直轄市、縣（市）、鄉（鎮、市）為地方自治團體，依本法辦理自治事項，並執行上級政府委辦事項。

第83條之2

直轄市之區由山地鄉改制者，稱直轄市山地原住民區（以下簡稱山地原住民區），為地方自治團體，設區民代表會及區公所，分別為山地原住民區之立法機關及行政機關，依本法辦理自治事項，並執行上級政府委辦事項。

山地原住民區之自治，除法律另有規定外，準用本法關於鄉（鎮、市）之規定；其與直轄市之關係，準用本法關於縣與鄉（鎮、市）關係之規定。

　　地方自治團體係指以國家領土一部分爲構成要素，被賦予法人資格，於其管轄區域內自主處理區域內公共事務的統治團體。「地域性」可謂是地方自治團體最重要的基礎，也是相較於其他法人（如行政法人、社團法人、財團法人、祭祀公業法人等）最主要的特色所在[1]；法國第五共和憲法第72條第1項以「地域團體」（Colléctivitéterritoriale）稱之，日本國憲法第92條與地方自治法稱爲「地方公共團體」。

　　我國憲法對此類團體並未作指稱性的用詞，法律上，雖早於1929年的《監督寺廟條例》第4條即出現「地方自治團體」[2]，但其內涵如何？都僅止於學理上闡述，地方制度法第2條第1款始作出定義性的規定，謂：「地方自治團體：指依本法實施地方自治，具公法人地位之團體。」本款規定了地方自治團體的目的（或任務）及法律地位。

一、地方自治團體的目的

　　公法人作爲行政權的一環，不同於私法人，其目的係由國家所賦予，一般由法律定之，此爲法定的公共任務，不得任意變更。依現行制

---

[1] 除地方自治團體外，農田水利會本來也是以地域爲基礎的公法人，凡在農田水利會事業區域內公有、私有耕地之承租人、永佃權人，私有耕地之所有權人、典權人或公有耕地之管理機關或使用機關之代表人或其他受益人，依農田水利會組織通則第14條規定，均爲當然會員，其法律上性質，與地方自治團體相當，在法律授權範圍內，享有自治的權限（釋字第518號參照）。惟立法院於2020年7月14日三讀通過《農田水利會組織通則》修正案，將農田水利會由公法人改制爲公務機關，停止辦理會長及會務委員選舉，並將15個農田水利會第四屆會長及會務委員任期延長至109年9月30日止，一併於10月1日改制。

[2] 監督寺廟條例除第4條出現「地方自治團體」之外，第3條另有「地方公共團體」的用詞；兩者概念不同，「地方公共團體」亦非日本地方自治法的「地方自治團體」，而是指依法令或習慣在一定區域內，辦理公共事務之團體（大法官釋字第65號解釋參照），例如當地的農工商會等（司法院院字第1631號參照）。而「地方自治團體」則指區公所、鄉（鎮）公所、坊公所等（縣組織法§9、28、40、市組織法§41、79參照）。

度，除國家是當然的公法人組織，毋待特別規定外，現行法制上所規定的公法人主要有三類，即本法的地方自治團體、由中央目的事業主管機關依法律設立的行政法人[3]（行政法人法§2）及經中央原住民族主管機關核定的原住民族部落[4]。

不同的是，後二者，法律所賦予的任務是侷限性的，如行政法人的設立，是為執行特定公共事務（行政法人法§2）；農田水利會則係秉承國家推行農田水利事業的宗旨，由法律賦與其興辦、改善、保養暨管理農田水利事業而設立（釋字第518號），所賦予的任務是侷限性的。地方自治團體的目的，依地制法第2條規定則在於「實施地方自治」，基於統治主體的地位，得對居民行使一般、概括的統治權，同時也具備提供公共服務的事業主體地位。

然於此僅說明，公法人的任務一般係法律所規定，不能因此解讀為，沒有法律的依據，公法人就無由成立。事實上，關於公法人成立的要件，憲法並未規定，如1947年12月25日行憲之前的省、縣，與1994年7月

---

[3]　行政法人法自2011年公布施行以來，目前除「國立中正文化中心」擴大轉型為「國家表演藝術中心」（多館一法人，含國家戲劇院、國家音樂廳、衛武營國家藝術文化中心、臺中國家歌劇院）外，另設有國家中山科學院、國家災害防救科技研究中心、國家運動訓練中心、國家住宅及都市更新中心、國家電影及視聽文化中心、文化內容策進院及國家資通安全研究院等，計8個行政法人。另外，依行政法人法第41條規定：「經中央目的事業主管機關核可之特定公共事務，直轄市、縣（市）得準用本法之規定制定自治條例，設立行政法人。」各地方政府也設有行政法人，如高雄市專業文化機構（美術館、歷史博物館、電影館三館一法人）、圖書館、流行音樂中心、臺南市美術館等。

[4]　2015年12月1日，立法院三讀通過，同月16日總統公布的《原住民族基本法》修正案，增訂第2條之1規定：「為促進原住民族部落健全自主發展，部落應設部落會議。部落經中央原住民族主管機關核定者，為公法人。部落之核定、組織、部落會議之組成、決議程序及其他相關事項之辦法，由中央原住民族主管機關定之。」鑑於現有16個原住民族，700多個部落，要如何以一辦法，整合規範不同族群、部落之間之自主性與獨立性，誠非易事。行政院原住民委員會於2017年10月27日預告訂定「部落公法人組織設置辦法」，惟迄未完成法制作業程序。

29日自治二法施行之前的臺灣省與臺北、高雄二直轄市，仍不失其公法人的地位。如行政法院47年裁字第51號判例謂：「縣爲法人，具有獨立之法律上人格，至其自治制度是否已完全建立，則屬另一問題，不能因尙未制定縣自治法，而謂其法人資格尙未取得。」同院49年裁字第22號判例意旨亦同。

　　另外，對未由憲法賦與一定權限的鄉、鎭，於未實行地方自治時期，司法院也未因當時戰爭甫告終結，鄉、鎭未實施地方自治，而否認鄉、鎭爲公法人，此有司法院34年院解字第2990號解釋可證。

　　質言之，在自治二法或地制法施行前，地方自治團體可能根據「法令」或「習慣」而成立，甚至因居民的共同生活關係而自然形成。針對此一情形，釋字第259號解釋指出：「憲法關於地方制度，於其第十一章就省、縣與直轄市有不同之規定，直轄市如何實施地方自治，憲法第118條授權以法律定之。故直轄市實施地方自治，雖無須依省、縣自治相同之程序，惟仍應依憲法意旨，制定法律行之。憲法規定之地方自治，須循序實施，前述直轄市自治之法律，迄未制定。現行直轄市各級組織及實施地方自治事項，均係依據中央頒行之法規行之。爲貫徹憲法實施地方自治之意旨，仍應斟酌當前實際狀況，從速制定直轄市自治之法律，以謀求改進。在此項法律未制定前，直轄市之自治與地方行政事務，不能中斷，現行由中央頒行之法規，應繼續有效。」釋字第527號解釋也指出：「地方自治團體在受憲法及法律規範之前提下，享有自主組織權及對自治事項制定規章並執行之權限。」於地方自治法律立法之後，地方自治團體的成立，就只能依據「憲法」或「法律」。

二、地方自治團體的法律地位

　　現今社會國家，行政任務與組織已轉蛻爲多元分殊化的複雜架構，國家與社會無法再截然二分，而地方自治制度之所由存在，無非係透過地域性的自治團體積極、自主地履行人民生存照護的任務。由立法賦予地方自治團體法人資格，成爲獨立的權利義務主體，擁有公法上概括的統治權與

自治權能，而非僅單純地扮演國家間接行政體系的一環[5]，不僅必要，且與當代憲法的權限秩序與價值體系也相互契合。

地方自治團體既被賦予「公法人」的地位，即享有自主與獨立的地位，國家機關應予以尊重，除不能享有自我解散的自由、須服從國家的特別監督、與國家分享統治權、參與國政決定以外，也具備如下一般法人的權利能力，得為權利的歸屬主體，在法律範圍內，可以享受一定權利、負擔一定義務。

（一）權利能力得喪的程序規定

自然人的權利能力始於出生，終於死亡（民法§6）。法人的權利能力，一般而言始於登記，終於清算終結。至於地方自治團體畢竟是國家統治團體的一環，無所謂登記或清算概念，其權利能力理論上應始於設立，終於廢止。

現行法制並未設有關於地方自治團體設立或廢止的程序規定，地制法第7條規定「省、直轄市、縣（市）、鄉（鎮、市）及區……之新設、廢止或調整，依法律規定行之。」尚未完成立法的「行政區劃法」草案第11條規定「涉及省、直轄市或縣（市）之行政區劃計畫，由中央主管機關審議通過後，報行政院核定。」「涉及鄉（鎮、市、區）之行政區劃計畫，由直轄市、縣（市）主管機關審議通過後，報中央主管機關核定。」雖僅涉及行政區劃計畫的審議及核定，但地方自治團體的設立或廢止，通常會牽涉到行政區劃的變動[6]，本條也可以解釋為就是關於地方自治團體設立

5　例如法國憲法第72條第3項所規定：「政府在各省所派駐的代表」，確認地方管理「雙軌制」的特色，兩套不同體系的行政機構同時存在於同一地域上，一是自大革命時期奠基，至拿破崙一世執政時確立的中央派駐地方機關的體制，多以「行政區域」（circonscription administrative）稱之，即屬國家間接行政體系的一環，分為大區、省、區（canton）、縣（arrondissement）與市鎮；另一類則是實施地方自治而具有法人性質的「地域團體」（Colléctivitéterritoriale），僅包括大區、省與市鎮。

6　有些情況未必牽動行政區劃的調整，例如現行的「區」非地方自治團體，但2014年地方制度法修正後，直轄市的山地原住民區，就地取得地方自治團體的地位，即其事例。

或廢止的程序規範。

　　而依草案第13條規定，中央主管機關發布經核定的行政區劃計畫時，應一併公告實施日期。質言之，地方自治團體應自中央主管機關所公告之實施日期起取得或喪失權利能力。

　　不過，這樣的論述，僅適用於法治化之後的情況，地制法第4條第5項明定，對於法律施行前已設的直轄市、市及縣轄市，得不適用相關設立條件的限制。對省、縣、鄉（鎮）的成立，更無任何條件要求，地制法第6條甚至僅規定「省、直轄市、縣（市）、鄉（鎮、市）、區及村（里）名稱，依原有之名稱。」及辦理名稱變更的程序。換言之，均不須重新辦理設立的程序。

（二）權利能力的實體規定

　　地方自治團體具公法人地位，其享有權利能力的實體內容，原則上同一般法人，地制法未作特別規定。惟鑑於地方自治團體的名稱，足以表彰該團體的存在，作為與其他地方自治團體區別的標識，在精神上與情感上對地區居民扮演統合的作用，對內可凝聚居民認同，對外以團體名義經營其關係、推動其活動；第6條特設關於「地方自治團體名稱決定」的原則。其內容包括：

1. 固有名稱保障原則：即地方自治團體的名稱，除非依法定程序變更，否則均依其原有的名稱。

2. 名稱自主決定原則：地方自治團體的名稱決定權，猶如自然人或私法人的姓名權，為其人格權的一種，為憲法第22條所保障；人民團體對其名稱自主決定的自由，亦為憲法第14條結社自由所保障的範疇（釋字第399號及其理由參照）。地方自治團體依其經居民認同的固有名稱，欲加變更，僅能由地方自治團體自行發動，由該層級地方自治團體行政機關提請同級立法機關通過後，報自治監督機關核定；主動權在地方，監督機關不能越俎代庖。惟基於直轄市、縣（市）的更名，乃涉國家整體對外及相關資料的變動，對於全國行政影響甚鉅，本條特規定行政院擁有最終的「核定」權。但行政院仍宜謹守「適法監督」精神，儘可能予

以尊重；縱有不同意見，充其量亦僅能提供不具拘束力的行政指導，如
地方堅持，核定機關則只能不予核定，不得廢棄地方所報名稱，逕行變
更其名稱。

　　另，地方自治團體更名前是否應辦理公民投票？本法並未規定，惟
縱經公投通過更名，因依法核定權在自治監督機關，公投結果對自治監督
機關亦無拘束力，不得援引《公民投票法》第31條第3款規定，主張自治
監督機關「應為實現該公民投票案內容之必要處置」；其次，公投法僅規
定全國與直轄市、縣（市）層級的公投，鄉（鎮、市）如為更名而辦理公
投[7]，是否牴觸同法第13條規定「除依本法規定外，行政機關不得藉用任
何形式對各項議題辦理或委託辦理公民投票事項，行政機關對此亦不得動
用任何經費及調用各級政府職員。」非無疑義[8]。

第二節　地方自治的層級設計與類型

相關條文：

第2條（第1款後段）

省政府為行政院派出機關，省為非地方自治團體。

第3條

地方劃分為省、直轄市。

省劃分為縣、市（以下稱縣（市））；縣劃分為鄉、鎮、縣轄市（以下

---

[7]　如2015年5月29日立法院三讀通過，將地制法有關設置縣轄市人口門檻由15萬降為10
　　萬，當時人口逾10萬符合更名要件的有彰化縣員林鎮、苗栗縣頭份鎮，但因僅屬更
　　名，非升格，徒具形式，卻將增加行政成本，財政困難的縣政府未必同意。但兩鎮仍
　　分別於同年8月8日及10月5日改制為「縣轄市」。

[8]　屏東縣潮州鎮曾擬於選舉投票日，在全鎮投開票所外同步舉辦ECFA公民投票，中選
　　會表示違反公投法規定，經由檢調機關查處、偵辦；鎮公所乃從技術性改以「民意普
　　查」規避刑責。

稱鄉（鎮、市））。

直轄市及市均劃分為區。

鄉以內之編組為村；鎮、縣轄市及區以內之編組為里。村、里（以下稱村（里））以內之編組為鄰。

第4條

人口聚居達一百二十五萬人以上，且在政治、經濟、文化及都會區域發展上，有特殊需要之地區得設直轄市。

縣人口聚居達二百萬人以上，未改制為直轄市前，於第三十四條、第五十四條、第五十五條、第六十二條、第六十六條、第六十七條及其他法律關於直轄市之規定，準用之。

人口聚居達五十萬人以上未滿一百二十五萬人，且在政治、經濟及文化上地位重要之地區，得設市。

人口聚居達十萬人以上未滿五十萬人，且工商發達、自治財源充裕、交通便利及公共設施完全之地區，得設縣轄市。

本法施行前已設之直轄市、市及縣轄市，得不適用第一項、第三項及第四項之規定。

第8條

省政府受行政院指揮監督，辦理下列事項：

一、監督縣（市）自治事項。

二、執行省政府行政事務。

三、其他法令授權或行政院交辦事項。

第14條（前段）、第83條之2（前段）

直轄市、縣（市）、鄉（鎮、市）、直轄市山地原住民區為地方自治團體。

　　當代各國政府為因應經濟與財政危機，乃大規模的進行「垂直式」的結構調整。一般民主國家只要擁有一定的領土規模，除中央政府權力運作中樞外，必然都會劃分不同層級的地方政府，分享不同質量的國家權力，並分擔一定的任務。至於應該劃分多少層級？並無一定標準，主要乃決定

於幅員大小、政府體制、歷史傳統、政治制度、國民民主情感與訓練等條件。

　　依我國憲法第十一章「地方制度」規定，我國地方自治層級原僅「省─縣」二級，國家整體政府架構爲「中央─省─縣」三級體制。「直轄市」則與省同列，並規定其自治另以法律定之（§118）；「市」與縣同列，明定準用縣之規定（§128）。

　　縣（市）是憲法上最基本的自治單位，縣以下並無鄉鎮市自治的規定；惟臺灣光復之初，因地方士紳要求，先將當時各縣舊有的街、庄，依照《臺灣省各縣鄉鎮組織暫行條例》規定改爲鄉、鎮，並在省轄市下設區，原有的市未符合省轄市標準者，則改爲縣轄市，其地位與鄉、鎮同。1950年施行的《臺灣省各縣市實施地方自治綱要》，明定鄉、鎮、縣轄市爲法人，「中央─省（市）─縣（市）─鄉（鎮、市）」四級政府體制於焉確定，《省縣自治法》更進一步以法律確保鄉鎮市的自治地位。

　　參諸政治實證經驗，政府層級過多將造成行政區域與資源分配細部化、隸屬與權責關係複雜化、施政成本擴大化，自治資源不足、機關疊床架屋、行政流程緩慢、效能低落。以歐盟單一國爲例，四級政府體制多見於國土規模較大或人口較多的國家（如法國、義大利、西班牙、葡萄牙、希臘、英國等），其他基本上則爲三個層級（如丹麥、瑞典、芬蘭等）。日本也是區分爲中央、「都、道、府、縣」與「市、町、村」三個層級；中共原則上五個政府層級，直轄市部分則爲四級[9]。

　　以臺灣現階段有效管轄區域的土地僅3.6萬平方公里，四級政府的架

9　根據中華人民共和國憲法第30條規定：「全國分爲省、自治區、直轄市；省、自治區分爲自治州、縣、自治縣、市；直轄市和較大的市分爲區、縣；自治州分爲縣、自治縣、市；縣、自治縣分爲鄉、民族鄉、鎮。」憲法第95條規定「省、直轄市、縣、市、市轄區、鄉、民族鄉、鎮設立人民代表大會和人民政府。」各級行政區設政府。據此，「三級行政區劃制度」爲直轄市的基本行政區劃制度。事實上，除4個直轄市、海南省以及部分省實行局部的省直接管轄縣、縣級市以外，全境以四級行政區劃制度爲主。

構是否合適？有無精簡層級必要？一直是組織改造的主要議題。1996年的「國發會」在行政體制變革上，除形成「精省」的共識外，並另有「取消鄉鎮市自治」的結論，如徹底執行，即由現行的四級政府變成「中央—地方」二級政府；過猶不及，是否周妥，亦尚有商榷餘地。

　　1997年憲法增修、1998年的精省條例及1999年配合制定的地方制度法，已然完成省虛級化的目標；至於「鄉鎮市自治的取消」，一方面囿於基層政治現實的牽制，一方面因1997年底縣市長選舉的衝擊效應，掌握國會多數的國民黨重新認識草根民主的重要意涵，政策轉向，致二級政府的體制變革議題暫告中止。現行地制法規定，地方自治團體仍包括直轄市、縣（市）、鄉（鎮、市）（§14）及直轄市之山地原住民區（§83-2）；省為非地方自治團體（§2Ⅰ①）。

一、憲法上的自治層級

（一）省

　　省制是否入憲？在立憲史上曾有嚴重的歧見與爭論。肯定說者，認為可以彰顯省的重要性，確定省的體制，使中央不得以法律隨意變更；並提高省民的自治意識，促進省政的進步，避免過度中央集權。反對者則認為，我國自元朝設「省」以來，均為國家的行政區域，而非地方自治團體；而以省轄區之廣，人口之眾，亦不宜以省為地方自治團體，強化舊日封建割據的意識，致成尾大不掉之局[10]。

　　民初因中央脆弱，各省割地自雄，論者認既無法強求全國統一於中央政權之下，何妨採美國聯邦旨意，行「聯省自治」；1920年間聯省運動風行一時，南方各省紛紛自定省憲。1923年公布的憲法（即「曹錕憲法」），設地方制度專章，省制正式入憲，且重省輕縣。

---

[10] 其爭議詳參林紀東，《中華民國憲法逐條釋義（第四冊）》（臺北：三民書局，1988年），頁93-104。

惟1936年以孫中山先生「建國大綱」爲藍本研訂的憲法草案（即「五五憲草」）又將省定位爲國家行政區域，明定「省設省政府，執行中央法令及監督地方自治。」（§98）「省政府設省長一人，任期三年，由中央政府任免之。」（§99）但最後經1946年政治協商，省自治再度入憲，省的定位，由國家行政區域變更爲地方自治團體，賦予高度自治權；其地位幾等同聯邦制國家的邦，且得自定省憲，資爲省自治的根本大法。

如據此入憲，「五五憲草」精髓將被破壞殆盡，故不被國民黨接受，幾經協調後，相互讓步，一方面將「省憲」修正爲「省自治法」，緩和聯邦化的傾向；另一方面並規定，省自治法須依據中央的《省縣自治通則》制定，運用國家法律進行省法規的立法控制（§108Ⅰ①、112）；再透過司法院對省法規的違憲審查權，進行司法監督（憲法§112、114、116、117）。最後，又運用《省縣自治通則》的規定，進行相當程度的行政控制[11]。

政府遷臺後，臺灣省各縣市雖於1950年即實施地方自治，其精神也大致遵循憲法的意旨，設縣議會與縣政府，議員及縣長均民選，議會行使立法權。但省議員的直接民選，卻遲至1954年方才實施，省主席則仍維持官派，且由中央管決策，省政府僅負責監督縣市自治與執行。如此模式雖被認爲是「半自治」或「監護型自治」，但至少已具備地方自治的雛形，至1994年省縣自治法公布施行，省長始改爲直接民選，並明定「省爲法人」，憲法本文的「省制」才得到眞正的實踐。但爲期不過四年，經1996年的國發會、1997年的憲法第四次增修與1998年精省條例的制定，完整的「省自治」曇花一現。

依地制法規定，「省非地方自治團體」，省政府變成行政院的派出機關（§2Ⅰ）；「省政府置委員九人，組成省政府委員會議，行使職權，其中一人爲主席，由其他特任人員兼任，綜理省政業務，其餘委員爲無給

---

[11] 如1950年大部分條文經立法院三讀通過的《省縣自治通則》，中央有解決地方府會爭議、考核地方自治機關工作績效、獎懲、核可覆議案……等權力；於一定條件下，中央並得解散議會、罷黜地方行政首長（§69～75參照）。

職，均由行政院院長提請總統任命。[12]」（§9）省議會也改爲「省諮議會」[13]，「省諮議會置諮議員，任期三年，爲無給職，其人數由行政院參酌轄區幅員大小、人口多寡及省政業務需要定之，至少五人，至多二十九人，並指定其中一人爲諮議長，綜理會務，均由行政院院長提請總統任命之。」（§11）省諮議會不具自治立法權，僅能對省政府業務提供諮詢及興革意見（§10）；也不具預算權，省政府與省諮議會的預算均由行政院納入中央政府總預算辦理（§12）；有關省政府組織規程及省諮議會組織規程，均由行政院定之（§13），省並無組織自主權。

　　參諸大法官釋字第467號解釋理由書所指「憲法上之各級地域團體符合下列條件者：一、享有就自治事項制定規章並執行之權限，二、具有自主組織權，方得爲地方自治團體。省既不再有憲法規定的自治事項，亦不具備自主組織權，自喪失其爲地方自治團體性質公法人的地位。

　　值得推敲的是，省雖已非地方自治團體，但是否仍具公法人地位？大法官釋字第467號解釋所稱「未劃歸國家或縣市等地方自治團體之事項，而屬省之權限且得爲權利義務之主體者，於此限度內，省自得具有公法人資格。」

　　其理由乃以「憲法規定分享國家統治權行使，並符合前述條件而具有公法人地位之地方自治團體外，其他依公法設立之團體，其構成員資格之取得具有強制性，而有行使公權力之權能，且得爲權利義務主體者，亦有公法人之地位。是故在國家、地方自治團體之外，尚有其他公法人存在，早爲我國法制所承認（參照國家賠償法§14、農田水利會組織通則§1II、訴願法§1II）。憲法增修條文第9條就省級政府之組織形態、權限範圍、與中央及縣之關係暨臺灣省政府功能、業務與組織之調整等項，均授權以法律爲特別之規定。立法機關自得本於此項授權，在省仍爲地方制度之層級前提下，依循組織再造、提升效能之修憲目標，妥爲規劃，制

---

[12] 惟自2006年起，即未再派任臺灣省與福建省政府委員。

[13] 僅臺灣省設有省諮議會，福建省未設。但自2016年起，也未再派省諮議員，僅派諮議長，諮議長於2018年辭任後，即未再派任。

定相關法律。符合憲法增修意旨制定之法律，其未劃歸國家或縣市等地方自治團體之事項，而屬省之權限且得為權利義務主體者，省雖非地方自治團體，於此限度內，自得具有其他公法人之資格。」

換言之，省仍為地方制度上行政團體，而有行使國家公權力的行政機能，為憲法增修條文第9條所保障。立法機關如基於行政目的，認仍有賦予其獨立人格以獨立行使國家公權力的必要時，自得規定其為公法人，使其取得地方自治團體性質公法人以外之其他公法人資格。大法官對「省」的歷史情感由此顯露無遺，問題是，這樣的情感已被政治的實證經驗所摧毀，除地制法第8條規定「省政府受行政院指揮監督，辦理下列事項：一、監督縣（市）自治事項。二、執行省政府行政事務。三、其他法令授權或行政院交辦事項。」屬一般行政機關的業務執掌外，並無任何法律賦予省得獨立行使的權限，更遑論得為權利義務主體的地位，也就不存在釋字第467號所鍾情的例外情形。

惟臺灣省政府及福建省政府員額及業務，自2018年7月1日起移撥國家發展委員會等相關部會承接，預算也自2019年起均歸零，省政府形同徹底虛級化。

（二）縣（市）

我國自秦漢廢封建行郡縣以來，縣制的存在已有二千多年歷史，其間雖迭經朝代興替，對縣的區域，有所更易，縣的數目，也有所增減，但作為國家基本行政區域的地位，則未嘗或易。

縣是否應為地方自治團體？有無入憲必要？實務上較少爭議。孫中山先生雖反對聯省自治，對分縣自治則多所肯定，如謂「實行民主，莫先於分縣自治；蓋無分縣自治，則民無所憑藉，所謂全民政治必無由實現。」[14]其所著《建國大綱》也規定「縣為自治之單位，省立於中央與縣之間，以收聯絡之效。」（§18）「一完全自治之縣，其國民有直接選舉

---

[14] 參〈中華民國建設之基礎〉一文。

官員之權，有直接罷免官員之權，有直接創制法律之權，有直接複決法律
之權。」（§9）並說「地方自治者，民國之礎石也。礎堅而國固，國固
則子子孫孫同享福利。」「三千縣之民權，猶三千塊之石礎，礎堅則五十
層之崇樓不難建立。建屋不能猝就，建國亦然，富有極堅毅之精神，而以
極忍耐之力量行之。竭五年十年之力，爲民國築此三千之石礎，必可有
成。」[15]

　　就立憲者的理念，實行分縣自治的目的，並非爲了各縣的利益，而
是爲了追求國家整體利益，強化縣政建設及中央與地方之間分工合作的
效能，以鞏固國家基礎。因此，無論曹錕憲法、五五憲草、政協憲草，以
至現行憲法對縣制的入憲，也就順理成章，基本上沒有太大歧見。縣實行
縣自治（§121）。縣得召集縣民代表大會，依據省縣自治通則，制定縣
自治法（§122）。縣民關於縣自治事項，依法律行使創制、複決之權，
對於縣長及其他縣自治人員，依法律行使選舉、罷免之權（§123）。縣
設縣議會，縣議會議員由縣民選舉之。屬於縣之立法權，由縣議會行之
（§124）。縣設縣政府，置縣長一人。縣長由縣民選舉之（§126）。縣
長辦理縣自治，並執行中央及省委辦事項（§127）。

　　另鑑於1930年訓政時期公布施行、1943年修正的《市組織法》第4條
規定「凡人民聚居地方，具有左列情形之一者，得設市，受省政府之指揮
監督：一、省會。二、人口在二十萬以上者。三、在政治經濟文化上地位
重要，其人口在十萬以上者。」其地位與縣相當，惟因人口較藩密，或有
其他特殊情形，乃劃出於縣區，另設爲市，一般稱爲「省轄市」。其區域
較小，居民知識程度較高，自主意識較強，從自治理念言，更適於實施地
方自治。第128條特規定：「市準用縣之規定。」

　　臺灣結束日治之初，臺灣行政長官公署曾將日治時期的5州3廳11縣轄
市，改爲8縣9省轄市和2縣轄市。1950年8月16日，行政院第145次院會通
過「臺灣省各縣市行政區域調整方案」，由臺北縣分出宜蘭縣，新竹縣則

---

[15] 參〈地方自治爲建國之礎石〉演講。

分割爲桃園、新竹與苗栗3縣，臺中縣分割爲臺中、彰化與南投3縣，臺南縣則細分爲雲林、嘉義和臺南3縣，而高雄縣則分爲高雄與屛東2縣，總共16個縣、5省轄市。並於同年依《自治綱要》開始實施地方自治，近一甲子間，除北、高二直轄市分別於1967年與1979年脫離臺北縣、高雄縣改制，嘉義市、新竹市於1982年由原來的縣轄市升格爲省轄市，縣（市）數量略有調增外，縣（市）作爲憲法上最重要的自治單位，誠扮演著無可取代的地位。

然而，隨著2009年起，縣、市的整併，直轄市如雨後春筍般林立，挾其豐沛財政、人力資源的強大誘因，縣（市）逐漸被邊緣化、被消化。此誠非立憲者所能逆料。

二、地制法上的地方自治團體

（一）直轄市

所謂直轄市，嚴格言之，應指直轄於「中央政府」之市，與省同級，別於其他隸屬於省而與縣同級之「省轄市」。直轄市的設計是我國相當獨特的制度，原來，五五憲草第111條規定：「市之自治，除本節規定外，準用關於縣之規定。」並無直轄市與市的區分。

但1943年國民政府修正公布的《市組織法》第3條則規定：「凡人民聚居地方，具有左列情形之一者，得設市，受行政院之指揮監督：一、首都。二、人口在百萬以上者。三、在政治經濟文化上有特殊情形者。」開啓「院轄市」制度的先河。其意旨殆以首都爲全國施政的中樞，中央機關均設置於此，且爲國際觀瞻之所繫，自宜隆其體制。人口在百萬以上者，社會情形必甚複雜，公安、衛生、公用事業等設施亦與普通縣市不同，亦須較多的組織機構，故設爲直轄市。至政治經濟文化上有特殊情形者，如大陸淪陷前廣州爲南區經濟的中心，雖人口未必達於百萬，亦有設爲直轄市的必要。

然檢討當時政治背景，此等規定的目的，與其說是爲賦予特定城市特

殊的自治地位；毋寧認為是基於政治經濟上的考慮，意圖減少此等城市的
自治性格，此由該法第15條規定：「院轄市市長，簡任。」而非民選，約
可索其梗概。蓋如林紀東先生謂：在工業發達的現代，工商輻輳，人口密
集，都市的重要性日漸增加。尤以直轄市，其興衰影響全國或某區域的經
濟狀況，為期市政措施得與中央政策互相呼應，大規模規劃得獲中央人力
物力的援助，以不實行自治為宜[16]。

　　1947年制憲時，於第十一章「地方制度」章，除明定省、縣自治及
市準用縣規定外，第118條復規定：「直轄市之自治，以法律定之。」其
用意如何？殊難索解。歸納之大抵有兩種解釋：一為憲法承認直轄市亦屬
自治團體，但其自治制度終究與省之由憲法設為綱領規定不同，而授權由
中央以法律另為規定。另一種解釋為直轄市未必為自治團體，惟如實行地
方自治時，由中央以法律定其制度。

　　相較於第128條規定形式，並慮及首都、大都會的特性、立法沿革，
似以後說為當；林紀東教授亦認為，解釋為直轄市是否實行地方自治，憲
法不設硬性規定，而由中央決定，較合實際[17]。換言之，對於首都、人口
在百萬以上或在政治經濟文化上有特殊情形的都會，究應如何治理？有兩
種選擇，其一，不實施自治，而設立中央的派出機關；其二，實施地方自
治，但如何實施？由法律妥為規範。而無論選擇何者，亦均與憲法的本旨
不相齟齬。

　　上述見解，大法官解釋究何態度？1980年的釋字第258號與第259號
兩號解釋，前後立場不一致。

　　第258號解釋理由書謂「憲法第118條既將直轄市之自治，列入第十一
章『地方制度』『省』之一節內，則直轄市依法實施自治者，即與省為同
級地方自治團體，在憲法上之地位、權責、財源及負擔，與省相當；且直

---

[16] 林紀東，《中華民國憲法逐條釋義（第四冊）》（臺北：三民書局，1988年），頁
　　157。

[17] 林紀東，《中華民國憲法逐條釋義（第四冊）》（臺北：三民書局，1988年），頁
　　153。

轄市人口密集，在政治、經濟、文化上情形特殊，其環境、衛生、公安及交通等建設，所需經費，恆較縣及省轄市龐大，須將其財源，妥為分配，以免影響市政建設之均衡發展，其教育、科學、文化之經費所占預算總額之比例數，應比照關於省之規定。」其中，從「直轄市依法實施自治者，即與省為同級地方自治團體」，從「者」字反面推論，似認為亦得不實施地方自治，如不實施地方自治，即無與省自治團體同級的問題；亦即採與林紀東相同見解。

惟第259號解釋則指出「為貫徹憲法實施地方自治之意旨，自應斟酌當前實際狀況，制定直轄市自治之法律。」其理由書並指出「憲法關於地方制度，於其第十一章就省、縣與直轄市有不同之規定，直轄市如何實施地方自治，憲法第118條授權以法律定之。故直轄市實施地方自治，雖無須依省、縣自治相同之程序，惟仍應依憲法意旨，制定法律行之。」換言之，直轄市自治法律的制定，是憲法課予中央立法機關的義務，立法僅有「如何」而無「是否」的裁量餘地。

無論如何，這樣的論證，僅具憲法解釋論上的意義；在實務上，經由北、高二直轄市「自治綱要」的實施，其規範效力被釋字第259號所肯認；繼之，《直轄市自治法》的制頒、地制法的實施，已明定直轄市為地方自治團體（§14），釋字第553號解釋且明指，直轄市為憲法第118條所保障實施地方自治的團體，直轄市的自治地位殆無爭議。

地制法第4條並規定：「人口聚居達125萬人以上，且在政治、經濟、文化及都會區域發展上，有特殊需要之地區得設直轄市。」此所謂「125萬人以上」係指在轄區內設有戶籍的居民而言[18]，且此僅為基本門檻的要件，並非達到此門檻即當然得改制為直轄市，而應由中央審酌國家政經發展等需要決定之。

---

[18] 內政部89年8月11日台內民字第8906546號函參照。

（二）縣（市）與準直轄市

　　依地制法規定，縣（市）為地方自治團體（§14）；其中除第4條第3項關於「市」的設立條件規定為「人口聚居達50萬人以上未滿125萬人，且在政治、經濟及文化上地位重要之地區，得設市。」與《市組織法》略有出入，人口門檻從《省縣自治法》的60萬人調降為50萬人，此外，並無須特別說明。惟值得注意的是，1997年立法院三讀通過的地制法修正，將「準直轄市」概念法制化的問題。

　　究竟何為「準直轄市」？即第4條第2項所定「準用直轄市規定的縣」。有關「準直轄市」制度的倡議，始於1999年10月26日臺北縣政府縣務會議所通過由筆者擔任該府法制室主任所提「有關地方制度法第四條條文修正」的建議案[19]；該建議案立刻獲得朝野各黨派的共同支持、連署提案，除民進黨係以黨團名義提案外，國民黨以朱鳳芝委員領銜、親民黨則由李慶華委員領銜、新黨有謝啓大委員參與；嗣於翌2000年1月4日經立法院內政及民族法制委員會審查通過；該案雖於第4屆立法委員任期屆滿前並未完成朝野協商，屆期不連續而遭廢棄；但第5屆李慶華等委員又再度提出該修正案，經多年爭取，終於2007年第6屆立委改選前的選票考量特殊政治環境下三讀通過、公布施行[20]。

　　準直轄市建構的意旨為：根據當時統計資料，臺北市人口263萬，高雄市亦不過150萬，反觀桃園縣有177萬人，臺中縣150萬，較諸高雄市，實不遑多讓；臺北縣人口更逾362萬人，遠甚於臺北市。上開縣管轄土地總面積，都在北高二市的數倍之上[21]，其政、經條件、文化及都會區域發展上，均有相當重要的地位。但在財政資源分配、政府服務指標、社會福利條件及行政配備規模各方面，顯然都受到極不合理的待遇[22]。參諸大法

---

[19] 各大報1999年10月27日北縣報導。

[20] 有關「準直轄市」的建置過程、制度原理與評議，詳參劉文仕，《文官說法—臺灣地方制度講古》（臺北：遠流出版社，2017年），頁216-235。

[21] 數據來源：內政部91年第26週內政統計通報。

[22] 劉文仕，〈準直轄市市均衡區域發展的新思維〉，《自立晚報》，2000年1月15日。

表7-1　各直轄市轄區土地面積一覽表　（單位：平方公里）

總數	新北市	臺北市	臺中市	臺南市	高雄市	桃園市
3,6192	2,052	271	2,214	2,191	2,947	1,220

資料來源：內政部戶政司人口統計（2013年3月）

官會議釋字第258號解釋理由所稱：「直轄市人口密集，在政治、經濟、文化上情形特殊；其環境、衛生、公安及交通等建設，所需經費恆較縣與省轄市龐大，須將其財源妥為分配，以免影響市政建設之均衡發展。」似缺乏憲法解釋上的一貫性。因此，應使縣人口聚居達一定數額以上，未改制為直轄市前，亦得準用關於直轄市的部分規定。

　　由此可鑑，「準直轄市」的創制，其實就是「縣市與直轄市同級化」的具體落實，也是均衡區域發展的另類思維，更是維護大法官上開憲法解釋精神的作為。

　　直轄市與準直轄市，究竟何者較符合自治需求？以改制前的臺北縣為例，固包含板橋、新莊、三重、新店、中和、永和等都市形態的都會，也包括雙溪、平溪、貢寮、瑞芳等極其農鄉屬性的鄉鎮，甚至如烏來的原住民山地聚落，從直轄「市」的概念及地制法第4條人口「聚」居的要件，臺北縣改制為直轄市概念邏輯上確實有扞格之處。臺北縣如此，桃園縣亦然，臺中、高雄與臺南縣、市的合併改制方式，又何獨不存在這樣的問題？另外，臺北縣改制還有一個難題，即大直轄市中間有同層級的小直轄市的問題，名稱易解，但「直轄市」內有「直轄市」終究是個問題。

　　尤其，最實質的問題是，一旦改制為直轄市，依現有制度，鄉（鎮、市）基層草根民主即無法確保，而包括新北、臺中、臺南、高雄，其轄區大於臺北市數倍之上，轄區內從海隅、農村、都會到山野，各有不同發展特色與治理需求，統一由直轄市政府齊一治理條件與模式，與地方自治理念似有未洽。準直轄市既可保有基層草根自治，確保因地制宜的需求，又能擁有與直轄市相同的實質利益，制度的建置不失其優越性。

（三）鄉（鎮、市）

　　鄉鎮自治在我國具有悠久傳統，歷代都只將國家政權規制到縣這一層級，縣以下，雖無近代自治之名，天高皇帝遠，事實上多存在自治的實質。訓政時期後，國民政府才逐漸將這樣的現象納入國家法制的規範，於1929年施行《縣組織法》，區、鄉鎮及其以下層級的閭鄰[23]，區、鄉鎮、閭鄰長均民選，管理各該自治事務。並於同年據以制定《鄉鎮自治施行法》、《區自治施行法》，1930年頒布《鄉鎮坊自治職員選舉法及罷免法》，1936年頒布《鄉鎮民代表選舉條例》，據以辦理鄉鎮區的自治選舉。

　　1940年因因應抗戰需要，並爲戰後實施憲政的準備，實施「新縣制」，頒行《縣各級組織綱要》，規定「以鄉鎮爲建設地方自治的基層，以保甲爲充實鄉鎮組織的細胞」，用傳統的保甲取代自治，「將自治與自衛分開，先謀自衛的完成，再作自治的打算」，鄉鎮市的自治暫告中止。抗戰勝利後，採取孫中山先生「以縣爲自治單位」的概念，反映在現行憲法上，就是縣（市）爲最基本的自治單位，縣以下並無鄉鎮市自治的規定。

　　然而，日治時期的臺灣，遠從1935年，即曾舉行州、市、街、庄議員選舉；光復後，臺灣省行政長官公署於1946年也舉行各鄉鎮市市民代表普選。洎至國共戰爭情勢逆轉，國民政府於1949年1月派遣陳誠爲臺灣省主席，爲安撫臺灣人因二二八事件所產生的怨恨與創痛，始決定先於臺灣實施地方自治，以利撤退駐守。1950年頒布的《臺灣省各縣市實施地方自治綱要》明定「鄉鎮縣轄市爲法人」（§2），正式確立鄉鎮市爲最基層自治單位的地位，並爲省縣自治法與地制法承襲。

　　如此設計，有無合憲性上的疑議？有認爲基於地方自治作爲「垂直式權力分立」體制的一環，其國家權力共享與垂直制衡的機制，不僅存在於

---

[23] 依縣組織法規定，各縣劃爲若干區，每區以10鄉鎮至50鄉鎮組成之（§6）。鄉鎮以25戶爲閭，5戶爲鄰（§10）。

國家與地方自治團體之間，也存在於不同層級的地方自治團體間。相對於傳統的平行式權力分立體制，行政、立法、司法權力的關係，必須依據憲法的規範予以調整；縣市既為憲法所規定的最基層自治層級，其於自治領域內擁有完整、不被分裂的自治權能，當受到憲法的制度性保障，不能輕率地以法律削損之[24]；於縣的自治領域內進行垂直式的分權設計，增設鄉鎮市的自治層級，必然意謂著：新增的自治層級從原有的自治領域中分離出來，自成一格，而有相當的獨立性與自主性，相對剝削、減損原有自治團體在憲法上應有的權力，其合憲性也應受質疑。

　　惟一般通說認為，制憲當時對縣以下之自治並無規定，憲法對地方組織僅是重點規定，不能解釋為排斥鄉鎮市自治之意。所以鄉鎮市實施自治與否，均不生違憲問題[25]。

　　通說固非無據，但徵諸聯邦國家的憲法對州以下的地方政府層級，除2000年生效的瑞士憲法外，一般則隻字不提，由州自行決定。單一國家的憲法，一般對地方自治團體的種類，也多未加明予列舉；但仍多以憲法授權方式，另制定法律去規範，如日本國憲法第92條規定：「關於地方公共團體的組織及運營事項，根據地方自治的宗旨由法律規定之。」韓國憲法第117條規定「地方自治團體的種類，由法律規定。（Ⅱ）」或僅規定一部分，未規定的部分則授權法律創設，如法國第五共和憲法第72條規定：「共和國的地方為市鎮、省和海外領地。其他地方公共團體由法律建立。」我國如採聯邦制，則不應由中央以立法在憲法的自治單位下創設自治層級；若採單一概念，則似應有憲法授權的規定，才得創設新的自治層級。

---

[24] 李鴻禧，《憲法教室》（臺北：月旦出版社，1994年），頁153-154。

[25] 曾為制憲第六審查委員會（負責審查地方制度）召集人之一的鄭彥棻先生便曾說到：「據我瞭解，當時對縣以下組織並無規定，僅認為應由省縣自治通則予以規定，而絕非排斥鄉鎮市自治之意。」參鄭彥棻，〈鄉鎮市自治之研究〉，《臺灣新生報》，1980年4月29日；林紀東，《中華民國憲法逐條釋義（第四冊）》（臺北：三民書局，1988年），頁190。

　　姑不論憲法上的疑議。衡平而論，鄉鎮市級體制，人口數目適中，土地面積不致過大，以社會結構的層面觀之，較易於形成具有共同生活基礎的「社區意識」，並進而成為蘊育社區的適當場所，對提升民眾對公共事務的關心與投入，自身權利義務的認知與體現，均有較優越的條件[26]。在農業社會，鄉鎮市扮演第一線的自治體，本於住民意願，就近服務基層民生，著實有其時代的價值；尤其，過去交通阻隔、資訊不足，鄉鎮市自治選舉，提供人民參與公共事務與自我實踐的訓練，更有不可抹煞的貢獻。

　　然而，幾十年的實證經驗，鄉鎮市自治層級的存在所衍生的及民眾實際感受的行政缺乏效能、資源重複浪費、派系把持、黑金、暴力介入、選風敗壞等弊端，也確實是鄉鎮市自治久受詬病的實況[27]；尤其，自主財源的嚴重短缺、自治能力的嚴重不足，鄉鎮市更被質疑根本不存在自治的基礎條件[28]。隨著政經結構的變遷，人際聯繫方式的調整，網路取代馬路，傳統的聚落鄉鄰關係被打破，繁複的行政層級已不足以因應實際需求[29]。

　　因此，鄉鎮市自治的存廢，就一直是各界爭論的焦點。支持者多從現實角度出發，主張廢除民選產生之鄉鎮長與鄉鎮民代表會，方可減輕地方派系惡性介入基層公共事務；並改採專業取向的官派鄉鎮長，期能提升

---

[26] 參閱陳陽德等，《鄉鎮〔市〕與區級體制之研析與重建——以臺中縣為例》（行政院研究發展考核委員會編印，1998年10月委託研究），頁138。

[27] 根據內政部民政司於2000年委託蓋洛普徵信股份有限公司所作有關民眾對「取消鄉鎮市自治選舉鄉鎮市長依法官派」的問卷調查，顯示有近半數受訪者贊成取消鄉鎮市長自治選舉，近三成反對；贊成的主要理由包括：1.節省因為選舉而耗費的各項資源30.2%；2.解決金錢介入選舉30.2%；3.解決地方派系介入選舉23.9%；4.端正選風23.3%；5.解決黑道、暴力介入選舉21.6%；6.提高地方行政效能21.6%。贊成廢除鄉鎮市民代表自治選舉，最主要的理由則為避免議會無效率影響鄉鎮市政推動25.8%。

[28] 以國發會之前的情況顯示，臺閩地區319個鄉鎮市中，人口在3萬人以下的，即有160個，達一半以上；而自有財源比例在50%以上的，僅53個，只占17%。參閱內政部編印，《地方制度法修正草案說帖》，2001年4月。

[29] 劉文仕，〈鄉鎮市自治存廢何干黑金——只是在憲政共識上尋求民主與效能的合理平衡〉，《自立晚報》，2000年9月1日。

表7-2　直轄市、市轄區設籍人口及其所占總數比例一覽表

總數	新北市	臺北市	臺中市	臺南市	高雄市	桃園市	基、竹、嘉	比例
23,268,991	3,989,880	2,490,445	2,806,385	1,855,449	2,731,782	2,266,913	1,077,749	74%

資料來源：內政部戶政司人口統計（2022年3月）。

　　行政效能。反對者則以草根民主為由，強調「因噎廢食」般地廢除鄉鎮自治，乃與落實社區意識與強化主權在民等政策理念相互牴觸，並不符合當代世界民主潮流的分權思想所趨[30]。

　　1996年國發會即有「取消鄉鎮市自治」的結論，迄今已過26年，在法制上雖未予以實踐。但殘酷的政治現實是，直轄市與市的「區」，制度上本來就不是自治層級；隨著六個直轄市的建構，連同基隆市、新竹市與嘉義市，其轄區設籍人口總計17,218,603人，占全國人口總數23,268,991人的比例，高達74%[31]。因此，無論如何強調基層民主的重要性，也無法改變政府體制架構二級化的命運。

（四）直轄市的山地原住民區

　　地制法上的「區」原均非地方自治團體，而是直轄市或市基於行政管轄需要，所作的區域劃分；在過去的直轄市與市，都屬都市化程度較高、人口集中、區域內發展差異性較低的都會，且轄區規模一般較小，為強化治理效率，實行單級自治體制，設區公所以為指臂，貫徹市政決策，或無不可。但2009年合併改制或單獨由縣改制的直轄市，原屬縣的山地原住民鄉，如臺北縣烏來鄉、臺中縣和平鄉、高雄縣茂林鄉、桃源鄉與那瑪

---

[30] 內政部於2008年新政府成立後即以「取消鄉鎮市自治」政策，各界多有爭議，朝野仍無共識為由，於97年5月30日，以台內民字第0970090445號函請行政院核轉立法院同意，撤回地制法修正草案。

[31] 即便直轄市山地原住民區施行自治，其人口總數亦不過24,796人，所占比例微乎其微。

夏鄉及桃園縣復興鄉等，更具地方治理上的特色[32]。行政院爲落實憲法增修條文第10條保障原住民族政治參與的精神，並積極回應原住民社會的意見，使直轄市山地原住民區能回復原住民鄉具地方自治團體法人的地位，使其享有地方自治權限，爰擬具地制法修正草案，增訂第四章之一「直轄市山地原住民區」[33]，明定「直轄市之區由山地鄉改制者，稱直轄市山地原住民區，爲地方自治團體，設區民代表會及區公所，分別爲山地原住民區之立法機關及行政機關，依本法辦理自治事項，並執行上級政府委辦事項。」其自治，除法律另有規定外，準用本法關於鄉（鎭、市）的規定；至於山地原住民區與直轄市的關係，則準用本法關於縣與鄉（鎭、市）關係的規定（§83-2參照）。

---

[32] 原住民族傳統居住之地區，具有原住民族歷史淵源及文化特色，行政院於2002年4月16日以院臺疆字第0910017300號函同意核定「原住民地區」包括55個鄉（鎭、市），其中30個爲山地鄉，25個則爲較少爲外界知曉的平地原住民鄉（鎭、市）。

山地鄉（30個）				
新北市烏來區	桃園縣復興鄉	新竹縣尖石鄉	新竹縣五峰鄉	苗栗縣泰安鄉
臺中市和平區	南投縣信義鄉	南投縣仁愛鄉	嘉義縣阿里山鄉	高雄市桃源區
高雄市那瑪夏區	高雄市茂林區	屏東縣三地門鄉	屏東縣瑪家鄉	屏東縣霧台鄉
屏東縣牡丹鄉	屏東縣來義鄉	屏東縣泰武鄉	屏東縣春日鄉	屏東縣獅子鄉
臺東縣達仁鄉	臺東縣金峰鄉	臺東縣延平鄉	臺東縣海端鄉	臺東縣蘭嶼鄉
花蓮縣卓溪鄉	花蓮縣秀林鄉	花蓮縣萬榮鄉	宜蘭縣大同鄉	宜蘭縣南澳鄉
平地鄉（25個）				
新竹縣關西鎭	苗栗縣南庄鄉	苗栗縣獅潭鄉	南投縣魚池鄉	屏東縣滿州鄉
花蓮縣花蓮市	花蓮縣光復鄉	花蓮縣瑞穗鄉	花蓮縣豐濱鄉	花蓮縣吉安鄉
花蓮縣壽豐鄉	花蓮縣鳳林鄉	花蓮縣玉里鄉	花蓮縣新城鄉	花蓮縣富里鄉
臺東縣臺東市	臺東縣成功鎭	臺東縣關山鎭	臺東縣大武鄉	臺東縣太麻里鄉
臺東縣卑南鄉	臺東縣東河鄉	臺東縣長濱鄉	臺東縣鹿野鄉	臺東縣池上鄉

[33] 本修正案自103年5月28日施行，行政院103年5月21日台綜院字第1030135569號令參照。

另，山地原住民區雖爲地方自治團體，但並未擁有財政自主權，不適用《財政收支劃分法》稅課與賒借收入相關條文及中央統籌分配稅款分配辦法。爲保障原住民區實施自治所需財源，第83條之7明定：由直轄市依下列因素予以設算補助，並維持改制前各該山地鄉統籌分配財源水準：1.第83條之3所列山地原住民區之自治事項；2.直轄市改制前各該山地鄉前三年度稅課收入平均數；3.其他相關因素（包括改制後直轄市與原住民區的事權劃分、機關組設、人員編制、基本設施及建設需求等因素）。

三、行政區、基層編組與社區

（一）區

「區」的定位，於1950年臺灣實施地方自治前後，依1929年的《縣組織法》規定，各縣劃爲若干區，每區以10鄉鎮至50鄉鎮組成之（§6），區設區長、副區長，均選舉產生。1939的《縣各級組織綱要》也規定，以10戶爲甲，10甲爲保，10保爲鄉鎮，集15鄉鎮至30鄉鎮爲區，隸屬於縣政府。換言之，「區」是在鄉鎮之上、隸屬於縣的自治單位。臺灣光復初期，臺灣省行政長官公署依「臺灣接管計畫綱要」第2條規定，改州、廳爲縣、市，易郡爲區，更街、庄爲鎮、鄉。並分別於1946年2月、10月舉行區民代表與區長、副區長選舉。

惟1950年施行的《臺灣省各縣市實施地方自治綱要》，廢掉舊有基層組織，明定縣以下爲鄉鎮縣轄市，鄉鎮縣轄市爲自治法人；區則改設於（省轄）市之下，取消其自治地位，區長改由市政府遴選合格人員依法任用。1969年與1984年北、高二直轄市亦同此建置。省縣自治法、直轄市自治法以至地制法，皆承此制。直轄市及市均劃分爲區（地制法§3），區非地方自治團體，設區公所（§5）爲直轄市、市的派出機關，置區長一人，由市長依法任用，承市長之命綜理區政，並指揮監督所屬人員[34]。

---

[34] 例外的是，直轄市之區由鄉（鎮、市）改制者，改制日前一日仍在職之鄉（鎮、市）長，由直轄市長以機要人員方式進用爲區長；其任期自改制日起，爲期4年（地制法§58）。

在過去的直轄市與市，都屬都市化程度較高、人口集中、區域內發展差異性較低的都會，且轄區規模一般較小，以臺北市爲例，亦不過271平方公里，爲強化治理效率，實行單級自治體制，設區公所以爲指臂，貫徹市政決策，或無不可。但2009年合併改制或單獨由縣改制的直轄市，其轄區規模相較於原有直轄市，至少均在5倍以上，轄區內從海隅、農村、都會到山野，各有不同發展特色與治理需求，統一由直轄市政府齊一治理條件與模式，與地方自治理念似有未洽，實務上亦迭生無法因地制宜的困境。鑑諸當前世界各大都會城市，如日本東京都、英國大倫敦市、法國大巴黎等，均逐漸朝向於市下分區自治的形態發展，爲肆應當前全球地方分權與治理潮流，有效回應基層多元民意，或應積極思考「區」自治體的建置。

（二）村（里）

地制法第3條規定，鄉以內的編組爲村；鎮、縣轄市及區以內的編組爲里；第5條規定，村（里）設村（里）辦公處；第59條規定，村（里）置村（里）長一人，由村（里）民依法選舉之，任期4年，連選得連任。

村里的建置係沿襲自清代以來就有的保甲制度[35]，民國初期保甲的基本編組是以戶爲單位，設戶長；10戶爲甲，設甲長；10甲爲保，設保長。戶長原則上由家長充任，保甲長名義上由保甲內各戶長、甲長公推。但如經縣長查明，有不能勝任職務，或認爲有更換必要時，得令原公推人另行

---

[35] 更貼切的說法，保甲制度原是我國封建王朝時代長期延續的一種社會統制手段，其最本質特徵是以「戶」（家庭）爲社會組織的基本單位。儒家的政治學說是把國家關係和宗法關係融合爲一，家族觀念被納入君主統治觀念之中。因之，便有了漢代的五家爲「伍」，十家爲「什」，百家爲「里」；唐的四家爲「鄰」，五鄰爲「保」，百戶爲「里」；北宋王安石變法時提出了十戶爲一保，五保爲一大保，十大保爲一都保；元朝又出現了「甲」，以二十戶爲一甲，設甲生。至清，終於形成了與民國時期十進位的保甲制極爲相似的「牌甲制」，以十戶爲「牌」，十牌爲「甲」，十甲爲「保」。

改推，保長通常由當地地主、士紳擔任，政府對保甲長人選極爲重視，以落實「管、教、養、衛」並重原則。

臺灣在日本統治時期因循其制，作爲治理臺灣的基層力量。不過，因當時係審慎遴選德高望重的地方仕紳膺任，協助殖民政府宣導政令、推銷公債、倡導環境衛生、協調民意、息爭旨紛，頗受歡迎。政府遷臺後，就延續此一政策，依《臺灣省各縣鄉鎮組織暫行條例》，按自然形勢將保甲改設村里[36]。其後，《臺灣省各縣市實施地方自治綱要》、《省縣自治法》、《直轄市自治法》以至《地方制度法》，均繼續保留村里建置。

村（里）爲地方行政區域之一，屬村里人民的集合團體，但非地方自治團體公法人，亦無行政區域的法域功能，在法制上僅屬鄉鎮市區以內土地管轄的行政編組[37]，至多只是村里民所組成的地域性非法人團體（最高法院58年台上字第3473號判決參照）。

村（里）長係無給職的民選地方公職人員（§61）[38]，雖受鄉（鎮、市、區）長的指揮監督，辦理村里公務及交辦事項（§59）；但村（里）長並非鄉（鎮、市、區）公所組織法規所定的編制人員，換言之，村里長不屬鄉（鎮、市、區）公所機關人員[39]。

不容否認，在過去相當長時間，由於農村社會資訊不發達，村里制度對於里鄰共同生活價值的促進，具有相當正面的意義；在穩定基層、鞏固國權、反映民意、宣導政令、發揚倫理道德及促進地方自治建設等職能，也確實需要仰賴村里長與村里民大會扮演承上啓下的重要角色。村里長所召集的村里民大會，更是村里民聚集議事，凝聚基層共同生活意識的年度盛會。

---

[36] 黃錦堂，《地方制度法基本問題之研究》（臺北：翰蘆圖書，2000年），頁376。

[37] 中國地方自治社論，〈村里與社區體制存廢之考量〉，《中國地方自治》，第55卷第8期，頁2。

[38] 村里長事務補助費爲村（里）長處理村（里）公務的公費，並非薪津。內政部88年10月27日台（88）內民字第8808186號函參照。

[39] 內政部96年3月27日台內民字第0960049314號函參照。

　　然而在今日資訊傳遞如此發達，這些職能是否仍只能依賴於村里長？村里長是否足以扮演移風易俗的道德角色？村里長功能其實已因時代演進而逐漸式微[40]。尤其，「村（里）長伯」的封號，本來是來自於仕紳義務職時代的一種尊稱，顯現無價的一種社會地位。但自從2000年公布施行《地方民意代表費用支給及村里長事務補助費補助條例》，大幅提高村里事務補助費標準每月45,000元，2022年又修法，自同年12月25日起，更提高爲50,000元。雖然該條例規定此事務補助費係指「文具費、郵電費、水電費及其他因公支出之費用。」（§7Ⅱ）但因免檢據核銷，實務上都變成「免納稅」的實質所得，兼以地方政府多另編有基層小型工程款，或直接來自中央各部會的「基層建設經費補助」，又無如其他公務人員不得兼職的限制，這個志願型的無價之寶，變成了實質的有給職，淪爲居民競相爭逐的肥肉，卻連帶斷送了社區志工的熱情與相對意願[41]。從最近臺灣省的村里長選舉競爭空前激烈，有博、碩士參選落敗的，有一村里17人候選的，賄選3,400多件，暴力案件100餘件，其惡質化傾向，以引發各界的詬病。

　　村里長所代表的意義與功能，仍停滯在舊農村社會網絡，資爲行政體系的神經末梢或權力遊戲的地方椿腳，失去里鄰居民互推「頭人」以整合基層民力，共同處理生活事務的基層自治意涵[42]，村里長的存續價值就遭遇普遍的質疑[43]。

---

[40] 謝政諭，〈贏的沉思：評析基層選舉〉，《中央日報》，2002年6月12日，3版；牛慶福，〈沒有里長會怎樣？〉，《聯合報》，2002年5月2日，15版。

[41] 黃錦堂，前揭；林文彬，〈還原里長伯的仕紳面目〉，《中國時報》，2002年4月1日，15版。

[42] 朱偉誠，〈地方自治？〉，《中國時報》，2002年12月15日，15版。

[43] 前法務部部長陳定南即建議廢村里長，《自由時報》，2002年6月6日，4版。其他輿論建議廢止的，如高永光，〈從鄉鎮市代：村里長選舉論存廢〉，《中央日報》，2002年6月12日，3版。高泉益，〈廢里鄰推動社區組織〉，《中國時報》，2002年4月24日，15版。謝政諭，前揭。林文彬，前揭。

（三）社區

村里長廢止論的主張，除由於村里長功能受質疑外，另一個主要的理由是來自於與社區組織機能的重疊與衝突。

村里係鄉鎮市區之編組，既無地方自治團體公法人的地位，亦無行政區域的法域功能，在法制上係屬土地管轄的行政編組。村里鄰編制性質係屬基層行政單位，而社區組織是人民自發性的住民組織，意義截然不同。

「社區」係一特殊的單元，具有相同社會文化背景的特定居民，出於一致的社會心理與自助互助互動的意識，以集體的計畫與行動，滿足共同生活需求的區域。聯合國於1950年代推行社區發展時，即認定社區發展應包括兩個基本要素：其一為人民自己參與創造，以努力改善其生活水準；其二是由政府以技術協助或其他服務，助其發揮更有效的自覺、自助、自動、自發與自治[44]。

但考究其實，「社區」的概念在我國非常的混亂，其產生也因為主管機關本位思考、單機作業而有不同。有屬於社政體系的社區，即依行政院57年頒布的《社區發展工作綱要》組織的社區[45]；有屬於文化體系的，係依前行政院文化建設委員會配合行政院12項建設計畫所擬訂的「社區總體營造計畫」，是一種側重文化面的理念；81年《人民團體法》施行後，社政體系為推動所謂的「社區發展工作法制化」，鼓勵依人團法規定組織「社區發展協會」；另外，警政系統也扮演「社區守望相助」，成立所謂「巡守隊」；而事實上，很多建商在推出大規模的「造鎮」個案時，也會以「社區」為名，組織管理委員會，於84年《公寓大廈管理條例》施行後，這類的組織的名稱，在法律上已被統一改成「區分所有權人會議」、「公寓大廈管理委員會」。

上述這些社區或類似社區的概念，具有一個共同點，就是都缺乏由住

---

[44] 林瑞穗，《社區發展與村里組織功能問題》（行政院研究發展考核委員會1996年委託研究報告），頁3-4。

[45] 2014年配合組織再造，改隸於衛生福利部。

民基於生活連帶關係而共同發起成立「社區」的自主意識。雖然，社區發展工作綱要規定：「社區之劃定，應以歷史關係、文化背景、地緣形勢、人口分布、生態特性、資源狀況、住宅形態、農、漁、礦、工、商業的發展及居民之意向、興趣及共同需求等因素為依據。」（§5）但事實上主管機關為圖行政便利，不僅由官方上對下的劃定社區範圍（§2），甚而採「一村里一社區」的原則[46]，將行政聯繫上的建置單位套上社區，致使社區本於共同生活意識的生命力、活動力完全喪失。至於類似社區的公寓大廈區域範圍，則由法律所硬性規定，完全是以「物」為主體，而非以人的意識為本位，將「構造上或使用上或在建築執照設計圖樣有明確界線得區分為數部分之建築物及其基地。」連結成一個團體（§3①），決定所有住戶或區分所有權人的各種私領域權利義務關係。

　　不容否認，文化體系的社區總體營造，由於官方的積極主導及政府經費的大量挹注，確實有許多成功的個案，成為社區工作的主流。然而，這類的個案，仍多屬於菁英分子的帶動，及政府的集中「單點」補助，距社區的自發、自覺、自治，共同解決生活問題，營造共同生活環境的理想，仍有很大的距離。

　　尤其，現階段社區發展最大的問題，乃在於人團法施行後，社政單位誤將人團法有關社會團體的規定，架構在社區組織上，鑄成社區被少數壟斷的畸形發展。社區的組成係在於處理、解決社區內所有成員的生活關係，全體社區居民均應為當然成員，綱要第7條規定：「社區發展協會設會員大會或會員代表大會」，為最高權力機構，原屬正當；但依人團法第8條規定，人民團體只要30人以上發起人即可申請成立，實務上乃發生，有心人集結30人，即可申請成立社區發展協會，而在一村里一社區的限制下，形成寡頭壟斷社區資源的現象。甚至如與村里長不合，便淪為基層傾軋衝突、搶奪行政資源的導火線。致實施以來，不時傳出派系糾葛、選舉恩怨，與村里辦公處之間迭生齟齬，甚至相互抵制情事，反而弄巧成拙，

---

[46] 內政部雖函示此僅屬原則，但除臺北市有一、二個案外，各地方政府仍都奉為圭臬，無鬆動現象。

破壞社區發展至深且鉅[47]。

綜合而論，現階段的社區發展有如被肢解的「異形」，社區發展協會徒有社區之名，而無社區之實；社區總體營造則有社區的實際作為，而乏社區的神經中樞與軀殼；社區巡守隊、社區活動中心等的政府補助，則僅有營養的供給，而無消化器官；公寓大廈具社區的內涵，卻無社區的正名；村里長則除有中樞神經總樞紐的實質外，其他一無所有。

其改善策略，應以「新社區」概念整合村里與現有社區的功能，融合村里制度與公寓大廈管理條例的精神，運用社區總體營造的策略，去除現行少數人依據人民團體法成立社區發展協會，壟斷社區資源，凌駕社區意識的畸形建制；讓地方居民基於生活共同關係，本於共同意願，自主形成一個符合社區大多數人利益與意思的社區單位；只要一定區域單元內的一定比例多數人，基於建立生活共同關係的意思，均得自由向政府登記為「社區」，賦予一定的法律地位[48]。回歸以社區居民私的生活的照護為核心，公權力僅給予必要輔導、協助的純粹私權領域的自治團體。

第三節　行政轄區的劃定與變更

相關條文：

第7條

省、直轄市、縣（市）、鄉（鎮、市）及區〔以下簡稱鄉（鎮、市、區）〕之新設、廢止或調整，依法律規定行之。

---

[47] 林文彬，〈還原里長伯的仕紳面目〉，《中國時報》，2002年4月1日，15版。

[48] 新北市新店區有一優質的別墅社區青山鎮，即將由知名建設公司所整體開發而分別興建的12個社區，結合開發範圍內的私立學校，經各社區公寓大廈管理委員會主任委員、委員等共同發起籌組，並希望由社區內全體住戶共同組成「社團法人青山鎮社區永續發展協會」，以確保社區永續發展、凝聚社區共同意識、營造優質環境品質。該協會如能運作成功，不失為此一改革策略的重要典範，值得推廣。

縣（市）改制或與其他直轄市、縣（市）行政區域合併改制爲直轄市者，依本法之規定。

村（里）、鄰之編組及調整辦法，由直轄市、縣（市）另定之。

第7條之1

內政部基於全國國土合理規劃及區域均衡發展之需要，擬將縣（市）改制或與其他直轄市、縣（市）合併改制爲直轄市者，應擬訂改制計畫，徵詢相關直轄市政府、縣（市）政府意見後，報請行政院核定之。

縣（市）擬改制爲直轄市者，縣（市）政府得擬訂改制計畫，經縣（市）議會同意後，由內政部報請行政院核定之。

縣（市）擬與其他直轄市、縣（市）合併改制爲直轄市者，相關直轄市政府、縣（市）政府得共同擬訂改制計畫，經各該直轄市議會、縣（市）議會同意後，由內政部報請行政院核定之。

行政院收到內政部陳報改制計畫，應於六個月內決定之。

內政部應於收到行政院核定公文之次日起三十日內，將改制計畫發布，並公告改制日期。

第7條之2

前條改制計畫應載明下列事項：

一、改制後之名稱。

二、歷史沿革。

三、改制前、後行政區域範圍、人口及面積。

四、縣原轄鄉（鎮、市）及村改制爲區、里，其改制前、後之名稱及其人口、面積。

五、標註改制前、後行政界線之地形圖及界線會勘情形。

六、改制後對於地方政治、財政、經濟、文化、都會發展、交通之影響分析。

七、改制後之直轄市議會及直轄市政府所在地。

八、原直轄市、縣（市）、鄉（鎮、市、區）相關機關（構）、學校，於改制後組織變更、業務調整、人員移撥、財產移轉及自治法規處理之規劃。

九、原直轄市、縣（市）、鄉（鎮、市、區）相關機關（構）、學校，
　　於改制後預算編製及執行等事項之規劃原則。
十、其他有關改制之事項。
第7條之3
依第七條之一改制之直轄市，其區之行政區域，應依相關法律規定整併
之。

一、概說

　　所謂行政區劃，廣義言之，係指國家為治理上的需要或實施地方自
治的方便，而將全國劃分成為若干政府層級與行政區域，賦予地方政府
各有一定管轄範圍之謂[49]，即包含自治層級的縱向設計與行政區域的橫
向劃分。狹義言之，則僅指後者，亦即為確認地方自治團體權威（local
authorities）的管轄範圍、責任歸屬、居民識別及財政取得的範圍，並提
供公共服務，透過一定程序，將各不同層級的地方政府，劃設其治理的行
政區域。地制法第7條與行政區劃法草案，基本上都採狹義說，本節的論
述亦同。

　　各國行政區劃的體制運作，大多依循歷史傳統、天然形勢、交通及
經濟狀況、人口與土地面積的均衡、政治目的的考量、財政自主性、國防
需要、公共建設、都會及區域發展等各種不同因素，並隨時代演進需要，
予以全面劃分或局部調整[50]。可發生在任何層級的地方自治團體間，也各
有不同的行政複雜度與政治敏感度。從各國實務分析，第一級地方行政區

---

[49] 薄慶玖，《地方政府與自治》（臺北：五南圖書，1997年），頁45。

[50] 董翔飛，《地方自治與政府》（臺北：五南圖書，1989年），頁58-67；薄慶玖，前
　　揭，頁49-53。如行政區劃法草案第6條所定，行政區劃應配合國土整體規劃，並考量下
　　列因素：1.行政區域人口規模。2.自然及人文資源之合理分配。3.災害防救及生態環境
　　之維護。4.族群特性、語言、宗教及風俗習慣。5.鄉土文化發展及社區意識。6.地方財
　　政。7.產業發展。8.交通發展。9.都會區、生活圈或生態圈。10.海岸及海域。11.湖泊及
　　河川流域。12.選舉區之劃分。13.民意趨勢。14.其他政策性事項。

劃，對其國家政權運作影響頗大，當然這些影響往往必須同時涉及內、外環境因素的總體評估；次級的地方政府的區域劃分，則多著重經社環境變遷的有效行政管理。

前者如西元2000年5月，俄羅斯總統普丁上臺之初，隨即簽署一項行政命令，將俄國劃分為七大行政區[51]，由總統代表來直接管轄，同年8月間並頒布《關於聯邦主體國家權力機關組織的普遍原則法》及《聯邦地方自治法》，希望藉此重新確立中央號令地方的權威，加強聯邦政府掌控地方政府的能力，避免中央陷於癱瘓。至於法國1982年開始賦予大區有地方自治，法國學者亦謂，此舉與歐洲聯盟的政治整合對法國造成某種內部治理壓力，應有密切相關。

至於第二級以下的行政區劃，不論是日本1953年訂頒《町村合併促進法》，或是美國1960年代地方政府大量重組，乃至英國1970年代全面調整地方行政區域，大多係基於二次世界大戰後經社環境激烈變遷，各國中央政府莫不積極重視國土規劃與公共建設。當中，尤其因都市成長快速與都會整體開發利用的迫切需求，導致地方生活圈的行政區域調整，普遍成為眾所關注的重要政策課題[52]。從組織運作原理來說，其目標乃在透過行政區劃調整來提高行政效率，利益考量係在降低交易成本。

尤其，面對全球化的挑戰，各國傾向建構多層級政府體系，使各自扮演不同的角色、功能，上層自治體著重於經濟能力的整合，以提升對外競爭力，促進區域的均衡發展；基層自治體則更大的成分在追求蘊涵於輔助原則中所代表的民主價值。

---

[51] 七大行政區即中央區、西北區、北高加索區、伏爾加河沿岸區、烏拉爾區、西伯利亞區與遠東區。

[52] 許新枝，〈日本市町村合併之探討〉，《中國行政評論》，1992年，第1卷第3期；江大樹，〈臺灣行政區劃調整的回顧與前瞻〉，《暨大學報》，2000年，第4卷第2期，頁53-54。

二、行政區劃的態樣與程序

行政區劃的態樣，大致上包括日本《地方自治法》第5條所規定的「置廢分合」與「境界變更」。其中，「境界變更」屬單純的轄區的局部調整，並不涉及法人格的變動。

「置廢分合」指地方自治團體的設置、廢止致使法人格產生變動而牽動轄區的變更而言，單純的整體自治層級的廢止（如臺灣的精省或討論中的鄉鎮市去自治），或增設新的自治層級（如法國在原來的省之上架構「大區」），基本上，不屬於這裡所討論的「置、廢」的範疇。

置廢分合常見的類型有「分割」、「分立」、「合併」與「編入」四種。「分割」指廢止原存在的自治體，分割成二個或二個以上的自治體（A=B+C…）；「分立」指從原自治體分立出去，另成立新自治體（A=A+B）；「合併」指二或二以上的自治體合併成新的自治體（A+B…=C）；「編入」指廢止一自治體，將其併入另一自治體（A+B=A）[53]。

比較行政區劃法草案第4條，第1款「劃分一行政區域為二以上之行政區域」，相當於「分割」與「分立」；第2款「合併二以上行政區域之一部或全部為一行政區域」，相當於「合併」；第3款「劃分一行政區域之一部併入另一行政區域」相當於「編入」。

行政區劃涉及諸多因素的綜合衡量，屬於宏觀、整體的判斷，無可諱言在相當程度係屬於政治的決定，特別是攸關第一級地方自治團體的設置、合併或廢止，是國之大事，允應由中央衡酌政經情勢、區域均衡發展需要，作政策性規劃，並負其成敗責任。同時，地方自治團體作為國家行政體系的構成部分受制度性的保障，行政區劃可能涉及地方自治團體的權益，也涉及相關居民主觀的認同。

因此，無論行政區劃的發動是來自自治監督機關的決定，或地方的自主意願，在實質面，應考量地區人民的地域歸屬感、相關地區歷史與文化

---

[53] 蔡秀卿，《地方自治法》（臺北：三民書局，2009年），頁90-91。

的關聯性、經濟上的合目的性以及適應國土計畫的各種要求。

行政區劃法草案第5條就揭示了原則性規定：「行政區域有下列情形之一者，得依本法規定辦理行政區劃一、配合政府層級或組織變更。二、因行政管轄之需要。三、配合國土發展。四、因地理環境變遷。五、因政治、經濟、社會、文化或其他特殊情勢變更。」第5條也規定，行政區劃應考量下列因素：一、行政區域人口規模及成長趨勢。二、自然及人文資源之合理分配。三、災害防救及生態環境之維護。四、族群特性、語言、宗教及風俗習慣。五、鄉土文化發展及社區意識。六、產業發展。七、交通發展。八、都會區、生活圈或生態圈。九、海岸及海域。十、湖泊及河川流域。十一、選舉區之劃分。十二、民意趨勢。十三、其他因素。

其次，在程序上，一方面應盡可能保留中央的最終核可權，另一方面也應給予地方自治團體充分參與，如預先徵詢相關自治團體意見、對相關自治團體進行聽證，或經相關自治團體議會的同意，在聯邦國家涉及邦的存廢合併，甚至應經有關邦的居民公民投票同意（如德國基本法§29II）[54]。

行政區劃法草案的設計，從提出、地方自治團體或民眾的參與及其終局決定，基本上就採行這樣的精神。茲分別簡述如下：

（一）行政區劃的提出：1.涉及省、直轄市或縣（市）的行政區劃：由

---

[54] 有關行政區劃的重大調整，特別是攸關第一級地方自治團體的設置、合併或廢止，是國之大事，各國不僅都是由中央衡酌政經情勢、區域均衡發展需要，作政策性規劃，並負其成敗責任，且多以公投方式做最後決定。如法國戴高樂總統計畫創造大區（Région）自治團體單位，於1969年4月27日將改革計畫訴諸公民投票，結果47.59%贊成、52.41%的反對計畫被否決，戴高樂總統因此退隱政壇。近如日本，2008年橋下當選大阪府知事，主張廢除大阪市和大阪府，將兩者統合為大阪都，解決二重行政的問題，但遭到當時大阪市長平松邦夫反對。因此在2011年，橋下辭去知事職務，參加大阪市長並當選，推動大阪市於2015年5月17日舉行「大阪都構想案」的公民投票，結果在有投票權的210萬4,076人之中，投票率66.83%，反對票70萬5,585票、贊成票69萬4,844票，公投未過關。橋下徹於當晚宣布市長任期在12月屆滿後，不再競選並退出政壇。

中央主管機關或相關直轄市、縣（市）主管機關提出。2.涉及鄉
（鎮、市）的行政區劃：由縣主管機關或相關鄉（鎮、市）公所提
出。3.涉及直轄市或市之區的行政區劃：由直轄市或市主管機關提
出。但直轄市山地原住民區的行政區劃，由直轄市主管機關或直轄
市山地原住民區公所提出（§7）。

（二）地方自治團體或民眾的參與：一方面規定各級主管機關提出行政區
劃前，應研擬行政區劃計畫初稿，於相關行政區域內公告30日，並
辦理公民民意調查及公聽會（§8）；擬訂計畫時，應參酌公民民
意調查及公聽會的意見（§9）。另一方面規定，由上級主管機關
所擬訂的行政區劃計畫，應送相關地方行政機關徵詢其意見；由地
方自治團體行政機關擬訂者，應經該地方自治團體立法機關同意；
如涉及他地方自治團體行政區域的調整，並應送該地方自治團體行
政機關及立法機關同意（§10）。

（三）核定：1.涉及省、直轄市或縣（市）的行政區劃計畫：由中央主管
機關審議通過後，報行政院核定。2.涉及鄉（鎮、市、區）的行政
區劃計畫：由直轄市、縣（市）主管機關審議通過後，報中央主管
機關核定（§11）。

三、臺灣行政區劃的發展沿革與法制變動

　　臺灣自光復後至1998年精省之前，共歷經五次的行政區域調整。光
復之初，臺灣行政長官公署曾將日治時期的5州3廳11縣轄市，改為8縣9省
轄市和2縣轄市[55]。1950年8月16日，行政院於第145次院會通過「臺灣省
各縣市行政區域調整方案」，配合《臺灣省各縣市實施地方自治綱要》，

---

[55] 8縣為臺北縣、新竹縣、臺中縣、臺南縣、高雄縣、花蓮縣、臺東縣與澎湖縣、9個市
為基隆市、臺北市、新竹市、臺中市、彰化市、嘉義市、臺南市、高雄市、屏東市、2
個縣轄市為宜蘭市與花蓮市。當時的金門群島隸屬於福建省金門縣、馬祖列島則分屬
於福建省長樂縣、連江縣、羅源縣。烏坵隸屬於福建省莆田縣、東沙島與南沙太平島
隸屬於廣東省。

再採小縣制，臺北縣分立出宜蘭縣，新竹縣分割爲桃園、新竹與苗栗3縣，臺中縣分割爲臺中、彰化與南投3縣，臺南縣分割爲雲林、嘉義與臺南3縣[56]，而高雄縣分立出屏東縣，總共爲16個縣、5省轄市，形成日後地方行政區域的基本雛型。之後曾成立兩個管理局，即草山管理局[57]及梨山建設管理局。

　　1967年臺北市改制爲直轄市。1979年高雄市改制爲直轄市，另將原屬海南特別行政區的東沙島與南沙太平島劃歸高雄市代管。1982年7月，新竹、嘉義二縣轄市升格爲省轄市。1992年11月7日，金馬地區終止戰地政務，金門、連江2縣重歸福建省政府管轄。

　　在自治綱要規範期間，有關行政區劃的法制基礎，係依綱要第8條至第10條規定辦理，即「縣市之設置、廢止及區域之變更，由省政府提請省議會通過後，陳報行政院轉呈核定之。」（§8）「鄉鎮縣轄市區之設置、廢止與區域變更，由縣市政府提請縣市議會通過後，陳報省政府核定。」（§10）

　　內政部於1983年訂定《省（市）縣（市）勘界辦法》，爲辦理行政區域勘定作業的依據；另臺灣省政府亦於1974年頒布《臺灣省鄉鎮縣轄市區及村里區域調整辦法》，資爲統一鄉鎮市區即村里區域的調整事宜。本辦法於精省後，並未配合廢止[58]，現階段各鄉鎮市區行政區域的調整，大致上即依上開程序辦理。只是在程序上，內政部建議參酌《行政區劃法》草案的精神及規範，徵詢相關鄉鎮市公所及代表會意見，以落實地方自治理念，擴大民意參與[59]。

---

[56] 從前面的說明，這樣的區劃似爲A=A+B+C，而應屬「分立」的態樣，但從實質結果內涵，由一而鼎足爲三，應認定爲「分割」，較符實際。

[57] 臺北縣北投鎮、士林鎮獨立直屬於草山管理局；草山管理局於1950年3月更名爲陽明山管理局，1974年1月撤銷。

[58] 內政部曾於95年7月21日以台內民字第0950116920號函報行政院，建議該辦法俟《行政區劃法》制定後再行廢止，經行政院於同年8月11日原則同意在案。

[59] 內政部102年12月台內地字第1020347854號函參照。

　　1994年地方自治法治化時，鑑於地方自治團體地域或地位的改變，應設制度性的保障，其行政區域的劃分或調整，應有法律保留原則的適用，爰於《省縣自治法》第7條、《直轄市自治法》第6條分別規定「省、縣（市）、鄉（鎮、市、區）及村、里之設置、廢止及區域變更、依法律規定行之。」「市、區及里之設置、廢止及區域變更，依法律規定行之。」此條文，為《地方制度法》第7條原則上繼續援用，僅將非自治團體的村（里）、鄉的編組及調整，授權由直轄市、縣（市）另定辦法辦理[60]。

　　此所謂的「法律」，即指憲法第108條第1項第2款的「行政區劃事項」的中央立法。自1994年自治二法後，近20年，行政院雖多次將行政區劃法草案函請立法院審議，惟均未能完成立法，致無從辦理直轄市、縣市層級的行政區劃事項；而中央對於各縣市升格直轄市的要求，也都以無行政區劃法源依據為由予以拒絕。為此，前臺北縣政府還特別提出地制法第7條的修正建議，明定「縣市改制為直轄市，如不涉及行政區域之劃分、調整者，經縣市政府提請縣市議會通過後，由內政部轉報行政院核定之。」即所謂的「就地升格」條款[61]。該建議雖經立委連署提案，但並未完成立法程序。

　　從臺灣地方發展的實際情況而言，自臺灣實施地方自治以來，臺灣地區因經濟快速成長、社會急遽變遷的結果，人口數量逐年增加，從1950年的755萬人，到公元2000年，已攀升到2,230萬，並大量湧入都市，造成都市成長及向外擴張的「都市化」現象，同時也逐漸發展出「都會區」的新生活形態，現有的都市與衛星城鎮、乃至鄰近市，已構成互賴的整合體系，形成密不可分的生活圈。臺灣地區已形成臺北、新竹、臺中、臺南、高雄等五個都會區；七成八的人口集中於一成二的都市土地，而約有六成

---

[60] 實務上有訂為編組調整「辦法」者（如高雄市、臺南市），絕大多數訂為「自治條例」。

[61] 參2000年4月25日、26日《聯合報》、《自由時報》、《中央日報》、《臺灣日報》等地方要聞。

人口集中於該五大都會區。

　　但由於都會區發展往往超越法定的行政區域界限，甚至跨越數個不同的行政區域，致使在都會區發展過程中所產生的公共政策問題，如環保、污染防治問題，水源區開發及水利管理問題，交通運輸與捷運問題，財政來源與分配問題，皆因區域內行政權割裂、各地方政府本位主義作祟及公共政策的複雜性等因素，已非各地方政府所獨力處理、承擔，而無法順利獲得解決，甚至有惡化之趨勢。尤其，面對當前全球化的快速發展，以及亞太地區經濟整合的趨勢，臺灣更須努力提升本身的競爭力，以確保我們在國際上的優勢。

　　因此，如何因應各地方生活圈和都會區發展趨向，進行行政區域的合理調整，建構自治經濟的合理規模，賦予適當的公共政策規劃執行權力，並強化區域間的合作、互動，以改善都會區的發展困境，並圖城鄉差距的平衡[62]，已為刻不容緩的課題。

　　2008年9月底，內政部鑑於行政區劃法牽涉範圍太廣，且涉及立委選區調整的疑慮，影響政治勢力消長，爭議不斷，要立法院通過此法仍有難予排除的障礙，爰參考臺北縣前開建議案的模式，直接在地制法尋求解套。除於第7條增訂第2項規定「縣（市）改制或與其他直轄市、縣（市）行政區域合併改制為直轄市者，依本法之規定。」另增訂第7條之1，明定「內政部基於全國國土合理規劃及區域均衡發展之需要，擬將縣（市）改制或與其他直轄市、縣（市）合併改制為直轄市者，應擬訂改制計畫，徵詢相關直轄市政府、縣（市）政府意見後，報請行政院核定之。」（Ⅰ）「縣（市）擬改制為直轄市者，縣（市）政府得擬訂改制計畫，經縣（市）議會同意後，由內政部報請行政院核定之。」（Ⅱ）「縣（市）擬與其他直轄市、縣（市）合併改制為直轄市者，相關直轄市政府、縣（市）政府得共同擬訂改制計畫，經各該直轄市議會、縣（市）議會同意後，由內政部報請行政院核定之。」（Ⅲ）

---

[62] 江大樹，〈行政區劃與府際關係〉，收錄於趙永茂等主編，《府際關係》（臺北：元照，2001年），頁141-151。

依本規定，改制的程序分「由上而下」與「由下而上」兩種途徑，但行政院均擁有最終的核定權，且前者經徵詢地方政府的意見，後者應經相關議會同意，徵諸上述行政區劃的程序原則基本上尚無太大問題。

本次修正，終於移除「以行政區劃法為縣市改制前提」的障礙，為臺灣地方的空間改造，提供適法基礎。

四、直轄市、縣市合併

臺灣自光復後歷經五次的行政區域調整，從1945年光復初期的8縣9省轄市；1950年施行地方自治後，臺灣省劃分16縣5省轄市。1967年臺北市改制為直轄市；1979年，高雄市改制為直轄市；1992年金馬地區終止戰地政務，金門、連江2縣重歸福建省政府管轄。之後，除精省外，2直轄市、18縣5市的格局迄未改變。

臺灣地方地理空間的橫向改造，長期以來一直是各界關切的議題；朝野政黨也都曾進行策略性規劃。例如1990年代民進黨中央曾委託臺大城鄉所研究，結論主張廢省及首都機能分散，迎接多中心、分散型的國土發展趨勢；建議以北中南合併三個大都會為中心，合併周邊縣市為「3都」；亦即將臺北市、臺北縣、基隆市合併成臺北都，高雄縣市合併成高雄都，臺中縣市與南投縣部分地區合併為臺中都；另將新竹縣市、嘉義縣市、臺南縣市三者合併，其餘各縣（含金門、馬祖）行政區域不變，僅提高其自治地位與3都同級[63]。

此即3都15縣概念的原始雛型，惟本案僅止於研究，並未成為該黨的正式政策，或主要選戰的政見主軸。實際化為具體主張或政策規劃的卻是國民黨籍的臺北市市長馬英九。馬英九於2002年提出「3都15縣」案，認為地方制度改革為國土改造的首要議題，其治本之道就是要打破行政

---

[63] 民主進步黨政策白皮書編纂工作小組（主編），《邁向二十一世紀—民主進步黨的國土規劃與開發的藍圖》。

藩籬、縣市整併[64]。2008年第12屆總統大選，馬英九更進一步將「3都15縣」的建構，納入政見白皮書。

　　嗣馬英九勝選就任後，即以所主張的3都15縣計畫為藍圖，原期望至2014年達成，並以漸進的方式進行修改。2008年9月底，內政部為落實總統政見，揭示將以臺中縣市合併方式，並採漸進方式先建立「中都」，累積經驗再推展其他地區，並據以增修地制法相關條文，資為配套依據。

　　本來，於中部地區設置第三個直轄市，已水到渠成地進入政策議題的實質規劃。而直轄市的改制牽動國家政經情勢甚鉅，參諸各國經驗，由中央統一規劃亦屬至當。惟立法院於三讀通過地制法修正時，竟然作成附帶決議，要求「內政部應本於一體適用原則，不主動提出改制計畫。」[65]其結果就只能任由地方各自申請「競標」。

　　三都規劃首先遭遇來自擁有380萬人口的臺北縣的挑戰，臺北縣長周錫瑋顯然不能滿足於「準直轄市」的實質利益，高分貝要求臺北縣單獨升格為直轄市。而由於前述直轄市與縣市自治能量的天壤之別與直轄市的優越，除臺中縣（市）、臺北縣之外，高雄縣（市）、桃園縣、臺南縣（市）、彰化縣、雲林縣與嘉義縣等總計11個地方自治團體，或合併或個別爭相提出7個改制申請案。

　　2009年6月23日內政部召開縣市改制直轄市審查會議，從「人口條件」、「政治條件」、「經濟條件」、「文化條件」、「都會區發展條件」、「其他有關條件」等六大面向共計17項要項，進行綜合討論後，以共識決獲致審查結論如下：同意臺中縣（市）合併改制案、臺北縣改制案、高雄市縣合併改制案；不同意桃園縣改制案、彰化縣改制案、雲林縣與嘉義縣合併改制案；至於臺南縣（市）合併改制案，因審查委員無法形

---

[64] 馬英九，〈地方政府與國土規劃〉，頁107-118。另外，民進黨新國會辦公室也曾提出「5州1都」案；第11屆總統大選時，國民黨連戰提出「八大區域政府」；民進黨呂秀蓮則提出「4省2都」案。參劉文仕，〈從歐盟成員國地方治理的發展經驗解構1996～2005臺灣地方制度改革的兩大迷思〉，收錄於氏著《地方分權改革新趨勢》（新北市：晶典文化，2012年），頁223-280。

[65] 參《立法院公報》，第98卷第17期，院會紀錄，頁101。

成共識，經深入討論，基於考慮臺灣文化的軟實力，爲形塑臺灣文化主體性及衡酌臺灣經濟發展之現況、實力，內政部將審查小組委員之正反意見併陳行政院核裁。

行政院旋即於同月29日上午召集相關部會首長開會討論，獲致結論，並提7月2日行政院第3150次院會決議如下：（一）臺北縣改制案、臺中縣（市）合併改制案及高雄市、縣合併改制案，行政院尊重內政部之審查結論通過。（二）至於臺南縣（市）合併改制案，經考量臺南爲開臺首府，擁有豐富的古蹟、歷史建築、考古遺址、民俗文化、傳統工藝等文化資產，可提供發揮臺灣文化主體性與文創軟實力的優越性動力；境內並有七股潟湖、四草濕地等國際級重要濕地，具有吸引國際觀光旅遊的充分條件，其積極推出「打造臺灣的京都」，極具創意巧思；且近年來亦致力於培植創新研發產業的發展。因此，從區域發展的角度觀之，雲嘉南地區如能在臺南的文化歷史及科技研發基礎上，加上雲林、嘉義的農業特性，應可期待後續雲嘉南地區能由合作進而邁向合併，逐步整併成臺灣文化、農業兼具的樂活區域。爰決議同意臺南縣（市）合併改制案。

9月1日內政部依地方制度法規定發布臺北縣、臺中縣市、臺南縣市、高雄縣市等4個改制計畫案[66]，並定於2010年12月25日完成改制。

另外，桃園縣在五都改制的2009年，雖未獲核定；但2010年6月間，因其人口超過200萬人，獲行政院核定於2011年元月1日起，繼改制前的臺北縣，成爲第二個適用地制法第4條第2項規定的「準直轄市」。嗣行政院又於2013年元月3日核定桃園縣改制爲第6個直轄市，名稱定爲「桃園市」，並從2014年12月生效。臺灣從過去2直轄市、23縣市，「整併」爲6個直轄市、16個縣市。6個直轄市人口逾1,630萬，約臺灣總人口的七成，其規模之大，堪稱臺灣地方自治實施以來最大的變革。

---

[66] 內政部98年9月1日台內民字第0980162925號令發布，「臺北縣改制計畫」、「臺中縣市合併改制計畫」、「臺南縣市合併改制計畫」、「高雄縣市合併改制計畫」自即日起生效；並自中華民國99年12月25日，臺北縣改制爲「新北市」，臺中縣市合併改制爲「臺中市」，臺南縣市合併改制爲「臺南市」，高雄縣市合併改制爲「高雄市」。

自我評量

- ➤ 臺灣的地方自治團體，其公法人地位如何建構？試述之。（94升等）
- ➤ 我國地方自治團體意指為何？我國地方自治團體施行地方自治時，即具備那些特性？試說明之。（105地特）
- ➤ 地方自治團體設置的條件為何？這些條件對其辦理地方自治可能會產生那些影響？（96特原）
- ➤ 我國自精省以來，從中央到地方的層級是否有實質上的縮減？請問目前從中央到地方是幾個層級的政府？如果要達到中央到地方二級制的政府，尚有那些工作必須進一步地完成？試說明之。（91普）
- ➤ 省諮議會的職能為何？諮議員的任期、待遇為何？如何產生？試分別敘述之。（93特原）
- ➤ 試述精省前之省長與精省後之省主席，在職能運作上之區異。（92普）
- ➤ 臺灣省諮議會諮議員如何產生？諮議會的功能為何？諮議會有無設置之必要，請分述之。（91高一、二級）
- ➤ 臺灣省政府在修憲後，已被「虛級化」，但根據地方制度法之規定，臺灣省政府雖為行政院派出機關，仍可辦理那些事項？地方制度法的這種規定，是否與修憲時將省虛級化的目的背道而馳？試申己見。（98地特）
- ➤ 省政府及省諮議會如何組成？其主要職掌為何？試分別敘述之。（91特原）
- ➤ 精省後，直轄市與縣（市）等第一級地方自治團體，在法律地位上平行而對等，此係聯邦國或單一國之制度設計？
- ➤ 試述地方制度法中對各級市之設置，其相關規定為何？又試舉一市為例，其未來發展方向為何？（102升等）
- ➤ 依地方制度法規定，我國直轄市、市、縣轄市之設置條件為何？是否需做調整？試論述之。（100升等、92升等）
- ➤ 地方制度法準用直轄市相關規定之縣，產生的原因為何？請論述此一制

度對我國地方自治的影響。（99特原）

➤ 臺北縣與臺北市僅一水之隔，其在都會組織發展上應如何為之？試由臺北縣市合併改制直轄市或臺北縣由準直轄市單獨改制為直轄市二途徑分別說明之。（98身障）

➤ 直轄市與縣（市）之區別為何？試依地方制度法及其他相關法律之規定比較說明之。（98身障）

➤ 地方制度法最新修正條文第4條，增加縣市準用直轄市之規定，請說明此修正條文的內容並分析此修正條文對我國地方制度的影響。（96高）

➤ 最近有關直轄市與臺灣省縣市同級化的主張，時有所聞。所謂「同級化」指的是什麼？試就此發抒己見。（92高一、二級）

➤ 有關我國鄉（鎮、市）的定位向來受到各界的討論，請說明鄉（鎮、市）長官派或民選的優缺點，並試述己見。（103關務、身障）

➤ 近年來各界屢有提倡停止鄉（鎮、市）長及鄉（鎮、市）民代表自治選舉之議；但亦有不少人認為應繼續維持其自治選舉，請就停止或維持鄉（鎮、市）自治選舉的優缺點加以討論。（94普、91特原、91高一、二級）

➤ 地方自治團體法律地位為何？鄉（鎮、市）長如改為官派，其地方自治團體法律地位是否即須變動？試述之。（95特原）

➤ 近年來各界多有倡議廢除鄉（鎮、市）自治選舉，此即停止舉行鄉（鎮、市）長及鄉（鎮、市）民代表之選舉；但有人認為部分縣轄市人口比起省轄市還要多，例如臺北縣的板橋市，這一類的縣轄市似仍有維持選舉之必要，試就此申述己見。（91高）

➤ 鄉（鎮、市）改制為非自治法人之可行性如何？試析論之。（105高三）

➤ 法律對於山地鄉原住民有何保障規定？試依地方制度法相關規定說明之。（100特原）

➤ 直轄市轄區內包含原住民區域，為能落實原住民區域自治權限，地方制度法已於民國103年1月29日修正並三讀通過，請評述相關修正內容。

（103原三）

➢ 依據地方制度法規定，說明直轄市之區公所與縣轄之鄉（鎮、市）公所之地位與區別。（95特原、93普、93特退）

➢ 請分析「區」在我國地方自治體系中的地位與運作特色。又，縣改制或與其他直轄市、縣（市）合併改制為直轄市後，原有縣境內的鄉（鎮、市）改制為區，這些改制後的區，其運作又與原來的區有何不同？（101高）

➢ 試就產生方式、敘薪職等及職權行使分別說明鄉（鎮、市）長與區長的區別為何？（99地特）

➢ 隨著六都時代的來臨，臺灣已有超過半數人口居住於直轄市，已有「區自治化」的主張出現。請說明區自治化之意涵與比較其優缺點，並試述個人見解。（104普）

➢ 民國99年12月五直轄市市長選舉過後，由於原臺北縣、臺中縣、臺南縣、高雄縣各鄉鎮市均改為區，各區之間差異極大，區整併成為討論議題，如何整併區以發揮直轄市治理功能？試申述之。（100升等）

➢ 請根據地方制度法之規定，比較村（里）長與一般自治團體民選首長在產生方式、職權行使，以及個人待遇上的差異之處。（93地特）

➢ 村里長選舉是我國最基層的地方選舉，某些地區的競爭相當激烈，但依據法規，村里長是無給職，且須處理里公務及交辦事項。試論為何有人願意參與激烈的選舉以擔任村里長？請列舉三個可能的具體原因，並說明之。（110高）

➢ 村（里）長在地方自治的發展上所扮演的角色為何？請簡要說明之。（91基特）

➢ 村（里）可說是地方自治團體與民眾接觸最直接、最頻繁的單位。請分析村（里）制度在今日運作上可能出現的問題與改進途徑。（102升等）

➢ 村（里）之法律定位如何？其與各該轄區之社區發展協會有何不同？試舉例說明之。（102特原）

➢ 請說明現今我國地方村里制度之內涵與特性，以及其對地方治理的意

義。（102身障）

➤ 村（里）在我國地方制度中有何特色？村（里）參與地方公共事務時，可發揮什麼功能？又可能受到什麼限制？（100身障）

➤ 地方制度法第五十九條第一項規定：「村（里）置村（里）長一人，受鄉（鎮、市、區）長之指揮監督，辦理村（里）公務及交辦事項。由村（里）民依法選舉之，任期四年，連選得連任。」但地方制度法第三條第四項規定：「鄉以內之編組為村；鎮、縣轄市及區以內之編組為里；村、里〔以下稱村（里）〕以內之編組為鄰。」依此，村（里）為鄉（鎮、市）「以內」之編組，似為行政機關之內部部門，而非最基層之群眾自治組織。因此，現在有人倡議村里長不應維持目前民選之做法，請就此抒發己見評論之。（91高）

➤ 請比較村（里）與社區組織（如社區發展協會），在與鄉（鎮、市、區）互動過程中，具有的相同點與相異之處。（98特原）

➤ 我國現行村里與社區組織的角色與定位各為何？在實務運作上，二者互動應如何有效改善？（96地特）

➤ 何謂社區（community）？何謂村里？社區和村里的首長分別如何產生？並請依照地方自治的意涵探討社區與村里在地方自治上之定位與未來走向。（104原四）

➤ 地方政府的行政區劃常有採大行政區域或小行政區域的爭論，試分別申論其優缺點。（94普）

➤ 行政區域廣大或狹小各有何優缺點？有那些方式可以做為行政區域調整的作法，請加以說明之。（102特原、93特退）

➤ 要確定地方自治團體區域之理由為何？請說明之。（92升等）

➤ 行政區劃之調整，如採取公民投票方式決定，其利弊得失如何？試申論之。（92普）

➤ 臺灣行政區劃的問題為何？此種問題所產生的影響有那些？試分別說明之。（102地特）

➤ 行政區劃的法制依據為何？試依下列問題回答之：1.行政區域調整的原因。2.行政區域重劃與國土空間規劃的關係。（97地特）

➤ 為使國土資源能有效使用並兼顧地方自治之基本精神，我國各級地方政府之行政區劃有無調整之必要？試申論之。（95身障）

➤ 行政區劃之重劃係處理跨域問題之主要方法之一。試問：1.依憲法我國行政區劃法制為何？2.依地方制度法行政區劃法制為何？3.跨域合作與行政區劃是否屬於跨域問題之不同處理方法之思考？（95地特）

➤ 地方行政區域之調整，務須審慎將事。試問：1.我國行政區劃之法制為何？2.縣市升格為直轄市之基本條件如何？3.臺北市與臺北縣合併升格之可行性如何？（92地特）

➤ 行政區劃法至今尚未完成立法，請問依地方制度法第七條的規定，單一縣市之內，鄉（鎮、市）或市內之區，其行政區域的劃分、調整，是否可由縣市逕行為之？又不從法律依據考慮，純粹從學理上考量，調整縣市內之鄉（鎮、市）或區，必須依據那些標準？試論述之。（91高）

➤ 請評論今日我國地方行政區域劃分方式可能產生的問題，以及改進途徑。（96升等）

➤ 我政府近年來所倡導推動之「國土空間發展策略計畫」為何？該計畫中之「7個區域生活圈」又為何？請分別說明之。（106地特）

➤ 世界各國有那些遷都之例，主要用來帶動特定區域之發展？我國如遷都，有那些可能之模式？請分別舉例說明之。（106地特）

➤ 何謂直轄市？依據地方制度法，縣（市）應如何改制為直轄市？並試述五都時代對我國地方制度的影響。（101特原）

➤ 臺中縣與臺中市合併升格為直轄市的主張時有所聞，何以會有此主張？請評述之。（91高一、二級）

➤ 桃園縣改制直轄市後，其主要之變遷與發展方向為何？試申論之。（102升等）

➤ 縣（市）合併改制直轄市後，中央與地方的法律關係有無變動？彼等如何建構具有協力合作的互動政治關係？（102高）

➤ 民國99年12月25日起，臺北縣改制為「新北市」。請分析此改制過程對原有臺北縣各鄉（鎮、市）產生的影響。（100身障）

➤ 依內政部令，臺中縣（市）、臺南縣（市）、高雄縣市，將分別於民國

99年12月25日合併改制為直轄市。請分析縣（市）合併改制後，在實施地方自治或辦理地方自治事項時，與改制前由縣（市）單獨行使的方式有何差異？（99高）

➢ 試述已通過之縣（市）改制或與其他直轄市、縣（市）合併改制為直轄市案，基於全國國土合理規劃及區域均衡發展之需要，如何合理調整較屬可行？試申己見。（98升等）

➢ 若某縣經行政院核定改制為直轄市，則改制後其原有縣政運作將會產生那些變動？試分析之。（98特原）

➢ 縣（市）改制或與其他直轄市、縣（市）合併改制為直轄市，地方制度法對改制後之選舉、自治法規、人員、財政及其他權利義務等，有何相關規定，試加以申論之。（98高）

➢ 直轄市與縣（市）如擬基於平行而對等設計組織模式，依現行地方制度法尚有何種組織設計需要重大調整？試述之。（94升等）

➢ 試述都會區之特質與形成因素為何？我國除臺北市外，已通過之縣（市）改制或與其他直轄市、縣（市）合併改制之4個直轄市，其未來發展為都會區之可行性為何？須克服哪些問題？試加以申論之。（101身障）

➢ 試就縣（市）與其他直轄市、縣（市）合併改制為直轄市者，依地方制度法之相關規定，論述其改制計畫之程序及應載明事項為何？（99地特）

➢ 縣（市）改制直轄市的申請與規劃程序為何？改制直轄市後的區長如何任用？試依地方制度法規定說明之。（99身障）

➢ 近來行政區域劃分議題上，有關縣市應否合併的討論頗多，請就縣市合併或不合併政策所可能帶來的利弊得失加以分析。（96地特）

➢ 今（民國98）年6月，因應地方制度法之修正，縣市可以申請單獨改制為直轄市，亦可合併申請改制，地方政府擬定之改制計畫，內容必須載明改制後對於都會發展之影響分析。何謂都會發展之影響分析？請申論之。（98地特）

➢ 根據我國地方制度法的規定，如果縣（市）欲改制或與其他直轄市、縣

（市）合併改制為直轄市，則從改制計畫之提出，到核定通過其間會經歷哪些程序？（103地四）

CHAPTER

8

居民及其權利義務

第一節　地方自治團體居民

> **相關條文：**
> **第15條**
> 中華民國國民，設籍在直轄市、縣（市）、鄉（鎮、市）地方自治區域內者，爲直轄市民、縣（市）民、鄉（鎮、市）民。

　　人民是國內社會經濟活動的主體，同時爲國家與地方自治團體的構成要素之一。但何謂「人民」？從主權擁有者或一般權利擁有者（相對即義務承擔者）的不同面向，其應具備的要件也有所不同。

　　主權是一種至高無上權力，可建立內部規範秩序和政府組織。各國憲法通例，一般都規定國家主權屬於全體「國民」（如德國基本法§20、日本國憲法前言、義大利憲法§1、我國憲法§2等），國民擁有國政最高的決定權，也是國家權力行使的正當性來源，即「國民主權」原則。

　　作爲主權擁有者，必爲具備該國國籍而爲該國國民者，始足當之；在地方自治，除多要求必須爲國民之外，通常更強調與當地生活實際發生聯係的事實，例如「居住」。如僅單純「居住」於某國，並未取得該國國籍[1]，充其量只取得暫時或永久「居留」該國的權利，尚不屬該國國民，姑且以外籍「居民」稱之。

　　擁有國籍而具備主權資格者，在國家的層次，稱「國民」；至於在自治團體的層次，如何稱之？其要件爲何？憲法上規定有「省民」、「縣民」的概念（§113、123、124、126），地方制度法也使用「直轄市民、縣（市）民、鄉（鎮、市）民」的提法。

---

[1] 國籍取得方式有兩種，一種是由出生而取得，稱爲「固有國籍」，另一種則由出生以外的原因，如婚姻或歸化而取得的國籍，稱爲「取得國籍」。關於固有國籍取得，世界各國分採血統主義、出生地主義及折衷主義三種制度。我國國籍法第2條採取父母雙系血統主義，父或母之國籍均可作爲子女取得我國國籍的依據。至於父母無可考或父母無國籍的人，也可以根據在我國出生的事實，取得我國國籍。

　　至於何爲「省民」、「縣民」？憲法並未進一步闡明。現行《地方制度法》則規定「中華民國國民，設籍在直轄市、縣（市）、鄉（鎮、市）地方自治區域內者，爲直轄市民、縣（市）民、鄉（鎮、市）民。」以國籍爲前提，戶籍登記爲準據，似不問是否實際居住於當地；惟因戶籍法規定「遷出原鄉（鎮、市、區）三個月以上，應爲遷出登記。」（§16）、「由他鄉（鎮、市、區）遷入三個月以上，應爲遷入登記。」（§17）此爲強制規定，因此，理論上，作爲地方自治團體主權主體，不僅要具備國籍的先決要件，有居住的事實，還要辦理戶籍登記。但實務上，多從行政便宜考量，並未如此嚴格執行，而淪爲單純「設籍」的形式主義。如《地方制度法》第4條第1項所定人口聚居達125萬以上……得設直轄市，內政部89年8月11日台（89）內民字第8906546號函示「居民之計算，係指設籍而言」。

　　一般而言，主權國家內的人民，通常兼具國家的國民及地方自治團體的居民雙重地位。例外的情形，雖具有某國國籍，適格爲該國國民，卻未必即爲該國特定地方自治團體的居民，如未曾在臺灣地區設有戶籍的僑居國外國民或取得、回復我國國籍尚未在臺灣地區設有戶籍的國民（即所謂的「無戶籍國民」[2]）。質言之，地方自治團體的居民，必爲我國國民；但國民未必即爲特定地方自治團體的住民。

　　值得探究的是，「居民」的提詞在現行法制上，概念非常混亂；有些情況，是指涉居住且設籍於當地，如《社區發展工作綱要》第2條規定：「社區居民係指設戶籍並居住本社區之居民。」有些情況，從法條的意旨即可確認，不以設籍爲必要，如《農村再生條例》第9條規定的「農村社區居民」。

　　有些情況，從條文的規定本身並無法確知，是否以設籍爲必要，透過授權子法而有不同界定，如《莫拉克颱風災後重建特別條例》所規定的「災區居民」，根據《莫拉克颱風災後重建僱用災區失業者獎勵辦法》

---

[2]　出境2年以上未入境，被依戶籍法規定遷出戶籍者，亦屬無戶籍國民。

第3條規定，只要「有一定事實足認居住、工作或設籍於災區」的其中之一，都屬之；相對地，《離島建設條例》所定的「離島地區居民」，其子法《離島地區居民航空票價補貼辦法》第3條則限縮於設籍的居民。

1929年的《縣組織法》規定的「鄉鎮居民」（§10），該法未進一步釋明，解釋上與《臺灣省各縣市實施地方自治綱要》的「縣市居民」一樣，以「現居」為必要（§11）。

地制法第三章第一節名稱雖為「居民」的權利義務，但本節各條（§15～17）卻又未如《縣組織法》及《自治綱要》使用「縣居民」或「鄉鎮居民」，而以「直轄市民、縣（市）民、鄉（鎮、市）民」表述之；相較於其前身《省縣自治法》、《直轄市自治法》第二章章名為「省、縣（市）、鄉（鎮、市）民」、「市民」的權利與義務，也不一致。由此，乃衍生出地制法第15條至第17條所規定的「直轄市民、縣（市）民、鄉（鎮、市）民」與節名使用的「居民」，概念是否同一的解釋空間；尤其，第28條也提到「居民的權利義務」，此居民是否即為第三章第一節的居民？

一般論者對此都未加考究，想當然爾地認為本節名稱的「居民」就是本法各條所規定的「直轄市民、縣（市）民、鄉（鎮、市）民」。其實未必如此，正如《省縣自治法》立法時，立法委員所稱「第二章居民之權利與義務」是非常重要的宣示性條文[3]，提案委員黃爾璇的原始發想，是接受日本《地方自治法》第二章「居民」的概念[4]，只要「在市町村內有住所者，都為該市町村及包括各該市町村之都道府縣居民」（§10），並不限於日本國民；只有屬於公民權的部分（如選舉、罷免、創制、複決、監察、解散議會等），才特別標示「身為日本之普通地方公共團體居民」始賦予此項權利。

這樣的區分，應屬正確，立委提案的原條文就是如此設計，但立法院立法過程朝野協商時未詳加釐清，牛頭馬嘴，信手拼湊，就成了後來的法

3　《立法院公報》，第83卷第45期，委員會紀錄，頁279。
4　《立法院公報》，第83卷第45期，委員會紀錄，頁279。

條結構，上述一般論者的狹隘認知，也就不足爲奇。然而，從立法史料及立法原始意旨解讀，實務運用上，對本法「居民」的概念，允宜針對各權利義務性質從寬解釋。尤其，第28條制定自治條例創設、剝奪或限制「居民」的權利義務，如規範及於未設有戶籍、甚至非國民而單純居住於當地的「居民」，亦非法所不許。

第二節　居民的權利義務

相關條文：
第16條
直轄市民、縣（市）民、鄉（鎮、市）民之權利如下：
一、對於地方公職人員有依法選舉、罷免之權。
二、對於地方自治事項，有依法行使創制、複決之權。
三、對於地方公共設施有使用之權。
四、對於地方教育文化、社會福利、醫療衛生事項，有依法律及自治法規享受之權。
五、對於地方政府資訊，有依法請求公開之權。
六、其他依法律及自治法規賦予之權利。
第17條
直轄市民、縣（市）民、鄉（鎮、市）民之義務如下：
一、遵守自治法規之義務。
二、繳納自治稅捐之義務。
三、其他依法律及自治法規所課之義務。

一、前言

　　學者有從民主主義的觀點，謂「不論是地方自治團體的住民或國家的國民，兩者對統治團體而言，都是主權者」；有從住民自治的理念，認爲

「外國人也是地方自治團體的主權者，應為該地方自治團體的住民，既為住民，則與本國人之住民一樣，應享有權利及義務[5]。」其實是混淆了擁有主權與一般公法權利的概念。

如前所述，各國通例，主權屬於全體國民，外國人在本國居住的事實，除非歸化，並不當然成為主權的擁有者。但是否為主權的擁有者，與是否享受特定的公法權利是兩回事；換言之，外國人雖非主權擁有者，立法者仍可透過立法的形成自由，甚至直接援引國際人權公約或依據國際人權理念，賦予外國人享有一定的權利。

究竟，外國人在本國享有如何權利？目前通說採「基本人權——國民權——公民權」的三分法。憲法上基本權主體的問題，就基本權所保障的法益觀察，其內涵有直接涉及自然人的屬性者，也有非直接涉及人性，而是關於國家的政治、經濟環境所形成的利益。

前者，其基本權的法益乃來自於自然人的屬性，構成人格的要素，是個人以人的資格所享有、與生俱來的權利，非任何法律所賦予、創造，也非任何法律所能剝奪。因此，任何人均應享有此等基本權的保障，縱非本國人民，亦得與本國人民享受同等權利。如大法官釋字第708號解釋謂：「人身自由係基本人權，為人類一切自由、權利之根本，任何人不分國籍均應受保障，此為現代法治國家共同之準則。」其他如生命權、表意自由、信仰自由等亦屬之。

至於後者，則非涉及自然人屬性的法益，意味著國家與所屬人民間特定的權利義務關聯性，此等法益往往只限於具有國民身分之人方能主張[6]。即所謂的「國民權」，為具有本國國民身分的人民始得享有的權利，例如經濟上及教育上的受益權。

另外有些權利的行使，特別牽涉政治領域的基本權，例如參政權、服公職的權利；這些權利往往與主權的運作有關，甚至就是國民主權的具體實現，需要較成熟的智識能力，除了要求須具國民的身分外，通常還會要

5　蔡秀卿，《地方自治法》（臺北：三民書局，2009年），頁119-120。
6　許育典，《憲法》（臺北：元照，2011年），頁122。

求具備其他法定條件，例如年齡、居住一定期間等，這就是所謂的「公民權」，只有具公民身分始得享有。

三分法雖本質性地預設「人性尊嚴」、「經濟資源」與「政治權利」是不相牽連的三種事務；然而，在國際人權理念的穿透與國際社會互動的連結下，主權與人權相互折衝，基本人權、國民權與公民權，已難以截然劃分，「人性尊嚴」、「經濟資源」與「政治權利」也相互糾結，無法完全區分。德國基本法即將所有人類皆可享有的基本權，與限於德國國民始得享有的基本權，明確區分。

我國憲法第7條有關平等權，雖規定「中華民國人民」，而第8條至第22條則泛稱「人民」，不能以辭害意，反面解釋，認為除平等權外，其他各項權利，例如受益權中的請願權、訴願權、訴訟權、財產權、工作權、國民受教權等，不但「中華民國人民」得享有之，非中華民國國民的外國人得享有。仍應從基本人權、國民權與公民權的分類，依各個權利的屬性而定，不可一概而論[7]。

「國民」，以國籍有無為認定標準，應不待言；至於地方「公民」，在法制上應具備哪些要件？1930年的《市組織法》第7條及1941年《鄉鎮組織暫行條例》第5條規定有關公民資格的取得，應同時具備「國民」、「繼續居住六個月以上，或有住所達一年以上」、「年滿20歲」、「登記」且無「法定消極資格的情形」始為公民，具公民資格即得行使公民權[8]，（除有所列各款情形外）有依法行使選舉罷免及創制複決之權。

憲法第130條僅規定「中華民國國民年滿二十歲者，有依法選舉……

7　法治斌、董保城，《憲法新論》（臺北：元照，2010年），頁150-151。

8　《市組織法》第7條：「中華民國國民，在該市區域內，繼續居住六個月以上，或有住所達一年以上，年滿二十歲，經登記後，為市公民，有依法行使選舉罷免及創制複決之權。有左列情形之一者不得有公民資格：一、犯刑法內亂外患罪，經判決確定者。二、曾服公務而有貪污行為，經判決確定者。三、褫奪公權，尚未復權者。四、受禁治產之宣告者。五、有精神病者。六、吸用鴉片或其代用品者。」《鄉鎮組織暫行條例》第5條：「中華民國國民，在該縣鄉鎮區域內，繼續居住六個月以上或有住所達一年以上，年滿二十歲，經登記後為縣公民，有依法行使選舉罷免及創制複決之權。」

被選舉之權。」質言之，只要是中華民國國民，年滿20歲，即為我國公民，享有公民權[9]；制憲時並未慮及現階段國際政治環境，除臺灣地區2,300萬國民外，尚有4,100多萬廣義的「無戶籍國民」[10]，如年滿20歲的無戶籍國民，也都同樣擁有公民權，可參與我國選舉與被選舉，其政治衝擊效應之鉅，不問可知。

惟憲法上開條文，尚有「依法」的限制規範，相關的《公職人員選舉罷免法》第14條，就此一方面規定，中華民國國民，年滿20歲，除受監護宣告尚未撤銷者外，有「選舉權」與「被選舉權」，2018年1月3日公布施行之《公民投票法》修正案第7條規定，年滿18歲即有「公民投票權」。另一方面選罷法第15條又規定「有選舉權人在各該選舉區繼續居住四個月以上者，為公職人員選舉各該選舉區之選舉人。」公投法第8條第1項又規定「有公民投票權之人，在中華民國、各該直轄市、縣（市）繼續居住六個月以上，得分別為全國性、各該直轄市、縣（市）公民投票案之提案人、連署人及投票權人。」選罷法第4條與公投法第8條第2項進一步規定「居住期間之計算以戶籍登記資料為依據」。輾轉曲折解釋可得出結論「中華民國國民年滿20歲或18歲以上，未受監護宣告者，為有公民權之人（即公民）；但公民須設定戶籍並連續居住一定期間以上，始得在臺灣地區行使公民權。」

二、居民的權利

本法第16條規定「直轄市民、縣（市）民、鄉（鎮、市）民」的權利，主要分兩大部分，第1、2款屬「政治性」權利，即參政權，第3至5款為「行政性」權利。但無論如何，不能以詞害意、膠柱鼓瑟地解釋為，僅設籍在直轄市、縣（市）、鄉（鎮、市）地方自治區域內的「居民」，才能享有權利。立法者如透過立法形成自由，賦予外國人享有與國民或公民

---

[9]　106年公民投票法下修為年滿18歲即享有公民投票權。
[10]　參閱行政院僑務委員會官方網站。

同等或略有差別的國民權或公民權，自非憲法所不許；於地方自治領域，給予未設籍於當地的「居民」一定的權利，更允有更寬容的立法空間。義務的設定，亦然。

　　本法第28條第2款規定，得以自治條例規範地方自治團體「居民」的權利義務，此之謂「居民」如依本章第一節說明，可包括單純地居住於當地，而不以設有戶籍爲必要，如日本《地方自治法》第10條也規定所有居民均得「依法律規定，有同等權利享受地方公共團體提供之服務，並分擔其義務。」第11條至第13條的公民權才限於「身爲日本國民之居民」才有此權利，可資參考比照。亦即第1、2款參政權原則上限於具公民資格的「直轄市民、縣（市）民、鄉（鎮、市）民」；第3款則所有居住於當地的「居民」均得享有，無待法律規定；第4、5款，究竟僅限於「直轄市民、縣（市）民、鄉（鎮、市）民」，或放寬予一般居民，則由法律或自治法規參酌事項性質、財政狀況、平等互惠等諸原則，個別化處理。

（一）對於地方公職人員有依法選舉、罷免之權

　　「縣民……對於縣長及其他縣自治人員，依法律行使選舉、罷免之權。」、「縣設縣議會，縣議會議員由縣民選舉之。」、「縣設縣政府，置縣長一人。縣長由縣民選舉之。」分別爲憲法第123條、第124條及第126條所規定。憲法及本款所稱的「法」，乃指《公職人員選舉罷免法》，其第2條規定地方公職人員，包括直轄市議會議員、縣（市）議會議員、鄉（鎮、市）民代表會代表、直轄市長、縣（市）長、鄉（鎮、市）長、原住民區長、村（里）長，均由地方自治團體住民選舉、罷免之。

　　中華民國國民，年滿20歲，在各該選舉區繼續居住4個月以上者，除受監護宣告尚未撤銷者外，均得爲各該選舉區的選舉人。其居住期間，如在其行政區域劃分選舉區者，仍以行政區域爲範圍計算之；但於選舉公告發布後，遷入各該選舉區者，無選舉投票權。居住期間的計算，則以戶籍登記資料爲依據，自戶籍遷入登記之日起算，算至投票日前一日爲準（選

罷法§4、15、16參照）。選舉人，除另有規定外（如工作人員[11]），應於戶籍地投票所投票（§17）。

直轄市長、縣（市）長、鄉（鎮、市）長、村（里）長選舉，無選區劃分的問題，各依其行政區域為單一選舉區；至直轄市議員、縣（市）議員、鄉（鎮、市）民代表選舉，以其行政區域為選舉區，並得在其行政區域內劃分選舉區；其由原住民選出者，以其行政區域內的原住民為選舉區；縣（市）議員、鄉（鎮、市）民代表選舉，並得按平地原住民、山地原住民或在其行政區域內劃分選舉區。按行政區域劃分的選舉區，其應選名額的計算所依據的人口數，應扣除原住民人口數（§36）。

住民對於就職滿一年的公職人員，得由原選舉區選舉人總數百分之一以上為提議、百分之十以上連署，填具罷免提議書，檢附罷免理由書，向選舉委員會提出罷免案（§75、76、81）。罷免案投票結果，有效同意票數多於不同意票數，且同意票數達原選舉區選舉人總數四分之一以上，即為通過。有效罷免票數中，不同意票數多於同意票數或同意票數不足前項規定數額者，均為否決（§90）。罷免案通過者，被罷免人自解除職務之日起，四年內不得為同一公職人員候選人；其於罷免案進行程序中辭職者，亦同。相對地，罷免案否決者，在該被罷免人之任期內，不得對其再為罷免案之提議（§92）。

（二）對於地方自治事項，有依法行使創制、複決之權

憲法第123條規定：「縣民關於縣自治事項，依法律行使創制、複決之權。」此所稱「法律」，現行法制乃指《公民投票法》[12]。該法第2條規定，地方性公民投票適用事項包括：1.地方自治法規的複決。2.地方自治法規立法原則的創制。3.地方自治事項重大政策的創制或複決。但預

---

[11] 選罷法第17條第2項：「投票所工作人員，得在戶籍地或工作地之投票所投票。但在工作地之投票所投票者，以戶籍地及工作地在同一選舉區，並在同一直轄市、縣（市）為限。」

[12] 總統於2018年1月3日公布施行本法修正條文。

算、租稅、薪俸及人事事項不得作為公民投票的提案。

　　公民投票權人（提案人、連署人及投票權人）的條件，與選舉人有兩個不同點，其一，只須年滿18歲，未受監護宣告者，就有公民投票權，其次，必須在各該直轄市、縣（市）繼續居住6個月以上（§8）；選舉人則須年滿20歲，但只須居住4個月以上。

　　公民投票案應分別向直轄市、縣（市）政府提出。直轄市、縣（市）政府對於公民投票提案，是否屬地方自治事項有疑義時，應報請行政院認定（§26）。公民投票案提案人數、連署人數，舊法明定應分別達提案時最近一次直轄市長、縣（市）長選舉選舉人總數千分之五以上及百分之五以上。新法則授權直轄市、縣（市）以自治條例定之（§28）。但絕大多數直轄市、縣（市）公民投票自治條例迄今仍都維持公民投票法上述門檻。各直轄市、縣（市）大多已依授權修正其自治條例；其中僅少數下修提案或連署門檻，連江縣提案門檻則高於中央規定（詳見表8-1）。

表8-1　直轄市、縣（市）公民投票自治條例有關提案與連署門檻規定一覽表
　　　　（2022年3月）

直轄市、縣（市）	制定日期	修正日期	提案門檻	連署門檻	備註
臺北市	101.12.4	109.1.16	1/1000	2.5%	均低於中央公投門檻
新北市	101.8.8	111.2.23	3/1000	5%	
桃園市	105.1.7	110.12.20	5/1000	5%	
臺中市	105.4.20	109.8.13	1/1000	3%	均低於中央公投門檻
臺南市	101.7.18				
高雄市	100.6.9	108.6.27	2/1000	2.5%	均低於中央公投門檻
新竹縣	109.6.19		5/1000	5%	
苗栗縣	95.4.14	108.12.23	5/1000	5%	
彰化縣	104.6.26	107.7.19	5/1000	5%	
南投縣	101.10.1	107.9.12	5/1000	5%	

表8-1 直轄市、縣（市）公民投票自治條例有關提案與連署門檻規定一覽表
（2022年3月）（續）

直轄市、縣（市）	制定日期	修正日期	提案門檻	連署門檻	備註
雲林縣	尚未制定				
嘉義縣	101.10.18	111.4.6	1/1000	5%	
屏東縣	96.7.24	110.1.6	5/1000	5%	
宜蘭縣	97.6.25	107.5.28	3/1000	4%	均低於中央公投門檻
花蓮縣	99.4.19	108.3.19	4/1000	4%	計算基礎不同
臺東縣	尚未制定				
澎湖縣	94.3.2	110.10.14	5/1000	5%	
金門縣	93.11.29				
連江縣	99.12.26	109.12.29	2%	5%	提案門檻高於中央公投門檻
基隆市	103.4.14	111.5.17	4/1000	4%	均低於中央公投門檻
新竹市	108.2.20		1/10000	1%	均低於中央公投門檻
嘉義市	102.7.16	110.1.13	5/1000	5%	

註：除花蓮縣明定以提案時前一年度12月31日年滿18歲以上人口數為計算標準外，其餘各直轄市、縣（市）門檻均以最近一次縣（市）長選舉選舉人總數為準。

投票結果，有效同意票數多於不同意票，且有效同意票達投票權人總額四分之一以上者，即為通過。有效同意票未多於不同意票，或有效同意票數不足前項規定數額者，均為不通過（§29）。

公民投票案如經通過，各該選舉委員會應於投票完畢7日內公告公民投票結果，並依下列方式處理（§30）：

1.有關自治條例之複決案，原自治條例於公告之日算至第3日起，失其效力。

2.有關自治條例立法原則之創制案，直轄市、縣（市）政府應於三個月內研擬相關之自治條例提案，並送直市議會、縣（市）議會審議。直轄市

議會、縣（市）議會應於下一會期休會前完成審議程序。

3.有關重大政策者，應由權責機關爲實現該公民投票案內容之必要處置。

　　直轄市議會或縣（市）議會依公投結果制定之自治條例與創制案之立法原則有無牴觸發生疑義時，提案人之領銜人得聲請司法院解釋之。經創制之立法原則，立法機關不得變更；於自治條例實施後，2年內不得修正或廢止。經複決廢止之自治條例，立法機關於2年內不得再制定相同之自治條例。經創制或複決之重大政策，行政機關於2年內不得變更該創制或複決案內容之施政。

（三）對於地方公共設施有使用之權

　　所謂「公共設施」，項目甚爲廣泛，依都市計畫法及其相關子法總歸起來，包括1.道路、公園、綠地、廣場、兒童遊樂場、停車場；2.學校、圖書館、博物館、社教機構、體育場所、市場、醫療衛生機關（構）；3.火化場及殯儀館、上下水道、污水處理設施及焚化場、垃圾處理場。

　　不同於其他各款，居民對於地方公共設施的使用，並不須以其他法律或自治法規爲依據。其使用爲事實上的利用關係，不具法律上利益，基本上屬「反射利益」；地方政府如基於預算或其他技術上的原因，未建設、提供該設施時，居民尙無公法上請求權可資行使。

　　惟如地方政府於完成該設施並承諾對外提供利用，居民，無論是否設籍，均有平等接近、使用的權利，地方政府非有正當理由不得拒絕使用。但地方政府如基於公營造物的管理，或基於使用者付費的原則訂定管理或使用規則，致居民的使用權受到一般性地限制（如收費或總量管制、停止使用、行爲規範）或不便利（如規定使用時間），或對設籍居民與未設籍居民差別待遇（如火化場得免費或半價優惠），不能認爲是侵犯居民的權利。

（四）對於地方教育文化、社會福利、醫療衛生事項，有依法律及自治法規享受之權

　　與公共設施的一般性使用不同，教育文化、社會福利或醫療衛生的享受，較具個別性或差異性，而且往往因資源不足而發生使用需求相互間的排擠作用；且地方政府提供這些服務，往往構成公法上請求權，其得享受服務者的資格條件，即有以法規確立的必要。如《臺北市公共場所母乳哺育自治條例》，一方面賦予婦女得於本市公共場所進行母乳哺育的權利，相對地即課以任何人不得有制止、驅離或其他影響哺育的義務；又如《新北市中低收入老人生活津貼審核辦法》，一方面照顧到符合規定條件者的福利，另一方面則相對拒絕不符條件者的申請。

　　至於資格條件規範，如《社會救助法》規定救助對象以「設有戶籍」爲前提要件，臺北市依該法第20條制定的《市民醫療補助自治條例》，即明定「市民」始享有此權利；而本於自治原則自行制定的《臺北市市民以工代賑輔導自治條例》第4條則要求「設籍本市，具低收入戶或中低收入戶且十六歲以上未滿六十五歲，能勝任需用機關工作者」。

　　另外，透過國家法律或自治法規賦予未設戶籍於當地本國或外國籍居民享受相關權利，亦不乏其例，如《莫拉克颱風災後重建特別條例》所規定的「災區居民」，根據《莫拉克颱風災後重建僱用災區失業者獎勵辦法》第3條規定，只要「有一定事實足認居住、工作或設籍於災區」的其中一種情形即可，不以設籍爲必要；又如政府依《災害防救法》規定，對受災民眾提供各項救助，其授權子法《風災震災火災爆炸災害救助種類及標準》第2條規定：「中華民國國民於國內受災，適用本標準規定；中華民國國民之配偶爲臺灣地區無戶籍國民、外國人、大陸地區人民、香港或澳門居民，已在臺灣地區合法居留並共同生活者，亦同。」

　　甚至法律規定以「國民」爲服務對象，自治法規卻擴大其範圍；如《終身學習法》第10條規定：「直轄市、縣（市）主管機關爲推展終身學習，得設置社區大學……；其……招生……及其他相關事項之自治法規，由直轄市、縣（市）主管機關定之。」臺北市政府乃據以制定《臺北市社

區大學自治條例》招生對象卻沒有戶籍設籍及國籍的限制，只要有終身學習進修意願，均可報名入學[13]。

（五）對於地方政府資訊，有依法請求公開之權

本款規定旨在保障地方居民知的權利，賦予人民資訊公開請求權，現行依循的法律為《政府資訊公開法》，中央、地方各級機關及其設立之實（試）驗、研究、文教、醫療及特種基金管理等機構，均為本法所稱政府機關，一體適用；政府資訊，包括政府機關於職權範圍內作成或取得而存在於文書、圖畫、照片、磁碟、磁帶、光碟片、微縮片、積體電路晶片等媒介物及其他得以讀、看、聽或以技術、輔助方法理解的任何紀錄內的訊息，都應主動公開或應人民申請提供（§3～5）。且依本法第9條規定，「具有中華民國國籍並在中華民國設籍之國民」，均得依本法規定申請政府機關提供政府資訊。持有中華民國護照僑居國外的國民（即狹義的無戶籍國民），亦同。另外，外國人則採「互惠原則」個別認定。換言之，得向地方政府請求公開政府資訊者，並不以「直轄市民、縣（市）民、鄉（鎮、市）民」為限。

（六）其他依法律及自治法規賦予之權利

有關地方自治團體居民得享有的權利，事項繁多，無法一一列舉，本條僅例示其中對住民自治理念的體現較重要或與居民生活較密切的基層服務的幾項，為免掛一漏萬，第6款再綴以概括規定。法律如《訴願法》賦予居民得就地方政府行政處分提起訴願；《國家賠償法》規定對地方政府公務員執行職務不法侵害人民權利，或公有公共設施設置或管理欠缺，造成人民權利損失，得聲請國家賠償。自治法規如《新北市興辦公共工程用地地上物拆遷補償救濟自治條例》，就於新北市設有戶籍之現住戶的地上物因政府興辦公共建設而被拆遷，得領取補償費或救濟金等。

---

[13] 參「臺北市社區大學聯網」（http://www.ccwt.tp.edu.tw/files/11-1000-118.php）。

三、居民的義務

（一）遵守自治法規之義務

地方自治團體本於自治權限所制定或訂定的管制性自治法規，對居民所課義務，如《臺中市火災預防自治條例》規定特定場所明火表演的限制、《臺南市性交易服務者及性交易場所管理自治條例》對性交易場所經營者與性交易服務者的限制或要求、《高雄市爆竹煙火施放管制自治條例》對施放爆竹煙火區域、時間的管制……等，居民均有遵守的義務。此所稱「居民」，解釋上應採最廣義，不以設籍或居住為必要，而包括行政轄區內的所有人。

（二）繳納自治稅捐之義務

《地方稅法通則》賦予地方自治團體開徵特別稅課、臨時稅課及附加稅課，實務上，各地方政府直接就「居民」新增稅目，似尚未見其例；有之，都屬對企業經營者課予義務，且都集中於幾個相同項目，如土石採取特別稅、剩餘土石方處理、建築工地臨時稅，包括《桃園縣營建剩餘土石方臨時稅自治條例》、《花蓮縣土石採取景觀維護特別稅自治條例》、《南投縣土石採取景觀維護特別稅徵收自治條例》、《彰化縣員林鎮建築工地臨時稅自治條例》……等。

（三）其他依法律及自治法規所課之義務

法律所課予人民的義務，全體國民自有遵守的義務，國家亦得以公權力強制人民遵守，對不遵守者施以處罰。若該項義務涉及地方政府權責或自治領域，如建築管理、區域計畫管制……，雖為《建築法》、《區域計畫法》的規制，地方居民也應遵守。另依第1款規定，居民本來就有遵守自治法規的義務，本款「其他依自治法規所課之義務」，應屬重贅。

自我評量

> 如何認定一地方之「居民」？又如何認定該地方之「公民」？居民與公民的權利、義務有何差別？請以我國之情形，舉例說明之。（97特原）

> 依地方制度法之規定，直轄市民、縣（市）民、鄉（鎮、市）民之權利為何？並說明創制、複決權如何行使？（106高三）

> 地方政府服務的對象為地方民眾，一般多狹義地以「具有我國國籍」以及「在地方政府所轄區域內設籍」等2項條件界定地方民眾。然而，廣義來看，接受地方公共服務以及參與地方公共事務者，在實務上並非侷限於具有國籍且設籍者，因此有論者指出「地方民眾」的意涵，可以從其與地方政府間權責消長的關係中，呈現出「一般公眾」（public）、「使用者」（user）、「顧客／服務對象」（customer/client）、「公民」（citizen）等4種內涵。請申論上述4種地方民眾的內涵。（109身障）

> 依地方制度法規定，地方人民的權利與義務有哪些，請加以說明。（91基特、92升等、100升等、102地特）

> 試述地方選舉之性質為何？又何謂選舉無效之訴？何謂當選無效之訴？（103普）

> 地方公職人員選舉，其候選人積極資格為何？在舉辦選舉時，可否同時辦理地方自治條例立法原則創制案之公民投票？試依相關規定說明之。（94升等）

> 請問成為地方選民的積極條件與消極條件為何？此外，請分析賦予在地外國人擁有地方公職人員選舉的投票權之優劣，並試述己見。（108升等）

> 地方人民具有創制複決兩權，試就其權利性質及行使方法，依相關法制說明之。（92高、95身）

> 創制與複決為地方公民參與地方事務重要權利，請問何謂創制與複決？又依據我國現行法令，縣（市）人民如何行使創制與複決之權利？並請

舉例說明之。（102普）

➤ 地方性公民投票與離島博弈業公民投票有何不同？試就其連署門檻及通過門檻分別說明之。（99地特）

➤ 我國對於地方自治事項，如何依法行使創制、複決之權？（104地特）

➤ 發展公民社會係當前民主政治之趨向，試述地方制度法如何配合修正，以形塑公民社會。（94升等）

CHAPTER

9

權限劃分與地方自治團體的任務

第一節　前　言

> 相關條文：
> 第14條、第83條之2（第1項）
> 直轄市、縣（市）、鄉（鎮、市）、直轄市山地原住民區為地方自治團
> 體，依本法辦理自治事項，並執行上級政府委辦事項。

　　政府的「任務」，相對地，就是在表述其應履行的功能。整體而言，國家任務可大別為中央事項、自治事項與委辦事項三類。國家透過一定機制，將其任務的項目與內涵，分配於中央與各地方自治團體等公法人，部分專屬中央，由中央獨占立法與執行的權限，地方自治團體不具有決策或執行參與之權；部分雖屬中央事務，但中央只保留立法或決策，而直接以委辦的方式，交由地方執行，此即委辦事項；部分則關鍵性地決定自治權得以具體實施的範圍，就是自治事項。

　　事務是否為憲法上中央專屬執行的事項，不宜由立法層次決定之[1]，如我國《憲法》第107條所列舉的權限屬之，其要項主要有幾類：

一、維護國家的存在所必需的權力：如國防、軍事。

二、涉及主權的統一與維護事項：如外交、兩岸政策[2]、國籍法。

三、司法權[3]：如刑事、民事、商事之法律及司法制度。

---

[1] 司法院大法官釋字第550號戴東雄大法官協同意見書。

[2] 澎湖縣議會三讀通過《澎湖縣與大陸地區通航自治條例》，行政院大陸委員會函告無效一案，大法官認依憲法增修條文第11條，兩岸事務具有全國一致之性質，非屬地方自治事項。司法院大法官97年5月30日第1323次會議決議參照。

[3] 我國五權憲法的設計，地方自治團體享有行政、立法的自主權，是否擁有監察權，則向有爭議，參法治斌、董保城，《憲法新論》（臺北：元照出版社，2010年），頁435-461；考試權依第108條第1項第11款規定「中央及地方官吏之銓敘、任用、糾察及保障」，屬委辦事項。司法權則明定為中央專屬事項，地方無置喙餘地，即屬各地方存在地區性的司法機關，如各地方法院，也僅為管轄區域的劃分，而由司法院統一設置，與地方自治無關。司法權之所以特規定專屬中央，蓋因一般聯邦國家，各成員州亦有司法權，我國憲法既略帶聯邦色彩，為免爭議，特加明定。

四、需巨額資本且攸關人民往來便利的基礎交通設施：如航空、國道、國有鐵路、航政、郵政及電政。

五、與人民生活關係密切的公用事業：如國營經濟事業、國家銀行。

六、維護基本的經濟生活統一性所必需的權力：如幣制、度量衡、國際貿易政策、涉外之財政經濟事項。

七、國家財政基礎的釐定：中央財政與國稅及國稅與省稅、縣稅的劃分。

八、憲法所定關於中央的事項：例如總統的權限、立法院有關剩餘權分配的權限等。

　　至於就地方自治的運作，《憲法》第127條規定：「縣長辦理縣自治，並執行中央及省委辦事項。」地制法第14條也規定：「地方自治團體依本法辦理自治事項，並執行上級政府委辦事項。」一方面標示出，我國各級地方自治團體不單只是地方自治單位，也同時兼具國家的地方行政單位雙重性格；地方行政首長也兼具國家所委託代表人（agent）與地方自治團體代表人（chef）的雙重身分。另一方面也標示出，地方自治團體的任務有二，即辦理自治事項及執行上級政府委辦事項。

第二節　我國憲法的分權特色與問題

　　各國有關中央與地方權限劃分的機制，聯邦國家與單一國家，有很大的不同。在聯邦國家，聯邦與各邦各自擁有互不侵犯的廣泛權力，因此必須將每個層級政府的職責與權力的定義，都詳載於成文憲法條文中，以確保無任何層級政府可以片面修改憲法，改變兩者的權力關係。至於，單一國家則不存在這樣的制度特徵，無論其分權至如何程度，其地方自治團體的事權，通常是經由中央政府以法律命令規範，地方事權，無憲法的直接保障（詳如第三章）。

　　我國憲法有關權限劃分方式，原為制憲政治協商會議妥協的產品，一方面參照聯邦國家的立法例，於第107條至第109條分別臚列中央專屬事

權、得委由地方執行的中央事權與省、縣自治事權[4]。另一方面，又創設了聯邦國家所無的設計[5]：

其一，憲法第109條第1項第12款及第110條第1項第11款規定，中央得以國家法律賦予地方自治事項。

其二，一般聯邦國家憲法，僅規定中央或地方一方的權限，他方則概括其餘；我國則以絕非聯邦國家所採行的剩餘權分配方式處理剩餘權問題，亦即有未列舉事項時，另於第111條規定，「有全國一致之性質者屬於中央，有全省一致之性質者屬於省，有一縣之性質者屬於縣。」依事務性質採「均權理論」定其權責歸屬；若發生爭議，則由立法院解決。

另外，制憲當時的背景，縣的地位與廣土眾民的省不同，縱使欲模倣聯邦國家法例，有將省的權限，在憲法上明確規定，予以制度保障的必要，對於地方自治單位的縣，參諸各聯邦國家憲法，尟見有及於邦（州或省）以下自治層級權限的規定。學者認為，將縣的權限入憲，在並世各國中可謂別創一格[6]。

我國憲法有關權限劃分方式，固合於中山先生建國大綱的設計原理[7]，且制憲者亦有頌揚，「其劃分方式既詳且明，而尤富彈性，足以適合國情，為任何憲法所不及。」[8]但薩孟武教授與林紀東教授均指出，我

---

[4]　至於直轄市之自治事項，憲法或其增修條文均無明文規定予以直接保障，而係以憲法第118條規定授權立法院以法律定之。在解釋上，直轄市自治權限可能高於、等於或低於憲法所明文保障之省縣自治，立法者就此本享有一定之形成空間。然以我國有關地方自治之憲政實踐而言，立法者就直轄市之自治層級，大致與凍結前之省相當，而高於縣（市）；然就直轄市自治事項之保障範圍，則與縣（市）自治事項幾乎完全相同。憲法法庭111年判字第6號參照。

[5]　此殆因憲法起草人之一張君勱意識上力倡聯省自治，欲藉立憲使國家趨於聯邦化，減少中央權力，最後經政治協商妥協，才成為現今憲法的條文。

[6]　林紀東，《中華民國憲法逐條釋義（四）》（臺北：三民書局，1988年），頁83。

[7]　建國大綱第17條規定：「在此時期，中央與省之權限，採均權制度。凡事物有全國一致之性質者，劃歸中央；有因地制宜之性質者，劃歸地方，不偏於中央集權或地方分權。」

[8]　謝瀛州，《中華民國憲法論》（臺北：自刊，1971年），頁230。

國是單一國家，竟把省縣的事權規定於憲法上，這是一種最不適當的制度[9]。歷經一甲子的政治洗禮，歸納其最主要的缺失如下：

一、權限劃分判斷基準空洞化

從憲法第111條的「事權性質」的指令，其實任擇一項事務，除典型事例外，幾乎均難以斷定是否有全國一致的性質，或因地制宜的必要。例如社會救助，本於憲法上的國民平等原則，任何國民無論其出生或戶籍所在地為何，都應受到同樣的照顧，享受同樣的社會福利；從這個觀點，應該具全國一致的性質，憲法第108條第1項第19款明定「振濟、撫卹及失業救濟」屬中央事項，本屬正當。但現行法制（地方制度法）卻又將社會救助事項劃歸地方自治事項，以致各地方政府關於社會福利事項自行其是，為討好選民，各種福利津貼恣意亂行，形成一國多制。

又，諸多新興的公共事務，例如基因改造生物（Genetically Modified Organism, GMO）此一極具爭議性的科技的管理，就絕非用「一致性」的抽象概念可以明確切割，各國都是在法律層次，從資源配置與管理效能的評估上予以劃分[10]，而經驗顯示，即使有些國家將管轄權劃歸地方，地方政府反而運用此一權限推動「無基因改造生物區」（GMO free zone），形成上下級政府間的權限角力[11]。

---

[9]　薩孟武，《中國憲法新論》（臺北：三民書局，1986年），頁511；林紀東，《中華民國憲法逐條釋義（四）》（臺北：三民書局，1988年），頁7。

[10]　如日本2003年《有關管制基因改造生物使用以確保生物多樣性的法律》、美國2000年《農業風險保護法》（Agricultural Risk Protection Act）。

[11]　如歐盟境內，總計約有3500個市鎮及區域，宣稱是所謂的「無基因改造生物區域」；美國自2004年以來，也有許多地方郡縣以公民投票或立法形式，禁止於其境內種植基因改造作物，導致十幾個州政府不得不援引「州政府立法保留」原則，禁止次級地方政府不得限制基因改造作物的栽種。參資策會科技法律研究所，〈談各國基因改造管理規範（第三冊）〉，《GMO管理法規資訊網》，2007年9月，http://stlc.iii.org.tw/gmo。

二、缺乏事務管轄分配的判斷價值

　　憲法第107條至第110條所列舉的權限，第107條所規定者，確可界定為中央專屬管轄事務，第108條至第110條規定，則未必可清楚界定權限的歸屬，充其量僅具有「土地管轄」劃分的意義（如表9-1），而不具有居於權限劃分核心要素的「事務管轄」分配的意義。誠如憲判字第6號判決所稱，憲法第107條至第110條就中央、省及縣立法權事項及範圍之規定，並非相互排斥，互不重疊，反而有如同心圓式之規範架構，各個縣自治事項（小圓），均為其相對應之省自治事項（中圓）及中央立法權（大圓）所包涵。其適用上，即有如下問題：

（一）除「振濟、撫卹及失業救濟」與「省（縣）慈善及公益事項」，本有其事務區隔作用；「教育」與「警察」，原則上可解釋為中央制度規劃，地方執行；其餘各款應可視為類似歐盟憲法第I-12條規定的「共享職權」（shared competence）。中央與地方原則上均得立法並在其土地管轄範圍內實施具有拘束力的措施，但中央享有優先適用原則[12]。

---

[12] 但歐盟憲法規定，「共享職權」的優先原則應受輔助原則的制約，明定：「專屬權限以外的領域，必須依據輔助原則採取行動。」依《阿姆斯特丹條約》增訂的共同體條約「關於實施輔助原則與比例原則之議定書」（Protocol on the Application of the Principle of Subsidiarity and Proportionality, Annexed to the Treaty Establishing the European Community, amended by Treaty of Amesterdam）界定，輔助原則是一個「動態的概念」（dynamic concept），「允許共同體在授權範圍內，基於情況的需要，得以擴張或限制其作為。」在非專屬權限部分，共同體是否要行使權力，須考量兩項標準：1.較佳效果試驗（the more effective attainment test），判斷由共同體執行任務效果是否較佳，須依社會、經濟、科技與法律性質的客觀標準來決定。較佳效果意指較令人滿意，不僅技術上效益，有可能包括集權化的效益。2.超越邊境效果（the cross-boundary dimension effect），指任務的規模或效果超越國界方由共同體執行，是以如國家層級的行動對會員國顯然較有效益，或共同體層級的行動較不利於會員國，就不能通過此試驗。

表9-1　憲法有關中央與地方事權的土地管轄分配的條文

中央（§108）	省（§109）	縣（§110）
3森林、工礦及商業	1省實業　6省農林	1縣實業　5縣農林
4教育制度	1省教育	1縣教育
8合作事業	5省合作事業	4縣合作事業
9二省以上水陸交通運輸	1省交通	1縣交通
17警察制度	10省警政之實施	9縣警衛之實施
18公共衛生	1省衛生	1縣衛生
19振濟、撫卹及失業救濟	11省慈善及公益事項	10縣慈善及公益事業

（二）第108條第2項規定：「前項各款，省於不牴觸國家法律內，得制定
　　　單行法規。」[13]其涵義為何？是否即指地制法第29條為執行委辦事
　　　項所定的「委辦規則」？尚難理解。如是，則依憲法第109條規定
　　　省自治事項，省應得「自為立法並執行」，即可能產生就某事權，
　　　如「合作事業」，既可依第108條「制定」委辦規則，又可依第109
　　　條自治立法？

（三）教育、衛生、實業、合作事業、農林、水利等，應具全國一致性
　　　質，允宜由中央統一立法，地方僅有執行權，學者乃認為對於該
　　　等事項的立法，應解為執行中央法律，針對該自治團體轄區內的
　　　情形，而訂定的執行命令，非純粹的自治立法[14]。從憲法「土地管
　　　轄」規定的條文結構觀之，如此見解不無幾分道理。

（四）憲法第109條與第110條的規定形式，係採例示兼概括規定[15]；概括

---

[13] 增修條文未將本款凍結適用，應屬修憲疏漏。

[14] 林紀東，《中華民國憲法逐條釋義（四）》（臺北：三民書局，1988年），頁81。

[15] 法令規定的形式，通常有概括規定、列舉規定、例示規定或例示規定加概括規定等方
　　式。概括規定涵蓋較廣，不易遺漏，惟常因語意不確定而生疑義。列舉規定則文義較
　　明確，但易發生掛一漏萬之弊。單以例示規定，除例示規定外如何適用該規定，亦有
　　疑義。為避免上述弊病，多數法令採例示兼概括規定。

規定係補充例示規定之不足，故概括規定須以類似例示規定的意旨，作為其解釋的根據[16]；關於例示規定制定法律時，於條文內規定多數事項者，因事項繁多，無法一一列舉，乃列舉一事項或數事項為例，而於列舉事項之末，綴以概括全部事項的文句，前者謂之例示規定，後者謂之概括規定。從而，例示規定中列舉的事項，係從概括規定範圍內抽出，故概括規定的事項必與例示規定事項性質相類；概括規定部分，必有能概括全部事項的文句，否則，即非概括規定[17]。就上述憲法第109條第1項第12款與第110條第1項第11款以外各款是例示規定，該二款是概括規定，「其他依國家法律賦予」，係能概括全部事項的文句；則例示規定中的任何一項，均應屬於「國家法律賦予」的範圍。換言之，憲法規定並不能直接成為地方自治權行使的依據，而須有立法轉換。學者有持同一見解者[18]。

三、造成社會進化的血管栓塞

在全球日趨一體化的今天，政府的角色職能已出現很大的轉變，實際參與治理的行動者不再限於政府機關；在實際的治理過程中，隨著地方政府與中央政府、其他地方政府、私營利機構、非政府組織，乃至於與超國家實體（如歐盟）、跨國或多國籍企業、國家以外的政府或非政府組織等行動者，建立各種新的互動關係，政府僅是諸多參與治理行動者之一，而不是唯一。

---

[16] 最高行政法院94年度判字第00077號判決參照。

[17] 司法院大法官釋字第173號解釋姚瑞光等不同意見書參照。

[18] 蔡宗珍，《地方自治法規之效力及其監督之研究》（臺北：內政部委託研究，2005年），頁17-18。其論述謂：憲法第107至110條規定之規範對象是國家，更明確地說，是國家的立法者。不論是人民或是基於憲法制度保障下，具體由立法者建制形成的地方自治團體，均無法逕行依據憲法權限分配規定而主張對某一特定事項享有自治權，憲法相關規定均須由立法者立法轉換，憲法亦僅課予立法者立法轉換之義務。

憲法第107條有關中央專屬事項的規定，其中，外交、國防、軍事、國籍法、司法制度等，涉及國家生存或主權維護，固有其不可讓渡的特性；但有關航空、國道、國有鐵路、郵政、電政、國營經濟事業等，委託民間執行、BOT、民營化尚且已成趨勢，則如適當，交由地方政府執行有何不可？甚至，城市在所有的國家和地區都是經濟、政治、文化、科技、教育的中心，為國家綜合國力和國際競爭力的綜合展現；在全球化的發展進程中，城市在國際關係中發揮出日益重要的作用，其具體表現就是城市外交的復興；城市外交構成國家總體外交的重要組成部分，在國際社會中的仲介性特點誠不容忽視。然而，如果要嚴格執行憲法的權威，豈容地方政府進行城市外交的空間。

相對地，以若干鄰近都市為核心的區域化發展（小區域主義，micro-regionalism），也是當前全球治理下的重要趨勢[19]，跨縣市資源整合與合作形成的區域主義，正是對全球化發展最佳的回應，同時也是對全球化一種最本土化形式的承接。不僅自治團體間的權限壁壘，應予撤除；中央與地方間也應有更具彈性的權力流動。尤其，因為全球化及後工業化帶來的失業率升高、國際競爭、產業外移、跨國人口移動，涉及生產成本、就業競爭、國境安全、人口販運、社會治安、社會資源配置、人權、環境惡化等問題，乃至更高標準的社會正義、平等價值的追求，公共支出的大幅提升，在在需要政策的統籌規劃與有限資源的集中調控。

從今日公共事務內容多元複雜，且在推動過程常需中央與地方，甚至於其他團體的共同合作方得以落實的環境特性來思考，僅強調中央與地方

---

[19] 國際政治相對於過去以國家為中心相互聯合的大區域主義，已經逐漸出現小區域主義的發展趨勢，這種小區域主義以國家內部的城市或經濟區為主體，通過與其他國家內部的城市或經濟區之間所形成技術經濟網絡相互聯結。這種區域主義的形成不是政府主導形成的，而是資訊技術、交通運輸以及全球財貨和服務市場所促成的。這些能夠互相連結的跨國的城市和經濟區，通常都是帶動經濟成長的火車頭，他們可以吸收資本帶來繁榮，享有相當程度的自主性。這種小區域主義是一種新形式的同盟關係，呈現以城市為多元中心的網絡組合。

相互區隔權限，不僅在實務上難以有效釐清事權，更可能形成資源分散而無助於滿足公共事務需求的困境。更何況由於憲法第109條與第110條對地方自治權限的明確規定，嚴重阻礙了有關區域合作或資源整合的各種可能設計；地方公共支出也在中央統籌規範機能欠缺的情形下，完全失控。因此，為因應全球競爭與全球化的挑戰，除非修憲，或抑制憲法意識，否則在制度性保障的理論下，中央任何統籌調控的動向，都可能激起侵犯自治權限的爭議。

第三節　自治事項與委辦事項

相關條文：

第2條

二、自治事項：指地方自治團體依憲法或本法規定，得自為立法並執行，或法律規定應由該團體辦理之事務，而負其政策規劃及行政執行責任之事項。

三、委辦事項：指地方自治團體依法律、上級法規或規章規定，在上級政府指揮監督下，執行上級政府交付辦理之非屬該團體事務，而負其行政執行責任之事項。

第18條（直轄市自治事項）

第19條（縣市自治事項）

第20條（鄉鎮市自治事項）

第83條之3（直轄市山地原住民區自治事項）

第23條

直轄市、縣（市）、鄉（鎮、市）對各該自治事項，應全力執行，並依法負其責任。

委辦事項或自治事項，憲法中僅規定其框架，其進一步具體化、細緻化，則另載於地制法：

一、自治事項

　　中央與地方自治權限如何劃分？學界建言盈庭，要之，不外兩個思維模式：其一為演繹法，先確立一套劃分基準，再據以具體決定事務的分配；其二為歸納法，將個別法規所規定的事務分配，詳細分析其利弊得失，以尋繹出劃分的原則。孫文學說中的「中央與地方均權」理論及憲法第111條規定，屬於前者；地制法第2條第2款對於自治事項的定義性立法則屬於後者的一種嘗試。

　　學者參考德國法制，將自治事項區分為「自由或自願辦理事項」（freiwillige Aufgaben）與「負承辦義務但不受上級指令拘束的事項」（Pflichtaufgaben ohne Weisungen）兩個類型[20]。所謂「自由或自願辦理事項」，是指法律未規定，地方自治團體就「是否」辦理及「如何」辦理，享有高度的裁量空間；「負承辦義務但不受上級指令拘束的事項」，一般屬法定的義務，地方自治團體無權決定「是否」辦理，僅就「如何」辦理享有不受中央指令拘束的自主決定權。

---

[20] 法治斌、董保城，《憲法新論》（臺北：元照，2010年），頁476-477；黃錦堂，《地方制度法論》（臺北：元照，2012年），頁152。另有從德國的「單元模式」（Das monistische Model）概念，指地方上所發生的事項，原則上都是自治事項，因此將自治事項分為「自願辦理事項」、「義務辦理但上級無指令權之事項」以及「義務辦理而上級有指令權之事項」三大類，第三類事項，嚴重壓縮地方自主權，是否仍可歸類為自治事項？本書採否定論。日本法制傳統上的地方自治團體事務包含兩種類型：一是基於自治權而產生，稱為「自治事務」，又可分為公共事務、團體委任事務及行政事務；另一種是地方自治團體首長或其他執行機關受國家（或其他自治團體）委任而實施，稱為「機關委任事務」。團體委任事務和機關委任事務的項目都有具體規定（地方自治法的附表一、二、三、四詳予列舉），而後者更將國家或地方自治團體所委任其他地方自治團體機關處理事務必須依法律或政令規定。機關委任事務在1999年的「地方分權推進法」中廢除，重新將事務分為「自治事務」與「法定受託事務」（類似我國委辦事項）。其中「自治事務」分為「法律規定」與「無法律規定」的自治事項兩種，前者又區分為義務實施自治事務、任意實施自治事務兩種；「法定受託事務」係本屬中央事務，但為確保適當處理的必要，特別以法律或基於法律授權的法規定之者。

　　地制法第2條第2款對「自治事項」設有定義性規定，即「指地方自治團體依憲法或本法規定，得自為立法並執行，或法律規定應由該團體辦理之事務，而負其政策規劃及行政執行責任之事項。」

　　這樣的定義，學者批評有理論上倒果為因的缺點（詳本章第四節）。學者批評固非無理，事實上，單純從該定義作文義解釋，意圖以邏輯三段論述得到結論，作為權限分配的基準，確實不具太大實益。但本款的設計，本來的意旨，就只在於統一地制法中所定名詞概念的敘述；無法過度期待用這樣的敘述，推論出中央與地方權限劃分的基本原則。

　　具體言之，本條只能解釋為，地制法所稱的「自治事項」包含兩大部分，第一部分包括憲法所定自治團體得自為立法並執行的事項（§109、110）及地制法所定地方自治團體得自為立法並執行的事項（§18～20）[21]；另一部分為其他專業法律規定，應由或得由自治團體辦理，且該團體得自主政策規劃及執行的事項。

（一）憲法或地制法所定的自治事項

　　憲法第109條、第110條與地制法第18條至第20條所定，只是權限「類」的歸屬，所列舉的事項屬於地方自治團體可自主決定的範圍，但單純從這幾個條文，尚無法區辨究竟是前述所稱「自由或自願辦理事項」或「負承辦義務但不受上級指令拘束的事項」。大體言之，如無其他相關的專業法律規定，則該類事項，可界定為「自由或自願辦理事項」。

　　例如「資訊休閒服務業」（俗稱「網咖」），屬地制法上所定的「工商輔導與管理」自治事項[22]；就網咖的管理輔導，中央並未有任何立法規範[23]，因此，即可界定為「自由或自願辦理事項」，地方自治團體自

---

[21] 條文直接用「自治事項」難免有循環論證的謬誤。

[22] 實務上，行政院原採否定態度，嗣又改變見解。參劉文仕，〈自治立法權運作實務與檢討—自治立法的內涵限制〉，《律師雜誌》，第279期，2002年12月，頁70-87。

[23] 2001年12月5日行政院院會原通過「資訊休閒服務業管理條例」草案，送立法院審議，立法院於2004年1月6日第5屆第4會期第18次會議二讀後，決議交協商後處理，因屆期不續審，行政院未繼續推動，無疾而終。

得視地方經濟產業發展的需要，自主決定是否納入規範進行管理或積極輔導，如臺北市、新北市、臺南市、桃園市……等都定有專法，臺中市則併入一般休閒娛樂業及都市計畫法施行細則進行納管，高雄市則納入定為「特定行業」管理。

　　相較於憲法的綱要性文字及自治綱要與自治二法，地制法較具體化、細緻化地條列了近數十種的自治事項（如表9-2）；所列舉的自治事項，中央也幾乎都相應地制定了國家法律。如社會福利事項有各種社會福利法、社會救助事項有《社會救助法》、人民團體之輔導事項有《人民團體法》、建築管理有《建築法》、下水道建設及管理有《下水道法》、殯葬設施之設置及管理有《殯葬管理條例》……，地方自治團體就該事項，其辦理與否？究竟是得「自主決定」或屬法定義務？仍須就各個法律規範意旨具體認定之，無法一概而論。

表9-2　地制法有關自治事項規定一覽表

事項	直轄市、縣（市）自治事項	鄉（鎮、市）自治事項
組織及行政管理事項	公職人員選舉、罷免之實施 組織之設立及管理 戶籍行政 土地行政 新聞行政	公職人員選舉、罷免之實施 組織之設立及管理 新聞行政
財政事項	財務收支及管理 稅捐 公共債務 財產之經營及處分	財務收支及管理 稅捐 公共債務 財產之經營及處分
社會服務事項	社會福利 公益慈善事業及社會救助 人民團體之輔導 宗教輔導 殯葬設施之設置及管理 調解業務（直轄市及市）	社會福利 公益慈善事業及社會救助 殯葬設施之設置及管理 調解業務

表9-2 地制法有關自治事項規定一覽表（續）

事項	直轄市、縣（市）自治事項	鄉（鎮、市）自治事項
教育文化及體育事項	學前教育、各級學校教育及社會教育之興辦及管理 藝文活動 體育活動 文化資產保存 禮儀民俗及文獻 社會教育、體育與文化機構之設置、營運及管理	社會教育之興辦及管理 藝文活動 體育活動 禮儀民俗及文獻 社會教育、體育與文化機構之設置、營運及管理
勞工行政	勞資關係 勞工安全衛生	
都市計畫及營建事項	都市計畫之擬定、審議及執行 建築管理 住宅業務 下水道建設及管理 公園綠地之設立及管理 營建廢棄土之處理	公園綠地之設立及管理
經濟服務事項	農、林、漁、牧業之輔導及管理 自然保育 工商輔導及管理 消費者保護	
水利事項	河川整治及管理 集水區保育及管理 防洪排水設施興建管理 水資源基本資料調查	
衛生及環境保護事項	衛生管理 環境保護	廢棄物清除及處理
交通及觀光事項	各管道路之規劃、建設及管理 交通之規劃、營運及管理 觀光事業	道路之建設及管理 交通之規劃、營運及管理 觀光事業

表9-2　地制法有關自治事項規定一覽表（續）

事項	直轄市、縣（市）自治事項	鄉（鎮、市）自治事項
公共安全事項	警衛之實施（直轄市—警政） 災害防救之規劃及執行 民防之實施	災害防救之規劃及執行 民防之實施
事業之經營及管理事項	合作事業 公用及公營事業 公共造產事業 與其他地方自治團體合辦之事業	公用及公營事業 公共造產事業 與其他地方自治團體合辦之事業
其他	依法律賦予之事項	依法律賦予之事項

　　簡要的鑑別，條文如規定為「應」，原則上可認定為是課地方自治團體的「法定義務事項」[24]；如使用「得」，原則上可認定為「自願辦理事項」，除非發生「裁量限縮至零」（Ermeßensreduzierung auf Null）的例外情形，或條文意旨可解釋帶有「課責」的意涵。

　　例如《社會救助法》第15條第1項規定「直轄市、縣（市）主管機關應依需求提供或轉介低收入戶及中低收入戶中有工作能力者相關就業服務、職業訓練或以工代賑。」屬地方自治團體的「法定義務事項」，固不待言。第2項規定「直轄市、縣（市）主管機關得視需要提供低收入戶及中低收入戶創業輔導、創業貸款利息補貼、求職交通補助、求職或職業訓練期間之臨時托育及日間照顧津貼等其他就業服務與補助。」雖使用「得視需要」，但其意旨應解釋為是「得視服務對象的需要，選擇提供適當的服務或補助」，至於如何提供任諸自治裁量；而非可援一般的解釋，可「得」，也可「得不」。

　　上開規定，雖屬「義務辦理事項」，其本質仍為地制法上的自治事項，地方自治團體就「如何」辦理？仍享有廣泛的裁量權；縱無另外授

---

[24] 同樣使用「應」的用詞，如課責對象是一般人民，除非另有違反義務的處罰規定，否則只能認為是「訓示」規定。

權，亦得訂定自治法規據以辦理。

　　相對地，同法第16條第1項規定「直轄市、縣（市）主管機關得視實際需要及財力，對設籍於該地之低收入戶或中低收入戶提供下列特殊項目救助及服務：一、產婦及嬰兒營養補助。二、托兒補助。三、教育補助。四、喪葬補助。五、居家服務。六、生育補助。七、其他必要之救助及服務。」與第15條第2項同，均使用「得視」的字眼，但各地方自治團體財政能力不同，該扶助項目的提供，對財政負擔甚鉅，是否開辦？並非單純視「服務對象的需要」，也同時要視「地方自治團體本身有無財政能力」，因此，應認定為「自願辦理事項」；巧婦難為無米之炊，有多少能力辦多少事，無能力也無法強求。而如何辦理，各地方自治團體也可本自治精神，自行決定。如新北市自2013年1月1日起實施的「幸福保衛站計畫」[25]、臺中市的「愛心食物銀行」等。

（二）其他專業法律所定的自治事項

　　「其他專業法律規定，應由或得由自治團體辦理，且該團體得自主政策規劃及執行的事項」，其內容除憲法與地制法前揭條文具體落實的專業法律已如前述外，也包括原已存在須加規範的社會現象，但為憲法或自治法律所未列舉，或新興的公共事務。

　　前者如「娼妓管理」，娼妓問題原為刑法上妨害風化罪的領域，是否為自治事項？容有疑義；警政署及各地方政府多認事屬自治事項中的「工商管理事項」[26]，但於地制法草案研擬時並未提出。嗣為因應大法官釋字第666號解釋「罰娼條款限期失效」的要求，修正《社會秩序維護法》，

---

[25] 該計畫要旨如下：新北市政府為落實 隨處發現、即時服務、關懷輔導、轉介支持 精神，引進民間資源，透過四大超商建立合作機制，對就讀、設籍於該市或在該市發生急難事由的18歲以下高國中小學生（含中輟學生）及兒童，提供課後飢餓求助及臨時避難所，協助通報並即時提供餐點、資源及服務，使新北市的每個孩子都能在幸福家庭中快樂成長。

[26] 內政部89年5月5日台89內警字第8980487號函參照。

增訂第91條之1規定「直轄市、縣（市）政府得因地制宜，制定自治條例，規劃得從事性交易之區域及其管理。」地方政府是否規劃得從事性交易的區域，即屬「自由或自願辦理事項」，該法並未課予非規劃不可的義務。

　　新興的公共事務，例如第一節所述的基因改造生物（Genetically Modified Organism, GMO）的管理，即使有些國家將管轄權劃歸地方自治事項，地方政府反而運用「如何管理」的權限，推動「無基因改造生物區」（GMO free zone）。其情形有如《電子遊戲場業管理條例》第9條雖規定：「電子遊戲場業之營業場所，應距離國民中、小學、高中、職校、醫院五十公尺以上。」但各地方政府仍都運用「工商管理輔導屬自治事項」的規定，另制定相關自治條例，將「限制級電玩業」的隔離帶明定為「一千公尺以上」（如臺北市），形同完全拒絕限制級電玩業的設置[27]。又如關於食品安全標準訂定權的爭議，也有類似之處。

二、委辦事項與其他職權委付事項

　　各級政府依憲法或自治法律或其他法律的配賦，各有其權限；各級行政機關依其組織法規，也各有其職掌與任務分配。由此構成法理上所稱的「管轄恆定原則」，一方面是平行的事務管轄分配[28]，一方面是垂直的地域管轄劃分[29]，中央與地方機關各在自己的轄區內處理自己的事務，由此與人民發生公法上的權利義務關係。

　　然而，我國並不存在派駐地方機構的概念，中央未必能夠承擔權力

---

[27] 劉文仕，〈自治立法權運作實務與檢討〉，收錄於劉文仕，《地方制度改造的憲政基礎與問題》（臺北：學林文化，2003年），頁141-170。

[28] 如經濟部依經濟部組織法第1條規定，主管全國經濟行政及經濟建設事務；內政部依內政部組織法第1條規定，掌理全國內務行政事務。

[29] 除了國家機關是以全國為管轄區域，各地方自治團體行政機關，各以其轄區為界線行使管轄權外，同一級政府的行政機關也存在地域管轄的概念，如國家公園管理處，以國家公園為管轄範圍；風景區管理處則以特定風景區為管轄區域。

實現的所有步驟，也不可能事必躬親，為因應實務需要，可能從功能上考量，只保留決策權，而將管理權、裁量權轉移給地方政府，形成一種行政上的職權委付（delegation）關係；地方自治團體雖以自己名義辦理被委付的事項，但卻受國家指令的拘束，而無裁量空間，其角色相當於國家的派出機關，或可視為「準國家機關」[30]。

這種職權委付關係，在法制上乃包含地方制度法上的委辦關係與行政程序法上的委託及委任關係。

這些措施，實務上究竟如何區別？過去在中央集權思想架構之下，所有事務都是中央事務，地方只是隸屬在中央之下的一個執行機關，聽命辦事，所謂職權委付的概念並不重要，也無意義。然時至自治理念高漲，法制漸趨完備的今日，地方政府與中央政府已非上下隸屬的關係，中央政府如何將職權委付地方？地方是否應毫無條件地接受委付？在實務上，迭有爭議。

其實，從法制規定上，職權委付的類型各有其內涵。茲臚列如下：

（一）職權委付的類型與內涵

「權限委任」係指隸屬關係之上級機關，依法規將其權限之一部分，交由其所屬下級機關執行（行政程序法§15 I）。

「權限委託」指行政機關基於業務上需要，依法規將其權限之一部分，交由不相隸屬之其他機關執行（行政程序法§15 II）。

「委託行使公權力」指行政機關依法規將其權限之一部分，委託民間團體或個人辦理（行政程序法§16 I）。

至於「委辦」，一般認為憲法所規定「得自為立法並執行或交由省（縣）執行」的職權委付形態，就是地制法所稱的委辦事項；本法第2條第3款並設有定義性規定，即指「地方自治團體依法律、上級法規或規章規定，在上級政府指揮監督下，執行上級政府交付辦理之非屬該團體事

---

[30] 法治斌、董保城，《憲法新論》（臺北：元照，2010年），頁478。

務，而負其行政執行責任之事項。」亦即中央對地方自治團體或上級地方自治團體對下級地方自治團體上對下之權限移轉；至於委辦的行政程序、要件，地制法並未另設規定，得類推適用行政程序法第15條第3項規定[31]，即須有法規的依據，應將委辦事項與法規依據公告，並刊登政府公報或新聞紙。

（二）委辦與權限委託

實務上有爭議的是，權限委託是否限於同一行政主體始得為之？2006年行政院法規會年度諮詢會議決議，採肯定說[32]。法務部2001年9月5日（90）法律字第029709號及2004年7月21日法律字第0930028195號函釋亦指出，行政程序法第15條第2項規定所稱委託，係指在同一行政主體內不相隸屬的行政機關間，由委託機關將其部分權限移轉予受託機關行使而言；如屬不同行政主體間的權限移轉，其性質屬「委辦」，而無行政程序法第15條第2項規定的適用。

是以中央如將其依法應辦理的事項交付直轄市、縣（市）辦理，或上級地方自治團體將其應辦理事項交付下級地方自治團體辦理，其雖涉及權限的移轉，惟因屬不同行政主體間，故非屬行政程序法第15條第2項所稱的「委託」，從而仍應依上開地方制度法委辦的規定辦理[33]。

---

[31] 內政部94年6月10日台內民字第0940005234號函參照。

[32] 黃錦堂，〈行政組織法之基本問題〉，翁岳生等，《行政法（上）》（臺北：元照，2006年），頁241-348。

[33] 內政部94年7月12日台內民字第0940005878號函亦採同樣見解。但實務上使用仍極為混亂，如2011年修正通過的《文化資產保存法》第7條規定「主管機關得委任、委辦其所屬機關（構）或委託其他機關（構）、文化資產研究相關之學術機構、團體或個人辦理文化資產調查、保存及管理維護工作。」對所屬機關也用「委辦」；2012年修正通過的《民用航空法》第35條規定「前項航空站，屬於國營者，其噪音防制工作，由民航局辦理，並得由民航局委辦當地直轄市、縣（市）政府辦理。」因格於不同行政主體，而混淆權限委託與委辦的概念。2009年制定施行的《光碟管理條例》第14條則含混規定「主管機關得委任、委託或委辦其他行政機關辦理。」

　　惟此一見解，並無任何法律基礎，反而根據《財政收支劃分法》，除第37條第2項有「委辦事項經費由委辦機關負擔」的規定外，另於第38條規定「各級政府事務委託他級或同級政府辦理者，其經費由委託機關負擔。」又如2004年制定施行的《冷凍空調業管理條例》第6條規定「冷凍空調業之許可、登記、撤銷或廢止……等相關業務事項，中央主管機關得委託或委辦直轄市、縣（市）主管機關辦理。」中央可委託地方政府辦理；2006年修正通過的《公寓大廈管理條例》第61條規定「第六條…及第五十九條所定主管機關應處理事項，得委託或委辦鄉（鎮、市、區）公所辦理。」縣對鄉鎮市可以「委託」或「委辦」。2011年修正通過的《營造業法》第5條規定，亦同。換言之，實證法律上明確容認不同級政府（即不同行政主體）間的權限委託。

　　肯定說其實是混淆了委託與委辦的設計原理，委辦的設計是中央與地方權責劃分的制度概念，委託則是機關間行政事務相互委付的管理概念。兩者雖都發生職權委付（delegation）的效果，但所謂委辦，是整體的制度，某特定事項如屬上級政府權責，如經該上級政府立法交由下級政府執行，任一下級政府即負有執行該事項的權責；例如德國法制上，係指在整個國家（在此處係指邦）領域必須一致性履行的事務。

　　至於委託則係出於事務處理的個別行政作爲，某事務原應由某機關負責，但經考量，認爲交由其他機關（可能是同一行政主體的其他機關，也可能是不同行政主體的行政機關）處理更符合經濟原則，個別的委託特定機關辦理。基於此一立論，宜採否定說。

　　而實務上，跨政府層級的權限委託也有其必要，如臺北市爲舉辦2017年世界大學運動會，由中央與地方政府合作興建國民住宅提供作爲選手村之用，先由內政部營建署以簽訂行政契約方式，委由臺北市政府辦理興建工作；俟世大運結束後，再由新北市依規定辦理國宅出售（租）。此作業方式，營建署與臺北市之間固不涉權限委託；與新北市政府之間，國宅的出售（租）與承購（租）人訂立買賣、租賃契約，也非行使公權力而生的公法上法律關係。但申請承購（租），經主管機關依相關法規或行使裁量權的結果認爲申請人不符申請條件者，則仍涉及公權力的行使，而有

權限委託的事實（釋字第540號參照）。

　　主管機關也因此一誤解，作出了不正確的函示，將行政程序法上的權限委任及權限委託的定義，移植至地方制度法上的委辦，認為所謂「委辦」係上級地方自治團體將其權限一部分移轉至下級地方自治團體辦理[34]。並進而函示上級政府不得將屬該團體事務之全部權限委辦下級地方自治團體[35]。

（三）委辦法制用語的使用

　　目前法制作業實務上，對於職權委辦的表述，多使用「委辦……辦理」[36]。其實是相當不妥適的提法，因為憲法只規定「交由……執行」，學理上就將上級政府透過立法方式將其管轄權限交由下級政府執行的這些事項，用「委辦事項」概括稱之；地方制度法第2條第3款予以入法，也只是將委辦事項作定義。

　　其實，無論是委託、委任或委辦，都是職權委付，也就是「委由……辦理」的意思，可以直接轉化為法制用語，如「內政部辦理前項規定之業務，必要時得委由其他相關機關執行之。」（國籍法施行細則§2）、「直轄市、縣（市）主管機關必要時，得委由鄉（鎮、市、區）公所為之。」（社會救助法§10）、「縣政府得委由鄉、鎮（縣轄市）公所依規定核發執照。」（建築法§27）、「入出國及移民署受理下列申請案件時，得於受理申請當時或擇期與申請人面談。必要時，得委由有關機關（構）辦理。」（入出國及移民法§65）都足以明示，主管機關得將其權限委付。

　　至於在行政實務上，究竟採委託、委任或委辦，則視委付機關與受委付對象的關係，採取「適當功能」原則，委付給下級政府、下級機關、不

---

[34] 內政部民政司94年7月12日台內民字第0940005878號函釋參照。

[35] 內政部民政司107年10月1日內民司字第1071152758號書函參照。

[36] 如公司法第5條、工廠管理輔導法第5條、公寓大廈管理條例第61條。

相隸屬機關或民間機構；如果是對下級政府的整體委付，則屬「委辦」，對下級機關則屬「委任」，對不相隸屬機關（含同層級或不同層級行政主體的個別機關）或民間機構，則爲「委託」。但行政院法規會2004年度第8次諮詢會議結論，採不同見解，主張仍須將委託、委任、委辦用語明確規定。其實，如要如此繁瑣，也應使用「交由……執行」的文字，始符憲法規定。最新實務，已有放寬趨勢，不作如此僵硬的形式要求[37]。

（四）業務代辦

在行政實務上，還普遍存在「業務代辦」的概念，通常是事務的委託執行，如行政院法規委員會2004年度諮詢會議所稱「代爲處理不涉權限移轉的事務」。此不同於權限委託或委任，並不發生權限移轉的效果，也不構成管轄恆定原則的變更；因此，不須有法規的依據，一般都是透過行政指示、交辦或行政契約的締結。

但實務上，如下級地方自治團體將其權限移轉或部分移轉給上級地方自治團體或國家公法人行使的態樣，也被視爲代辦的性質。例如鄉委託○○縣稅捐稽徵處代徵生態維護稅，係鄉將權限部分移轉予縣政府所屬機關辦理[38]。

三、自治事項與委辦事項的區別實益

我國地方自治團體兼具國家的地方行政單位與地方自治單位雙重性格；自治事項的辦理與委辦事項的執行，都是地方自治團體的任務，也是其制度存立的主要功能。地方政府從事這些活動，均須遵守依法行政的

---

[37] 如臺中市政府爲因應直轄市山地原住民區回復爲地方自治團體，將該市《未領得使用執照建築物申請接用水電許可辦法》第6條第2項原規定：「都發局得委託各區公所受理申請及核發接用水、電許可證明。」修正爲「得委由各區公所」，行政院亦予備查，行政院104年1月9日院臺建字第1030076906號函參照。

[38] 內政部93年1月12日台內民字第0930009912號函參照。

原則，不得違反憲法或其他上位階的法規範，也都受到一定的行政監督，負一定的執行責任。各級地方自治團體對上級監督機關的行政處分，認為違法或不當，致損害其權利或利益者，得依訴願法提起訴願（訴願法§1 II）。

　　至於人民就地方自治團體所為行政處分提起訴願，如屬辦理自治事項，依訴願法第4條定其管轄；如為辦理委辦事項，依訴願法第9條規定，視為受委辦機關的行政處分，其訴願的管轄，比照訴願法第4條規定，向受委辦機關的直接上級機關提起。從法制面觀察，其結果與辦理自治事項似無二致；但執行面，直轄市、縣（市）政府常透過自治法規規定，將權限概括委任所屬機關辦理[39]，依訴願法第8條規定，其訴願管轄，比照第4條規定，向受委任機關或其直接上級機關提起訴願，訴願案件仍歸地方政府自行管轄。至於地方政府辦理委辦事項，其訴願管轄機關則為受委辦機關的直接上級機關，即委辦機關[40]，管轄層級仍有不同。

（一）法源基礎

　　自治事項可直接來自於憲法或自治法律的概括規定，未必要有專業法律的特別規定[41]，如憲法或自治法律所標示的「自治類目」，而無其他專業法律規定，性質上屬「自由或自願辦理事項」；如另有專業法律規定，或非憲法與自治法律所列舉的自治事項，則視其規範意旨，鑑別為「自願

---

[39] 如《臺北市政府組織自治條例》、《新北市政府組織自治條例》及《桃園市政府組織自治條例》第2條；臺中市政府則訂定《臺中市政府所屬機關權限委託辦法》，以第2條附表方式將權限逐項委任或委託。

[40] 行政院93年1月2日院臺規字第0920069017號函參照。但臺北高等行政法院91年度訴字第4798號判決，認所謂直接上級機關，係指自治監督機關，如直轄市之直接上級機關為行政院，而非委辦之部、會。

[41] 但學者有認為地方自治團體無法逕行依據憲法權限分配規定而主張對某一特定事項享有自治權，憲法相關規定均須由立法者立法轉換，憲法亦僅課予立法者立法轉換之義務。蔡宗珍，《地方自治法規之效力及其監督之研究》（臺北：內政部委託研究，2005年），頁17-18。

辦理事項」或「不受指令拘束的法定義務事項」。

委辦事項無論依憲法或地制法的定義性規定，均須有專業法規為基礎；本來依照憲法的規定（如§108），所列舉的事項原屬中央的權責，但得透過「立法」決定自為執行，或交由地方自治團體執行。但依地制法規定，委辦僅須有「法規」依據即可，不限於「法律」，法律授權訂定的法規命令、自治條例[42]均無不可。

（二）權責確認

自治事項的管轄權直接源自於憲法或法律，其管轄權因憲法或法律的權責分配而當然發生，無須另為公示的程序。

委辦事項本由委辦機關管轄，是否交由地方自治團體執行，委辦機關仍得裁量決定，為明其職權委付的責任，應先履踐一定的公示程序，如公告，並刊登政府公報或新聞紙。

（三）實施規範

就自治事項，直轄市、縣（市）、鄉（鎮、市）制定自治法規，其中，除得由地方行政機關訂定相當法規命令或自治規則位階的「自治規則」外，並得經地方立法機關通過，制定具「地域性法律性質」的自治條例（§25）。

就委辦事項，直轄市政府、縣（市）政府、鄉（鎮、市）公所的角色僅相當委辦機關的派出機關，為執行上級機關的委辦事項，僅能訂定類似施行細則位階的委辦規則，不受地方立法機關的監督（§29）。

---

[42] 學者認為「自治規則」缺乏職權移轉的民主正當性，應予排除，不可作為委辦的基礎。實務上亦認為，地方制度法第2條第3款就委辦事項規定應有法律、上級法規或規章之依據，參照同法第26條第1項規定，且為避免中央或上級地方自治團體動輒將依法應由其辦理之事項交付下級地方自治團體辦理，而違反權限劃分之原理，該款所稱「上級法規及規章」，應分別為法律授權之中央法規命令及縣自治條例而言，尚不宜包括自治規則在內。內政部94年6月10日台內民字第0940005234號函參照。

（四）規範位階

　　自治法規僅受憲法、法律或基於法律授權的法規或上級自治團體自治條例的拘束，有牴觸者，始歸無效。上級政府的職權法規或行政規則，對自治法規無拘束力（§30 I、II）；自治規則也不能牴觸同級自治團體的自治條例。

　　委辦規則除不得牴觸憲法、法律或基於法律授權的法規外，也不能牴觸法規命令以外的中央法令，包括職權法規、行政規則及其他任何非條文化的指令（如釋示、函令等）（§30 III）。解釋上，委辦規則也不能牴觸上級自治團體（委辦機關）的自治條例及其授權訂定的自治規則，但不受同級自治團體立法機關所制定自治條例的拘束。

　　違反規範位階者，自治監督機關或委辦機關得函告其無效（§30 IV）。

（五）地方立法機關議決效力

　　地方立法機關就自治事項或委辦事項所作決議的效力，與上述規範位階類同，就自治事項的決議，僅受憲法、法律或基於法律授權的法規或上級自治團體自治條例的拘束。上級政府的職權法規或行政規則，對自治法規無拘束力（§43 I～III前段）。

　　就委辦事項所作決議，不得牴觸憲法、法律或基於法律授權的法規與法規命令以外的中央法令，也不能牴觸上級自治團體的自治法規（§43 I～III後段）。

　　地方立法機關議決事項違反上開規定者，由自治監督機關函告其無效。

（六）監督密度

　　對地方自治團體自治事項的辦理，只能進行適法性監督；僅於其違背憲法、法律或基於法律授權的法規或上級自治團體自治條例時，得予撤

銷、變更、廢止或停止其執行（§75II、IV、VI）。

就委辦事項的辦理，除適法性監督外，尚得進行適當性監督。除不能違反憲法、法律、中央法令或上級自治團體（委辦機關）的自治條例、自治規則外，也不能逾越權限，否則委辦機關均得予以撤銷、變更、廢止或停止其執行（§75III、V、VII）。

（七）司法審查

自治監督機關就地方自治團體辦理自治事項，進行適法性監督所為處置（函告無效、撤銷、變更、廢止或停止其執行等），有無適法性發生疑義時，得聲請司法院解釋之。在司法院解釋前，不得予以撤銷、變更、廢止或停止其執行（§30V、43V、75VIII）。

至委辦機關就受委辦機關辦理委辦事項進行監督，所為的處置，如係就委辦規則無效的函告，依地制法第29條規定，原須經上級委辦機關核定後始生效力，因此，受函告無效的地方行政機關應即接受，不得聲請司法院解釋[43]。如屬委辦事項的執行，受委辦機關本應接受委辦機關的指揮監督，如有適用憲法發生疑義或適用法律發生見解歧異，仍應依司法院大法官審理案件法第9條的程序提出，亦即須由上級機關層轉，不能逕行向司法院聲請解釋（大法官釋字第527號解釋理由書參照）。

（八）經費負擔

地方自治團體對自治事項，應全力執行，並依法負其責任（§23）；地方自治團體辦理其自治事項，其經費由該自治團體自行負擔（財劃法第

---

[43] 如臺東縣議會制定《議員退職慰問金自治條例》，規定曾任職其議員屆滿二屆八年以上者，得請領退職慰問金；與內政部就該條例是否有牴觸《地方制度法》第52條第3項後段、《地方民意代表費用支給及村里長事務補助費補助條例》所持見解有異。大法官認該事項非屬自治事項，而中央法規之解釋，原則上應以中央主管機關之見解為準，地方自治團體所持法律見解與中央主管機關內政部有異時，應受內政部見解之拘束，不得聲請統一解釋。司法院大法官97年12月26日第1333次會議議決參照。

37條），地方自治團體並應就其自有財源優先編列預算支應（§70）。委辦事項的經費原則上由委辦機關負擔（財劃法§37）。

四、中央與地方共同辦理事項

本來，憲法第十章在中央與地方權限的分配上，透過一定機制，將國家任務的項目與內涵大別為中央事項、自治事項與委辦事項三類。雖然，有些事權按其性質，無法釐然劃清其歸屬，也如前述。但無論如何，憲法已經預設權限爭議的必然性，並設計相對應的解決機制，如憲法第111條。而地方自治團體受憲法制度保障，各級政府在國家總體任務的執行上，其經費應如何分擔，涉及財政自主權的事項，有法律保留原則之適用，為大法官釋字第550號所明揭。

《財政收支劃分法》第37條就此即規定各級政府的支出劃分，由中央立法並執行者，歸中央；由地方自治團體立法並執行者，歸地方。如上級政府立法事項需交由下級政府執行者，其經費之負擔，除法律另有規定外，屬委辦事項者，由委辦機關負擔；屬自治事項者，由該自治團體自行負擔。

除這三類事權外，是否尚有其他的分類？或有無另涉其他分類的必要？

大法官就《全民健康保險法》第27條「責由地方自治團體按一定比例補助被保險人保費」的規定，作出釋字第550號解釋，略謂「國家為謀社會福利，應實施社會保險制度；國家為增進民族健康，應普遍推行衛生保健事業及公醫制度，憲法第155條、第157條分別定有明文。國家應推行全民健康保險，重視社會救助、福利服務、社會保險及醫療保健等社會福利工作，復為憲法增修條文第10條第5項、第8項所明定。」

理由書則闡述「憲法條文中使用國家一語者，在所多有，其涵義究專指中央抑兼指地方在內，應視條文規律事項性質而定，非可一概而論。憲法基本國策條款乃指導國家政策及整體國家發展之方針，不以中央應受其規範為限，……社會福利之事項，乃國家實現人民享有人性尊嚴之生活所

應盡之照顧義務，除中央外，與居民生活關係更為密切之地方自治團體自亦應共同負擔（參照地方制度法第18條第3款第1目之規定），難謂地方自治團體對社會安全之基本國策實現無協力義務，因之國家推行全民健康保險之義務，係兼指中央與地方而言。」

　　執此，解釋文乃確認「全民健康保險法，係中央立法並執行之事項。有關執行全民健康保險制度之行政經費，固應由中央負擔，本案爭執之同法第27條責由地方自治團體補助之保險費，非指實施全民健康保險法之執行費用，而係指保險對象獲取保障之對價，除由雇主負擔及中央補助部分保險費外，地方政府予以補助，符合憲法首開規定意旨。地方自治團體受憲法制度保障，其施政所需之經費負擔乃涉及財政自主權之事項，固有法律保留原則之適用，但於不侵害其自主權核心領域之限度內，基於國家整體施政之需要，對地方負有協力義務之全民健康保險事項，中央依據法律使地方分擔保險費之補助，尚非憲法所不許。」

　　學者從解釋文中的「共同負擔」與「互有協力義務」等語，多認為本號解釋創造了「共同辦理事項」（或稱「共管事項」）[44]，是典型的「憲法創造」[45]。似乎意味著，除了前述中央事權、委辦事項與自治事項之外，大法官又另創設法制所無的「共同辦理事項」[46]。以致學者質疑，對於其他事項，那些是共同辦理事項，經費如何分擔？法律基礎為何？第550號解釋，恐怕會使得中央與地方的衝突，問題真正的浮現[47]。

　　然而，通篇解釋本文、理由書乃至協同或不同意見書，均未出現學者

---

[44] 蔡茂寅，《中央與地方夥伴關係之研究─劃分權限與爭議協調機制之建立》（臺北：行政院研究發展考核委員會，2004年），頁58-59。

[45] 高永光，〈550號解釋解決了中央與地方的衝突嗎？〉，財團法人國家政策基金會，《國政評論》，2002年10月17日，http://old.npf.org.tw/PUBLICATION/CL/091/CL-C-091-406.htm。

[46] 董翔飛大法官的不同意見書稱此為「地方自治團體協力辦理之義務」。

[47] 高永光，〈550號解釋解決了中央與地方的衝突嗎？〉，財團法人國家政策基金會，《國政評論》，2002年10月17日，http://old.npf.org.tw/PUBLICATION/CL/091/CL-C-091-406.htm，下載日期：2013年11月1日。

所指「共同辦理事項」的用語；細繹其解釋意涵，大法官似非有意創設新的事權類型，只是在原有「中央事權」、「委辦事項」與「自治事項」的分類內涵下，從社會福利、衛生與慈善公益等自治事項的分配上，歸整「其他專業法律規定，應由地方自治團體辦理的自治事務」。換言之，大法官課地方政府負擔居民保險費補助義務的前提，乃植基於衛生、慈善公益、社會福利等事項，依憲法及地方制度法，地方政府負有照顧其居民生活的責任，此等義務不因全民健康保險制度的實施而免除，其中部分責任亦得經由全民健康保險而獲得實現。至於政府與雇主、各級政府各應補助各類被保險人保險費的比例，則透過立法裁量，以全民健康保險法予以確認。

尤其，財劃法第37條第3項本來就規定「二以上同級或不同級政府共同辦理者，其經費應由中央或各該直轄市、縣（市）、鄉（鎮、市）按比例分擔之。」本號解釋不過是本規定的具體反映。果如學者所稱，有所謂的「共同辦理事項」，此事項也非釋字第550號所創設，而是內涵於財劃法的概念。

第四節　地制法有關自治事項劃定的問題與解決

> **相關條文：**
> **第22條**（103年1月29日刪除）
> 第十八條至第二十條之自治事項，涉及中央及相關地方自治團體之權限者，由內政部會商相關機關擬訂施行綱要，報行政院核定。

自地方自治法制變遷的靜態分析，從自治綱要，經自治二法，以迄地制法，地方自治事權的設計，相較於憲法，在「量」的方面，已多達50項；「質」的方面，地制法第18條至第20條所列舉的自治事項也已更爲明

確、精緻，較諸過去的土地管轄區分，更能切合實務[48]。

　　本來，在單一國家，其地方自治團體的事權，可以經由中央政府以法律或命令規範；理論上，中央立法機關可以因社會變遷的需要，透過立法方式彈性調整權限的垂直分配。

　　在我國，憲法規範的不明確或抽象概念，藉由法規層次的規定予以具體化、細緻化，固無困難；對於憲法空白的新興事務，中央也可運用國家法律的手段，達成「剩餘權」分配的目的。但由於上開存在於憲法層次的問題，有關中央與地方權限在相關法制上的調控，仍然存在諸多盲點；個案上如何具體認定？實務也迭生爭議[49]。

　　法制上如何合理劃分？中央與地方權限如何合理劃分？學界建言盈庭，要之不外演繹法與歸納法兩個思維模式。孫文學說中的「中央與地方均權」理論（並參照憲法§111規定），可說是應用演繹法的解決嘗試[50]。地方制度法第2條第2款嘗試對於自治事項做一定義性規定（並參照同條第3款委辦事項的定義），則為典型的歸納結果。

　　就此立法定義，學者批評在理論上有倒果為因的缺點。蓋地制法規定的自治事項，地方自治團體須同時具有「立法權」及「執行權」（或「政策規劃」與「行政執行權」）。然而，個別法律所規定的地方權限，既然必須同時賦予其政策規劃與行政執行權，才有可能被界定為自治事項，則

---

[48] 劉文仕，〈臺灣中央與地方垂直分權的歷史變遷：法制結構的分析〉，《國會月刊》，第444期，2010年4月，頁40-68及第445期，2010年5月，頁45-54。

[49] 如有關政府機關員工給與事項，應依公務人員俸給法及「相關中央法令」辦理，參照司法院大法官97年12月26日第1333次會議議決意旨（本章註40），非屬自治事項。但金門縣政府92年制定《金門縣公教人員福利互助自治條例》，報前行政院人事行政局時，該局亦未察其屬性，予以核定；至105年金門縣政府再就本自治條例修正報人事行政總處「備查」，始發現事屬委辦事項，依《全國軍公教員工待遇支給要點》規定，應先報經行政院專案核准，方可據以辦理；爰函復縣府擬訂行政規則報院核定，並配合廢止該自治條例。

[50] 蔡茂寅，〈合理劃分中央地方職權〉，《中央與地方夥伴關係之改造方案—研究資料彙編》（臺北：政府改造委員會政府架構研究分組編印，2002年），頁1-54。

自治事項似乎是因權限的多寡（是否兼具立法權與行政權？抑或僅具有行政權？）而界定，而非依事務的性質界定；如此一來，本來由自治事項導出立法權與行政權的構造，將逆向成為由兼具立法權與行政權導出其屬自治事項的結論，就此不免有循環論證之嫌。換言之，理論上應是「由自治事項導出地方自治團體的權限」，但在實務上卻可能倒置成「自權限確認其屬自治事項」的情形[51]。

其次，地制法第18條至第20條規定「自治事項」文字仍甚概括，以致其實際內涵射程無限寬廣，幾乎包羅了除國防、軍事等關係國家存續的典型中央事務外的所有政府施政事項。地制法洋洋灑灑地條列了四、五十種的自治事項，如依第2條有關「自治事項」的定義反推論，則地方自治團體就上開條文所列舉的一切事務，不僅有執行權，也都享有立法權、政策規劃權。但事實上，幾乎所有地制法所列的自治事項，中央都相應地制定了國家法律[52]。如社會福利事項有各種社會福利法、社會救助事項有《社會救助法》、人民團體之輔導事項有《人民團體法》、建築管理有《建築法》、下水道建設及管理有《下水道法》、殯葬設施之設置及管理有《殯葬管理條例》……，衍生了自治事項、委辦事項認定上的爭議。

尤其，在廣大的行政作用法領域，法制上多僅含混地規定「本法之主管機關，在中央為○○部，在直轄市為直轄市政府，在縣（市）為縣（市）政府。」，以一事項同時賦予不同級政府（行政機關）權限，可謂為多層次權限分配方式，究竟各級主管機關就全部法有主管權限？或僅就法律的某一部分有主管權限？無從認定；中央主管機關常解釋為「應屬中央立法交由地方執行」的委辦事項，造成對地方自主權限的排擠效應。

因此，單純從該定義規定作文義解釋，意圖以邏輯三段論述得到結

---

[51] 蔡茂寅，〈合理劃分中央地方職權〉，《中央與地方夥伴關係之改造方案─研究資料彙編》（臺北：政府改造委員會政府架構研究分組編印，2002年），頁1-54。

[52] 其實，這樣的論述是倒果為因，本來這些事項就是內政部在制定自治法時，直接從現有法律中有關地方正在辦理的業務，予以整理分類後，轉貼到自治法條文，當然都有相對應的法律。

論，對於權限歸屬的認定，確實無法提供多少幫助；對於權限劃分爭議問題的解決，也無太大實益。

政府曾構思另一途徑，欲建立權限劃分標準與擬訂自治事項施行細目，在1973年，臺灣省政府曾研訂《臺灣省縣（市）自治事項與委辦事項劃分原則》；1990年憲政策劃小組也曾提出區分原則；1995年內政部也曾擬訂《自治事項與委辦事項區分原則》草案。此外，臺灣省政府研究發展考核委員會及行政院經濟建設委員會皆曾委託學者研究權限劃分問題，甚至提出自治事項細目及自治事項劃分施行綱要。

《地方制度法》制定時特別予以明文化，於第22條明定：「第十八條至第二十條之自治事項，涉及中央及相關地方自治團體之權限者，由內政部會商相關機關擬定施行綱要，報行政院核定。」論者樂觀指出，第22條規定如能具體落實，很多技術上的障礙就可迎刃而解，將「施行綱要」視為解決權責混亂的不二法門[53]。

地制法施行之初，內政部即曾數度邀集相關機關及地方政府代表研商，試圖擬定該綱要；嗣發現問題根源並不在於地制法，而是在於分布各專業法律的規定內容。解決之道，必須由各相關機關配合地制法所揭示的基本原則，逐一檢視相關專業法律所定各事務的屬性，個別修法。若專業法律未修正，內政部縱使耗費大量時間、人力、物力，擬出「命令」位階的綱要，亦不過形同拆解現行法規的磚石，在浮動的流沙上另行構築城堡，不僅徒勞無功，毫無意義，甚且將增加法規理解的重贅負擔。尤其，行政院及各部會事實上都將現有法規予以整理匯集，編輯與地方政府的「權責劃分」規定[54]，揆其內容即為地制法第22條所求的「綱要」，各部會是否仍有必要勞師動眾，重來一次無實質意義的歸納工作？經內政部多年提案修正，擬將第22條刪除，立法院終於2014年1月14日三讀通過。基

---

[53] 紀俊臣，〈地方自治法制化之政策取向〉，發表於「地方自治學術」研討會（臺北：內政部與中國地方自治學會主辦，2000年12月25日），頁12。

[54] 如行政院秘書處2001年12月編印，行政院暨各部會行處局署院及省市政府「有關權責劃分規定彙編」；內政部2002年6月編印，內政部與縣（市）政府權責劃分表。

於尊重地方自治權限及落實地方自治的考量，此確屬正辦。

　　因此，參照「均權理論」及憲法權責劃分的規定，用演繹的方法，逐一檢討各專業法規，就儼然成為釐清中央與地方權限的唯一途徑。其中，最具代表性的，就是2002年施行的《殯葬管理條例》；該法除於第3條第1項仿一般體例，規定：「本條例所稱主管機關：在中央為內政部；在直轄市為直轄市政府；在縣（市）為縣（市）政府；在鄉（鎮、市）為鄉（鎮、市）公所。」外，並於第2項突破性地就中央、直轄市、縣（市）與鄉（鎮、市）主管機關應行辦理事項的權限明確劃分。

　　揆其立法原由，乃因地制法規定「殯葬設施之設置管理」，係屬自治事項，然過去中央又制定有「墳墓設置管理條例」；該條例只規範「墳墓」，至納骨塔、火葬場等硬體設施，則於第29條授權地方政府另訂辦法，此究為委辦事項或自治事項常牽扯不清，地方政府能否依地制法規定主張所有殯葬設施（含墳墓）均為自治事項，再進而援第2條有關自治事項的定義，主張對墳墓的管理亦有立法權、決策權？實務上迭有爭議。

　　而「殯葬管理條例」又擴大規範範圍，除殯葬設施外，尚包括軟體——殯葬服務業及殯葬行為。如未作適當權責切割，可能衍生更多的權責糾葛，是特就中央與地方權責事項分別列舉。由於本法案是新創權責劃分的立法模式，在法制史上有重要的指標作用[55]。當時行政院院長游錫堃於2002年5月1日行政院院會審議通過該法草案時，特裁示：「現行憲法及地方制度法對於中央與地方權限的劃分，並不明確，亟待於個別法規中予以詳細規定，以明權責。今本草案第3條特別針對中央與地方殯葬業務主管權限，予以明確劃分，有助於釐清中央與地方權責，值得參採辦理，請各機關錄案作為研修（訂）各相關法規時的參考。」

　　衡評而論，《殯葬管理條例》的權責劃分模式僅為一種嘗試，核其內容仍未臻周當，如有未列舉的剩餘權責，應如何解決？是否仍須回復「立法解決」方式？嗣，2007年《祭祀公業條例》立法時，於第2條條文除第

---

[55] 於此之前，也存在類似中央與地方權限劃分的立法例，如2001年3月14日公布施行的工廠管理輔導法第4條，惟該條文仍難脫土地管轄而非事務管轄的問題，徒具分權皮毛。

1項，第2項仿《殯葬管理條例》模式，規定各級主管機關與權責歸屬外，另明定：「第二項未列舉之權責遇有爭議時，除本條例或其他法律另有規定者外，由中央主管機關會商直轄市、縣（市）主管機關決定之。」除遵循憲法第111條規定以立法解決剩餘權的歸屬問題，對於法律位階仍未盡事項，以其多屬枝節、行政執行層面事宜，如仍待立法解決，不免徒然浪費立法院時間資源，且立法程序遲緩，允宜著重國家重要事務的關切，細瑣事務似宜授權能動性較強的行政機關解決，本法乃新創行政協調機制，較前者應更進步[56]。

　　1999年6月23日公布的《教育基本法》，其第9條就中央與地方權限的劃分，提供了類似「聯邦制」的模式，除於第1項明文列舉中央政府的教育權限計8款外，第2項並作剩餘權規定：「前項列舉以外之教育事項，除法律另有規定外，其權限歸屬地方。」[57]

　　另2003年12月24日公布的《爆竹煙火管理條例》、2005年11月30日公布施行的《事業用爆炸物管理條例》，均涉自治權責，也都比照同一模式規定。

　　惟上述模式固屬務實，但全國近5,000個法規的檢討，其工程之浩大，自不在話下；在專業上，不僅需要各級主事人員都具備強烈的憲法意識，且對各級政府的權力屬性與運作實務也須有相當的理解，事實上，這類人才的培訓，絕非易事。因此，從地方制度法施行後十年間，成功的案例屈指可數。絕大多數的法律，都承繼了憲法與地方自治的綱要法律（地方制度法）「土地管轄」分配模式的框架。制定於地制法之後的《災害防

---

[56] 本法除具本文所述之重要性外，同條文並首度將「權責」與「業務」兩概念予以區隔，第3項明定：「前項第三款之權責於直轄市、市，由直轄市、市主管機關主管。」第4項規定：「本條例規定由鄉（鎮、市）公所辦理之業務，於直轄市或市，由直轄市或市之區公所辦理。」該法業於2007年3月2日三讀通過，同年12月12日公布施行。

[57] 本條文係立法委員朱惠良所提，中央權限似有偏限性，但因條文中有「除法律另有規定」的除外條款，包括《國民教育法》、《高級中等教育法》、《職業學校法》等就中央與地方政府權責，都另有規定。因此，基本教育法的實際規範意義並不大。

救法》[58]，就是最典型的代表。

災害應變體系，本來應該有個層次，即「決策協調」及「應變資源調度」與「執行」；但在災防法上，從中央、直轄市、縣（市）到鄉（鎮、市），卻都混合了「決策協調」與「應變資源調度、執行」的模式；從平時減災、整備，到災害實際發生或將發生時的應變、搶救，第22、23、27及31條，雖完整臚列所有工作項目，卻僅非常籠統地規定「各級政府應依權責實施」，其結果往往造成中央超越承擔，有心無力；而地方過度依賴，有力不使。美其名曰政府一體，實際上正是混淆行為主體性，模糊對於基層民眾的回應性與課責性的根源所在。

自我評量

➢ 何謂自治事項？其與委辦事項有何不同？試比較說明之。（91升等、98身障、97普、101地特）

➢ 何謂「自治事項」？其與共同辦理事項有何不同？試依地方制度法及財政收支劃分法之相關規定舉例比較說明之。（100特原）

➢ 依憲法規定，哪些事項由縣立法並執行之？又哪些事項由有關各縣共同辦理？（91特原）

➢ 試說明各級地方自治事項之劃分原則，以及產生爭議時的解決方式。（92地特）

➢ 我國中央與地方權限主要的劃分方式及各自法理依據為何？依照地方制度法第77條規定，如果中央與地方權限遇有爭議或不同地方層級自治團體間事權發生爭議時，應如何解決？（107地三）

➢ 直轄市、縣（市）、鄉（鎮、市）三者雖均為地方自治團體，但是辦理自治事項時，卻有哪些不同之處？請分析之。（96升等）

➢ 我國實施地方自治幾十年，但地方分權一直無法落實，其原因何在？請評述之。（91高一、二級）

➢ 臺灣是一個經常發生天然災害的國家，造成不少生命與財產的損失，試以天然災害的防救為例，說明中央與地方之權限應如何劃分？該權限之劃分是否為絕對的對立關係或是對等的夥伴關係？應如何重新解讀其正確關係，方能發揮中央與地方政府協力合作對抗天災，保障人民生命與財產之安全？（100地特）

➢ 直轄市、縣（市）、鄉（鎮、市）三者雖均為地方自治團體，但是辦理自治事項時，卻有哪些不同之處？請分析之。（96升等）

➢ 中央政府對地方自治團體辦理自治事項與委辦事項，可分為合法性與合目的性的監督。請闡釋合法性監督與合目的性監督的內涵及差異。（104特原）

➢ 請依地方制度法及相關法規規定，分別說明「自治事項」、「委辦事項」、「跨域事項」及「共同辦理事項」等四者之概念內涵及差異。（106升等）

CHAPTER

10

地方治理與跨域合作

第一節　地方治理

　　過去幾十年間，地方政府的角色職能已出現很大的轉變，此一轉變主要來自於三個主要驅力：

　　其一，分權化：在全球日趨一體化的今天，各國的地方制度不斷經歷著變革，呈現出某些協同的趨勢，分權化已成為一種世界性現象。一些原來具有中央集權傳統的國家也都逐步實行權力下放和地方分權，增強地方政府的自治權力，鼓勵公民參與，減少調控和強調中央與地方的合作等等，中央與地方的關係已從垂直的科層節制轉換成更為廣闊的府際關係網絡。

　　其二，都市化：由於社會結構變遷，加劇都市化的發展，都市也超越了傳統城市的嚴格界定框架，形成廣大的都會區塊與城鎮人口的集結化，日益複雜的都市環境及挑戰，地方政府不再如往昔可以主導與控制一切，更無法憑藉一己力量回應日益增加的公共需求，而須結合民間資源提供公共服務。

　　其三，全球化：隨著經濟全球化的浪潮、訊息網絡時代的衝擊，在全球治理的理念下，國與國的疆域日趨模糊，面對全球化所帶來的挑戰，地方政府必須經常跨越國家界限，與其他國家的城市或地方發展出各種結盟或競爭關係。

　　這三個驅力導致地方治理的實體與界限趨於模糊、概括，實際參與治理的行動者也不再限於擁有地域管轄權的地方政府機關；在實際的治理過程中，由於隨著地方政府與中央政府、其他地方政府、私營利機構、非政府組織，乃至於與超國家實體（如歐盟）、跨國或多國籍企業、國家以外的政府或非政府組織等行動者，建立各種新的互動關係，地方政府在治理過程中的角色職能也出現明顯的轉變[1]。

---

[1] 劉坤億，〈地方治理與地方政府角色職能的轉變〉，《空大行政學報》，第13期，2003年，頁233-268。

　　鑑於傳統的「地方政府」概念已經難以描述或解釋此種新的地方體制，西方學者遂逐漸以「地方治理」（local governance）的概念來加以補充，並將此一演變的過程稱爲「從地方政府轉變爲地方治理」（from local government to local governance）[2]。

　　事實上，今日世界正處於「地方治理年代」之中，所謂的「全球思維，在地行動」（think globally, act locally）或「全球在地化」（glocalization），都在強調必須兼顧宏觀思維與行動策略，方能處理人類社會所面臨的各項公共事務課題。地方治理所關注的議題主要聚焦於：基層公共事務如何能夠經由地方政府與中央政府及民間的協力合作，獲得即時而有效的解決[3]。

　　然而，究竟何爲「地方治理」？既有文獻對地方治理的概念似尚未出現明確的定義或通用的界說；晚近，學者們會在運用此一概念說明地方制度發展時一併作初步的界說，但還稱不上嚴謹的界定。

　　字義上，「地方治理」包括「地方」與「治理」兩個概念，前者可從垂直的「多層次治理」加以理解，其係相對於全球、區域、國家等各種不同層級的政府管轄範圍，而地方依其層次又可再析分爲地區、郡縣、市鎮、社區等不同的層級與範圍[4]。

　　至於「治理」這個名詞則人言各殊，缺乏具體而共通的定義，有認爲應包含「所有與地方公共事務運作有關的各種良善治理機制」；依Rhodes等學者的觀點，governance（治理）的概念範疇較government（政府統

---

[2]　在英美國家，「government」一詞通常指的是國家正式的機關，具有合法、獨占的強制性權力，其特徵即是有能力做出決定，並付諸實行。「government」一詞作爲「統治」的意涵，是指一種正式而制度化的過程，在民族國家的層次上運作，其目的在於維持公共秩序和便於處理集體行動上的問題。G. Stoker, "Governance as theory: five propositions," International Social ScienceJournal, Vol. 50, 1998, pp. 17-28.

[3]　江大樹，《邁向地方治理—議題、理論與實務》（臺北：元照，2006年），頁4。

[4]　John Greenwood, Rober Pyper & David Wilson, New Public Administration in Britain (London: Routledge, 2002), pp. 185-209.

治）更爲寬闊，是一種權力行使與決策制定的動態過程，政府僅是諸多參與治理行動者之一，而不是唯一，此種治理過程亦是一種自組化複雜網絡的管理[5]。

而根據聯合國「全球治理委員會」（Commission on Global Governance）的定義，治理乃「各種公共及私人機構，管理共同事務的諸多方式的總稱。它是使相互衝突的不同利益得以調和，並採取聯合行動的持續性過程，既包含有權迫使人們服從的正式機構與典章制度，也包括由各種人們所同意或認爲符合其利益的非正式體制安排。」

從而可以歸納出，「治理」的概念可以從「多元化的治理關係」予以理解。

Rhodes在研究英國中央政府與地方政府互動關係時，即提示如果想要釐清英國地方治理的發展情形，應先跳脫或重新解構傳統西敏寺模式爲基礎的「地方政府系統」（local governmental system）。並須轉勢而朝向更關注以「功能分化的政體」（differential polity）模式爲基礎的「地方治理系統」（local governance system）。而所謂地方治理，Rhodes界定爲有關全國性政策與地方性事務的釐定和執行中，其涉及的決定主體已不再僅侷限於中央與地方政府兩者間單純的互動關係，還涵蓋了來自中央與地方以外的公、私機構與志願性團體等互動所形成的一種複雜的網絡關係[6]。

在地方治理的概念下，關切的重點不在於公共事務究竟是地方自治團體的自治事項或委辦事項，也不關注誰才是適格的行爲主體；而是從功能性考量，重點在如何才能完成完善的治理。

治理認定辦好事情的能力並不只在於單一權力或力量，也不在於政府是否下命令或運用權威，而在於政府與公民社會之間廣泛的社會聯繫，政

5　R. A. W. Rhodes, "The new governance: governing without government," pp. 652-667.

6　R. A. W. Rhodes, Understanding Governance: Policy Networks, Governance, Reflexivity and Accountability (Buckingham: Open University Press, 1997), pp. 7-11；李長晏，《我國中央與地方府際關係分析：英國經驗之學習》（臺北：政治大學公共行政研究所博士論文，1999年），頁123。

府只要動用新的治理工具與技術來控制或引導其發展。而地方治理則在最貼近民眾的多層次地理空間內，由地方政府與社會多元相關參與者，建立與利用溝通、協調的互動機制，形成特定政策方向，並共同處理地方公共事務的運作過程。治理若從地方公共事務角度來看，由於地方政府比起上級政府或中央政府，更直接面對民眾，且必須處理地方系絡的多元性與複雜性。地方治理中互動的行為者，不再是中央與地方控制、監督、侍從或對抗的垂直關係，而是中央與地方、地方與地方之間的互動關係[7]。

在全球性的「治理」變革趨勢中，經濟合作暨發展組織（Organization for Economic Co-operation and Development, OECD）國家將常以建構所謂的「夥伴關係」作為政府改造的重要手段之一，期能積極落實地方治理所追求的遠景，其主要策略包括：中央與地方政策目標的一致化；採取策略性夥伴關係，藉以滿足各方參與者的需求；強化夥伴間的課責機制[8]。

因此，新治理觀念強調垂直面的府際間的合作，包括適度分權、雙向溝通、必要的經費分攤、共同檢討、相互改正，也不排除中央與地方的協力辦理或接管；必要時，尚得經共同協議組成跨中央與各層級地方政府的治理機制，或依政經實力等指標共同籌組公司或目的事業公法人等特殊功能區域（special function district）。

在「治理」概念下的政府職能已由傳統的統治（Government）轉向以社會——政治互動治理（Interactive Governance）為核心的協力合作（Collaboration）之職能與角色扮演[9]。而面對全球化趨勢的衝擊，各國地方政府無不積極思索避免被邊緣化的因應之道。學者提出「創能型治理」（Enabling Governance）的概念，主張公權力擁有者從公民參與的角度出

7　趙永茂，〈強化臺灣基層政治社會民主化之研究：地方治理與社會參與個案分析〉，財團法人臺灣民主基金會委託研究，2005年，頁24-25。

8　呂育誠，〈中央與地方夥伴關係的省思與展望〉，《中國行政》，第75期，2004年，頁29-56。

9　Sullivan, H. & Skelcher, C., Working Across Boundaries: Collaboration in Public Services, Basingstoke: Palgrave Macmillan, 2002, pp. 138-161.

發，透過一個協力夥伴關係、資源整合和布置共贏賽局，使人民、企業、產業、公民社會組織和政府一起創造可能。

在此治理模式中，政府所扮演的是資源整合平臺的角色，積極參與治理過程中的對話與聆聽多元的觀點，冀望形塑出「創能型的政府」模式，以有效激勵整合民間資源共同創造更大的產值、產能和價值[10]。

創能型治理從「社群政府」來詮釋地方政府的新角色，強調對地方社群的關切與聯繫，類似於社群治理（community governance）的概念，強調的是建構在共享價值、直接而多邊的人際關係、長期而信任關係等基礎之上的治理模式，只是在過程中，依舊強調於公權力的職能角色扮演。其核心特色就是「政策網絡的管理」，在治理的過程中，任何行動者都是在一個既存的、相互依賴的網絡關係中，透過社會過程的引導作用，建構擁有自我治理能力的組織網絡，形成一種「自組化」的「網絡治理」（self-organized network governance）。

第二節　跨域合作

相關條文：

第21條

地方自治事項涉及跨直轄市、縣（市）、鄉（鎮、市）區域時，由各該地方自治團體協商辦理；必要時，由共同上級業務主管機關協調各相關地方自治團體共同辦理或指定其中一地方自治團體限期辦理。

第24條

直轄市、縣（市）、鄉（鎮、市）與其他直轄市、縣（市）、鄉（鎮、市）合辦之事業，經有關直轄市議會、縣（市）議會、鄉（鎮、市）民代表會通過後，得設組織經營之。

---

[10] 吳英明、施惠文，〈創能治理的故事、敘事與論述〉，宋學文等主編，《創能型治理看見南方新動力》（臺北：商鼎，2008年），頁304。

前項合辦事業涉及直轄市議會、縣（市）議會、鄉（鎮、市）民代表會職權事項者，得由有關直轄市議會、縣（市）議會、鄉（鎮、市）民代表會約定之議會或代表會決定之。

第24條之1

直轄市、縣（市）、鄉（鎮、市）為處理跨區域自治事務、促進區域資源之利用或增進區域居民之福祉，得與其他直轄市、縣（市）、鄉（鎮、市）成立區域合作組織、訂定協議、行政契約或以其他方式合作，並報共同上級業務主管機關備查。

前項情形涉及直轄市議會、縣（市）議會、鄉（鎮、市）民代表會職權者，應經各該直轄市議會、縣（市）議會、鄉（鎮、市）民代表會同意。

第一項情形涉及管轄權限之移轉或調整者，直轄市、縣（市）、鄉（鎮、市）應制（訂）定、修正各該自治法規。

共同上級業務主管機關對於直轄市、縣（市）、鄉（鎮、市）所提跨區域之建設計畫或第一項跨區域合作事項，應優先給予補助或其他必要之協助。

第24條之2

直轄市、縣（市）、鄉（鎮、市）與其他直轄市、縣（市）、鄉（鎮、市）依前條第一項規定訂定行政契約時，應視事務之性質，載明下列事項：

一、訂定行政契約之團體或機關。

二、合作之事項及方法。

三、費用之分攤原則。

四、合作之期間。

五、契約之生效要件及時點。

六、違約之處理方式。

七、其他涉及相互間權利義務之事項。

第24條之3

直轄市、縣（市）、鄉（鎮、市）應依約定履行其義務；遇有爭議時，得報請共同上級業務主管機關協調或依司法程序處理。

　　地方治理網絡的內涵包括：一、基於信任的文化背景，強調長期的合作；二、公共事務應採「合產」的控制方式，基於互利原則，貢獻彼此能力；三、以彈性導向為基本運作特質；四、從顧客觀點來服務民眾[11]；五、強調經由資源的交換而相互依賴，一起承擔工作與責任，一同為掌舵（co-steering）、管制（co-regulation）與協調合作，透過組織網絡的關係，建立互信與多重組織協力，而達到良善的共同治理（co-governing）的效果[12]。

　　地方治理的理念落實到地方自治團體任務的實踐，就無可避免地涉及到「跨域合作」議題。

　　所謂「跨域合作」，其模式包括「中央與地方府際合作型」、「地方與地方跨域合作型」以及「功能領域策略夥伴關係型」等三類型[13]，而於此討論的，僅指第二種類型。係指針對兩個或兩個以上的不同自治團體，因彼此間行政轄區相連，業務、功能需求相同，利害關係一致，乃透過一定程序，突破行政轄區藩籬，整合共同資源，協力分工，積極追求互利共榮，或消極地降低施政成本，解決自治資源不足困難。

　　其具體作為，在完全自主獨立運作到區域整併的光譜兩極之間[14]，從

---

[11] Mark Considine & Jenny M. Lewis, "Bureaucracy, Network, or Enterprise? Comparing Models of Governance in Australia, Britain, the Netherlands, and New Zealand," Public Administration Review, Vol. 63, I. 2, 2003, pp. 131-140.

[12] 蔡允棟，〈官僚組織回應的概念建構評析—新治理的觀念〉，《中國行政評論》，第10卷第2期，2001年3月，頁89-134。

[13] 李長晏，《區域發展與跨域治理先期規劃》（臺北：行政院研究發展考核委員會委託研究，2001年）。

[14] 前者缺乏合作的主觀基礎，或者不存在合作的兩個主體概念，均無跨域合作的前提要件。

寬鬆的相互學習、資訊交換、事務協助、資源分享，到結構較嚴謹的共同計畫、共同負擔、聯合行動與聯合開發，存在多樣化的不同程度的合作態樣。

在1960年代之前，由於地方職能單純，地方政府規模的問題並不顯著。但60年代之後由於福利國家的蓬勃發展，對地方政府的職能、規模、數量都產生了重大影響。

尤其，20世紀的最後一、二十年，地方自治意識高漲，地方改革所確立的輔助原則，要求將決策權力下放至最接近民眾的政府層級；相應地，國家在面臨經濟持續低迷、嚴重失業與財政赤字的困境下，各國中央政府也都「順水推舟」，傾向將「分權」作為樽節公共支出的政治手段之一，促使地方政府必須承擔更大的財政責任[15]；而社會結構的變遷導致都市化的人口集結，對公共基礎設施的需求遽增，地方政府面對的公共議題更加複雜；也因為對地方功能的過度強調，導致部分地方政府單位過小而不能靠自己提供太多服務、缺乏財政自主能力，也導致地方在資源與需求之間的平衡上的重大差異。地方政府管理的焦點越來越集中在戰略管理、資源管理、社會協調和衝突解決等問題上，這就需要將一些具體的公共事務通過建立合作網路體系共同承擔。

就此，憲法第109、110條就已預見於先，明定「自治事項有涉及二省（縣）以上者，除法律別有規定外，得由有關各省（縣）共同辦理。」考量到各地方自治團體間，區域相連，衛生、交通、農林、水利等事項，往往有涉及二以上地方自治團體者，如持本位主義，各自為政，定多缺陷[16]，故提供了嚴謹合作態樣的指導框架，俾收互助合作之效。

而早於1974年所制定的《區域計畫法》也有類似跨域合作的概念，明定各級「主管機關為推動區域計畫之實施及區域公共設施之興修，得邀

---

[15] 劉坤億，〈地方政府治理機制的創新挑戰：市場治理模式的功能與限制〉，發表於「地方自治變革與地方政府功能提升」學術研討會（臺北：內政部民政司與淡江大學公共行政學系暨公共政策研究所共同舉辦，2002年12月22日），頁1-25。

[16] 林紀東，《中華民國憲法逐條釋義（四）》（臺北：三民書局，1988年），頁74。

同有關政府機關、民意機關、學術機構、人民團體、公私企業等組成區域
建設推行委員會。」（第18條）此機制原係基於國土利用最佳化，考量地
方政府綜合開發計畫的侷限，旨在聯合鄰近縣市，依地理、人口、資源、
經濟活動等相互依存與共同利益，訂出區域發展計畫，促進公共建設的合
理分布與投資，偏向硬體的跨域合作。但由於委員會成員多非專任，又無
預算審核與監督考核權限，缺乏約束力量，會議結論淪為空談，不能有效
執行運作。

　　地方自治事項，除法律明定應行辦理者外，本宜由地方自治團體參
酌其能力、財力等因素，在法令規範內本權責辦理。惟地方自治事項部分
與人民生命財產關係密切，且涉及地區整體規劃之必要性，如河川整治、
道路、捷運之興築等事項，倘鄰接之自治團體各自為政無法統合，將造成
人民生命威脅、不便與資源浪費。鑑於資源管理與跨域合作的需求，1999
年地制法制定時，特於第21條及第24條分別揭示「跨域自治事項的共同辦
理」與「跨域公共事業的合作經營」的原則性規定[17]，2010年修法時除賦
予縣市單獨或合併改制為直轄市的法源依據外，並增訂第24條之1至第24
條之3，進一步規定跨域合作的各種方式、合作契約的具體內容及履約爭
議的處理，建構跨域公共事務的合作體制。

　　綜合上述規定，可規整如下要點：

一、政策目的

　　地方政府劃地分權及治理競爭的前提環境下，跨域合作絕不是一種道
德勸說，而是建立在資源有限而能力不足的潛在壓力，基於完成共同目標
或解決相同問題的期望，達到參與合作各方均應能獲取實質效益，有訴諸
跨域合作的需求。第24條之1即揭櫫跨域合作的目的或成果取向，在於處
理跨區域自治事務、促進區域資源的利用或增進區域居民的福祉。

　　如何落實地方自治，強化地方自治效能，是當前推動地方自治最重

---

[17] 內政部88年10月1日台（88）內民字第8807482號函參照。

要的課題。面對地方區域發展的問題，如河川整治、民生資源提供、交通聯繫、環境保護、公共安全、公共設施興建等公共議題，基於資源有效利用、管理經濟與協力共享的夥伴精神，都可以不限議題、不限方式，透過地方政府間的合作，以達跨域問題的解決，帶動區域的共同發展，增進居民的福祉。

二、合作的客體

跨域合作的目的，主要即在謀求有限資源的整合，打破區域藩籬的流通障礙，作最有效率的配置與運用，以最經濟的支出，共同完成自治事務的最有效處理，使所有參與者能獲得額外收益。跨域合作關係能形成並能具體落實，應以資源與資訊共享為前提。資源與資訊共享，被認為是跨域合作關係的核心議題，甚至是提供建構跨域合作關係正當性的有力論據。

所謂「跨域」（across area）係指涉及二以上地方自治團體土地管轄的區域（即行政轄區）。自治權的取得本來是依據土地範圍的劃分而來，只存在於一個國家範圍內的特定區域，各地方自治團體行政機關，各以其轄區為界線，不能越區行使公權力的管轄權，亦無越區提供生活扶助或私經濟服務的義務[18]。從居民的權利義務的論證，地方自治團體的責任自受到土地管轄權的約制。

但在地位對等的基礎上，透過跨域合作，打破轄區界限藩籬，可節省施政成本，提升效能。惟跨域合作規範的客體，無論是公權力措施如河川污染的管制與檢驗、移動性污染的稽查與取締，生活扶助如災害搶救、緊急救護，抑或公共設施如體育場、交通、殯葬設施、垃圾掩埋場、焚化爐的興建或提供使用等，均僅以自治事務為限。

所謂「地位對等」，非指層級的對等，而是彼此具有獨立的權利主體性，可以對等討論、談判。因此，發生在直轄市與直轄市、直轄市與縣（市），或縣（市）與縣（市）、鄉（鎮、市）與鄉（鎮、市）之間的

---

[18] 至於如前所述的職權委付（如委託行使公權力）或職務協助則屬另一議題。

跨域合作，固屬常態；但亦不排除直轄市或縣（市）與他縣的鄉（鎮、市），甚至縣與本縣鄉（鎮、市）之間的合作，例如臺北市與改制前臺中縣石岡鄉、南投縣中寮鄉、國姓鄉災後復建支援備忘錄的簽訂。

至於委辦事項，例如憲法第108條所規定的「二省以上的水路交通設施、水利、河道」等，本來就是委辦機關的權責，只是為因應實務需要，可能從功能上考量，保留決策權，而將管理權、裁量權委付各下級政府分別執行、共同執行或由單一機關執行，非此跨域合作的議題，不生跨域合作相關規範的適用。例如高屏溪流域水源、水質、水量的維護，過去分別由改制前的高雄縣政府與屏東縣政府，執行中央委辦的河川區域線內巡防稽查及有關違法案件取締工作，並執行國土保安、盜（擅）採砂石及漁船優惠用油非法流用稽查取締的自治事項。

2001年行政院成立「高屏溪流域管理委員會」，專責所有法定的相關事務，並協助高、屏二縣政府執行其自治事務。高雄縣、市合併改制後，行政院如認為高雄市自治能量提升，基於就近性的考量，將該專責機構業務委由高雄市辦理，也是職權委付而非跨域合作的的概念。

三、合作類型

原規定第21條及第24條，似僅侷限在屬於跨域自治事務的合作，跨域公用事業的共同處理或經營。前者，旨在共同行使公權力，而後者傾向於私經濟行政事務的合作，較無涉公權力。但增訂第24條之1，跨域合作的類型非常廣泛，只要能促進資源的整合利用，為增進居民福祉，均得任意、自願實施。其類型可分為：

（一）公共議題的合作

地方自治團體所辦理者多屬基層民生密切聯繫議題，同質性甚高，透過公共議題的合作，進行治理經驗的分享、觀摩與學習，甚至進一步提出具體化的合作方案、倡議，都是實務上可普遍採行的措施。例如過去的「高高屏首長暨主管會報」、「中部五縣市首長論壇」、「北臺區域發展

推動委員會」、「北部縣市研考協調會報」……等，又如共同討論研商，謀求改善中、永和地區與臺北市間跨河橋樑於尖峰時段嚴重阻塞的具體事項，亦屬之。

（二）公共事務的協力

公共事務的協力，可能涉及公權力的行使，也可能不涉公權力的事務執行。前者，基於管轄恆定原則，涉及權限移轉，需透過行政程序法第16條的委託，例如移動性污染的稽查與取締，地方自治團體間跨域的委託行使公權力，實務上較為少見；較類似的案例，如臺北市政府為執行《大眾捷運系統兩側禁建限建辦法》，並加強各機關間辦理禁建限建有關事項的相互聯繫與協調配合，訂定《臺北市辦理臺北都會區大眾捷運系統禁限建範圍內列管案件協調作業要點》，將繪製的禁建限建範圍地形圖報請交通部會同內政部核定後，委託路網所在地直轄市或縣、市政府公告實施。

若屬無涉權限移轉的協力，為片面的請求協助者，可依行政程序法第19條職務協助的規定處理；如為雙方互惠的合作，則可透過跨域合作辦理，例如臺北醫療區域緊急救護醫療網的建立、地政單位合作辦理跨縣市核發登記謄本、新北市政府以「異地辦理」方式受理離島居民戶籍登記的申請等。又如臺北市政府為協調統合淡水河系污水下水道系統營運管理的相關事務，以增進營運管理效能，設立「淡水河系污水下水道系統營運管理委員會」，召集人三人，分別由臺北市政府、新北市及基隆市相關局處長兼任。行政院於2017年8月1日與各直轄市、縣（市）政府共同建置、施行的「訴願視訊陳述意見服務網」，也是促進各地方政府間互助、互惠的協力類型。

（三）自然資源的分享

行政區劃係國家為治理上的需要或實施地方自治的方便，依循歷史傳統、天然形勢、交通及經濟狀況、人口與土地面積的均衡、政治目的的考量、財政自主性、國防需要、公共建設、都會及區域發展等各種不同因

素，所作的人為切割，各地方自治團體城鄉發展情況有別，地理形勢互有參差，土地、水利等天然資源也各有不同。地方自治團體一方面應利用其自然條件，建構其自治發展特色；一方面也應本資源共享原則，同霑利益。

　　例如水的重要性，正如聯合國所確認的「水權是實現人類尊嚴與生命健康不可或缺的一項權利」，「擁有乾淨無虞的用水，是人權的基本要項之一」；相應於此，水庫就扮演重要的儲存、調節用水，並兼具灌溉、發電、防洪與觀光遊憩的重要機能；尤其，臺灣地形多高山、坡度落差大，加諸地質不穩定及雨季集中，溪河普遍短促流急、豐枯流量懸殊、侵蝕作用旺盛、含砂量高，水庫的興建對民生的重要性不言可喻。但水庫興建經費龐大，管理維護不易，其位址的選擇，不僅要有廣闊的面積，還須要考量地質的低滲透性、多雨的氣候，以及匯聚水流與周邊具水土保護功能的環境……等條件，不可能也不需要每個縣市都興建一座水庫。

　　都會區如臺北市，雖有足夠的財力、人力，但卻很難找到符合上述條件的區位，興建水庫；相對地，鄰近改制前的臺北縣，其位處迎風面的新店山區，地質良好，加以北勢溪水量豐富，保護森林茂密、人煙稀少，適合築壩蓄水。1979年行政院核定，由臺北市政府成立翡翠水庫建設委員會負責推動翡翠水庫的建設。

　　翡翠水庫雖位於臺北縣轄區內，但由臺北市政府興建，並成立專責機關，按年編列預算管理、維護，但其利益卻由臺北市與臺北縣共享，翡翠水庫數十年來提供臺北市全部及臺北縣逾半居民的用水。2019年後，翡翠水庫供應新北市的水量，比例已超過臺北市。這個經驗可謂提供了跨域合作、資源分享的最佳案例。

（四）公共設施的共用

　　臺灣由於政治文化使然，各地方首長喜於興建公共設施，如圖書館、博物館、原住民、客家……等各種名目的文化館、藝文中心、停車場、運動場、游泳池、活動中心、休閒遊憩中心、市場、產銷中心……

等；往往因缺乏對居民需求或區位的確實評估，只為彰顯其政績，為「留名」而興建，以致公共設施重複投資，完全閒置，或雖有使用，但需求不高，完全不具效益，嚴重浪費公帑[19]。

相對地，許多為維護環境、提升居住品質或生老病死所不可或缺的公共設施，例如垃圾掩埋場、垃圾焚化爐、殯儀館、火化場、公墓、骨灰骸存放設施……等，但因鄰避情結（Not In My Backyard, NIMBY），民眾抗爭激烈，選址、興建困難重重。

類似的建設，其實毗鄰地方自治團體均可透過跨域合作機制，就整體居民總需求量、設施提供現況及合作方式，進行總體評估，相互支援，設備共用，既可完成地方政府照顧基層民生的重要職責，亦可合理利用有限資源，減少重複投資。例如臺北市政府環境保護局與新北市深坑區公所合作焚化處理垃圾及借道垃圾車通行協議、嘉義縣、市垃圾掩埋與焚化處理的協議。

（五）公用事業的合辦

公用事業是一般公眾所必須使用的基礎設施服務體系，包括電力、電氣、自來水、污水處理、燃氣供應、交通、通訊等（《民營公用事業監督條例》第2條參照）。一般情形下，公用事業是由政府機關、公營企業、或政府特許的公司機構經營，但也會視情形開放民營企業自由經營。但因地制法所定的合辦事業，並不限於從事私經濟活動目的而設立的公用事業機構組織[20]，如屬因行使公權力而辦理的事業，原則上應採公辦。

公用事業民營化雖屬現代趨勢，但如慮及其事業有獨占性或所需資本巨大非私人所能承辦，為大眾利益或生活方便著想，需由地方政府經營，鑑於公用事業通常具普遍需要性、流通性與移動性，允由相關地方政府跨

---

[19] 法務部曾清查，有147件的閒置公共工程，金額高達400多億元，其中以停車場、體育館及活動中心等工程弊端最多。

[20] 內政部92年8月22日台內民字第0920007074號函參照。

域合作辦理，採市場思維，建構跨域服務網絡，以發揮其經濟調節的作用，減少經營成本，節省政府支出。例如臺北大眾捷運股份有限公司即由臺北市政府、交通部、新北市政府、唐榮公司與臺北富邦、兆豐、合作金庫合資經營，提供大臺北都會區便捷交通網絡，以改善都市動線，活絡都市機能，並促進都市與周邊衛星市鎮再發展的「合產」事業。

四、合作方式

如何進行跨域合作？本法提供了原則性的例示規範。而基於自治理念的落實，本法原則上採相關地方自治團體的對等協商；僅在必要的情況下，本單一國體制的特色，賦予上級政府介入權。

（一）上級政府介入權的行使

上級政府對跨域自治事務進行居中協調，第21條規定，應由地方自治團體的共同上級業務主管機關協調各相關地方自治團體共同辦理；特殊例外的情形，並可行使裁量處分權，指定單一地方自治團體單獨辦理。

所謂「共同上級業務機關」，依其行政監督體系，涉及直轄市者，為行政院；屬縣市層級者，為中央各目的業務主管部會；屬鄉鎮市者，為縣政府。此時上級機關係居於特別監督的角色，扮演統籌指揮的功能，並排斥其他非涉跨域自治事務的機關管轄權。

對跨域自治事務的辦理，本法雖無規定，但本於對地方自治的尊重，上級基本上仍以協調的立場、促成共同辦理為優先考量，而非取而代之，代為執行；如在協調過程中有殊多利益上考量或技術上考量的爭議和障礙；限於問題處理的急迫性，需指定其中一適當地方自治團體單獨辦理，仍應衡酌比例原則，並限期完成。上述行政院於1979年1月核定，由臺北市政府成立翡翠水庫建設委員會負責推動翡翠水庫的建設，即屬指定單一自治團體辦理的事例。至於臺北捷運系統，交通部一開始即以大臺北都會區交通的改善便捷規劃路線，臺北市負責主要財務，臺北縣則負擔部分資金，並指定臺北市政府負責興建，較類似於共同辦理的精神。

（二）地方自治團體間對等協商合作

　　跨域自治事務的處理，原則上須權利主體兩造，處於對等地位進行協商，取得意思表示的一致。其方式，本法例示依事務性質、需要，以合作組織、訂定協議或行政契約為之，均無不可，且不以此為限；如採其他合作方式較適當者，亦無不可。而且，上級政府充分尊重自治團體合作的自主決定，僅將合作方式報共同上級業務主管機關即可。茲將各例示方式說明如下：

1. 行政協議

　　以共同執行特定行政任務或為齊一執行方針為目的，締結行政協議，在行政協議下，尚可提高組織化的合作方案，形成「行政共同體」或「地方行政聯盟」，使跨域間人力資源和設施可相互交流與利用。此等方式不拘形式，實務上常見用「協議」、「協定」或「備忘錄」等名稱，如「直轄市縣（市）政府災害防救相互支援協定」、「災害防救區域聯防協定」、「雲嘉南四縣市文化交流備忘錄」、「北北基桃天災停班停課協議」；又如2004年臺、基、新竹三市與桃竹二縣等五個縣市首長為整合區域內自然、人文與建設資源，建立合作平臺，共同提升國際競爭力，共同簽署的「北臺區域跨域合作發展備忘錄」；2006年1月13日北臺灣八縣市又共同簽署「北臺區域發展推動委員會組織章程」，並共同發表「北臺區域合作宣言」，確立合作架構，宣示未來將朝八大議題共同合作推動。乃至2014年地方選舉後，地方政府陸續啟動的「南臺灣農漁產區域合作」、「中彰投區域治理平臺」等都是。

　　不過，建構跨域合作關係，是要在整體利益引導下，以處理共同問題互蒙其利，其最終目的仍應回歸個別政府能夠永續發展，並維持其地方特性，而非一味強調一致性或整體性，而模糊個別差異性及因地制宜的特色與特有發展路徑。跨域合作只是促成地方永續經營發展的輔助手段，各地方自治團體仍應保留一定的自主性。因此，除非就特定的權利義務事項提升為契約的層次，行政協議的性質僅屬「君子協定」，只是就未來業務的

處理，經由協商而達成共識，通常並會以書面的簽署加以確認，但各方均不具有最終決定的意思，從而也不具法律的拘束力。

2. 行政契約

　　跨域合作雖是地方自治團體間立於對等關係的意思合致，但各參與主體間法制地位、權責範圍仍存差異性，彼此規模、資源、環境特性等客觀條件也有所不同，因此實際上不可能完全處於平等地位，而只是基於夥伴關係，透過自主的權責重分配，或依特質或能力進行分工的方式來運作。每個地方自治團體都存在自己的治理困境，合作關係是否持續，能否成長發展，不僅取決於政治的盤算，可能更取決於是否能因合作而獲得實質效益。為排除政治的干擾，相關的權責分配、事務分工、費用分攤、合作期程、違約責任等，唯有透過契約的簽訂，才可能維繫合作關係的穩定。本法第24條之1即提示了行政契約的概念，第24條之2並明定行政契約應載明的事項。

　　行政契約，又稱為公法契約，乃以契約合意的方式，設立、變更或消滅公法上法律關係。行政契約的概念，係2000年制定《行政程序法》正式納入法制，實務上典型的案例尚不多見[21]，地方制度法修正時，予以援引，資為地方自治團體跨域合作的法源基礎，期使跨域合作的方式更為靈活，而有助於自治任務的實現。由於本法除就契約應載明事項第24條之2有較具體的規定外，其餘均稍缺陋，實用上，仍需參酌行政程序法[22]，並準用民法的相關規定（行政程序法§149）。

　　至於何種自治事務的辦理，得採行政契約方式進行合作？依行政程序法第135條規定，只需法規規定或性質上非不得以行政契約方式為之者，

---

[21] 如行政院環境保護署於2017年間，與高雄市、臺南市、嘉義縣、新竹縣等簽訂的「提升天然災害廢棄物處理能量設施計畫」行政契約。

[22] 惟行政程序法的行政契約，規範的主要是行政機關與人民，換言之，行政契約的當事人是公權力主體與私人間。對於行政主體間的公法契約，是否能全部適用？學者間有不同看法。實務上如經濟部為向臺北市政府租借場地營運「臺灣精品館」，於2011年與臺北市政府簽訂「市有公用房地使用行政契約」。

地方自治團體的跨域合作都可以行政契約爲之。但無論如何，按行政契約的本質，仍應以處理公法上的關係爲目的的自治事務，始有本方式的運用。換言之，與公法上權利義務無關的事項，例如私經濟公用事業的興辦、無涉公權力事務的執行，亦非不得以契約方式，約束彼此權利義務，但此應屬私法契約的一環，非此所稱的行政契約。

　　跨域合作行政契約締結，只要是獨立的行政主體彼此均得爲之，本法第24條之1特規定，直轄市、縣（市）、鄉（鎮、市）均得與其他直轄市、縣（市）、鄉（鎮、市）訂定行政契約，不限於平行層級的自治團體，例如直轄市與直轄市或直轄市與縣市，或鄉鎮市與鄉鎮市，直轄市或縣市與鄉鎮市之間亦非不得訂定行政契約。

　　行政契約概念的法制化雖已有一段時間，但地方制度法的規定，則尙屬新穎，實務運用也不多見。2003年臺北市政府與基隆市政府，就垃圾清運及焚化事項簽訂「區域間都市垃圾處理緊急互助協議書」，該協議書並經各該市議會通過，雙方並約定此一協議書爲「行政契約」性質，如有爭議時，經由行政法院解決爭訟。上開協議書並經行政院環保署見證且經行政院備查。有認爲，此一合作協議，是直轄市與縣市間，較具規模與法效性的跨域合作行政契約[23]。又如2006年，臺北縣與臺北市以簽訂行政契約的方式，將臺北捷運環狀線第一階段的主辦機關，由臺北縣政府移轉給臺北市政府，由臺北市政府捷運局負責興建、開發，至於工程經費及土地開發損益則由臺北縣政府「自負盈虧」，也是其中一例。

3. 區域合作組織

　　第24條規定係以共同經營事業爲目的，而組成的合作組織；然第24條之1則不限任何事務，只要是爲特定地方事務的共同辦理，均得建立

---

[23] 立法院於105年12月30日三讀通過修正第28條，雖明定「中央主管機關於必要時得統一調度使用現有廢棄物清除處理設施，被調度者不得拒絕」，賦予中央介入地方自治事務處理的權限。但仍須以不影響地方政府處理「屬第7條及地方制度法第24條之1規定之區域性聯合及跨域合作處理之廢棄物」爲前提。

「地方工作共同體」。合作組織的形態非常多元，可能只是任務編組，不具權利能力，不影響既有法定組織公權力之行使，這種組織的結構一般都較為鬆散。也可以建立「目的性聯盟」，依其組織化程度，另組成私法組織；也可成立「地方目的事業主管機關」，甚至「行政法人」，承辦某一專門的目的事業，而非廣泛承辦各種業務。

茲以新北市與臺北市就主要「界河」（新店溪與淡水河）的整治營運為例，其合作組織，可以是任務編組型的「區域協調單位」（Regional Co-ordination Unit），如「河川整治協調委員會」，作為策畫整合區域間公共事務的上位指導單位；就河川整治管理的相關問題，定期召開會議研商，並釐訂共同行動方案，分由新北市與臺北市相關業務主關機關執行。也可以共組營利事業，共同規劃、營運河川及其周邊高灘地的交通、遊憩事業。或共組獨立的「河川整治管理委員會」，賦予一定公權力的行使，不僅處理一般河川的清潔、除淤，同時得對水利利用行為、河川工業污染、盜採砂石、毒魚等進行管制、取締、裁罰。

本來依第24條之1規定，組設區域合作組織，僅須報共同上級業務主管機關備查即可，惟《廢棄物清理法》第7條：「直轄市、縣（市）主管機關，為聯合設置廢棄物處理場，辦理廢棄物清除、處理工作，得擬訂設置管理辦法，報經中央主管機關核定，組設區域性聯合清除、處理單位。」屬特別規定。

五、程序

依第21條規定，原則上先自主協商，必要時才由上級政府介入，至於是協調共同辦理或指定其中一地方自治團體辦理？本法並未限制，惟基於對地方自治的尊重，如能共同辦理，除因確有諸多利益上考量或技術上考量的爭議和障礙，為保障大眾權益，有時限上的急迫性理由，於符合比例原則的條件下，始可指定其中一適當地方自治團體單獨辦理，並限期完成。

至於對等協商的跨域合作，既出於獨立權利主體的自主意願，於符合

依法行政的前提下，即得決定適當的合作方式或內容，本法第24條規定，原則上只須報共同上級業務主管機關備查即可。僅於涉及地方立法機關的權限時，規定應先經立法機關的決定或同意；如涉及管轄權限地移轉或調整者，因屬管轄恆定的例外，涉及權限的委付，應先制（訂）定或修正各該自治法規，提供法源基礎。至究由地方行政機關訂定自治規則即足，或應由地方立法機關制定自治條例，依本法第28條規定處理。例如如設立組織經營合辦事業，或涉及新創設或剝奪居民權利義務，即應以自治條例的層次辦理。

六、爭議的處理

我國過去係傾向中央集權的單一制國家，地方政府只能在中央政府規定的範圍內進行有限的治理，自主性缺乏；自治事項又缺少明確的區分標準，財政自主能力普遍缺乏，各地方政府或囿於傳統土地管轄限制，固守本位主義，或雖有意願但礙於資源就其轄區內公共事務的處理已自顧不暇，所謂跨區域事務，都仰賴於中央的接收、處理，所謂共同辦理，甚或跨域合作，甚屬不易。有鑑於此，本法第24條之1特規定「共同上級業務主管機關對於跨域建設計畫或跨區域合作事項，應優先給予補助或其他必要協助」[24]，以為鼓勵。

其次，鑑於民選地方行政首長難免基於政黨屬性或意見歧異，黨同伐異，或因政治利益考量，前後任理念不同，以致跨域合作政策無法連貫延續；甚至發生齟齬，錯失共同協力解決區域性問題的機會。為維持跨域合作的穩定，本法第24條之3爰明定地方自治團體「應依約定履行其義務；遇有爭議時，得報請共同上級業務主管機關協調或依司法程序處理。」惟

---

[24] 如行政院主計總處於2013年9月4日配合修正《中央對直轄市及縣（市）政府補助辦法》第3條第1項第2款將「跨越直轄市、縣（市）或二以上縣（市）之建設計畫」列為計畫型補助款之補助範圍；第2項第2款並增訂中央「對於跨區域之建設計畫或合作事項」應優先予以補助。

除非簽訂行政契約，並依第24條之2載明彼此權利義務，於一方不履行契
約內容或違約時，他方如何進行權益保障？才具接受司法審查的可能性，
而得依司法程序處理；否則只能報請共同上級業務主管機關透過自治監督
體系進行行政協商解決。

自我評量

➤ 何謂地方治理？試就公私協力及府際關係層面析述之。（100特原）

➤ 何謂地方治理？國際組織之核心概念為何？地方制度法中對跨域治理有何相關規範？試舉例加以論述之。（109地特）

➤ 何謂政策網絡？其主要理論意涵和命題為何？試說明之。（105地特）

➤ 如何依體制學來界定「地方分權制」？新管理主義重新詮釋分權概念，強調分權不再只是制度的觀點，也是地方政府運作的一種途徑，請問新管理主義所提出地方政府治理之分權途徑為何？（103高）

➤ 地方治理的原則為何？中央與地方如何善用地方治理，以發展地方產業？試述之。（102高）

➤ 試分別從管理模式（managerial model）、統合模式（corporatist model）、支持成長模式（progrowth model）及福利模式（welfare model）等四種最具代表性觀點論析城市治理的內涵，並比較說明之。（108高三）

➤ 地方治理的運作內涵為何？從西方各國地方治理的發展趨勢來看，地方治理具備哪些特質？（97地特）

➤ 試就地方治理之觀點析論我國縣（市）自治事項之未來可能發展。（95地特）

➤ 地方民眾參與或影響地方政府運作的途徑有那些？請分別從地方制度法規定及「地方治理」（local governance）觀點比較說明之。（101高）

➤ 民眾參與對於地方治理是非常重要的，請問：1.我國民眾參與地方公共事務或地方治理的管道或方式有那些？請列舉三項，並說明之。2.針對前一小題所列舉的管道或方式，在我國實際執行時，有時會遇到一些阻礙而成效不彰，請列舉兩個可能的阻礙或缺陷，並說明之。（110高）

➤ 地方治理（local governance）為地方自治研究的新興觀念，請說明地方治理與地方政府管理意義有何不同？並探討地方治理的新模式能為臺灣地方自治問題提供哪些新的解決之道？（96高）

➤ 地方自治強調居民的直接參與，目前學術界盛行以「治理」的觀念來看

地方政治，在治理觀念下，地方自治居民直接參與的管道有哪些？請加以申論。（95高）

➤ 為形塑具地方治理能力之府際策略性夥伴關係，比較可行之途徑為何？試說明之。（94地特）

➤ 臺灣河川污染的整治常常需要跨縣市的合作處理，否則會衍生許多問題，例如若上游縣市比較不重視污染防治，則下游縣市就可能需要忍受較差的生活品質或是需要花費較多成本來處理污染，請問：1.針對上述臺灣河川污染整治的情況，列出三個可能會對跨域（跨縣市）合作或治理產生阻礙的因素，並說明之。2.針對上一小題，也就是所列舉的可能阻礙因素，提出兩個可以排除這些阻礙的具體作法，或是可以促進跨域（跨縣市）治理的方式，並說明之。（110高）

➤ 何謂區域治理（regional governance）？試分別從傳統改革主義者觀點、公共選擇觀點及新區域主義觀點一一論述其對區域治理改革的主張。（108高三）

➤ 中央政府與地方政府須加強分工合作，以抗疫情擴散。試依地方治理（local governance）理論，說明下列問題：1.地方治理之理論建構如何？2.地方治理之方式為何？3.地方治理之階段分工為何？（92地特）

➤ 近來公民參與已經成為地方政府治理的重要手段及工具，請問可透過那些管道（途徑）來擴大公民參與？又有哪些策略可以強化公民參與？（98地特、101特原、99普）

➤ 為因應全球化的效應，全球許多城市積極以提升城市競爭力為布局經緯，希望能在全球城市競爭下嶄露頭角，取得一席之地。試析論某一城市欲提升其城市競爭力，可採行那些策略作為？（108高三）

➤ 永續發展政策目前已成為都會治理研究的重要議題。試析論其對都會區治理帶來那些衝擊或影響？（108高三）

➤ 公民在地方治理過程中扮演相當重要的角色，公民參與可以在地方治理過程中發揮什麼功能？如何設計適當的制度促成公民參與？（97特原）

➤ 近年來府際關係的討論已從府際間的互動，逐漸演進成府際合作。請問

何謂府際合作？府際合作的目的為何？又應如何具體落實府際合作？
（101地特）

➤ 試論網絡治理在府際合作上扮演何種角色？（98地特）

➤ 許多地方的公共事務往往無法僅由單一地方政府來處理，而是要靠跨縣
市的合作才能解決，但是此種跨縣市的合作也可能會遭遇若干實際上的
困難，請舉例說明可能的問題所在。（98特原）

➤ 就我國各級地方政府言，府際間之協力關係為何？試就法制面與實務面
析論之。（95普）

➤ 府際合作是促進區域發展的重要途徑，然而我國推動府際合作的過程
中，所面臨的困境為何？請加以說明。（104身障）

➤ 直轄市、縣（市）、鄉（鎮市）自治事項若涉及跨直轄市、縣（市）、
鄉（鎮市）事務時，按現行地方制度法之規定，應如何進行？請就此申
述己見。（91普、92地特、92升等、96特原）

➤ 我國地方政府的府際關係，在地方制度法（第21條、第22條及第24
條）有所規範，試敘述其內容，並發抒己見。（92高一、二級）

➤ 直轄市之區公所與市政府之間的垂直與水平合作機制，受到那些行動者
與制度性因素之影響？達成府區垂直與水平合作的條件為何？試分別論
述之。（102地特）

➤ 北臺區域發展推動委員會其在跨域治理之功能上，主要為何？（102升
等）

➤ 何謂跨區域治理？請依地方制度法相關規定，討論區域合作組織如何設
立及跨區域事務如何辦理？請舉例說明。（100高）

➤ 請依地方制度法相關規定，分析在地理上相鄰的二個地方自治團體間，
所可能會形成的互動關係及其運作方式。（99高）

➤ 跨域治理係地方治理的手段之一，如果直轄市與周邊的縣、市間，適用
跨域治理，則有那些方式可以運用？試舉實例說明之。（103地特）

➤ 試就跨域治理之觀點論述如何打造臺灣國際大都會區並形塑之。（98
升等）

➤ 學理上之跨域合作模式為何？並以臺北市與臺北縣跨域問題，設計跨區

域之「跨域治理」可行模式。（97地特）

➤ 何謂跨區域合作？地方政府間興起跨區域合作的主要原因為何？又依地方制度法之規定，應如何進行跨區域合作？請說明之。（105高三）

➤ 都會地區的治理（metropolitan area governance）問題為地方政府研究重要議題之一，請探討現今都會地區面臨的問題，並說明都會地區地方政府間如何共同解決這些問題的可能途徑？（94高）

➤ 何謂跨域管理？為提高跨域管理機制之行政效能，我國地方制度法規定內容，是否有值得檢討與修正之處？試述之。（94地特）

➤ 試說明協力合作在跨域地方自治事務處理之必要性與可行性。（98身障）

➤ 地方自治團體間欲針對特定自治事項進行合作時，可能需要克服哪些障礙？（96升等）

➤ 我國的國土規劃係以城市區域為區域發展策略，請說明臺灣北、中、南部城市區域規劃的主要內容，並分析直轄市在各該城市區域中所能扮演的角色種類。（103地特）

➤ 試分析當相鄰地方自治團體間相互往來互動時，應遵守或依循那些地方制度法的規定？內容又為何？（104高）

CHAPTER

11

自治立法

第一節　概　說

　　自治立法權為地方自治的核心，「縣有立法權」本為憲法第124條所明定，綱要、自治法也都有「自治規章」[1]的條文，地制法甚且有自治法規專節。

　　依憲法本旨，「縣單行規章與國家法律或省法規牴觸者無效」（§125）。據此，縣應該擁有非常寬廣而自由的立法權。但事實上，法制層面與憲法仍有很大落差。議決縣市規章本為議會最重要的職權之一，然遷臺以來，制度設計上始終將國家與地方自治團體的關係，認為屬於「公法上的特別監督關係」，並未賦予地方議會完整的現代議事權限。綱要第58條甚至規定「基本國策」對「縣市議會決議」擁有規制權[2]，其結果，憲法所揭示的縣立法權，在綱要的設計上，不啻是委辦事項的補充規範，根本不存在自主性。

　　這種情形，在自治法時期，雖因法位階體系的合理建立，而略趨紓緩；但因第26條仍賦予「中央法規」的上位階規範地位，而當時尚無行政程序法的施行，並無法規命令與職權命令的區分，所謂「中央法規」，既包括法律授權訂定的法規（法規命令），也包括依職權訂定的法規（職權命令）。此與憲法第125條所規定的「縣單行規章，與國家法律……牴觸者無效。」差距甚大，因此，其所通過的規章，仍只被認為係屬於行政權

---

[1] 以行政法較具特色的德國法為例，行政機關依法律委任訂定的法規，稱為Rechtsverordnungen od. Verordnungen（即行政程序法上的法規命令），而自治機構所制定的則稱為Satzungen（一般均譯為「自治規章」）。M. P. 賽夫原著，周偉譯，《德國行政法：普通法的分析》（臺北：五南圖書，1991年），頁46-47。本文有時使用「縣單行規章」，有時使用「自治規章」的提詞。前者，是法制上的專詞；後者，則泛指各級地方自治團體所制定或訂定的自治法規，包含過去的省法規、直轄市法規、縣市規章及鄉鎮市規約。

[2] 綱要第58條規定：縣市議會之決議，如有違背基本國策情事，經令撤銷後仍不遵辦者，由省政府報請行政院核准予以解散重選。

的性質[3]。

　　自治規章制定權的本質，究屬「行政權」或「立法權」？直接涉及到立法管轄權的分配，法規範位階的認定。換言之，若界定爲行政權的延伸，則其是否皆應經地方議會的議決？或其效力能否牴觸中央的命令？即可能有不同的答案。相反地，如認爲屬於立法權的活動，則地方立法活動似均應經議會審議通過，其效力則未必遜於中央的行政命令[4]。同時，如界定爲立法權的行使，則中央立法機關與地方立法機關所制定的抽象法規範，本質上有無不同？間接地亦與「法律保留原則」的範圍發生聯繫，並連帶影響縣自治立法實效力的強弱。故此一問題的釐清，對自治立法權保障的重要性，實不言可喻。

　　就此，國內學者有主張自治規章制定權應屬行政權，其主要理由乃以：我國傾向單一體制，地方未能與中央分享立法權，否則有高低不同效力的立法規範，邏輯上殊難理解[5]。

　　也有主張應爲立法權的一環，蓋以憲法第62條只規定「立法院爲國家最高立法機關」，而非唯一機關；復以第110條有「縣立法」的文字，地方立法活動當屬另類位階較低的立法作用[6]。因此，概念上似不宜以「立法院三讀通過，總統公布者」，始具有立法性質；毋寧應該認爲，凡是經具有民意基礎的機關，經由正當立法程序，所公布的一般性及抽象性的法規範，即屬立法權的行使[7]。

---

[3] 李建良，〈地方自治規章與中央法律的關係〉，《國策雙周刊》，1996年6月，140期，頁9以下。

[4] 林明鏘，〈論地方立法權〉，臺灣省政府法規委員會主辦《地方自治與行政法學學術研討會》會議記錄暨論文專輯，1998年6月，頁123-139。

[5] 李建良，〈地方自治規章與中央法律的關係〉，《國策雙周刊》，第140期，1996年，頁9以下。

[6] 蔡茂寅，〈地方自治立法權的界限〉，《月旦法學雜誌》，1997年11月，第30期，頁72。

[7] 林明鏘，〈論地方立法權〉，臺灣省政府法規委員會主辦《地方自治與行政法學學術研討會》會議記錄暨論文專輯，1998年6月，頁123-139。

　　質言之，雖然，立法院在憲法上具有「立法最高性」，但立法權的實質法源為國民主權，立法院的立法權並非具有獨占性或排他性，故並不能排斥地方立法權的存在[8]。在日本，也有同樣的爭議，由於地方公共團體的議會所制定的「條例」，因非由國家的立法權所制定，故有作為行政立法加以說明者。然多數學者認為，條例原則上非基於法律的委任，而係於憲法上有獨立根據的法形式，故以行政立法加以掌握，並不適切[9]。

　　討論這個問題，應從立法權與行政權運作的本質區別上加以理解，立法權擁有兩項行政權所無的特徵，即直接民主正當性及特殊的議事程序。法律是人民總意的表現，正因為民主正當性的存在，立法機構乃具有以政治社群整體的名義運作的合法性；也正因為如此，立法機構的立法決策，具有一定的權威性，而為被代表者所接受[10]，人民守法，無異於服從自己的意志；且法律是經由國會經公開辯論的政治意思形成過程所制定，比較能合乎普遍正義的要求，確保規範內容一定程度的品質，這是行政權一般所欠缺的要素[11]。

　　就地方自治的理論而言，地方自治團體因具有比較廣泛的、管理自己內部事務的普遍的權力，自治（議會）機構係屬於合法性的民主機構，其於自主權範圍內，為管理自治事務所制定的法規範，其權源係來自於憲法的授權。與中央立法機關所制定的規範一樣，都有空間的效力範圍。所不同的，只是中央規範對於整個的領域，發生效力；地方規範則僅對於個別的、不同部分的領域，發生效力。構成中央法律社會的中央法律秩序，與構成地方法律社會的地方法律秩序，共同組成全部法律秩序或國內法律秩

8　陳櫻琴，〈論「地方立法權與執行中央政策之爭議」〉，《月旦法學雜誌》，1998年11月，第42期，頁63-74。

9　鹽野　宏著，劉宗德、賴恒盈譯，《行政法第一冊》（臺北：月旦，1996年），頁77-78。

10　John C. Wahlke, Heinz Eulau, The Legisletive System: Explorations in Legisletive Behavior, New York: John Wiley and Sons, Inc., 1962, pp. 267-286.

11　蘇詔勤，〈從地方自治的觀點評論司法院釋字第三六三號解釋〉，《憲政時代》，第22卷第2期，1996年10月，頁3-29。

序，共同組成全部法律社會，亦即國家[12]。

因此，在憲法層次的名稱縱有「法律」與「法規」或「規章」的差別，但本質上均為立法權的行使則並無不同[13]，而其立法管轄分配，也只能歸屬於充當地方自治團體立法機關的議會行之。

早期國內學說在探討地方自治規章的定性時，一方面因地方自治不健全，所謂委辦事項與自治事項也缺乏衡平的區分與保障，雖然只要上級機關無反對意見，且不牴觸法律，原則上地方即得制頒規章，但該規章均被界定為委辦事項的補充規範，當然都應受上級機關的指揮監督，規章被解釋為授權性的行政命令，乃理所當然。

反映在法制實務上，則不論是自治民意機關或自治行政機關，解釋上皆有制定規章的權力，如各縣市的單行規章準則無不規定：縣規章的訂定，除涉及人民權利、義務或依法令應送議會審議者，始應送請議會審議者外，其餘則僅需各縣市政府縣（市）務會議通過即可[14]。其名稱，更一概採用中央法規標準法第3條所規定的行政命令的名稱，即「規程、規則、細則、辦法、綱要、標準或準則」，致整個法規範位階產生嚴重混淆，地方自治立法淪為中央法體系中行政命令的附庸地位，嚴重扭曲憲法保障的自治精神。

其中，有關立法管轄權配屬不當的現象，在省縣自治法施行之後，始告統一，該法第19條規定自治規章由地方立法機關議決，行政機關不再分享規章制定權（Satzungsgewalt）。但名稱的問題仍未獲解決，連帶地，正確的法位階體系，亦無從建立。

---

[12] 參閱Hans Kelsen著，雷崧生譯，《法律與國家》（臺北：正中書局，1970年），頁376。

[13] 黃錦堂教授觀點與此相當，參閱氏著，〈行政組織法之基本問題〉，翁岳生等著，《行政法》，1998年，頁327。

[14] 學者有認為，影響所及，地方行政機關數十年來皆扮演著地方立法者的主要角色，地方議會受憲法賦予的職權，反而被架空或瓜代，有違憲的濃厚嫌疑。參閱吳庚，《行政法之理論與實用》（自刊，1993年），頁49。但這種論述與事實似略有出入，實際上地方行政機關並未逕行訂頒「規章」，而多以訂定行政規則的方式來達到目的。

　　地方自治規章制定權係直接源自於憲法，或透過憲法授權制定地方自治基本法律間接取得合憲地位，其均爲狹義的地方立法權的範疇。有疑義的是，如非由憲法直接或自治基本法律間接授權，而係在專業法律授權地方訂定補充法律的法規，該補充權管轄究應如何分配？該權力究仍爲立法權或行政權？則有研究餘地。

　　鑑於地方自治團體相對國家整體而言，乃同時兼具國家行政區域與自治區域的雙重性格；而地方政府亦分具兩種地位，當其執行委辦事項時，即扮演國家官署的角色，當其辦理自治事項時，則爲自治團體的地位。

　　本來，根據委任權行使不同的委任立法權，受到不同的法律規範及憲法規範的調整。自治規章係淵源於國家讓與自治團體的自主法制定權，行政命令則爲出自國家委任的法制定權。前者係由有自主權的公法人團體所頒發，其依自身固有的權力而執行自治事項；後者則由國家官署所訂定，爲國家組織的一部分，兩者有一定區隔[15]。

　　中央法律就委辦事項，如授權地方自治團體補充規定，原與授權中央行政官署的「典型的委任立法」具同質性；其補充權的行使，亦爲行政權的作用。因此，僅由地方自治行政機關本於法律授權，逕行訂定委辦事項執行命令即可，毋庸自治立法機關置問。

　　但過去在實際運作上，怪象迭生，法律雖已指明委任立法（如規則、細則）的特定主體爲直轄市或縣（市）政府，即指定係由地方行政機關擬訂，單因囿於「規則」、「細則」此類名稱，已被界定爲自治規章，因此地方行政機關仍不敢逕行訂定發布，而多送請議會議決。相對地，例如社會救助法規定，社會救助的給付方式及標準，由直轄市、縣（市）主管機關定之，並報中央主管機關備查。同爲地方「法規」的名稱，地方政府於訂定相關規定時，則又改以「標準表」行之，如「臺北市天然災害善後救濟金核發標準表」，尚未聞有質疑其合法性者。

　　這種混亂的情形至地方制度法第三章第三節「自治法規」規範功能的

---

[15] 城仲模，《行政法之基礎理論》（自刊，1991年），頁154。

全新設計，才有了本質的改變，也揭開了臺灣地方立法體制改革及自主立法權積極運轉的序幕。

　　依本法第25條前段規定：「直轄市、縣（市）、鄉（鎮、市）得就其自治事項或依法律及上級法規之授權，制定自治法規。」地方制度法不同於省縣自治法或直轄市自治法由立法機關獨占「立法」的現象，確認自治法規依其管轄權分配之所屬，可分別由地方立法機關制定或由地方行政機關訂定。明定「自治法規經地方立法機關通過，並由各該行政機關公布者，稱自治條例；自治法規由地方行政機關訂定，並發布或下達者，稱自治規則。」（§25後段）第29條第1項規定：「直轄市政府、縣（市）政府、鄉（鎮、市）公所為辦理上級機關委辦事項，得依其法定職權或基於法律、中央法規之授權，訂定委辦規則。」

　　本法不僅法制體系、法律用語概念等迥異於自治二法，中央與地方法規範位階關係、地方立法行為的行政監督模式，亦有根本性的變革[16]。地方制度法突破舊威權時代的封閉政策，將地方自治法規採用與國家法律同樣的法制用語，而以自治條例稱之，並賦予自治條例得規定罰則，建構「干預保留」的法效性，形成相對於「法律保留」而有一定的「法制空間」的「自治條例保留」概念；揆其用意乃在於提升地方立法權的層次，不再與行政程序法規定由行政機關訂定的法規命令等同視之[17]，而具備相當於中央法律的規範作用，應解釋為區域性的特別法律。此項變革，開創自治立法的契機與新世代，改變臺灣的法體系，使臺灣的地方自治已具備「自治性」的法治發展環境。

---

[16] 劉文仕，《地方立法權—體系概念的再造與詮釋》（臺北：學林文化，2001年），頁148。

[17] 內政部90年1月31日台（90）內民字第9002183號函參照。

第二節　自治立法的內涵

相關條文：

第25條

直轄市、縣（市）、鄉（鎮、市）得就其自治事項或依法律及上級法規之授權，制定自治法規。自治法規經地方立法機關通過，並由各該行政機關公布者，稱自治條例；自治法規由地方行政機關訂定，並發布或下達者，稱自治規則。

　　究竟應如何正確理解和界定「自治立法」的內涵？具體而論，則至少須正確表述自治立法的主體、依據、原則、程序、法的形式及其效力範圍。自治法規與國家法規同其性質，均屬立法作用的一種，因此，其涵義應當是一般立法含義的共通性與地方立法的特殊性的結合。大體言之，所謂「自治立法」係指「地方自治團體的機關，就自治事項，依據一定職權與程序，運用一定立法技術，創制、修正或廢止具地域性效力的規範性法文件的活動。」

　　其中，立法的程序、技術與方式，屬一般性的含義，姑略而不論，茲僅就自治立法的特殊內涵說明如下：

一、自治立法所要處理的核心客體為「自治事項」

　　事實上，我國憲政體制係單一體系，與聯邦體制本不相同，任何一項政府應行辦理的施政事項，必然多有賴於中央與地方的協力促成，縱屬自治事項，中央亦非毫無與聞之權；而中央事務，亦不能無地方政府的配合。因此，法制上中央與地方就某事項權責採同心圓的規範架構，重疊分配，乃屬正常情況。此所以地制法僅作概括定義。核其關鍵，乃在於自治團體就該事務是否擁有自主立法或政策規劃的權限。

　　除憲法第107條及第108條所列舉的事項，應消極地排除於自治事項之外，其餘各事項應就憲法、地方制度法相關條文、相關專業法規，配合

事務屬性與所涉範圍及地方制度法第2條所揭示的自治事項、委辦事項的基本要件，有步驟、有針對性地作體系解釋。

二、立法的主體須為自治團體的機關

　　自治立法依其主體不同，分立法法與行政立法，而無論何者，必然都係以地方自治團體機關的立場，進行立法活動；如為國家機關，即使所制定的法規，係專門解決地方的問題（如過去《臺灣省內菸酒專賣暫行條例》），也不屬於自治立法的範圍；中央派駐地方的機關（如臺灣省政府）所訂定的法規（如《臺灣省管筏管理準則》、《臺灣省鄉鎮縣轄市區及村里區域調整辦法》），也非自治法規。其次，地方自治團體的機關，包括立法機關與行政機關兩個部分；地方制度法明定「自治法規經地方立法機關通過，並由各該行政機關公布者，稱自治條例；自治法規由地方行政機關訂定，並發布或下達者，稱自治規則。」（§25後段）立法機關通過的自治法規稱「自治條例」，行政機關訂定的法規則泛稱「自治規則」，此係與自治二法時代，立法機關獨擅自治法規立法權最主要的不同點之一。

三、自治立法的權源，除中央法律外，亦有本於固有的自治權能

　　前者廣泛地包括憲法、法律、基於法律授權訂定的中央法規所確定的職權；此外，本法並承認地方自治團體本於辦理自治事項的必要，亦得本其自治權能立法規範，此即本法第25條規定，地方自治團體得就其自治事項⋯⋯制定自治法規；第27條亦規定地方自治團體行政機關就其自治事項，得依其法定職權⋯⋯訂定自治規則。

　　因此，憲法、法律、中央授權法規就特定自治事項縱使未作出規定或未作授權的規定，非謂自治法規便一概不能就此事項作出規定。本於自治職權制（訂）定的自治法規，其效力位階不受中央「職權」法規的影響，縱使兩相齟齬，自治法規亦有適用的效力，此誠為推展地方自治業務非常

重要的理念；過去中央各部會實務上似未本此原則對待自治立法，動輒逾
越監督權限，以自治立法不符中央職權法規為由，不予備查或核定。如前
臺北縣議會三讀通過《臺北縣民宿輔導管理自治條例》，交通部以該自治
條例牴觸中央職權法規（《民宿管理辦法》），於2000年11月6日以交路
（89）字第011522號函不予核定；惟事實上交通部係2001年始修正《發展
觀光條例》，於第25條明定「民宿之設置……管理辦法，由中央主管機關
會商有關機關定之。」同年12月12日才訂定發布授權法規性質的《民宿管
理辦法》。

四、自治立法最重要的基本特徵在於其「地域性」

任一地方自治團體均有其法定轄區，而為該地方自治立法及行政權所
應及且所能及之空間範圍。除法律別有規定者外，各該地方自治行政機關
原則上並不得跨域行使其執行權。至如一地方自治立法係以位於各該地方
轄區內之人、事、物等為其規範對象，原則上可認屬各該地方自治立法權
的範圍。反之，地方轄區外之人、事、物等，原則上即非地方自治立法權
所得及的範圍。

自治立法的任務在於解決地方問題，尤其注重解決應當以立法形式
解決，而中央立法不能、不便解決或不可能具體解決的問題；其內容應從
本地實際情況出發，而其效力則不超出本自治團體區域範圍。認識自治立
法具有地域性的特徵，對立法者而言，有助於自覺地在進行地方立法過程
中，注意掌握地方特色，解決本地方的問題；對執法者與司法者而言，有
助於自覺地將地方立法所產生的規範性法文件，作為執法、司法的依據或
準法的依據；對居住在一定區域的居民或處在一定區域的機關、團體或公
私機構而言，有助於自覺地遵守地方法規的意識；對中央機關而言，有助
於在制約、監督地方立法的過程中，自覺地考慮到地方的情況，不致於過
度濫用「法律先占」的手段，恣意侵犯自治立法的領域。

自治立法應體現地方特色，沒有地方特色，地方立法也就失去其存在
的價值；而要體現地方特色，地方立法工作者就須能充分瞭解本地經濟、

政治、法制、文化、風俗、民情等，對立法規範的需求程度，懂得如何運用地方立法的形式，有針對性地解決地方的特殊問題，避免不必要地照抄、重複法律、中央法規，或照抄、轉抄其他地方自治團體規範性法文件的弊病。

檢視各地方政府在這方面的表現，亦不乏佳作，如宜蘭縣、前臺北縣的《樹木保護自治條例》、臺北市的《資訊休閒服務業管理自治條例》等，都是從地方的需要出發，建構具有地方環境特色的法規範。

不容否認，中央各機關相關人員多未充分理解「法規空間效力」的容許性，動輒以中央已有相關法律，甚至僅在研擬中，即率爾排除地方自治立法的可能性，如《臺北市資訊服務業管理自治條例》送請行政院核定時，行政院以業將「資訊休閒業管理條例」草案送請立法院審議等由，函覆臺北市政府再加研酌而未予核定[18]。而未先就實質上，從地域性的空間概念，較寬鬆地對待自治立法的各種努力。幾經臺北市申復後，行政院始於2002年4月9日核定，前後公文往復近半年，對於自治業務的推動難免有所影響。

五、自治立法的客體乃規範性法的文件

自治立法乃包括各種自治法規形式的總稱，至於不以法的文件表述各種廣義的立法活動，如預算案，則非此所稱的自治立法。又如法律授權地方政府以「公告」發生規範效果的行政作用，雖屬法制上所稱的「實質意義的法規命令」[19]，亦非屬自治立法範疇；如直轄市、縣市政府依據廢棄物清理法第12條第11款所為之公告，尚非自治法規名稱之一，而係公文程式條例第2條第1項第5款所定之公文程式；其係法律授權執行機關的作為，不涉及立法權的行使，其公告內容也無須再經地方立法機關審議[20]。

---

[18] 行政院90年12月25日台（90）經字第071158號函參照。

[19] 法務部95年9月21日法律字第0950035512號函參照。

[20] 內政部90年2月8日台內民字第9002304號函參照。

　　立法主體就某事項是否以規範性法的文件處理？本有裁量的權力，縱使法律或自治條例要求應經議會審議或同意（§28①），只要已履踐該程序，其法定要件即屬完備，非謂該事項的規範性即須以「法」的形式為之。此通常涉及議會本質的權力領域內的事務，如預算及人民稅負或類似稅負財產權徵收事項的審議，行政機關當無自行編列，逕自決定的權力，本法第67條第3項規定：「地方政府規費之範圍及課徵原則，依規費法之規定；其未經法律規定者，須經各該立法機關之決議徵收之。」《娛樂稅法》第6條規定：「直轄市及縣（市）政府得視地方實際情形，在前條規定稅率範圍內，分別規定娛樂稅徵收率，提經直轄市及縣（市）民意機關通過，報請或層轉財政部核備。」《停車場法》第31條第2項有關停車場收費費率的決定等。

　　本來，地方自治團體享有規章裁量的權限。在這種由立法者所預設的框架範圍內，或基於法律或自治條例積極的明示或消極的默示，一般而言，行政作用權的發動，仍擁有一定程度依自己意志決定的自由判斷或形成空間。除了包括「是否」及「何時」訂定的裁量外，並兼及「如何」的裁量[21]。法律或自治條例規定某事項應經地方立法機關議決，而非限於自治條例的規範性文件形式，地方行政機關就該事項，仍可以視實際需要決定處理的方式；如停車費率的收取，地方行政機關可以單獨擬訂一「費率表」表述其收費標準，送議會單純議決；亦可併於年度預算案的規費收入科目下作附表說明；地方行政機關亦可以規範性文件作抽象的或一般的規定，如將費率規定與其他停車管理規定合併於一自治法規，於此即僅能擬具自治條例草案，送地方立法機關審議，不能以自治規則為之。

　　惜實務就此似未充分掌握，以為凡須經議會議決者，即須以規範性文件為之，並紛紛制定為自治條例，致造成議會立法資源的浪費及行政機關職權運作的僵化，如各縣市有關房屋稅、契稅徵收稅率及停車費率的自治條例，其實並無必要。又如嘉義縣政府訂定《嘉義縣道路命名及門牌編釘

---

[21] 許宗力，〈訂定命令的裁量與司法審查〉，氏著，《憲法與法治國行政》（臺北：月旦法學，1999年），頁181-183。

辦法》，內政部以本案涉及人民權義及規費徵收，認應參酌地方制度法第
28條第1項第2款及第67條規定辦理[22]，似亦有誤解之處。

第三節　自治法規的類別

相關條文：

第26條（第1～3項）

自治條例應分別冠以各該地方自治團體之名稱，在直轄市稱直轄市法
規，在縣（市）稱縣（市）規章，在鄉（鎮、市）稱鄉（鎮、市）規
約。

直轄市法規、縣（市）規章就違反地方自治事項之行政業務者，得規定
處以罰鍰或其他種類之行政罰。但法律另有規定者，不在此限。其爲罰
鍰之處罰，逾期不繳納者，得依相關法律移送強制執行。

前項罰鍰之處罰，最高以新臺幣十萬元爲限；並得規定連續處罰之。其
他行政罰之種類限於勒令停工、停止營業、吊扣執照或其他一定期限內
限制或禁止爲一定行爲之不利處分。

第27條（第1、2項）

直轄市政府、縣（市）政府、鄉（鎮、市）公所就其自治事項，得依其
法定職權或法律、基於法律授權之法規、自治條例之授權，訂定自治規
則。

前項自治規則應分別冠以各該地方自治團體之名稱，並得依其性質，定
名爲規程、規則、細則、辦法、綱要、標準或準則。

第29條

直轄市政府、縣（市）政府、鄉（鎮、市）公所爲辦理上級機關委辦事
項，得依其法定職權或基於法律、中央法規之授權，訂定委辦規則。

---

[22] 內政部89年12月18日台（89）內中戶字第8902146號函參照。

> 委辦規則應函報委辦機關核定後發布之；其名稱準用自治規則之規定。
> **第31條**（第1項）
> 地方立法機關得訂定自律規則。

　　「自治法規」在地方制度法中具有雙層意義，一方面係第三章第三節的名稱，一方面則又為法條上的法制用語。前者屬廣義的意義，泛指地方自治團體所頒定的一切法規的總稱，包括地方立法機關制定及行政機關訂定的法規或行政規則等，對不特定多數人所作的抽象規範，涵蓋第25條的自治法規（自治條例與自治規則）、第29條的委辦規則、第31條的自律規則，乃至《行政程序法》第159條的行政規則等；後者則為狹義的定義，是本質的自治法規，專指第25條就自治事項所定頒的法規。於此採廣義，茲分別說明如下：

一、本質的自治法規

　　本法第25條前段規定：「直轄市、縣（市）、鄉（鎮、市）得就其自治事項或依法律及上級法規之授權，制定自治法規。」其中，地方自治團體得就其自治事項制定自治法規，乃本質上之當然。而為易於區別中央法規與自治法規，並明瞭適用地區起見，本法明定，無論為自治條例或自治規則，均應分別冠以各該自治團體的名稱（§26Ⅰ、27Ⅱ）。就憲法第110條所定「得自為立法並執行的事項」及地制法第18條至第20條所臚列的「自治事項」，地方自治團體縱無其他法律規定，亦得制（訂）定自治法規（如各地方的資訊休閒服務管理自治條例等）；如非憲法或地制法所臚列的上開事項，而另有專業法律的授權，亦得制（訂）定自治法規（如《社會秩序維護法》有關性交易管理自治條例的授權）。

　　另外，基於法律先占，諸多原屬憲法或地制法所臚列的自治事項，中央也另立法律，且又多另設授權規定（如建築法§101[23]）；這樣的授權

---

[23] 建築法第101條：「直轄市、縣（市）政府得依據地方情形，分別訂定建築管理規則，報經內政部核定後實施。」

僅得視爲「非眞正的授權」，充其量僅具宣示性或確認的作用，而非形成的作用，地方自治團體仍享有規章裁量的權限（Verordnungsermessen）。是否制定？如何制定及何時制定？地方自治團體仍擁有自治立法的裁量權。

　　地制法不同於省縣自治法由立法機關獨占「立法」的現象，確認自治法規依其管轄權分配之所屬，可分別由地方立法機關制定自治條例或由地方行政機關訂定自治規則。

（一）自治條例

　　「自治條例」一詞係地方制度法所新創的法制用語，揆其用意乃在於提升地方立法權的層次，得與中央法律旗鼓相當。因此立法者的原意，一方面在區隔各層級立法機關所制定的法規，於統稱的規範概念上，在中央稱爲法律，直轄市稱直轄市法規，縣（市）稱縣（市）規章，在鄉（鎮、市）稱鄉（鎮、市）規約（§26Ⅰ）；一方面爲表明其爲適用於特定地域的特性，無論係屬何一層級立法機關所制定，在法制作業上均統一定名爲「自治條例」[24]。且爲與中央法律的「條例」有所區別，避免造成一般人民混淆，地方立法機關通過的自治法規，只能以「自治條例」定名，不得以「條例」定名；自治條例中的條文文字也不宜逕簡稱爲「本條例」，而應使用「本自治條例」的用語[25]。

　　地制法有關自治條例的創制，最大的特色乃表現在「強制處分（罰則）規範權」的授予。自治法規能否創設強制處分規定？原存有如學理及憲法上的爭議[26]，惟自治條例係經由地方立法機關，本於民主的正當性，

---

[24] 內政部88年2月25日台（88）內民字第8802901號函參照。

[25] 內政部88年10月5日台（88）內民字第8807665號函與88年8月13日台（88）內民字第8806611號函參照。

[26] 日本地方自治法第14條第1項規定：「普通地方公共團體在不違反法令範圍內，有關第2條第2項之事務，得制定條例。」第5項並規定：「普通地方公共團體，除法令另有特別規定外，在其條例中，對於違反條例者，得規定處2年以下有期徒刑、100萬元以

於國民主權認可下所制定，乃該當於憲法第23條所稱的法律。縱使不採「自治條例法律本質說」，至少可以認為地制法第18條至第20條已將自治條例所能規範的事項具體列舉，並就其得規定的罰則種類與限制，明白授權，符合司法院大法官所確認的「禁止概括授權」的解釋。地制法既已明文規定，除法律另有規定外，直轄市法規、縣（市）規章就違反地方自治事項之行政義務者，得規定處以罰鍰或其他種類之行政罰。以上爭議事實上僅存理論討論上價值，而無實用意義。

惟地方得制定自治法規行使強制處分，終屬首創，從人民權利保障不被行政機關任意侵奪的考量，罰則性自治立法的妥當性尚待經驗累積；因

下罰金、拘役、罰鍰或沒收之刑。」因此，自治立法得設罰則規定，在日本並不構成爭議。有爭執的只是其界限，本條有關刑罰的規定，有無牴觸憲法上有關罪刑法定主義及禁止概括授權的規定？學者雖有主張自治立法權應有其內在界限，即對於形成私法秩序的有關事項、刑事犯創設等有關事項及有關全國一致性質的事項，均不得以條例定之（參雄川一郎等編，《現代行政法大系八—地方自治》，東京：有斐閣，1989年，頁183）。惟通說認為，地方自治法規定得以條例創設刑罰，基於對自治立法權的保障及法律的委任，並不違反罪刑法定主義與禁止概括授權的憲法限制。其理由概有如下數端：1.條例法律說：條例係經由地方人民代表機關的議會議決而成立，其民主正當性與法律並無不同，通說採之（室井力編，《地方自治》，三省堂，1980年，頁104；有倉遼吉，《憲法》，三省堂，昭和52年，頁350）。2.委任要件充足說：地方自治法第2條第2項已將條例所能規範的事項明白列舉，授權規定可謂相當具體，無概括授權的問題。3.憲法直接授權說：為擔保憲法第94條規定條例的有效性，當然必須賦予其應有的強制工具。日本司法實務上採學說通見，昭和37年5月20日最高裁判所就大阪市的「取締街道引誘賣春取締條例合憲性」的判決，基於1.憲法第31條罪刑法定主義的規定，並非謂刑罰均須以法律為規定，其主要目的僅在限制法律為不特定、普遍性的空白委任而已，若委任範圍具體、特定，於有法律授權時，亦得以行政命令為刑罰的規定；2.縱使條例係法律以下的法規範，但其產生係經由人民公選議員組成地方議會所議決制定，性質上與行政部門所制定的命令完全不同，而與經國會所議決的法律相類似（盧部信喜原著，李鴻禧譯，《憲法》，臺北：月旦，1995年，頁327）。昭和48年就「東京都公安條例第五條刑罰規定」所作判決亦採此說。日本相關的理論能否無條件移植於我國法制？其討論詳參劉文仕，〈縣立法權體系概念的檢討與重建〉，氏著，《地方立法權》（臺北：學林文化，1999年），頁13-76。

此，本法起草之初，就此即有所限制：

1. 層級上的限制

　　僅直轄市、縣（市）自治條例得規定罰則，至於鄉鎮市層級，慮及其幅員多不大，彼此多犬牙交錯，如賦予裁罰權可能造成一縣數法的混亂現象，影響法秩序的維持；且基層法制人才嚴重欠缺，民代立法素質亦待提升，宜作較嚴格的規範[27]。故鄉（鎮、市）雖有自治條例制定權，但不賦予處罰條款創設權，鄉（鎮、市）自治條例不能規定罰則[28]。

2. 裁罰種類與強度的限制

　　管制法中的強制處分規定，包括刑罰及行政秩序罰，並非均可創設於地方自治法規中，蓋因憲法第107條已將「刑事法律」劃歸中央立法並執行事項，地方自治法規自不能置問。易言之，地方立法中僅能規定行政秩序罰的種類，不能涉及刑事處罰。此為我國地方立法權的憲法上限制，與日本地方自治法略有不同，不能不辨。

　　其次，依《行政罰法》第2條規定，行政秩序罰種類多達數十種，除罰鍰外，有具制裁性質的不利益處分，亦有非制裁性的；前者又有屬行為的限制罰（如命令停工、停止營業、吊扣執照或其他在一定期間內限制或禁止為一定行為的處分）及權利的剝奪（如勒令歇業、註銷登記、吊銷執照或其他剝奪或消滅一定資格或權利的處分），是否均得規定？罰鍰的額度為何？

　　地制法為尊重地方自治精神，使地方自治團體得以遂行其自治職能，一方面賦予自治法規有訂定罰鍰之權，以確保其規範效力；另方面亦考量自治法規對居民權利的干涉程度，其裁罰的種類與強度應予適度限制，以符憲法保障人民權利的精神，特於第26條第3項則規定：「前項罰

27　內政部89年4月10日台（89）內民字第8903990號函參照。

28　鄉（鎮、市）自治條例，雖不得制定罰則，但縣仍得斟酌鄉（鎮、市）公所的執行能力與條件，於縣自治條例於不牴觸上位法規之範圍內，賦予鄉（鎮、市）公所裁罰權限。內政部104年7月3日台內民字第1040048517號函參照。

鍰之處罰，最高以新臺幣十萬元為限；並得規定連續處罰之。其他行政罰之種類限於勒令停工、停止營業、吊扣執照或其他在一定期限內限制或禁止為一定行為之不利處分。」換言之，僅限於罰鍰及行為的限制罰，而不包括權利的剝奪。

　　實務上，主管機關（內政部）對自治法規得規定的處罰種類，傾向採嚴格認定標準，如(1)「○○縣教育事務財團法人設立許可及監督自治條例」有關「撤銷許可」的規定[29]；(2)就「○○市立各級學校教師及職員出勤差假管理自治條例」規定教職員請事假超過規定期限者，其超過部分按日扣除俸薪，似為「懲戒罰」範疇，而非「行政罰」[30]；(3)對罰鍰逾期未繳納達一定金額以上者，擬規定予以「公布姓名及法人名稱」，涉及對人民姓名權造成侵害而屬「裁罰性」的「不利處分」[31]；(4)「○○市公有停車場管理自治條例」草案中的「移置保管」，究其性質，應屬行政機關代履行行為，為行政執行間接強制方法之一種[32]，內政部函示均認定非地制法第26條第2項所稱「其他種類行政罰」的範疇。

　　值得玩味的是，關於吊銷營業許可規定，1994年3月16日的行政法院庭長評事聯席會議決議：「其性質原為行政上之處置，如違規情節重大者，在行政管理上，均得予以吊銷許可證之處置。」[33]

　　改制後的臺南市議會三讀通過的《臺南市性交易服務者及性交易服務場所管理自治條例》，第8條及第9條對特定違法行為者，明文規定得處「吊銷許可證」。法務部似認有牴觸地方制度法第26條，內政部則引上揭行政法院見解，持保留態度，認應先究明該規定性質究為裁罰性規定或行

---

[29] 內政部89年7月13日台（89）內民字第8906101號函參照。

[30] 內政部89年12月1日台（89）內民字第8909025號函參照。

[31] 內政部92年4月9日台內民字第0920004029號函參照。

[32] 內政部93年7月19日台內民字第0930006549號函參照。

[33] 前此行政法院60年判字第370號判例、75年度判字第1085號判決、77年度判字第1097號判決等，見解不同。

政管制規定，而異其處理態度[34]。

　　《高雄市商店街區管理輔導自治條例》規定「得廢止籌設許可」，亦有類似問題。法務部徵詢學者專家意見後，認爲爲避免地方主管機關有權許可，卻因地方制度法第26條第3項規定處罰種類的限制，不得於自治條例中訂定「廢止」許可的處罰，恐無法達到行政管理的目的。……有無認爲屬不具裁罰性的「行政管制措施」的解釋空間，仍宜由該管機關綜合斟酌立法原意，本於權責審愼考量爲之[35]。

3. 生效程序上的限制

　　自治條例如未規定有罰則時，原則上，得逕行公布，僅於公布後報自治監督機關備查即可；如規定有罰則時，爲避免立法浮濫，恣意侵害居民權利，地制法第26條第4項明定，應報經監督機關核定後才能公布；如未經核定即公布，亦不生對外效力。

（二）自治規則

　　行政機關經由法律的「法規創造力」，取得授權命令的立法管轄權，固勿論；而在大陸法系國家，一般容認縱無法律的特別授權，行政官署在其職權範圍內，爲執行法律，亦得依其職權逕行訂頒行政命令，其屬行政官署的職權範圍，且均屬行政立法行爲的產物，並不因中央或地方自治機關而有異，本法第25條後段規定：「自治法規由地方行政機關訂定，並發布或下達者，稱自治規則。」所稱「自治規則」，實即行政機關的行政命令。而第27條第1項又規定：「直轄市政府、縣（市）政府、鄉（鎮、市）公所就其自治事項，得依其法定職權或法律、基於法律授權之法規、自治條例之授權，訂定自治規則。」明揭自治規則不僅包括行政程序法上所稱的法規命令，也包括職權命令及行政規則[36]。

---

[34] 劉文仕，《情色危機：性交易管理法制新解》（臺北：元照，2013年），頁49。

[35] 法務部101年7月25日法制字第10102116110號函參照。

[36] 地方制度法上所稱的自治規則與行政程序法上所規定的行政規則，原屬不同法效力與

　　2000年12月27日總統公布增訂的《行政程序法》第174條之1第1項雖規定：「本法施行前，行政機關依中央法規標準法第七條訂定之命令，須以法律規定或以法律明列其授權依據者，應於本法施行後一年內，以法律規定或以法律明列其授權依據後修正或訂定；逾期失效。」但此僅限於中央各機關依中央法規標準法第7條訂定的命令，地方行政機關訂定的自治規則，係依地方制度法第27條規定訂定，不適用上開行政程序法的規定[37]。換言之，地方行政機關就自治事項，仍得依其法定職權，享有訂頒職權命令的權力。

　　就授權法規部分，地方行政機關得由中央法律的授權取得委任法規訂定權，如《身心障礙者權益保障法》第43條第1項規定：「為促進身心障礙者就業，直轄市、縣（市）勞工主管機關應設身心障礙者就業基金；其收支、保管及運用辦法，由直轄市、縣（市）勞工主管機關定之。」直

形式的法概念。但論者有將自治規則比之行政程序法上的「行政規則」，其理由不外認為地方制度法第28條規定涉及人民權利義務的事項，即應以自治條例規定，相對地，自治規則僅能規範無涉人民權利義務的事項，可證自治規則的性質與其法效力且與人民權利義務有關的法規命令應屬有別，僅係行政機關貫徹依法行政的內部作業規定，故視之為行政規則當較合目的性的推論。此應屬誤解，蓋如中央法規標準法第5條規定：涉及人民權利義務之事項，應以法律定之。豈可率而推論，除法律外，即不容許行政機關訂定行政命令規範人民權利義務事項；尤其，於法律明確授權的前提下，限制人民權利的法規命令，其適法性更已為大法官解釋及行政程序法所容認，地方行政機關如有法律或自治條例的授權，自非不得訂定規範人民權利義務關係的自治規則。因此，論者上述見解未見妥適。解釋上，自治規則性質上就是地方的行政命令，其訂定有依其法定職權或基於法律、自治條例授權等，前者包括有外部效力的職權法規與僅具內部效力的行政規則，合稱為「職權規則」，可直接下達於所屬機關或對外發布；至於，後二者則相當於授權法規，可合稱為「授權自治規則」，需對外發布。換言之，本法所稱「自治規則」與行政程序法所稱「行政規則」兩者係「前者包含後者的關係」，而非「全等的關係」，應予釐清；地方行政機關訂定的自治規則，亦有屬行政程序法上所稱的法規命令（內政部89年9月26日台（89）內民字第8907608號函參照）。

[37] 內政部90年1月8日台（90）內民字第8910030號函參照。

轄市或縣（市）政府即得據以訂定自治規則。地方立法機關亦得視實際需
要，以自治條例授權地方行政機關訂定法規命令，地方行政機關即適格取
得委任立法權，其情形一如立法院之以法律授權中央行政官署訂定行政命
令，如《新北市樹木保護自治條例》第18條規定：「機關學校、民間團
體或個人參與或協助樹木之維護養護工作者，本局得予補助；績效優良
者，並得予獎勵，其辦法另定之。」職權法規如臺北市政府為規範轄區內
水域船舶營運及專用碼頭使用管理，依職權訂定的《藍色公路營運管理辦
法》。

　　地方行政機關就自治事項訂定的行政命令統稱為自治規則，不過在
法制作業上，則參照《中央法規標準法》第3條規定得依其性質，定為規
程、規則、細則、辦法、綱要、標準或準則。其中，關於機關組織、處務
準據，用規程；如為應行遵守或照辦的事項，用規則；若為自治條例的施
行事項或就自治條例另作補充解釋者，可用細則；關於辦理事務的方法、
時限或權限，用辦法；綱要通常則用於規定一般原則或要項；標準規定一
定程度、規格或條件；準則則用於規定行政作為的準據、範式或程序。另
為便識別，自治規則一如自治條例，均應冠以各該自治團體的名稱。又
如屬行政規則[38]，其名稱則不在此限，可用綱領、須知、原則、規定、事
項、簡章、計畫、要點、程序、規範、禁令、措施、函釋、基準、步驟、
要領、方式、方案、手冊、表、令等，不一而足。

二、附加的自治法規

　　地方法規除了本質的自治法規，基於立法經濟原則，地方制度法特將
委辦法規一併處理，是為附加的自治法規；另外，基於組織自律原則，地
方立法機關於其自律權限內，本得訂定自律規則，乃法理所當然，本無待
於特別規定，惟本法亦予以法制化，使具法規的外形，本文將之歸類為附
加的自治法規。

---

[38] 第25條規定「下達」方式施行的自治規則，僅行政規則可以採行。

（一）委辦規則

地方行政機關辦理上級機關委辦事項，被授權的應該是扮演國家行政官署角色，而非自治團體行政機關的地位。基於法律或中央法規的授權，地方自治團體得訂定行政命令，本不待明定。學者有主張，此種由地方依中央法律授權制定的法規，性質上應係適用區域受有限制的「中央法規」，而非地方法規[39]。雖法制實務上並未採納，但依該授權訂定的法規，本質上為適用於特定自治團體區域的行政命令，而非本質的自治法規，應可以確定。

至於地方政府委辦事項如無中央法律的授權，地方政府可否訂定行政命令？學理上尚有爭執，有認為地方不應有立法權。但地方行政機關既承擔第一線委辦事項的執行任務，有關執行的組織、程序或執行頻率、罰款額度等，應允許地方自治團體享有一定的因地制宜的補充立法權限；並肯認地方行政機關得基於職權而為補充立法，範圍相當廣闊；至於範圍之有無或大小，則視各該法律規定或法律領域的特色或案型的特殊性質而定。

地制法為強化執行委辦事項的職能，第29條第1項特規定：「直轄市政府、縣（市）政府、鄉（鎮、市）公所為辦理上級機關委辦事項，得依其法定職權或基於法律、中央法規之授權，訂定委辦規則。」因此，只要委辦機關無反對意見，在不違反中央法令的範圍內，地方行政機關均得訂定委辦規則。

至於地方立法機關就委辦事項得否制定「自治條例」？第25條的「自治條例」，得否解釋為包括就委辦事項所制定的自治法規？日本地方自治法第14條第1項規定「普通地方公共團體在不違反法令之範圍內，就第二條第二項之事務得制定條例」，一般解釋，議會僅就自治事務有條例制定權。但1998年5月29日內閣決議的「地方分權推進計畫」廢除機關委任事務，重新將事務劃分為自治事務與法定受託事務，關於法定受託事務得否制定條例之問題，由於其事務本身係依據中央法令，因此若有中央法

---

[39] 陳敏，《行政法總論》（自刊，1998年），頁463。

令的明確授權，地方議會非不得制定條例。

論者有認爲第25條所稱「依法律或上級法規的授權」可參考該法例，做同樣的解釋，亦即地方立法機關亦得經中央法規授權就委辦事項制定條例。但「自治條例」既爲本法所明定的專有名詞，就委辦事項制定的法規，稱之爲「自治條例」，邏輯上又不通，反而造成自治法規與委辦規則概念的混淆。

憲判字第6號稱「專屬中央立法事項，地方即無以自治條例另行立法之權，至多只能依中央法律之授權，就其執行部分，於不違反中央法律之前提下，自訂相關之自治條例或規則。」此論與地制法的界定有出入，應非周妥[40]。

（二）自律規則

基於地方立法機關自律的原則，地方立法機關於其自律權限內，得訂定自律規則，乃法理所當然，其情形與國會自律權的行使，並無不同，本無待於特別規定，即得訂定，本法第31條第1項規定：「地方立法機關得訂定自律規則。」似屬多餘。而自律規則參照釋字第342號、第381號的解釋，僅包括立法機關的內部事項的各項規範，如內部自律組織（如紀律委員會）、爲行使職權需要訂定的任務編組辦法、議事規則、質詢辦法、席次抽籤辦法、旁聽規定、公聽會或聽證會實施辦法、議場錄音錄影管理規則及各種公共營造物規則（如會館管理規則、健身房管理規則、運動器材使用規則、圖書或錄影帶借閱規定……等）。

自律規則只能適用於地方立法機關內部事項，僅具對內效力，而無外

---

[40] 憲判字第6號之所以有此見解，或係因地制法第25條規定「得就其自治事項或依法律及上級法規之授權，制定自治法規。」條文將「自治事項」與「依法律及上級法規之授權」並列，由此導出自治法規不必然就自治事項的結論。惟本條規定，係因立法院於立法過程中角力折衝的產物，解讀上，本條所稱「自治事項」，係指憲法及本法所定的「自治事項」；至於「依法律及上及法規授權」，則指其他專業法律或上級法規所定的「自治事項」，此由第27條第1項規定，應即可索其梗概。

部規範權能，倘涉及與地方行政機關權利義務的調整，已非屬內部規範的性質，故應以外部法規爲之。

就其內部效力之限制言，例如各地方議會所定「議場錄音錄影管理」的自律規則，多規定議員僅得播放、轉錄本人在議會中發言之錄音、錄影；對於其他議員發言之錄影、錄音，除該當事人書面同意外，不得要求複製。其意旨，本來就僅規範議員彼此間之行爲，至於一般人民申請該錄影、錄音等資料時，則適用《政府資訊公開法》相關規定辦理；過去議會報中央備查時，中央都予尊重。惟2014年起，臺北、臺南、桃園市等議會修正或訂定該自律規則報院備查時，法務部卻都認該規定有牴觸「政府資訊公開法」規定之虞[41]，似因未釐清自律規則屬性所生誤解。

又就其不具對外規範權能言，如發生於2001年11月1日的高雄市的府會爭議，議會因不滿市長答詢內容，議長裁示請市長迴避離席，並要求市府各一級機關首長留下備詢。惟市政府以於法無據且與體制不合，一級機關首長亦隨同市長離席；議會鑑於議事無法進行，遂宣布散會。會後議會認市府違反議事規則，分向監察院與行政院要求懲處。

本案爭議問題之一，乃所屬機關首長隨同退席是否合乎體制？對於官員拒絕答詢行政院能否究問課責？有主張依《高雄市議會市政質詢辦法》第5條有「市政總質詢時，所屬各局處會首長應列備詢。」之規定；第10條復規定：「市長對於議員之質詢不予答覆，本會應報請行政院核辦；所屬各局處會首長拒絕答覆者，應函請市政府處分；其情節重大者，本會得提不信任案。」遂採肯定見解。惟如前所述，本辦法係屬自律規則，僅於議會內部（含議員相互關係）發生效力，除非另有法律依據，並不因此發生與行政機關權義的調整，對他機關亦不發生拘束的效果，此性質並不因該辦法業經自治監督機關核定而有所改變。因此，對於本爭議的處理仍須回歸地制法的規定。而不得逕以自律規則爲處理依據[42]。

---

[41] 法務部103年7月7日法制字第1035036989號書函、103年9月18日法制字第10302521960號函參照。

[42] 內政部90年12月20日台（90）內民字第9008194號函參照。

第四節　「法律保留」原則在自治立法權的體現

> 相關條文：
> **第28條**
> 下列事項以自治條例定之：
> 一、法律或自治條例規定應經地方立法機關議決者。
> 二、創設、剝奪或限制地方自治團體居民之權利義務者。
> 三、關於地方自治團體及所營事業機構之組織者。
> 四、其他重要事項，經地方立法機關議決應以自治條例定之者。

　　法律保留原則之所以要求限制人民自由財產應以法律定之，主要乃因議會擁有具多元、直接民主正當性的基礎，以及適用縝密、透明的議事程序等特殊的功能結構特徵[43]。從立法權與行政權運作的本質區別上理解，立法權擁有兩項行政權所無的特徵，即直接民主正當性及特殊的議事程序。法律是人民總意的表現，正因為民主正當性的存在，立法機構乃具有以政治社群整體的名義運作的合法性[44]；且法律是透過國會經公開辯論的政治意思形成過程所制定，比較能合乎普遍正義的要求，確保規範內容一定程度的品質，這是行政權一般所欠缺的要素[45]。

　　本來，根據委任權行使不同的委任立法權，受到不同的法律規範及憲法規範的調整。地方自治的主體，擁有地方居民直接選出的議會，具有自己的民主正當性基礎，終究與行政機關不能等同視之。自治規章係淵源於國家讓與自治團體的自主法制定權，行政命令則為出自國家委任的法制定

---

[43] 許宗力，〈地方立法權相關問題研究〉，臺北市政府法規委員會編印《地方自治論述彙編》，1998年，頁48。

[44] John C. Wahlke, Heinz Eulau, The Legisletive System: Explorations in Legisletive Behavior (New York: John Wiley and Sons, Inc., 1962), pp. 267-286.

[45] 蘇詔勤，〈從地方自治的觀點評論司法院釋字第三六三號解釋〉，《憲政時代》，第22卷第2期，1996年10月，頁3-29。

權。前者係由有自主權的公法人團體所頒發，其依自身固有的權力而執行自治事項；後者則由國家官署所訂定，爲國家組織的一部分，隨時負有法律上義務，兩者有一定區隔[46]。

中央法律就委辦事項，授權地方自治團體補充規定，固與授權中央行政官署的「典型的委任立法」，具同質性；其補充權的行使，亦爲行政權的作用，而受大法官解釋「授權明確」原則的規制。

但「自治條例」則係地方制度法爲落實地方自治，提升自治規章效力所創設的新法制，其制定權係由國家直接承認，並由地方民主選舉產生的立法機關依民主程序所制定，屬「原始的法規範制定權」，內容具原創性。換言之，地方立法機關之擁有立法權，與行政機關的行政立法權不同，並非來自於立法者的權限委任，而是源自於憲法制度的賦予，係屬「國家法律制定權的垂直分擔」。因此，縱非如憲法第170條「經立法院通過，總統公布」，然其效力與性質，仍應視爲憲法第23條所稱的「法律」，此由憲法第62條「立法院爲最高立法機關」，以及憲法有關「地方議會立法權」的確認（§113、124參照），似可推出立法院僅爲最高但非唯一立法機關的結論。

地制法第26條第2項規定：「自治條例就違反地方自治事項之行政業務者，得規定處以罰鍰或其他種類之行政罰。」可謂即爲地方立法機關分擔法律制定權的法律確認，大法官解釋及行政程序法第150條第2項有關「行政命令授權明確性」的規定，並不適用於法律與地方自治條例的關係上。且地方自治團體制定自治條例涉及對人權權利事項時，亦應受憲法第23條必要性、比例性與法律保留等相關原則的規制。

法律保留原則的討論，不僅存在於國家與地方自治團體間的垂直關係，尚且存在於地方立法機關與地方行政機關之間的平行關係，而其間的關係，基本上亦如同民主原則與法治國原則之間的關係。凡涉及基本權利或其他與民主原理有重要關聯的事項，仍有法律保留原則的適用，本法第28條即揭示此一原則。

---

[46] 城仲模，《行政法之基礎理論》（自刊，1991年），頁154。

一、法律或自治條例規定應經地方立法機關議決者

本款規定乃仿中央法規標準法第5條第1款規定而略予修正，蓋以該規定謂「法律明文規定，應以法律定之者，應以法律定之。」實落於循環邏輯的瑕疵。本法爰規定為「應經地方立法機關議決」者。

法律或自治條例明定應由地方立法機關議決者，此通常係涉及議會本質的權力領域內的事務，如預算及人民稅負或類似稅負財產權徵收事項的審議。

地方自治團體享有規章裁量的權限，一般而言，行政作用權的發動仍擁有一定程度依自己意志決定的自由判斷或形成空間。除了包括「是否」及「何時」訂定的裁量外，並兼及「如何」的裁量，已如前述。

法律或自治條例規定某事項應經地方立法機關議決，而非限於自治條例的形式，地方行政機關就該事項，仍可以視實際需要決定處理的方式；如停車費率的收取，地方行政機關可以單獨擬訂一費率表送議會單純議決，亦可併於年度預算案的規費收入科目下作附表說明；地方行政機關亦可以法規作抽象的或一般的規定，如將費率規定與其他停車管理規定合併於一自治法規，於此即僅能擬具自治條例草案，送地方立法機關審議，不能以自治規則為之。

二、創設、剝奪或限制地方自治團體居民之權利義務者

關於人民權利義務事項的法律保留範圍如何？究為侵害保留？或全面保留？現行相關法制規定過於寬濫，如中央法規標準法第5條第2款「規定關於人民之權利義務之事項」應以法律定之，其具體內涵為何？殊不易清楚劃分，造成凡有涉及人民權利義務之規定者，均可能被解釋為屬法律保留的範圍。但嚴格言之，政府管理眾人之事，無不直接或間接與人民之權利義務有關，若一一制定為法律，似非所宜。如此寬鬆的限制要件，極端限縮行政機關的作用權能，實務上根本無從踐行，因此，第2款所展現的強烈企圖心，並未能如預期般地充分發揮與實現，而被批評為「虛有其

表」[47]。

　　故理論上應以有關人民權利之得喪、變更，或義務之課予、免除爲限[48]。本款特加以具體限縮，明定「創設、剝奪或限制」地方自治團體居民之權利義務者，始應以自治條例規定。若該權利義務事項於法律或自治條例已有規定，行政機關爲執行需要，僅作法規的整理、解釋、統一適用或訂定裁罰標準，即可以自治規則甚至行政規則定之。

　　地方行政機關若無法律或自治條例的授權，而訂定限制或剝奪自治團體居民權利的自治規則，固屬無效；但如爲創設權利的自治規則，參照行政程序法第158條規定意旨，該自治規則似非當然無效。

　　何種事項應以自治條例直接規範？何種事項得以自治規則定之？與所謂規範密度有關，應視規範對象、內容或法益本身及其所受限制的輕重而容許合理的差異，實務上，可參考釋字第443號解釋理由書意旨辦理。

　　如剝奪人民生命或限制人民身體自由者，非自治法規所能規定，姑不論；涉及人民其他自由權利的限制者，即應由自治條例加以規定，如以自治條例授權行政機關發布命令爲補充規定時，其授權應符合具體明確的原則；若僅屬與執行法律的細節性、技術性次要事項，則得由行政機關依職權發布自治規則爲必要的規範，雖因而對人民產生不便或輕微影響，尚非憲法所不許。

　　其關於給付行政措施，所受法律規範的密度，自較限制人民權益者寬鬆，倘涉及公共利益的重大事項者，應有自治條例或自治條例授權的自治規則爲依據的必要，乃屬當然；如非屬重大，如一般有關補助特定人民經費案件，或法律、中央法規對於補助對象、構成要件或其他重要事項已予規定，縱補助金額並未規定，只要有預算上的依據即可據以辦理[49]，無須再依第2款規定以自治條例定之必要，地方政府爲利執行，另訂定職權法

---

[47] 許宗力，〈論法律保留原則〉，收錄於《法與國家權力》（臺北：月旦，1994年），頁146。

[48] 羅成典，〈中央法規標準法釋論〉，《國會雜誌》，第5卷第5期，1974年5月，頁6。

[49] 內政部90年3月22日台（90）內民字第9003478號函參照。

規或行政規則亦無不可，如《新北市公私立國民中小學原住民學生獎學金發給要點》。

又，本款所規範的對象為該地方自治團體居民，如係對所屬各級學校教師出勤請假的管理規定，雖難免涉及學校與其教師間內部的權利義務關係，但此僅屬學理上的特別法律關係（特別權力關係），則無必要以自治條例定之[50]。

另外，實務上存在許多法律未規定的「過渡性替代法律的法規命令」，如前述過去工商特許事業的輔導管理，由於多缺乏法律位階的規範，行政機關基於營業證照管理的需要，訂頒許多「輔導管理規則」，資為依據；理論上，「權利的創設者，亦得為權利的終結者」，該職權規則若就該證照的取得附加條件，於業者違反管理目的時，規定得註銷該證件，似非法所不許。否則，如認為涉及權利義務的事項，必俟制定法律後始能「依法行政」，於立法跟不上的法律真空情況下，仍拗於法律保留，於該原則所欲達成的基本權保護旨意，則未見其利。因此，應認為只要與任何法律或行政法理並無牴觸，即可承認其有補充法律的效力[51]。但司法院大法官並不採此觀點，如釋字第390、394號。在實務上如何處理類似問題？似可參採行政程序法第93條有關附「保留廢止權」行政處分的法理，法務部亦採類似見解[52]。

三、關於地方自治團體及所營事業機構之組織者

本來依中央法規標準法第5條第3款規定：關於國家各機關之組織應以法律定之。有謂本規定亦適用於地方自治團體的機關，無另為規定的必要。但政府組織可分為中央與地方兩大系統，前一種機關為國家機關，以

[50] 內政部90年1月11日台（90）內民字第9002071號函參照。
[51] 朱武獻，〈命令與行政規則之區別〉，收錄於氏著《公法專題研究，第一集》，頁371以下。
[52] 法務部101年7月25日法制字第10102116110號函參照。

完成全國性的政務爲目的；後一種則爲自治團體的機關，以推行自治團體的自治任務爲直接目的。此所稱「國家各機關之組織」，當以中央機關組織或國家機關的組織爲限[53]，不含地方自治團體的機關組織。因此，地方機關的組織究應以何法規形態規範，仍有予明定界分的實益。

本款規定雖稱「地方自治團體」，但應指「地方自治團體之機關」而言，理論上不僅包括地方立法機關、行政機關的本機關，乃至附屬機關、學校及各事業機構的組織。但地方立法機關既有開會期日的嚴格限制，欲上述所有組織均定爲自治條例，必將嚴重影響機關的彈性及積極機能，無法因應社會急驟變遷的需求。本法特另於第62條規定：所屬機關或學校的組織規程，由地方行政機關定之[54]。其他如法律或授權法規規定得以規程定之者，亦同，如各級行政機關訴願審議委員會（依訴願法§52訂定的「行政院暨所屬各級行政機關訴願審議委員會組織規程」）、公害糾紛調處委員會（公害糾紛處理法§8）、家庭暴力防治中心（家庭暴力防治法§8）、性侵害防治中心（性侵害犯罪防治法§5）等[55]。

尤其，政府機關的組織法規，內容乃包括機關、單位名稱、職掌、隸屬系統、組織架構、員額編制、職稱、職等，若任一因素的變動即須牽動自治條例的調整，實無法因應當代行政的實際需要；且組織法規僅規定內部運作程序，與人民權利義務無直接關聯，如部分單位、職稱、職等、員額的調整，都要經立法機關審議，在政策相對重要性考量上，實非妥當[56]。

爲促進國家機關用人彈性，授權各機關配合主客觀情勢變化，機動調

---

[53] 羅成典，〈中央法規標準法釋論〉，《國會月刊》，第5卷第5期，1974年5月，頁7。

[54] 內政部88年3月18日台（88）內民字第88032907號函參照。

[55] 本法第62條所稱「所屬機關」，並不包括「行政法人」，且依《行政法人法》第41條規定，直轄市、縣（市）設立行政法人，應制定自治條例，不得僅以規程定之。內政部106年11月15日台內民字第1060442945號函參照。

[56] 楊戊龍，〈中央行政機關組織彈性化的調適（一）—以日本組織法制體系爲借鏡〉，《考選周刊》，第595期，1997年2月27日，3版。

整內部組織，1997年憲法增修條文第3條第3、4項明文規定：「國家機關之職權、設立程序及總員額，得以法律爲準則性之規定。各機關之組織、編制及員額，應依前項法律，基於政策或業務需要決定之。」立法院乃據以制定《中央政府機關組織基準法》及《中央政府機關總員額法》。此二法案雖均未將地方自治團體機關包括在內，但揆諸憲法增修條文的意旨，地方機關自不能自外於此一時代潮流，地方立法機關審議組織自治條例時，應特別掌握此一分際，庶免對行政機關過度牽制，遲滯行政的機動功能。

四、其他重要事項，經地方立法機關議決應以自治條例定之者

本款係採學說上所謂的「重要性理論」，至於何爲重要事項，由地方立法機關依該事項的性質，以議決的方式認定。如就某一事項，地方立法機關已決議認定屬重要事項，應以自治條例規範者，除地制法或其他法律另有特別規定屬地方行政機關職權，由地方行政機關定之者外，地方行政機關即應予尊重，依該議決辦理[57]。

有謂本款規定將使自治條例專管事項的範疇，有由地方立法機關自身無限擴張的可能，此種結果看似對當地居民權利保護有利；但在地方立法機關效率不彰的前提下，是否因其有害行政的效率運作，轉而不利於公益目的的達成，應有再行檢討的必要[58]。

此論固非無見，但基於立法機關與行政機關的權力分配結構，如此規定似亦爲難以規避的結果，其情形一如中央法規標準法第5條第4款的立法。另外縱無此款規定，地方立法機關透過第1款及預算權的間接控制，同樣可以達到議會優位的目的。

---

[57] 內政部89年10月7日台（89）內民字第8908048號函。

[58] 蔡茂寅，〈地方制度法之簡介與評釋〉，《台灣本土法學雜誌》，第2期，1999年6月，頁167。

　　中央法規標準法第5條第4款規定：「其他重要事項之應以法律定之者，應以法律定之。」本款原為行政院提案所無，係立法院法制委員會於審查時認為「社會進步，政務紛繁，常有某種重要事項須要予以立法，而非上述三款所可概括者，為彌補缺憾特予增列[59]。」

　　於此應討論的是，倘地方立法機關認為係屬重要事項，行政機關並不認為重要，而逕以自治規則定之，引起爭論時，如何解決？如立法機關先作出決議，行政機關未予遵循，仍定為自治規則，可否直接以該自治規則牴觸地方制度法規定，由自治監督機關函告無效（§30IV）？或由地方行政機關援第39條府會關係相關規定，以該議決案執行有困難，僅敘明理由函復地方立法機關即可？不無疑義。

　　其次，如該自治規則係發布於地方立法機關決議之前，除該自治規則本身另具無效的原因，或地方立法機關已另行制定自治條例而發生競合外，該自治規則的效力並不受影響。

　　過去於中央行政命令有此爭論時，論者雖多認為可依《立法院議事規則》第8條規定：「如認為有違背、變更或牴觸法律者或應以法律規定之事項而以命令規定者，經決議後，通知原機關變更或廢止之[60]。」而謂，認定之權仍在立法院，惟因無強制規定，故形同具文，各機關多未依通知修正或廢止。

　　1999年1月25日制定公布的《立法院職權行使法》第62條第3項就此已有明文規定：「經通知更正或廢止之命令，原訂頒機關應於二個月內更正或廢止；逾期未更正或廢止者，該命令失效。」但一方面，為避免行政命令之效力長久處於不確定狀態，第61條復規定：「各委員會審查行政

[59] 立法院法制委員會59年7月8日臺法發文字第129號函參照。

[60] 立法院議事規則該條文已刪除，同意旨改規定於《立法院職權行使法》第62條：「行政命令經審查後，發現有違反、變更或牴觸法律者，或應以法律規定事項而以命令定之者，應提報院會，經議決後，通知原訂頒之機關更正或廢止之。前條第一項視為已經審查或經審查無前項情形之行政命令，由委員會報請院會存查。第一項經通知更正或廢止之命令，原訂頒機關應於二個月內更正或廢止；逾期未為更正或廢止者，該命令失效。」

命令，應於院會交付審查後三個月內完成之。逾期未完成者，視為已經審查。但有特殊情形者，得經院會同意後展延；展延以一次為限。」因事涉行政與立法兩權關係的調整，如有必要僅能以地制法定之。

　　尤其，地方自治團體立法機關與行政機關的權力基礎，均源自於居民的選舉，亦即均具有同樣的民主正當性，地方立法機關於第4款的實際運用及其相關的效力認定與解釋，即不能忽略此一重要因素。

　　另外，法律或中央法規命令就某事項明定應以自治條例定之者，前者如《住宅法》第20條、《社會秩序維護法》第91條之1，法規命令如《休閒農業輔導管理辦法》第27條、《溫泉法施行細則》第6條等，地方行政機關即不得以自治規則規範該事項，此係屬另一種應以自治條例規定的類型。

第五節　自治立法的界限與監督

> 相關條文：
> **第26條**（第4項）
> 自治條例經各該地方立法機關議決後，如規定有罰則時，應分別報經行政院、中央各該主管機關核定後發布；其餘除法律或縣規章另有規定外，直轄市法規發布後，應報中央各該主管機關轉行政院備查；縣（市）規章發布後，應報中央各該主管機關備查；鄉（鎮、市）規約發布後，應報縣政府備查。
> **第27條**（第3項）
> 直轄市、縣（市）、鄉（鎮、市）自治規則，除法律或基於法律授權之法規另有規定外，應於發布後分別函報行政院、中央各該主管機關、縣政府備查，並函送各該地方立法機關查照。
> **第29條**（第2項）
> 委辦規則應函報委辦機關核定後發布之；其名稱準用自治規則之規定。

第31條（第2項）

自律規則除法律或自治條例另有規定外，由各該立法機關發布，並報各該上級政府備查。

第30條

自治條例與憲法、法律或基於法律授權之法規或上級自治團體自治條例牴觸者，無效。

自治規則與憲法、法律、基於法律授權之法規、上級自治團體自治條例或該自治團體自治條例牴觸者，無效。

委辦規則與憲法、法律、中央法令牴觸者，無效。

第一項及第二項發生牴觸無效者，分別由行政院、中央各該主管機關、縣政府予以函告。第三項發生牴觸無效者，由委辦機關予以函告無效。

自治法規與憲法、法律、基於法律授權之法規、上級自治團體自治條例或該自治團體自治條例有無牴觸發生疑義時，得聲請司法院解釋之。

第31條（第2、3項）

自律規則除法律或自治條例另有規定外，由各該立法機關發布，並報各該上級政府備查。

自律規則與憲法、法律、中央法規或上級自治法規牴觸者，無效。

第32條

自治條例經地方立法機關議決後，函送各該地方行政機關，地方行政機關收到後，除法律另有規定，或依第三十九條規定提起覆議、第四十三條規定報請上級政府予以函告無效或聲請司法院解釋者外，應於三十日內公布。

自治法規、委辦規則依規定應經其他機關核定者，應於核定文送達各該地方行政機關三十日內公布或發布。

自治法規、委辦規則須經上級政府或委辦機關核定者，核定機關應於一個月內為核定與否之決定；逾期視為核定，由函報機關逕行公布或發布。但因內容複雜、關係重大，須較長時間之審查，經核定機關具明理由函告延長核定期限者，不在此限。

自治法規、委辦規則自公布或發布之日起算至第三日起發生效力。但特

定有施行日期者，自該特定日起發生效力。

第一項及第二項自治法規、委辦規則，地方行政機關未依規定期限公布或發布者，該自治法規、委辦規則自期限屆滿之日起算至第三日起發生效力，並由地方立法機關代為發布。但經上級政府或委辦機關核定者，由核定機關代為發布。

一、國家法秩序的統一性

　　地方自治是分權觀念與民主觀念的直接結合與有意識的憲政安排，相對於傳統式水平權力分立，中央與地方關係乃定位在垂直型權力分立的基礎上，要求國家權力共享與相互制衡的可能性，不得有任何一方得以獨自擁有支配其他行政層級的權限。地方自治團體從國家行政領域中分離出來，自成一格，而有相當程度的獨立性與自主性。

　　但法制的統一性，原為統一國家基本條件之一[61]；尤其在單一國體制下，地方自治團體終究是國家整體中的一部分，非國中之國，為維持國家統一於不墜，使不致分崩離析，法律社會自應同時存在一個中央集權的最低限度，與地方分權的最高限度。憲法與地方制度規範構成中央集權的最低限度，若無最低限度的制度保障，地方自治如同築城於沙，隨時因中央統治者的意志而坍塌；相對地，國家法秩序的統一性即為地方分權的最高臨界，如承認自治立法得凌駕國家法律之上，必導致群藩自雄，國家因之分崩離析。

　　因此，國家與地方自治團體間，仍須有一套制度聯繫存在，是即國家對地方自治團體的監督。此即如釋字第498號解釋所稱，中央政府對地方自治團體辦理自治事項、委辦事項，依法得按事項的性質，為適法或適當與否之監督。

　　國家法秩序統一原則從法階層構造論，至少包括三層意思，即（一）一切法的形式，都不能牴觸憲法；（二）下位階的法不能牴觸上

---

[61] 林紀東，《中華民國憲法逐條釋義（四）》（臺北：三民書局，1988年），頁137。

位階的法；（三）違反上述原則的法均屬無效。憲法第112、116、122、125、171、172條已分別揭示這樣的原則。本法又進一步針對自治法規與委辦法規的不同法效，規定自治法規不能與憲法、法律或本於法律授權的中央法規相牴觸，否則無效（§30Ⅰ、Ⅱ）。委辦規則除不能與憲法、法律牴觸外，也不能牴觸「中央法令」，否則亦屬無效（§30Ⅲ）；「法令」的範圍非常廣，除法律授權訂定的法規外，也包括職權命令、行政規則，甚至委辦機關的函示、訓令都是。

二、何謂「牴觸」

然究竟何謂「牴觸」？一般的認知有很大出入，直接影響到自治立法的開展，這也是地方立法實務上所遭遇的最大困擾。

承認自治立法的本意，並非要將自治立法的內容，限制於憲法、法律或中央授權法規既有內容的範圍內，使自治法規淪為僅僅是對中央法規進行轉抄、模仿，而失其應有意義的規範性法的文件；相反地，是要鼓勵、運用自治法規的形式，來積極主動地解決應當用法的形式來解決的地方問題。

「牴觸」與「逾越」兩者概念範圍也不同，逾越是自治法規規範的內容超越法律規範的範圍，牴觸則係兩者內容的矛盾、衝突；逾越不等同牴觸[62]。

在憲法所明定或法律所確認的中央事權[63]，不存在自治立法的空間，也就不存在牴觸與否的問題。其他領域，可能法律空白，也可能法律先占；就自治事項的法律空白，既無相對應的法律規範，自存在廣泛的自治立法空間，一般也較不會產生牴觸法律與否的問題，充其量只是在是否

---

[62] 惟實務上有將兩者混為一談，認逾越即牴觸者，如內政部103年5月27日內授消字第1030167258號函。

[63] 前者如憲法第107條的中央專屬權與第108條的中央得委辦事權，後者如入出國及移民法第2條。

自治事項屬性上的爭議[64]。牴觸法律通常出現在自治事項已存在「法律先占」的情形，法律先占可能擠壓自治立法的空間，但並不因此排除自治立法的可能，中央於審查時仍應就規範目的、對象、構成要件及中央法律相關條款的規範性質等，予以認定。

　　縱經中央立法，自治法規只要其內容不與中央法律具體條文直接牴觸，或與其精神間接衝突，是否相牴觸？應就各條文個別審認，不能一概而論。如電子遊戲場業的管理，據行政法院的判決認係屬「工商輔導管理」的自治事項[65]，中央雖定有《電子遊戲場業管理條例》，其第9條規定：「電子遊戲場業之營業場所，應距離國民中、小學、高中、職校、醫院五十公尺以上。」各地方自治團體仍多根據地方工商特殊環境及發展上的需要，另定電子遊戲場業設置管理相關自治法規，採較嚴格規範的空間，且各有不同，如臺北市、臺南市與花蓮縣規定1,000公尺、新北市規定990公尺[66]、桃園縣與澎湖縣規定800公尺、臺中市與南投縣規定限制級300公尺、普通級200公尺。

　　上開自治法規有無牴觸法律？經濟部過去認地方政府任何高於50公尺限制的規定，牴觸法律。惟筆者一向認為應視該法律規範目的而定，如屬最高限制規定，自不能逾越該限制；但如為最低標準規定，則訂定較高要求，並無牴觸法律；本條規定的重點如在於保障人民的財產權或營業自由，50公尺隔離帶的界限，自應解釋為任何法規就有關該營業行為限制的極限，只要於距離規定場所50公尺之外，即不得再禁止該營業場所的設置。相反地，本條規定的保護重點如係在於學校、醫院的安寧秩序，則50公尺即應解釋為該營業場所設置的最低限制。而核諸本條內容及意旨，應認為係基於維護學校及醫院鄰近地區的安全、安寧環境，所做的最低標準

---

[64] 例如地方政府如擬制定《事業氣候變遷調適費徵收自治條例》，其前提是，課徵「事業氣候變遷調適費」是否屬直轄市自治事項？

[65] 最高行政法院101年度判字第1058號判決參照。

[66] 新北市何以定一個「非整數」的隔離帶距離，有一段很有趣的立法故事，參閱劉文仕，《文官說法—臺灣地方制度講古》（台北：遠流出版社，2017年），頁98-110。

規定，地方自治團體基於該地域的特殊需要，衡酌該管境內電子遊戲場的經營形態、設施環境、消費客群及學校、社區、社會普遍意向等，為避免電子遊戲場的設立有妨礙轄內商業正常發展及妨礙公共安全、社會安全與環境安寧，以自治法規延伸其與電子遊藝場的「隔離帶」，如具正當性與合理性，即應無牴觸法律之嫌。日本就此已逐漸揚棄「法律先占」理論，充分考慮規範事項的性質，將國家法律分為「規制限度法律」與「最低基準法律」，自治法規僅在牴觸前者時，才會被解為無效[67]。

司法院大法官釋字第738號解釋即採同樣見解，明揭電玩條例所規定的50公尺隔離帶，可認係法律為保留地方因地制宜空間所設之最低標準，並未禁止直轄市、縣（市）以自治條例為應保持更長距離之規範。故自治法規所為電子遊戲場業營業場所應距離國民中、小學、高中、職校、醫院1,000公尺、990公尺、800公尺以上等較嚴格的規定，尚難謂與中央與地方權限劃分原則有違，其對人民營業自由增加的限制，亦未逾越地方制度法概括授權的範圍，從而未牴觸法律保留原則。

應注意的是，《電子遊戲場業管理條例》第8條第1款所定：「電子遊戲場業營業場所應符合都市計畫法及都市土地使用分區管制」，此為對都市計畫有關事項的規定。至同法第9條關於電子遊戲場營業場所須距離學校、醫院一定距離，乃鑑於學校與醫院對於環境安寧有較高的要求，此與都市計畫管制土地、建築物的使用，二者立法目的不同。又《都市計畫法》主管機關在中央為內政部，而《電子遊戲場業管理條例》主管機關在中央為經濟部，分別為《都市計畫法》第4條、《電子遊戲場業管理條例》第2條所定，二者主管機關不同，所規範的事項自屬有異。都市計畫係對土地及建物分區使用加以限制，例如電子遊戲場必須設於商業區；而《電子遊戲場業管理條例》第9條規定的要件，則屬主管機關對電子遊戲場業的管理規定，非屬都市計畫法規範之範疇。該事項既非都市計畫法應規定的事項，則該法第85條所授權訂定的施行細則，自不得就非屬母法規

---

[67] 最高行政法院94年11月份庭長法官聯席會議決議採此見解。

範的事項，逾越母法授權，對電子遊戲場應距離學校、醫院若干公尺，加以規定[68]。

　　換言之，地方政府如欲規範電玩業更嚴格的隔離帶，不能以都計法為基礎，而應從經濟管理的自治法規著手，且因該限制涉及居民營業權的限制，應依地制法第28條意旨，於符合比例原則的前提下[69]，以自治條例定之。

　　同樣地，如罰責規定，自治法規與中央法規所定額度不同，甚至為較法律為更高度更規定，是否即屬牴觸法律，也不可一概而論，應視相關法律規範事項的性質、立法目的、處理事項逐一檢驗是否具同質性，整體考量，始可據以認定其效力。如改制前《臺北縣就業場所性騷擾防治自治條例》與《就業服務法》規範目的、處理的事務，本不相同，但行政院勞工委員會仍認其罰款上限逾越就業服務法的規定，未予核定[70]，見解應非妥適。反例，如臺北縣政府草擬《臺北縣管制道路挖掘自治條例》第23條及第14條所定罰鍰，雖較《市區道路條例》第33條為高，但內政部認其處罰要件不同，無牴觸問題[71]。

　　在中央法律與地方自治法規的關係上，除較多的法律先占的案例外，也可能發生法律已就特定事項，明文授權地方自治立法，但中央又另立他法作相同規範的情形。

　　例如依《教育基本法》第7條第2項規定「政府為鼓勵私人興學，得將公立學校委託私人辦理；其辦法由該主管教育行政機關定之。」此所稱

---

[68] 最高行政法院96年6月份庭長法官聯席會議決議參照。

[69] 釋字第738號解釋特於本文中進一步指出「各地方自治團體就電子遊戲場業營業場所距離限制之規定，允宜配合客觀環境及規範效果之變遷，隨時檢討而為合理之調整，以免產生實質阻絕之效果。」這段文字誠如蘇永欽副院長於協同意見書所稱，是「違憲瑕疵已接近容忍底限的警告，促請有能動性的相關機關提高憲法警覺，適時適度地作一些努力。」此應係大法官在違憲與不違憲兩難之間妥協的結果。但事實上，無論臺北市的1,000公尺或新北市的990公尺，其實都已產生實質阻絕的效果，各該地方政府如不適時檢討修正，在個案行政訴訟上即難保法官不會據此為不利地方政府的論斷。

[70] 行政院勞工委員會89年12月12日台（89）勞動三字第0054682號函參照。

[71] 內政部90年10月31日台內營字第9067014號函參照。

「由該主管教育行政機關」解釋上即各級學校的主管機關，如國民中小學的主管教育行政機關爲直轄市、縣（市）政府；就此，《國民教育法》第4條第3項即明定「國民小學及國民中學，得委由私人辦理，其辦法，由直轄市或縣（市）政府定之。」

各地方政府依此授權，原多制定有相關自治法規，有制定自治條例者，如臺北市《市立學校委託私人辦理自治條例》，桃園市、臺南市、宜蘭縣、嘉義縣亦是，新北市則以《市立國民中小學委託民間辦理辦法》規範。但教育部鑑於地方自治法規無法排除中央有關教師資格、待遇、退休、撫卹與權利保障等法律的適用，故委託辦學受有限制[72]；且因相關法制不完備，造成受託學校定位不明，致主關機關、受託學校、學生、教職員等權利義務難以釐清，故制定《公立國民小學及國民中學委託私人辦理條例》，以爲規範。於此，即可能發生法規適用上的問題，倘地方政府依法律授權制定或訂定的自治法規，與中央另行制定的法律規定不一致，例如自治法規規定每一受託單位只能接受委託辦理一所學校，中央法律無此限制；前者規定限於無人就讀的學校，後者顯然針對仍有學生（甚至一定數量學生）的學校。自治法規究因中央法律的制定而失其適用效力？或自治法規仍具補充地位？相關爭議，仍待實務發展檢證[73]。

另外，還存在同一法律就特定事項對中央與地方平行授權訂定法規的情形，例如公投法第9條第6項明定「主管機關應建置電子系統，提供提案人之領銜人徵求提案及連署；其提案及連署方式、查對作業等事項之辦法及實施日期，由主管機關定之。」

此所稱主管機關，參照第3條第1、2項規定，「全國性公民投票之主管機關爲中央選舉委員會，……地方性公民投票之主管機關爲直轄市政府、縣（市）政府。」中央與地方就第9條第6項所定事項，自都可本於法

---

[72] 地方政府爲排除此一困難，多務實地明定限於「無學生就讀」的學校始可委外，不會發生教育部所顧慮的情況。

[73] 惟各地方政府多以中央已定有相關法律，陸續廢止所定自治法規，如臺南市於2015年11月、桃園市於2017年3月、臺北市於2017年7月。僅剩新北市政府未辦理廢止。

律授權，訂定法規，不存在上、下位階關係，也不應有地方自治法規牴觸中央授權法規的問題。

三、自治法規的監督

　　法規依其規範內涵的不同，有些是制定機關得全權處理，自行完成法定效力者；有些則尚需其他機關核定，如上級機關或主管機關本於行政監督權，得對下級政府或機關的法規加以審查，並作成決定，該法規始能完成法定效力（§2④）。前者，本機關原得獨立完成其效力，但法規有時可能規定應陳報或通知其他機關，使其得知悉該事實。此一事實行為，法制用語上多用「備查」；但立法實務上，如係以立法機關為對象，似多使用「查照」字樣，如《中央法規標準法》第7條、本法第27條第3項及《關稅法》第3條第1項，以資區別。

　　自治法規本得由地方自治團體全權處理，除因定有罰則（§26Ⅳ）或法律及自治條例另有規定（§27Ⅲ），應報經上級機關或監督機關核定，須俟核定後始能公布或發布外，原則上，各該自治團體均得於完成立法程序後，即予公布或發布。

（一）自治條例

　　自治條例立法權，係代表地方自治區域內國民意志的形成與決定，以經地方立法機關決議為足，原不須國家許可。但以其對違規行為規定罰則，對人民權益影響至鉅，第26條第4項特規定定有罰則的自治條例，應先經上級政府核定後始能公布；至未涉及罰則[74]者，除法律或縣規章另有規定外，僅需於公布後送上級機關備查即可。前者採事前監督，後者採事後低度監督。後者於地方立法機關議決通過後，即得函由地方行政機關公布。

---

[74] 內容定有罰則的自治條例，如僅修正罰則以外的條文時，亦屬之。內政部91年6月5日台內民字第0910066134號函參照。

1. 何時陳報

至何時陳報備查？法無明文；而陳報的規定，解釋上也屬訓示規定，非強制規定，縱未踐行該法所課予的陳報義務，可能構成行政怠忽，然並不影響該自治條例的對外法效性[75]。如應先經核定者，非經核定，不得公布；即予公布，亦不生規範效力。

2. 對誰陳報

自治條例究應報何機關核定或備查？就應經核定部分，直轄市法規報經行政院核定，鄉（鎮、市）規約報經縣政府核定，尚無問題；但縣市規章則應報「中央各該主管機關」核定，中央主管機關如何認定？有時不無爭議，蓋此乃就自治事項而為規範，除有「法律先占」的情形，而規定其中央主管機關者外，理論上不排除地方自治團體於憲法或地方制度法所規劃的自治事項的空框結構下，自行就中央機關執掌所無的、新興的事項，制定自治條例，可能發生中央立法監督權行使的消極衝突；如「寵物殯葬」[76]業務，涉及農委會、內政部與環保署主管，但三個機關均敬謝不敏。

按自治條例內容若涉及二以上業務管轄機關的核定或備查疑義時，為維護地方法規的完整性，並利中央主管機關得自治監督，應視地方法規為整體，由規範主要內容的中央主管機關主政，對於涉及其他中央主管機關業務部分，由主政機關請相關機關就所管部分表示意見後，據以全案處理統一函復，不宜由各中央主管機關就個別部分分別予以核定或備查，甚或函告無效。自治規則與委辦規則，亦同[77]。

應注意的是，第30條第3項所定「函告」無效的權限，係從自治監督的層級定其管轄，本規定並未變更法律主管機關的權責，如地方政府並非

---

[75] 內政部101年5月8日內授中民字第1015035899號函參照。

[76] 嚴格言之，「殯葬殮祭」在民俗上有其以「人」為主體的意義，對於「寵物」屍體的處理，似不宜比附援引。

[77] 內政部91年10月30日台內民字第0910007383號函參照；90年8月28日台（90）內民字第9006302號函同此意旨。

就已完成法制程序的自治法規陳報備查或核定，而僅係就擬訂定的自治法規是否牴觸法律，函請釋示，相關法律主管機關仍應本於有權解釋機關的權責，提供法律見解供地方政府參酌[78]。

3. 審查範圍

至於上級機關於核定時，是否得同時審查罰則以外的條文？解釋上應不能置問。但如該條例與罰則有密切關聯時，尤其，行政罰法的立法體例與典型刑法不同，都將行為要件與法律效果分別規定，審查罰則難免必須同時審查其法定要件。因此，為維自治條例的整體性，核定機關於核定時應就整體自治條例為核定，而非僅就有罰則的部分條文核定[79]。但仍應盡可能自我節制，限縮審查範圍，僅就罰責條款及其相關條文為限，庶免藉核定之名，行干預自治之實。

4. 處理方式

自治條例陳報核定或備查時，僅能就其合法性進行審核，如認無牴觸憲法、法律、中央法規命令，即應函覆「准予（或予以）核定」或「業已備查」[80]。如認有牴觸情形，其處理情形，因備查與核定而不同：

(1) 備查

因該自治條例業經公布生效，只能函覆「業已備查」，並敘明其牴觸之處，函告其無效或要求「自行撤銷公布令」[81]。實務上，基於尊重地方自治，偶有較寬容的處理方式，謂「請依相關意見，儘速修正」[82]，或僅

---

[78] 實務上，中央部會對此迭有誤解，尤其對直轄市函請釋示的事項，以為第30條第4項既明定「函告權責屬行政院，在未經行政院函詢之前，未便專擅。」竟不予釋復（行政院農業委員會105年12月22日農牧字第1050248519號函參照），直轄市乃據以函請行政院釋示。

[79] 內政部91年6月5日台內民字第0910066134號令參照。

[80] 行政實務上常出現「准予備查」或「同意備查」等公文，備查既屬陳報知悉之意，無所謂准不准、同意不同意的問題，此類公文用語洵屬不當。

[81] 行政院秘書長100年12月30日院臺文字第1000069333號函參照。

[82] 如《臺北市國民中小學校長遴選自治條例》，教育部指出「國民教育法並無任期屆滿

提供參考條文「建議修正」[83]，甚至僅謂「作為下次修正之參考」[84]。

(2) 核定

因自治條例尚未生效，中央主管機關除上開作為外，實務上亦多逕行增刪修正後核定[85]，並謂地方行政機關應於核定文送達30日內依核定條文予以公布，毋庸再送地方立法機關審議[86]；如中央主管機關未逕行修正，而係敘明理由退回未予核定，並請地方行政機關修正後再重新報核，因原自治條例業經地方立法機關審議通過，在未公布生效前，自無從再函送立法機關修正，因此，地方行政機關應得依中央主管機關意見，逕行修正後函報中央主管機關核定，無須再送立法機關審議。

後將於2年內屆齡退休校長得不經遴選延長至退休之規定，……建議……仍依國民教育法規定修正辦理」，行政院秘書長函復僅要求「請依教育部意見，儘速修正本自治條例」。行政院秘書長97年1月21日院臺教字第0970000999號函參照。但臺北市政府堅不修正，其結果是教育部自己修《國民教育法》。

[83] 行政院100年10月13日院臺內字第1000051498號函參照，但地方行政機關未必照辦。

[84] 行政院101年1月4日院臺建字第1010120492號函。

[85] 如《臺北市火災預防自治條例》第11條、第14條原分別規定，「消防局得定期或不定期檢查建築物或場所，經檢查不合格者，應即通知限期改善，並予複查。管理權人不得規避、妨礙或拒絕。但建築物純供住宅使用者，不在此限」、「違反第十一條規定者，處管理權人新臺幣三千元以上一萬五千元以下罰鍰」。行政院秘書長函復認前揭條文「消防法第6條、第37條業明定消防安全檢查相關規定，又本條例規定罰鍰金額為3千元以上1萬5千元以下，與消防法第37條所定6千元以上3萬元以下之罰鍰金額，恐有法條牴觸之虞，建議刪除此二條規定。」惟臺北市政府函復仍維持此等規定，行政院爰逕予刪除前揭條文而為核定。行政院100年11月29日院臺內字第1000060979號函參照。

[86] 內政部91年4月8日台內民字第0910070609號函參照。惟實務上，有地方行政機關仍將自治監督機關核定修正的自治條例，再送立法機關審議者。如臺北市政府於104年4月8日將行政院修正核定的「臺北市資訊休閒服務業管理自治條例」函送議會審議，臺北市議會於同年5月27日第12屆第1次定期會第7次會議議決「仍維持本會三讀通過條文」，並作成附帶決議，認內政部上開函示，已嚴重侵害地方立法權，違反行政權與立法權分立之原則。

　　學者雖有從維護自治精神的觀點，傾向主張否定說[87]。但如再送立法機關，倘立法機關審議後未依中央主管機關意見，而自主修正，再報核定，中央主管機關又不予核定，如此公文反覆，將不利地方自治政務的適時推動[88]。因此，實務作法誠有其不得不然的理由；但是中央政府實施核定權時，仍宜充分尊重地方自治，盡可能先行溝通，並做最寬鬆的認定。

　　過去，行政院所訂《地方自治法規報院核定或備查之統一處理程序》第1點僅含糊規定「認有牴觸憲法、法律或基於法律授權之法規或其條文前後矛盾、文字明顯錯漏者，退請直轄市政府再行研酌、逕予修正核定或不予核定。」致實務上迭生爭議。為俾自治監督作業明確，行政院法規會特於2018年5月11日函頒該處理程序第1點修正條文，明定經審認其內容，①如認無牴觸者，函復准予核定。②如認有牴觸者，即明白函復不予核定。③若認並無牴觸，但其條文前後矛盾或文字明顯錯漏，致適用顯有窒礙者，始逕予修正核定。不再「退請再行研酌」，避免造成自治條例退回直轄市政府後，府會就自治條例之適法性及後續立法程序恐發生爭議，甚至陷入立法僵局。

（二）自治規則

　　自治規則與自治條例的法位階關係、制定機關有別，與行政規則的規範效力、性質、權源與生效要件亦略有差異，其行政監督方式乃有另行設計的必要。

　　依本法第27條第3項規定，除法律或自治條例另有規定[89]外，自治規

---

[87] 陳愛娥，〈論中央對地方自治條例之審查界限—以臺北市近年之自治條例為例〉，新北市政府主辦「101年度直轄市法制及行政救濟業務研討會」，頁48-85。註69-72案例，均整理自本研討會論文及其與談。

[88] 為尊重地方自治，內政部上開函示，或可檢討修正，給予地方行政機關自行決定，依中央主管機關核定條文公布，或中央僅敘明不能核定之條文及其理由，由地方行政機關並送議會審議。

[89] 如《建築法》第101條規定：「直轄市、縣（市）政府得依據地方情形，分別訂定建築管理規則，報經內政部核定後實施。」《都市計畫法》第85條規定：「本法施行細

則採事後低度監督，僅於發布後送規定機關備查或查照[90]。至於應由何機關監督？本條原以立法權源的不同作為區分標準：1.依法律授權訂定者：函報各該法律所定中央主管機關備查。2.依法定職權訂定或依自治條例授權訂定者：分別函報上級政府備查及地方立法機關查照。所稱「上級政府」，分別係指行政院、中央各該主管機關、縣（市）政府而言[91]。惟法律如另有規定核定機關，如建築法第101條，則僅依該條文報內政部核定即可，無須再轉陳行政院備查[92]。

　　2014年1月29日修正公布條文，將本條第3項修正為「除法律或基於法律授權之法規另有規定外，應於發布後分別函報行政院、中央各該主管機關、縣政府備查，並函送各該地方立法機關查照。」無論是由中央法律或法規命令授權訂定，抑或地方行政機關本於自治需要依職權訂定的自治規則，除法律或基於法律授權之法規另有規定外，直轄市自治規則均函報行政院，縣（市）自治規則函報中央各該主管機關，鄉（鎮、市）自治規則函報縣政府備查，且均應函送各該地方立法機關查照。

則，在直轄市由直轄市政府訂定，送內政部核轉行政院備案。」《水污染防治法》第7條第2項後段：「直轄市、縣（市）主管機關得視轄區內環境特殊或需特予保護之水體，就排放總量或濃度、管制項目或方式，增訂或加嚴轄內之放流水標準，報請中央主管機關會商相關目的事業主管機關後核定之。」

[90] 實務上，有未發布即報請備查者，其性質應屬先期協調作用，自治監督機關「備查」與否，均與該法規的效力無關。如《高級中等教育法》第37條第2項規定「申請免試入學人數超過各該主管機關核定之名額者，其錄取方式，由直轄市、縣（市）主管機關會商就學區內各校主管機關訂定，報中央主管機關備查。」《高級中等學校多元入學招生辦法》第6條「免試入學之辦理方式如下：一、就學區之直轄市、縣（市）主管機關應……依中央主管機關所定應遵行事項，訂定該區免試入學作業要點，提直轄市、縣（市）教育審議委員會審議通過後實施，並報中央主管機關備查……。」但臺北、新北、基隆市於《基北區高中高職免試入學作業要點》未發布前先報教育部，教育部認牴觸該部所訂應遵循事項，不予備查；嗣北北基不理會教育部態度，仍依規定自行發布。

[91] 內政部88年8月5日台（88）內民字第8806358號函參照。

[92] 內政部89年12月26日台（89）內營字第8913277號函參照。

其處理方式，原則上同無罰則規定的自治條例。至於地方立法機關就地方行政機關函送查照的自治規則，是否比照《立法院職權行使法》第62條規定，保留事後審查權，對於「各機關送本院與法律有關之行政命令，應提報本院會議。但有出席委員提議……經表決通過，得交付有關委員會審查，審查結果如認為有違反、變更或牴觸法律者，經議決後，通知原機關更正或廢止之。」本法就此無明文規定，無從比照處理。

（三）委辦規則

委辦規則，原來即在於上級政府指揮監督下，為執行上級政府交付辦理的、非屬該團體的事務，所作的一般抽象的規範（§2③），執行機關的執行方法受委辦機關適法性與妥當性的監督，為避免動搖上級機關的政策或各地方政府過度便宜行事，本法規定無論係基於法律或中央法規授權或本於職權訂定的委辦規則，本法第29條第2項特規定，委辦規則均應函報委辦機關核定後發布。但因第2條第3款規定地方自治團體執行委辦事項負其行政執行責任，自治團體為完成委辦任務，訂定規則，如無違法情事，委辦機關允宜充分尊重，勿加干預。否則，可能發生責任混淆，地方自治團體甚至可主張責任轉嫁。

（四）自律規則

自律規則僅就地方立法機關內部事項而為規定，性質上與行政規則相當，地方立法機關本得自行決定，本法規定原則上於發布後報上級政府備查即可（§31Ⅱ）。

四、自治法規的生效

基於行為價值預測可能性的法治原則，法規必須公開宣告，昭示周知，始能發生對外效力。質言之，法規的公開宣示，是法規生效的必要條件。而依一般法制作業，對法律的宣告昭示用「公布」字樣，對行政命令則用「發布」（憲法§37及中央法規標準法§3、4、7、13參照）。自

治條例既被界定為區域性法律的性質，其公示應以公布為之；自治規則或委辦規則為行政命令，採發布形式，原無疑義，地方制度法第25條立法用語即如此分類。至於本法有關自治條例部分，時而使用發布字眼（如§26IV），係因幕僚作業疏未訂正所致，僅屬立法技術上的瑕疵，不能倒果為因，將自治條例解釋為行政命令。

自治條例經地方立法機關議決通過後，函送各該地方行政機關，地方行政機關收到決議文後，應於30日內公布，但有下列三種情形者，不在此限（§32 I）：（一）法律另有規定；（二）地方行政機關認有窒礙難行，經依第39條規定，提起覆議者；（三）上級機關認有牴觸憲法、法律、上級法規等情事，依第43條規定函告其無效或聲請司法院解釋者；當然地方自治團體如有疑義，亦得聲請司法院解釋，此一情形，亦不受30日公布的期間限制。

又，自治法規、委辦規則如依規定應經其他機關核定者，地方行政機關亦應於核定文送達後30日內公布或發布（§32II）。地方行政機關如未依規定期限公布或發布，地方立法機關得代為發布；經核定者，由核定機關代為發布（V）。

第32條第2項規定於「單純核定」，固可無條件適用，但如為附帶意見的核定，地方自治團體將如何處理？其情形有二，應分別處理。一種情形，一方面明示核定的意思，一方面又附帶修正意見，地方行政機關得逕行公布或發布，其他附帶意見僅作為將來修正的參考；如先循法定程序遵照修正後再公（發）布，亦非不可，此既已照核定機關意見修正，應無須再報核定。另一種情形，僅有修正意見，而未明示是否核定？則應視為拒絕核定，地方行政機關於收受該文後，可以依需要存查結案，亦可循法定程序修正後再送核定。

為強化行政效率，本法並明定核定機關應於一個月內為核定與否的決定；逾期視為核定，地方行政機關即得逕行公布或發布。但如因法規內容複雜、關係重大，須較長時間審查者，核定機關亦得敘明理由函告延長核定期限。法規是否複雜或重大？於合理範圍內，原則上尊重核定機關的認定，但其理由應具體，不能含糊空洞，藉詞拖延。

倘核定機關拒絕核定或有上述視同拒絕核定的情形，地方自治團體得否提起救濟程序？按，法規的核定行為係不同權利主體間的法律關係，其效力具外部性，似可解釋為係就公法上具體事件所為的決定，而對外直接發生效力的單方行為，地方自治團體如認為權利或利益受有損害，或可循新修正通過的訴願法第1條第2項規定，提起訴願。此一見解僅適用於自治法規，委辦規則既屬上下級行政官署間的指揮監督權的行使，係屬國家一體性的內部關係，不具備訴願保護要件，只能循行政程序陳述意見。

法規公布或發布後，為使居民瞭解法規動態，保障其權利，並利於行政調適，該法規並非當然施行，本法第32條第4項就此乃採法規標準通例，如特定有施行日期者，自該特定日起發生效力，此特定日如不違反一般行政法原理原則，解釋上亦包括溯及效力；如未特定施行日，則自法規公布或發布之日起算至第三日起發生效力，此生效日之起算應將公布或發布的當日算入，自不待言。

有疑義者，如地方行政機關未依法定期限公布或發布，而由地方立法機關或核定機關代為公布或發布者，其生效日究應從何起算？第32條第5項規定：「自期限屆滿之日起算至第三日起發生效力」，文義解釋上，於期限屆滿之日起算至第三日即當然生效，而無論有無經代公（發）布或另特定有施行日之屆至。如此人民權益將因未宣告昭示的規範，而受不可預測的影響，有違法治原則。該規定應係出於技術上的瑕疵，而核其實際目的，應係僅在課地方行政機關發布的義務，並賦予核定機關代發布的權利，而非在於對地方行政機關不依規定期限發布法規的「處罰」，其生效日仍應適用一般法規標準，自法規公布或發布之日起算至第三日起發生效力[93]。

---

[93] 內政部89年9月22日台（89）內民字第8907536號函參照。

━━━━━━ **自我評量** ━━━━━━

➢ 依地方制度法之規定，直轄市、縣（市）、鄉（鎮、市）制定的法規類別為何？請說明之。（103高）

➢ 何謂「自治條例」？直轄市、縣（市）、鄉（鎮、市）在制定自治條例時，各有什麼不同之處？（98特原）

➢ 何謂自治條例？自治條例規範事項為何？並就自治事項而言，析論自治條例之位階、發布程序與生效要件。（109地特）

➢ 地方制度法第28條第2款規範「創設、剝奪或限制地方自治團體居民之權利義務者」可以自治條例定之。有關人民權利義務之創設、剝奪或限制，有論者認為應由中央立法機關或國會才可以法律加以規範，地方制度法第28條第2款的規定是否合理？試申己見。（98地特）

➢ 直轄市法規、縣（市）規章就違反地方自治事項之行政業務者進行處罰時，可採行哪些作為？其內容與程序為何？（96特原）

➢ 地方政府如何制定自治條例？又哪些事項應以自治條例規定之？如有罰則如何制定？（93特原）

➢ 某縣為求得以強制拖吊違規停置之車輛，並收取移置費及保管費，擬訂定自治法規取得法源依據，問：此等涉及強制拖吊違規車輛並收取相關費用之自治法規，應由哪一個機關以何種形式定之？其訂定生效之程序為何？請附具理由，詳細說明之（93升等）

➢ 試比較自治條例與法律之區別。（92普）

➢ 試比較說明自治條例與自治規則的不同。（102特原）

➢ 依我國地方制度法之規定，自治條例保留原則為何？請說明之。（104地特）

➢ 直轄市法規及縣市規章得規定行政罰之種類為何？試說明之。（91臺北基）

➢ 空拍紀錄片「看見臺灣」贏得今年金馬獎「最佳紀錄片」獎，片中污染的河川、崩塌的山坡地及工廠排放黑煙等影像，引起社會廣大回響。請就河川污染部分，縣（市）政府應如何有效執行才能嚇阻此類違法事件

論述之。（102地特）

➤ 若某地方政府希望經由制度化的途徑，並透過公權力介入，來管制轄區內食品業者的製造與經營方式，以維護民眾食品安全權益。請問根據地方制度法及現行地方政府法制，該地方政府應考量那些規定？同時又應如何落實此目標？（104高）

➤ 依地方制度法第2條規定，地方自治團體對自治事項應負政策規劃與行政執行責任。請以直轄市為例，分析若市政府欲訂定某自治條例時，應考量哪些因素？中央又有那些監督或影響的權利？（102升等）

➤ 「高雄市立各級學校教師及職員出勤差假管理自治條例」規定學校教師或職員請事假滿規定之期限者，其超過部分按日扣除俸薪，內政部認為此規定並不符合地方制度法第26條第4項所稱「罰則」一事，何故？請就此表示己見。（91高）

➤ 地方自治條例在各地方自治團體有何名稱？其有關行政罰之規定、內容及制定程序為何？試分別說明之。（91特原）

➤ 地方制度法第7條第2項規定：「村（里）、鄉之編組及調整辦法，由直轄市、縣（市）另定之」，請問村（里）、鄉之編組及調整辦法究竟應該以自治條例方式辦理？還是應該以自治規則方式辦理？並請一併說明何謂自治條例？何謂自治規則？（91臺北基）

➤ 高雄縣美濃鎮民代表會曾通過之「美濃鎮公所基層建設工程執行監督條例」，不合地方制度法有關條文之規定，請就地方制度法第25條及第26條第1項之規定，試申己見。（91基特）

➤ 何謂自治規則？依據地方制度法之規定，自治規則之訂定，除法律或自治條例另有規定外，應踐行哪些程序？（93升等）

➤ 何謂自治規則？自治規則之名稱為何？何謂備查？直轄市、縣（市）、鄉（鎮、市）發布自治規則後，是否需再送上級機關備查？請分別說明之。（91臺北基）

➤ 請根據地方制度法之規定，分別簡述「自治規則」與「自律規則」之義涵，並比較其間差異。（93地特）

➤ 地方行政機關有訂定「自治規則」之權，地方立法機關亦有訂定「自律

規則」之權，試請說明二者的差異。（101地特）

➤ 依我國地方制度，自治法規可分為自治條例、自治規則、委辦規則、自律規則、行政規則。請判斷下列情況各應採取上述何種自治法規加以規範處理較為適當？並簡述其原因。1.中壢市市民代表會之代表在代表會開會時的發言規則。2.臺中市政府針對公園行道樹等設施的維護措施。3.新竹縣向縣民徵收污水下水道使用費。4.雲林縣政府對所屬鄉鎮市公所的管理作為。5.羅東鎮公所承宜蘭縣政府之命令辦理各項業務。（102身障）

➤ 何謂自治立法？試依地方制度法規定，回答下列問題：1.自治條例的立法過程為何？2.自治規則與行政程序法規定之法規命令或行政規則有何相同和相異之處？3.委辦規則位階最低，其與行政規則如何區別？（95地特）

➤ 地方制度法第27條對「自治規則」之規定，與行政程序法第150條對「法規命令」、第159條對「行政規則」之規定，有何不同？試比較說明之。並說明地方行政機關可否訂定行政規則。（92地特）

➤ 試依地方制度法就地方自治法規中之立法自主權，如罰鍰、重要事項及相關法制位階等加以析論之。（98高）

➤ 現行地方制度法第28條規定被認為是地方立法機關所擁有的地方立法權，請寫出地方制度法第28條條文詳細內容，並試申己見。（91基特、92身障）

➤ 地方法規包含自律規則、自治法規及委辦規則，試就此討論地方法規的體系。（93地特）

➤ 臺北市為管理俗稱的網路咖啡店，通過「臺北市資訊休閒服務業管理自治條例」，其中第8條規定網咖場所之設置應距離高中、高職、國中、國小二百公尺以上；而由中央立法的「資訊休閒業管理條例」（草案），則規定必須距離國中、高中、高職五十公尺以外。請問如果中央立法通過「資訊休閒業管理條例」，臺北市是否必須修訂「臺北市資訊休閒服務業管理自治條例」？請討論說明之。（91普）

➤ 地方立法機關制定有罰則之自治條例時，應踐行何等程序始生效力？

（93升等）

➤ 鄉（鎮、市）與鄉（鎮、市）公所之區別為何？試依下列問題回答：1.鄉（鎮、市）定之，所指謂之地方法規，其立法過程為何？2.鄉（鎮、市）公所定之，所指謂之地方法規，其生效要件為何？3.上述二類地方法規，地方議會如何行使監督權？（94地特）

➤ 自治條例與法律有何不同？其制定過程與效力又有什麼特色？（100身障、99高）

➤ 在日本的國法體系中，自治條例何時會被認為違反法令呢？請說明之。（92升等）

➤ 甲公司於民國103年間以其新增進用設籍於乙縣之縣民多人為其員工繼續達1年以上，依「乙縣振興經濟促進就業獎勵措施自治條例」規定，向乙縣申請核發補助，案經乙縣政府審查認其申請符合規定，以103年A號函，核發新臺幣1,000萬元補助款。嗣乙縣政府核認甲公司設於乙縣之廠區，其事業主體為甲公司，公司所在地設於丙市，不符前揭自治條例規定，爰依同條例第6條、行政程序法第127條等規定，以103年B號函撤銷系爭A號函，命甲公司於文到15日內加計利息繳回前述已發給之補助款，逾期不履行將移送強制執行，並教示救濟期間與途徑。甲公司認為乙縣政府無權以行政處分命其限期返還前述補助款與利息，經合法提起訴願，遭駁回後，向行政法院提起撤銷訴訟，請求法院撤銷B號函。試問甲公司之訴訟是否具備實體判決要件？若具備，甲公司之請求有無理由？（104司法官）

➤ 甲縣政府公告轄區內各省道向外延伸200公尺牆面繫掛廣告物為污染環境行為，違反者依廢棄物清理法處罰。乙於公告地區內懸掛競選廣告物遭甲縣政府處以罰鍰並命3日內自行拆除廣告物。乙主張甲縣政府之公告逾越廢棄物清理法第27條「在指定清除地區內嚴禁有下列行為：……十一、其他經主管機關公告之污染環境行為。」之授權範圍，甲縣政府之罰鍰及命拆除處分違法，請問乙之主張是否有理由？（106升等）

➤ 乙承租甲所有，座落於Y市之一般住宅用房屋，並擅自變更使用目的，

開設網路咖啡廳,提供電腦設備供消費者遊戲娛樂。嗣主管機關丙查獲,乙未為營業場所地址登記而營業,違反Y市資訊休閒業管理自治條例規定,以A函對乙為「處1萬元罰鍰,並命停止營業」之處分。乙不從,仍繼續營業。丙經連續二次課處20萬怠金未果後,逐對該網咖營業處所施以斷水斷電之處置。乙終無法繼續營業,逐與甲終止租約,搬出租屋。甲收回房屋後,因該屋仍處斷水斷電之狀態,無法居住與利用,逐向丙提出復水復電之申請。1.甲之申請有無理由?2.甲之申請若遭丙否准,有無法律救濟途徑可資行使?(105高考一、二級)

CHAPTER

12

自治團體組織

第一節　地方政府組織的政治結構

相關條文：

第5條（第2項）

直轄市設直轄市議會、直轄市政府；縣（市）設縣（市）議會、縣
（市）政府；鄉（鎮、市）設鄉（鎮、市）民代表會、鄉（鎮、市）公
所，分別為直轄市、縣（市）、鄉（鎮、市）之立法機關及行政機關。

第54條

直轄市議會之組織，由內政部擬訂準則，報行政院核定；各直轄市議會
應依準則擬訂組織自治條例，報行政院核定。

縣（市）議會之組織，由內政部擬訂準則，報行政院核定；各縣（市）
議會應依準則擬訂組織自治條例，報內政部核定。

鄉（鎮、市）民代表會之組織，由內政部擬訂準則，報行政院核定；各
鄉（鎮、市）民代表會應依準則擬訂組織自治條例，報縣政府核定。

新設之直轄市議會組織規程，由行政院定之；新設之縣（市）議會組織
規程，由內政部定之；新設之鄉（鎮、市）民代表會組織規程，由縣政
府定之。

直轄市議會、縣（市）議會、鄉（鎮、市）民代表會之組織準則、規程
及組織自治條例，其有關考銓業務事項，不得牴觸中央考銓法規；各權
責機關於核定後，應函送考試院備查。

第62條

直轄市政府之組織，由內政部擬訂準則，報行政院核定；各直轄市政府
應依準則擬訂組織自治條例，經直轄市議會同意後，報行政院備查；直
轄市政府所屬機關及學校之組織規程，由直轄市政府定之。

縣（市）政府之組織，由內政部擬訂準則，報行政院核定；各縣（市）
政府應依準則擬訂組織自治條例，經縣（市）議會同意後，報內政部備
查；縣（市）政府所屬機關及學校之組織規程，由縣（市）政府定之。

前項縣（市）政府一級單位定名為處，所屬一級機關定名為局，二級單

位及所屬一級機關之一級單位除主計、人事及政風機構外，定名爲科。但因業務需要所設之派出單位與警察及消防機關之一級單位，得另定名稱。

鄉（鎮、市）公所之組織，由內政部擬訂準則，報行政院核定；各鄉（鎮、市）公所應依準則擬訂組織自治條例，經鄉（鎮、市）民代表會同意後，報縣政府備查。鄉（鎮、市）公所所屬機關之組織規程，由鄉（鎮、市）公所定之。

新設之直轄市政府組織規程，由行政院定之；新設之縣（市）政府組織規程，由內政部定之；新設之鄉（鎮、市）公所組織規程，由縣政府定之。

直轄市政府、縣（市）政府、鄉（鎮、市）公所與其所屬機關及學校之組織準則、規程及組織自治條例，其有關考銓業務事項，不得牴觸中央考銓法規；各權責機關於核定或同意後，應函送考試院備查。

綜觀各民主國家地方政府組織結構，其實就是以立法與行政兩權互動關係爲中心的體制設計，而基於團體自治與住民自治的理念，地方立法權亦應具備制衡地方行政權的功能，以實踐地方人民的意思決定。因此制度上大體上可分爲兩種不同形態，一爲權力一元論，一爲權力分立論。

一、制度概述

（一）權力一元制（union of power）

此制係指地方政府權力集中於地方議會，立法與行政合一，議會是地方最高的權力機關，議會可以決定其首長的產生與地方行政機關的職權。此一體制，依其是否另設執行機關，又分爲「機關單一制」與「機關分立制」兩個類型。前者，地方議會是唯一的統治機關，沒有與議會抗衡的行政機關存在，地方議會集立法與行政權於一身，英美的地方委員會制屬之。如英國地方議會由居民選舉產生的議員組成，設主席、副主席各

一人，由議員互選之。議會為地方自治團體的意思機關，下設有委員會執行議會決議事項，議會授與委員會權力，委員會除事務的諮詢外尚有行政權，在授權範圍內，並有法規制訂權，且得設專業人員與聘用專家。

另一類型為機關分立制，如美國的市經理制（Council-Manager System）。由民選議員組成的議會雖掌握真正的自治決策實權，執行政策決定、立法、撥款及監督政府運作等的權力；市長是市議會的一員、通常也擔任市議會議長，對外代表該城市。不過，市政府平日運作與議決事項，則委由議會選定的專業公共經理人（city manager）來執行，市經理對議會負責，議會可以隨時決定市經理的去留，市經理必須承議會的意思表示推動政務。在美國大部分人數多於12,000人的城市，都使用這個方式來組成它們的政府。

法國地方制度則又是另一種類型，地方的權力機關雖在民選產生的市鎮議會，市鎮長雖由議會選舉產生，為地方行政首長，但不對議會負責。

（二）權力分立制（separation of power）

又稱為「機關對立制」或「權力二元制」，地方政府權力分屬於分別設立的行政機關及立法機關，行政機關首長與議員各自由居民選舉產生，且各自獨立行使職權。議會負責立法，行政機關負責執行，兩機關之間地位對等、平行且相互制衡，例如美國的市長—議會制（Mayor-Council System）、日本的地方政府體制。

二、我國地方政府結構

我國現行地方政府係採「仿總統制」的設計，行政首長與立法機關成員均各由居民直接選舉產生，各擁有獨立的民意基礎，二者地位平等，互不同屬，各有獨立的權限，彼此分權制衡並直接向選民負責，接近「議會—首長雙元權力分立制」[1]。

---

[1]　許宗力，〈從行政與立法的分際談府會關係〉，氏著，《憲法與法治國行政》，頁

　　大法官釋字第498號就此指出：「地方自治團體設有地方行政機關及立法機關，其首長與民意代表均由自治區域內之人民依法選舉產生，分別綜理地方自治團體之地方事務，或行使地方立法機關之職權，地方行政機關與地方立法機關間依法並有權責制衡之關係。」行政首長須向立法機關做施政報告並備詢，然而議會僅能對行政機關進行監督，並不能管理行政機關的執行面向，而行政機關對於送交議會的預算案亦沒有干涉與控制議會決策的權力，因此我國目前地方行政機關與立法機關間的府會關係，應是屬於行政機關與議事機關地位平等的類型。

　　其次，地方自治團體在受憲法及法律規範的前提下，享有自主組織權。爲釋字第467號與第527號所明揭。所謂自主組織權，釋字第527號並解釋爲「地方自治團體在憲法及法律規範的前提下，對該自治團體是否設置特定機關（或事業機構）或內部單位的相關職位、員額如何編成得視各該自治團體轄區、人口及其他情形，由該自治團體的立法機關及行政機關自行決定及執行的權限。」

　　惟法制上對地方政府的組織架構，並未完全放任自主，而採取先由自治監督機關（即內政部）先訂定準則，報行政院核定後，再由地方自治團體依據準則制定自治條例或訂定組織規程。其中，第54條規定，地方立法機關的自治條例，應報自治監督機關核定；第62條規定，地方行政機關組織法規，如爲直轄市政府、縣（市）政府及鄉（鎮、市）公所組織自治條例，僅須報自治監督機關備查即可；至所屬機關及學校的組織規程，則屬地方行政機關行政保留事項，不僅無制定自治條例地要求，亦毋庸報自治監督機關備查[2]。

　　但有關地方官吏的銓敘、任用事項，依憲法第108條規定，係屬中央

275。亦有認爲當前地方政治體制是混合首長制與議會內閣制的特質，如李介，〈從體制設計解決府會衝突：臺北與東京府會關係對立的比較〉，《中國時報》，1995年6月6日，11版。黃錦堂，《地方制度法基本問題之研究》（臺北：翰蘆圖書，2000年），頁223-224。

[2]　內政部93年11月18日台內民字第0930074846號函參照。

立法並執行或得交由地方執行的委辦事項，本法特規定，地方組織的自治法規有關考銓業務事項，不得牴觸中央考銓法規；各權責機關於核定或同意後，仍應函送考試院備查[3]。

內部部依上述授權，分別訂有《地方立法機關組織準則》及《地方行政機關組織準則》。除部分重述地制法規定外，前者規範內容尚包括立法機關成員額數的上限、原住民與婦女保障名額或比例、議長、副議長選舉、罷免相關事項、會議、紀律、黨團的設置，乃至幕僚長職稱、內部行政單位的名稱、數目等；後者則統一規定組織法規應包含的事項、所屬機關的層級限制與名稱、內部一級單位與所屬一級機關的數目上限及其下級單位的名稱與數目上限、編制員額上限等。

學者認為，現階段中央的態度仍希望透過準則框架的規範，取得對地方組織設計的主導權；這樣的規範造成了一致性與因地制宜的落差，而與地方環境或實際需求脫節[4]。亦有認為，組織準則係由內政部訂定的行政命令，屬無民主正當性基礎的中央行政機關命令，以此過度干預具民主正當性基礎的地方自治團體，難謂係保障住民權益或有助住民人權深化的意義，也違反憲法保障地方自治組織權的意旨[5]。

內政部所訂二組織準則，雖非法律，但透過「傳輸帶理論」（transferability principle），國會本得以合法授權，將一定地民主正當性「傳輸」給行政部門，行政機關進而得以取得、填補原所缺乏的規範權

---

[3] 惟直轄市、縣（市）依《行政法人法》制定自治條例設立行政法人，內政部認其非屬地制法第62條所稱之「所屬機關」，該自治條例毋庸依地制法第62條規定踐行函送考試院備查之程序（內政部106年11月15日台內民字第1060442945號函參照）。且依行政院104年5月1日函頒《中央目的事業主管機關審核地方特定公共事務設立行政法人處理原則》，地方議會通過行政法人自治條例，也僅須於公布後「函知」中央目的事業主管機關及行政院人事行政總處，無地制法有關自治監督規定之適用。

[4] 呂育誠，〈地方行政機關組織架構變革的問題與展望〉，內政部編，《地方自治論述（第3輯）》，2007年，頁113-142。

[5] 蔡秀卿，《地方自治法》（臺北：三民書局，2009年），頁245-247。

限[6]；法律授權的法規命令，具間接民主正當性，應無爭議[7]，在法律階層構造上，對地方自治的實施，有法律拘束力[8]。而檢視行政機關組織準則之內容，都係參考《中央行政機關組織基準法》與《中央政府機關總員額法》規定模式，此一法制趨勢，亦符合憲法增修條文第3條第3項「國家機關之職權、設立程序及總員額，得以法律為準則性織規定」的意旨。尤其，內政部所訂的的組織框架，不僅在單位數量上大幅鬆綁，直轄市最多可以設32個所屬一級單位及機關，縣市最多可設26個[9]，規範其實都非常寬鬆，甚至已超過實際所需；對組織的名稱、業務管轄，也充分尊重地方政府自主權限及其發展特色。針對學者提出的「集權」模式的批評，其實，實務上並未妨害地方組織權的運行[10]。

第二節　地方立法機關

> 相關條文：
> 第33條
> 直轄市議員、縣（市）議員、鄉（鎮、市）民代表分別由直轄市民、縣（市）民、鄉（鎮、市）民依法選舉之，任期四年，連選得連任。
> 直轄市議員、縣（市）議員、鄉（鎮、市）民代表名額，應參酌各該直

6　宮文祥，〈面對環境保護落實與環境政策形塑：試探美國聯邦最高法院當為及當守之分際—以做為我司法審查之參考〉，《司法新聲》，第105期，頁26-40，http://ja.lawbank.com.tw/pdf。

7　大法官釋字第530號解釋反面解釋。

8　地制法第30條、第43條參照。

9　23個外加依專屬人事管理法律設立的主計、人事及政風等三個單位。

10　其實真正影響地方組織自主權的，並不在於地方自治規範本身，而在於人事、主計、政風相關法規「三位一體」的設計，只要有主計單位，就要有人事單位；只要有人事單位，法務部就祭出「政風機構人員設置管理條例」的規定，非要設政風單位不可，即令可能只有一個政風主管，也必須占用一個單位數。

轄市、縣（市）、鄉（鎮、市）財政、區域狀況，並依下列規定，於地方立法機關組織準則定之：（略）

直轄市議員由原住民選出者，以其行政區域內之原住民為選舉區，並得按平地原住民、山地原住民或在其行政區域內劃分選舉區。

（第4項略）

各選舉區選出之直轄市議員、縣（市）議員、鄉（鎮、市）民代表名額達四人者，應有婦女當選名額一人；超過四人者，每增加四人增一人。

直轄市、縣（市）選出之山地原住民、平地原住民名額在四人以上者，應有婦女當選名額；超過四人者，每增加四人增一人。鄉（鎮、市）選出之平地原住民名額在四人以上者，應有婦女當選名額；超過四人者，每增加四人增一人。

依第一項選出之直轄市議員、縣（市）議員、鄉（鎮、市）民代表，應於上屆任期屆滿之日宣誓就職。該宣誓就職典禮分別由行政院、內政部、縣政府召集，並由議員、代表當選人互推一人主持之。其推選會議由曾任議員、代表之資深者主持之；年資相同者，由年長者主持之。

第44條

直轄市議會、縣（市）議會置議長、副議長各一人，鄉（鎮、市）民代表會置主席、副主席各一人，由直轄市議員、縣（市）議員、鄉（鎮、市）民代表以記名投票分別互選或罷免之。（以下略）

　　地方立法機關是地方自治團體的意思決定機關及居民代表機關，直轄市議會、縣（市）議會及鄉（鎮、市）民代表會，為地方政府的唯一且為單一層級的立法機關，並無所屬下級機關[11]。本節僅論述其組織、個別成員的權利義務、議會職權與會期問題，至於府會關係及其衝突的解決，容於第四節再敘。

---

[11] 實務上曾有地方立法機關擬於轄區內分區設置「議政服務中心」，內政部以其與地方立法機關組織準則規定不合，予以否准（內政部89年7月24日台內民字第8906286號函參照）。

一、組織

（一）成員

本法第33條第1項規定，地方立法機關成員應由地方自治團體居民依法選舉，任期四年，連選並得連任，不受任期限制。其選舉區，原則上是以「地」為基礎劃分之，但由原住民選出者，例外以「人」（即原住民）為基礎劃分選舉區。

議員、代表總額，本法仿日本地方自治法模式僅規定其上限，至實際應選名額，日本地方自治條例授權各地方自治團體制定條例規範，本法則授權內政部參酌各該自治團體財政、區域狀況，依規定總額於地方立法機關組織準則定之[12]。

本法並有原住民、婦女與離島鄉保障規定，其中婦女保障採齊一標

---

[12] 地方制度法及地方立法機關組織準則有關議員、代表總額規定一覽表：

		地制法規定上限		準則規定	
直轄市	區域	200萬以下	55	125萬至200萬	下限41席；每增4萬加1席
		超過200萬	62	超過200萬	每增10萬加1席
	原住民	平地2,000以上	應有	2,000以上	1
				超過1萬	每增1萬加1席
		山地2,000以上	應有	2,000以上	1
				超過1萬	每增1萬加1席
縣（市）		1萬以下	11		9
		20萬以下		超過1萬至5萬	每增5,000加1席
			19	超過5萬至20萬	每增1萬加1席
		40萬以下	33	超過20萬至40萬	每增14,000加1席
		80萬以下	43	超過40萬至80萬	每增4萬加1席
		160萬以下	57	超過80萬至160萬	每增57,000加1席
		超過160萬	60	超過160萬	每增10萬加1席

準，即每4席議員或代表，應有婦女1席。

原住民保障方式則較為複雜，本來直轄市、縣市與鄉鎮市的原住民議員、代表名額，均採內含方式，即有一定數額原住民，法定總額內就應有一定數額的原住民議員、代表；例如縣（市）平地原住民人口1,500人以上，於總額內應有平地原住民選出的縣（市）議員1席。平地原住民超過1萬人者，每增加1萬人增1席。縣有山地鄉者，於總額內每一山地鄉應有山地原住民選出的縣議員1席。惟為配合解決2009年縣市改制引發排擠區域議員名額的問題，直轄市部分改採原住民議員名額外加方式，即區域總人口應先扣除原住民人口計算其區域議員總額；有平地原住民人口在2,000人以上者，應有平地原住民選出的議員1席；超過1萬人者，每增加1萬人增1席；有山地原住民人口在2,000人以上者，應有山地原住民選出的議員1席；超過1萬人者，每增加1萬人增1席。

至於離島鄉的保障，係2010年修正時，經立委提案增訂，其規定為「有離島鄉且該鄉人口在2,500人以上者，於前目總額內應有該鄉選出的縣議員至少1席。」

鑑於地方民意代表素質的良窳，會直接影響到地方民主鞏固與民主深化。然而在許多選民的心目中，地方議會近年來卻不斷遭受黑金政治所腐蝕，議員素質參差不齊。而許多地方民代分食地方建設大餅，也造成基層公共工程品質欠佳，間接影響民眾生命財產的安全。學者有認為與其他民主國家相比，我國地方民代人數明顯偏多，再加上投票率偏低，民代民意基礎不足；且由於當選門檻極低，也提供了黑道漂白極佳的誘因與管

	地制法規定上限		準則規定	
鄉（鎮、市）	1,000以下	5	500以下	3
			超過500至1,000	每增250加1席
	1萬以下	7	超過1000至1萬	每增4,500加1席
	5萬以下	11	超過1萬至5萬	每增1萬加1席
	15萬以下	19	超過5萬至15萬	每增12,500加1席
	超過15萬	31	超過15萬	每增3萬加1席

道[13]。

　　我國現行地方民意代表員額問題，確實值得檢討。不過，究竟應如何定其員額始屬合理？涉及複雜的政治因素與國民心理，任何調整恐多會滋生爭議。就此，學者曾舉外國學者Rein Taagepera與Matthew SobergShugart所提「議會規模立方根法則」（the cube root law of assembly sizes）的學術論述，即議員規模的理想計算公式爲：其人口總數的開立方[14]。將該研究成果套用至我國地方議會或代表會，即爲各該直轄市、縣（市）、鄉（鎮、市）的理想地議員總數或代表總數，應該是各該直轄市、縣（市）、鄉（鎮、市）人口總數的開立方根，該結果應最能夠取得地方民意代表員額以及與地方公民人數比例性與代表性的平衡設計需求[15]。然而，以此公式，以桃園縣200萬人爲例，開立方根約125，幾爲現行規定的兩倍，此恐非國人所能接受。

（二）議長（主席）、副議長（副主席）

　　地方立法機關爲合議制機關，由議員、代表共同組成，其議長、副議長或代表會主席、副主席，依通例由立法機關成員自行互選產生；並得由其成員不具理由予以罷免。爲防止威迫利誘，保持選舉公正，本法第44條原規定，互選及罷免均採無記名秘密投票方式。惟爲彰顯責任政治，防止投票賄賂行爲，立法院於2016年5月27日三讀通過第44條及第46條修正條文，改採記名投票。此一修正，業於同年6月24日施行。

　　雲林縣議會質疑此修正與憲法第129條「各種選舉以無記名投票之方式行之」之規定不符，聲請釋憲，大法官釋字第769號則以二理由認無違憲問題：1.憲法增修條文第9條第1項第3款明定：「縣設縣議會」，解釋

---

[13] 王業立，〈改革就從地方議會選制做起〉，《自由時報》，2004年10月24日，自由廣場。

[14] Rein Taagepera & Matthew S. Shugart, Seats and Votes: The Effects and Determinations of Electoral Systems (Yale University Press, 1989), pp. 173-183.

[15] 陳朝建，〈地方制度法專題：地方立法機關員額與會期之研究課題〉，《臺灣法律網》，http://www.lawtw.com。

上並非僅指縣議會之設立，尚得包括與縣議會組織及其運作有關之重要事項，中央自得以法律規範之。2.議長及副議長之選舉及罷免，就應採記名或無記名投票方式，因各有其利弊，尚屬立法政策之選擇。就此憲法授權事項之立法，涉及地方制度之政策形成，應予尊重，原則上採寬鬆標準予以審查。

地方立法機關既爲合議制，所有關於立法機關職權的行使，均應經會議議決，議長、主席也只是成員之一，除主持會議、對外代表各該議會、代表會及對內綜理行政會務外，相對於其他成員，並無特殊優越的權力。因此，縱有府會爭議發生，須自治監督機關協調，議長、主席亦無權單獨代表機關參與協商，實務上，仍多由議長、主席率同多數議員或代表共同參與。

至於副議長、副主席僅爲備胎，於議長、主席因故不能出席會議或因故不能執行職務時，代理其職務。議長、副議長、主席、副主席同時不能執行職務時，在會期內，由議員、代表於3日內互推一人代理之；如爲休會期間，應於7日內召集臨時會互推一人代理之；屆期未互推產生者，由資深議員、代表一人代理，年資相同時，由年長者代理。

（三）內部單位

爲求全國官制官規劃一，並避免單位設置浮濫，準則第30條特規定地方立法機關的行政單位組織。直轄市議會置秘書長、副秘書長各1人；下得分設9組、室辦事。縣（市）議會僅置秘書長1人；人口未滿50萬人者，得設5組、室；人口在50萬人以上，125萬人以下者，得設6組、室；人口超過125萬人者，得設7組、室。鄉（鎮、市）民代表會置秘書1人；人口超過15萬人者，得分設2組辦事。

（四）黨團

本法並無關於地方立法機關黨團的規定，但內政部於2002年修正《地方立法機關組織準則》時，比照《立法院組織法》，增訂第34條之1（103年修正發布條次改爲第36條），明定直轄市及縣（市）議會議員依

其所屬政黨參加黨團，每一黨團至少須有3人以上。未能依規定組成黨團的政黨或無黨籍議員，亦得加入其他黨團或由議員總額五分之一以上的議員合組政團。但每一政團至少須有3人以上。

　　實務上，直轄市和縣市議會黨團，都設有黨團辦公室，各政黨因議員人數不同，其組織架構不同，但與立法院黨團組織一樣，席次較多的黨團一般都設有黨團總召集人、副總召集人，幹事長、副幹事長，書記長、副書記長等職銜。

　　某些程度，議會黨團在議會內可以發揮協調該黨議員投票方向的作用，甚至可以貫徹政黨紀律的要求；且實務運作顯示，地方議員大多數時間都投入在無效率的事務上，大部分議會的決策可透過黨團會議做成，並透過黨團協商，促進議事效率[16]。其弊則因黨團會議多在密室中做成，缺乏受住民公開監督的機制，且地方自治事務原多屬與基層民生較為密切的事務，地方立法機關議決自治事項，與立法院議決國政常涉及政治意識形態本質上不同，地方民代行使職權允應植基於基層民生問題的解決與完善，太強調黨團紀律難免淪為政治對決，妨害地方自治事務的推展[17]。

二、成員的權利義務

相關條文：
第50條
直轄市議會、縣（市）議會、鄉（鎮、市）民代表會開會時，直轄市議員、縣（市）議員、鄉（鎮、市）民代表對於有關會議事項所為之言論及表決，對外不負責任。但就無關會議事項所為顯然違法之言論，不在此限。

16　《高雄市議會黨團組織運作辦法》即採此立場，於第7條明定：「黨團協商之結論，各黨團及政團之成員皆應遵守。」

17　新北市議會採此態度，於2015年1月12日召開的臨時會，曾擬將現行非正式的黨團協商明文納入議事規則中，希望避免議事觸礁，提高議事效率，但議員對此不表認同，強調各選區的利益不同，議員自主性也強，黨團協商難有約束性。

第51條

直轄市議員、縣（市）議員、鄉（鎮、市）民代表除現行犯、通緝犯外，在會期內，非經直轄市議會、縣（市）議會、鄉（鎮、市）民代表會之同意，不得逮捕或拘禁。

第52條

直轄市議員、縣（市）議員、鄉（鎮、市）民代表得支研究費等必要費用；在開會期間並得酌支出席費、交通費及膳食費。

違反第三十四條第四項規定召開之會議，不得依前項規定支領出席費、交通費及膳食費，或另訂項目名稱、標準支給費用。

第一項各費用支給項目及標準，另以法律定之；非依法律不得自行增加其費用。

第53條

直轄市議員、縣（市）議員、鄉（鎮、市）民代表，不得兼任其他公務員、公私立各級學校專任教師或其他民選公職人員，亦不得兼任各該直轄市政府、縣（市）政府、鄉（鎮、市）公所及其所屬機關、事業機構任何職務或名義。但法律、中央法規另有規定者，不在此限。

直轄市議員、縣（市）議員、鄉（鎮、市）民代表當選人有前項不得任職情事者，應於就職前辭去原職，不辭去原職者，於就職時視同辭去原職，並由行政院、內政部、縣政府通知其服務機關解除其職務、職權或解聘。就職後有前項情事者，亦同。

（一）言論免責特權

關於地方民意代表言論的保障，我國憲法未如立法委員之設有規定，各國憲法亦多如此。未設規定的國家，有不予保障者，如日本（參考日本最高裁判所昭和42年5月24日大法庭判決）；有以法規保障者，如我國。地方民代監督地方行政機關施政，並須為民喉舌，以充分反映民意；地方立法機關為發揮其功能，在其法定職掌範圍內具有自治、自律的權責，對於民代在會議時所為的言論，並宜在憲法保障中央民意代表言論的

精神下，依法予以適當保障，俾得善盡表達公意及監督地方政府的職責（釋字第165號解釋理由書參照）。

至於其保障的範圍如何？司法院在訓政時期所作院解字第3735號解釋，謂「在會議時所爲無關會議事項之不法言論仍應負責」，大法官釋字第165號解釋進一步確認院解第3735號的合憲性，謂「地方議會議員在會議時就有關會議事項所爲之言論，應受保障，對外不負責任。但就無關會議事項所爲顯然違法之言論，仍難免責。」現行地制法第50條即承襲此一意旨，採相對保障主義。

本條立法目的，乃在於提供民代爲執行其職務所需的必要保障，但此非民代個人的權利，而屬職務特權性質，既在使地方議會議員順利執行職務，自應以與議案的討論、質詢等有關會議事項所爲的言論爲限，始得邀免責的寬典；如與會議事項無關，而爲恣意謾罵妨害名譽或其他顯然違法的言論，流於言論免責權的濫用；而權利不得濫用，乃法治國家公法與私法的共同原則，即不應再予保障[18]。

地方民代的言論保障屬法律保障的層次，與立委係規定在憲法層次不同。其保障範圍與限制，亦有區別，茲述其要如下：

1. 有關時、地的限制

憲法第73條規定：「立法委員在院內所爲之言論及表決，對院外不負責任。」即立法委員「在院內」所爲的言論，均受保障；釋字第435號予以補充解釋謂「爲確保立法委員行使職權無所瞻顧，此項言論免責權之保障範圍，應作最大程度之界定，舉凡在院會或委員會之發言、質詢、提案、表決以及與此直接相關之附隨行爲，如院內黨團協商、公聽會之發言等均屬應予保障之事項。」

---

[18] 如議員在開會時。於議會議事廳丟擲議會所有電話機、保溫瓶，造成電話機外殼裂開及保溫瓶外殼凹陷，或攜帶所有柴油於上報告台報告時，將柴油自其頭部淋下，造成議會所有地毯污漬，法院判決成立毀損罪（臺灣屏東地方法院105年度易字第293號刑事判決參照）。

所謂「院內」，涵義為何？有待釐清。應解釋為，在立法院「院區」範圍內所有與「履行立法委員職務」有關的言論均受保障，屬「地」的限制[19]，不受時間的約束，會期間正式召開的會議上的發言受保障，即使休會期間，因履行職務，自行於院區內舉辦的所謂「說明會」、「記者會」、「公聽會」亦均包括在內。相反地，如非在「院區內」，例如接通告、上電視談話性節目，縱使是在會期期間，也不在保障之列。

至於地方民代言論，地制法規定僅限於「開會時」的言論始受保障；此所謂開會，指地方立法機關依規定於會期間召開的正式會議，如大會、臨時會、專案會議、小組會等。著重在「時」的限制，如非在開會時間，而是自行舉辦所謂的揭弊記者會，即使是在會期間，亦不受保障。其規定，雖未如立法委員限於「院內」，但地方立法機關開會既不得於會議以外場所召開[20]，因此，所謂「開會時」也隱含「地」的限制。

2. 有關發言內容的限制

憲法第73條雖規定，立法委員在院內所為的言論及表決，對院外不負責任。似無任何限制，惟立法委員受保障的言論仍應有其內在的限制，即須與行使職權有關，如釋字第435號解釋指出「越此範圍與行使職權無關之行為，諸如蓄意之肢體動作等，顯然不符意見表達之適當情節致侵害他人法益者，自不在憲法上開條文保障之列。至於具體個案中，立法委員之行為是否已逾越保障之範圍，於維持議事運作之限度，固應尊重議會自律之原則，惟司法機關為維護社會秩序及被害人權益，於必要時亦非不得依法行使偵審之權限。」

至於地方民代言論的保障，則限於「與會議事項有關且非顯然違法之言論及表決」。一方面必須與開會當議的事項有關，一方面需其內容「非顯然違法」，所謂非顯然違法，指其違法情形明顯，客觀上一望即知；如

---

[19] 惟有認為似不宜拘泥於立法院之內，參陳怡如，〈地方議會議員言論免責權修正之芻議〉，《人文及社會科學教學通訊》，第14卷第2期，2003年8月，頁100-104。

[20] 內政部96年3月22日內授中民字第0960031313號函參照。

尚有疑義，須進一步調查考證，始能確認其是否違法者，則仍受保障。

3. 免責範圍

所謂對外不負責任，係指在開會時對於有關會議事項所為之言論及表決，對外不受刑事訴追[21]，亦不負民事賠償責任，原則上亦不負行政責任。但如違反議事規則或其他妨礙秩序之行為，情節重大，仍得依自律規則予以懲戒；又所屬政黨依黨紀予以處置，也非免責特權所涵蓋。又原選舉區選舉人以地方民代在開會時的言論及表決不當為由，依法罷免，屬政治責任，也非本條免責的範疇。

又，言論免責旨在保障民意代表行使職權不受到壓迫，非個人私權，不得拋棄；因此，實務上經常有所謂「願意放棄言論免責權」以強化其可信性的言論，其放棄亦不生效力。

（二）不受逮捕特權

本法第51條規定，地方民代除現行犯、通緝犯外，在會期內，非經直轄市議會、縣（市）議會、鄉（鎮、市）民代表會同意，不得逮捕或拘禁。其立法目的，乃在保障民意代表可不畏懼政府藉口犯罪，而以逮捕拘禁方式限制讓政府不悅或立場不同的民代出席議會，俾有利於政府議案的順利通過。在司法獨立的民主憲政國家，即使在政治對立的中央層級，司法機關會配合行政機關逮捕拘禁政敵，已殊難想像，更何況是地方民代。本條規定，歷史的象徵意義遠大於實質價值。

而且，有關不受逮捕特權，相對於言論免責特權，較為單純而少爭

---

[21] 至地方民代言論免責權是否具有「內在界限」？德國基本法第46條明定，言論免責的範圍不及於誹謗罪。我國未有相同規定，如其發言與會議事項有關，有時難免損及名譽或隱私，固受到保障；但基於人性尊嚴的保障，此一規範允宜嚴格限制適用範圍，是否顯然違法，似應平衡被指涉個人身分、職務的相對保障，不能無限上綱，恣意濫用特權。如議員於總質詢時，指摘某官員上酒家接受不正招待及帶小姐出場不給錢等無實據的言論，最高法院即認與會議事項無關，判處誹謗罪（最高法院86年度台非字第156號判決參照）。

議。不同於言論免責係限於「開會時」，同時有「時」與「地」的限制的
意涵，不受逮捕特權僅有「時」的限制問題，而不受地的限制；換言之，
只要是在會期間，不論是在開會場所、議會內，或其他任何地方，包括住
宅，除非是現行犯或通緝犯，否則都應經地方立法機關同意，始得逮捕、
拘禁。

　　所謂「現行犯」，依刑事訴訟法第88條第2項規定，「犯罪在實施中
或實施後即時發覺者，為現行犯。」而依大法官釋字第90號解釋意旨，現
行犯也包括「準現行犯」，即同條第3項所定，有下列情形之一者，以現
行犯論：「一、被追呼為犯罪人者。二、因持有兇器、贓物或其他物件、
或於身體、衣服等處露有犯罪痕跡，顯可疑為犯罪人者。」另，相較於立
法委員的保障，地方民代得逕行逮捕不受人身自由特權保障的，除現行犯
外，還包括通緝犯，即刑事被告因逃亡或藏匿，經依刑事訴訟法規定發布
通緝書者。

　　又，所謂「逮捕」，固指刑事犯罪的逮捕；但「拘禁」，則不以刑事
犯罪為限，解釋上應包括其他涉及限制人身自由的行政處置，例如違反社
會秩序維護法案件的拘留，但不包含傳染病防治法因傳染病的隔離治療、
民事上或行政執行法上的拘提管收。

（三）報酬支給

　　本法第52條規定，地方民意代表得支研究費等必要費用，在開會期
間並得酌支出席費、交通費及膳食費。其各費用支給項目及標準，則另以
《地方民意代表費用支給及村里長事務補助費補助條例》定之；非依法律
不得自行增加其費用。本法雖無如《省縣自治法》及《直轄市自治法》將
地方民意代表明定為「無給職」，但參酌大法官釋字第299號解釋意旨，
所謂「無給職」係指非應由國庫固定支給歲費、公費或相當於歲費、公費
之給與而言，地方民意代表集會行使職權，所得受領各項合理的報酬，性
質上仍應為無給職[22]。

---

[22] 內政部90年4月23日台（90）內民字第9004003號函參照。

地方民代報酬，主要分經常性支給及會期津貼二種：

1. 經常性支給

(1)研究費：標準均分別參照同級行政機關首長、副首長及所屬一級機關首長或單位主管本俸、專業加給及主管職務加給[23]。

(2)其他必要費用：項目繁多，如健康檢查費、保險費、為民服務費、春節慰勞金及出國考察費。議長、副議長、代表會主席、副主席，得支應因公支出之特別費。另直轄市議會議員每人得聘用公費助理6至8人，縣（市）議會議員每人得聘用公費助理2至4人，其費用總額，直轄市議會議員每人每月不得超過新臺幣24萬元。助理每人每月支領金額，最多不得超過新臺幣8萬元，縣（市）議會議員每人每月不得超過新臺幣8萬元。公費助理並得比照軍公教人員年終工作獎金酌給春節慰勞金。

2. 會期津貼

(1)出席費：每人每日支給新臺幣1,000元。

(2)交通費：每人每日支給新臺幣1,000元。

(3)膳食費：每人每日支給新臺幣450元。

---

[23] 直轄市長與其他地方行政首長不同，支領的是月俸及公費。惟目前直轄市長、縣（市）長、鄉（鎮、市）長的薪給事項係以行政規則統一規定，直轄市長的退職酬勞金原係適用原《政務人員退職酬勞金給與條例》；縣（市）長之退職酬勞金係適用《臺灣省縣市長鄉鎮縣轄市長退職酬勞金給與辦法》及《福建省金門縣連江縣縣長鄉鎮長退職酬勞金給與辦法》辦理；直轄市長、縣（市）長撫卹原準用《公務人員撫卹法》規定辦理；鄉（鎮、市）長退職酬勞金、撫卹則適用《臺灣省縣市長鄉鎮縣轄市長退職酬勞金給與辦法》、《臺灣省民選鄉鎮縣轄市長給卹辦法》、《福建省金門縣連江縣縣長鄉鎮長退職酬勞金給與辦法》及《福建省金門縣連江縣鄉鎮長給卹辦法》規定辦理。而《政務人員退職酬勞金給與條例》因施行期限至2003年12月31日屆滿業已當然廢止，2004年1月1日施行的《政務人員退職撫卹條例》適用範圍並未包括直轄市長在內；另2011年1月1日施行的《公務人員撫卹法》也已刪除直轄市長、縣（市）長準用的規定。

　　這些費用僅於依法開會期間始得支領，且該會期必須是依本法第34條召開的成立大會、定期會及其延會、臨時會等（詳後述），違反規定召開的會議，不得支領各該費用，或另訂項目名稱、標準支給費用。實務上，有在定期會或臨時會以外會期召開所謂「專案小組會議」者，即不得支領上開費用[24]。又，定期會或臨時會會期日數的計算，均包括例假日或停會在內；故各級地方民意代表在會期內，如逢星期假日或例假日而停會，除請假者外，該停會日的出席費、交通費及膳食費也准予發給[25]。

　　地方民代支領上開各項費用，是否以出席簽到為必要條件？現行法令尚無明定，如於非例假日或停會的會期，議員一般固均以簽到為準，惟如雖未簽到，而有足以證明實際出席會議的事實者，亦得發給上開各項費用[26]。

（四）禁止兼任特定職務的義務

　　本法第53條規定：「直轄市議員、縣（市）議員、鄉（鎮、市）民代表，不得兼任其他公務員、公私立各級學校專任教師或其他民選公職人員，亦不得兼任各該直轄市政府、縣（市）政府、鄉（鎮、市）公所及其所屬機關、事業機構任何職務或名義。但法律、中央法規另有規定者，不在此限。直轄市議員、縣（市）議員、鄉（鎮、市）民代表當選人有前項不得任職情事者，應於就職前辭去原職，不辭去原職者，於就職時視同辭去原職，並由行政院、內政部、縣政府通知其服務機關解除其職務、職權或解聘。就職後有前項情事者，亦同。」

　　一般言之，禁止兼職制度，不外幾個理由，1.出於專業或職務履行的理念，如公務員領取國家俸祿，應全心全力為公奉獻，既不得兼任他項公職或業務，也不得經營商業或投機事業（《公務員服務法》第13、14條參

---

[24] 內政部90年2月19日台（90）內中民字第9081329號函參照。

[25] 內政部88年7月14日台（88）內民字第8805861號函參照。

[26] 內政部88年8月3日台（88）內民字第8802600號函參照。

照）；2.避免權力制衡角色混淆，如立法機關與行政機關是彼此制衡的關係，其成員原則上即不可相互兼任[27]；3.利益衝突迴避或保持職務行使的公正性，尤其針對經營特定事業，避免運用職務營取特定利益。

　　本條的設計主要在於第二種理念，即不得兼任地方行政機關及其所屬機關、事業機構任何職務或名義，並兼採部分第一種理由，不得兼任其他公務員、公私立各級學校專任教師或其他民選公職人員。前者如縣（市）議會議員不可擔任縣（市）政府國家賠償事件處理小組委員與召集人[28]。

　　但不能據此認為，上述規定以外任何職務即得兼任，仍須視其職務的性質與地方民代職權是否相容，性質不相容的職務，仍不得兼任（大法官釋字第30、207號解釋參照），因此，實務上仍應注意第三種理念。

　　如釋字第207號解釋理由書謂，地方民意代表，其職權除議決法規、預算、財產之處分及審議決算等事項外，並須聽取施政報告及提出質詢，其擔任議長者，尚須綜理會務及主持會議，職責尤為繁重，若再兼任私立學校校（院）長，不僅分心旁騖，影響校務，且易致權責混淆，二者有其不相容之處，故不得兼任。本此精神，地方民代也不得兼任國營事業機構「全職」純勞工並兼領薪酬[29]，其他如可否擔任私人公司企業之董事、監察人或負責人，鄉（鎮、市）民代表可否兼任縣立國民小學交通車司機、縣政府訴願審議委員會委員，也都應本此原則處理[30]。

（五）利益迴避義務

　　國家任何公權力的行使，均應避免因執行職務人員個人的利益關係，而影響機關任務正確性及中立性的達成，因此有設計適當迴避機制的必要

---

[27] 但如不同級政府，外國法例有允許兼任者，如法國內閣部長得兼任地方議會議長、市長兼任參議員或國會議會議員，參劉文仕，〈1982～2012法國地方體制改革及其對臺灣的啟示〉，《地方分權改革新趨勢》（新北市：晶典文化，2012年），頁101-170。

[28] 內政部99年11月24日內授中民字第0990037883號函參照。

[29] 內政部99年8月31日內授中民字第0990722832號函參照。

[30] 內政部98年12月15日內授中民字第0980036876號函、91年11月18日台內民字第0910007410號函參照。

（大法官釋字第601號解釋理由書參照）。《地方立法機關組織準則》第26條即規定，地方民意代表開會時，會議主席對於本身有利害關係之事件，應行迴避；議員、代表不得參與個人利益相關議案的審議及表決。主席的迴避，範圍較廣，除不得參與審議及表決外，也應迴避擔任主席。

三、會議與會期

相關條文：

第34條

直轄市議會、縣（市）議會、鄉（鎮、市）民代表會會議，除每屆成立大會外，定期會每六個月開會一次，由議長、主席召集之，議長、主席如未依法召集時，由副議長、副主席召集之；副議長、副主席亦不依法召集時，由過半數議員、代表互推一人召集之。每次會期包括例假日或停會在內，依下列規定：（略）

前項每年審議總預算之定期會，會期屆滿而議案尚未議畢或有其他必要時，得應直轄市長、縣（市）長、鄉（鎮、市）長之要求，或由議長、主席或議員、代表三分之一以上連署，提經大會決議延長會期。延長之會期，直轄市議會不得超過十日，縣（市）議會、鄉（鎮、市）民代表會不得超過五日，並不得作為質詢之用。

直轄市議會、縣（市）議會、鄉（鎮、市）民代表會遇有下列情事之一者，得召集臨時會：

一、直轄市長、縣（市）長、鄉（鎮、市）長之請求。

二、議長、主席請求或議員、代表三分之一以上之請求。

三、有第三十九條第四項之情事時。

前項臨時會之召開，議長、主席應於十日內為之，其會期包括例假日或停會在內，直轄市議會每次不得超過十日，每十二個月不得多於八次；縣（市）議會每次不得超過五日，每十二個月不得多於六次；鄉（鎮、市）民代表會每次不得超過三日，每十二個月不得多於五次。但有第三十九條第四項之情事時，不在此限。

　　地方立法機關是合議體，必須經由集會以開會方式作成決議行使其權力，而地方立法機關開會時，地方行政機關首長或主管恆有列席備詢的義務，故立法機關權力的消長，實與集會次數多寡、會期長短，成正比關係。為平衡立法機關問政監督的需要及行政機關應有的施政彈性空間，本法對於開會的類型、任務及會期、會次與日數都加以規範，期達「理性化議會」應有的權力制衡關係[31]。

（一）會議類型與任務

　　依本法規定，地方立法機關最主要的會議，為「定期會」與「臨時會」，定期會概念上包括「延長會期」；另，與新成員產生組成新的立法機關，尚有「成立大會」；實務上，也經常先進行會前會，即「預備會議」。

1. 成立大會

　　本法除第34條有所謂的「每屆成立大會」外，別無其他相關規定，其任務為何？如何召集？均付諸闕如。而依《地方立法機關組織準則》第9條規定：「直轄市議員、縣（市）議員、鄉（鎮、市）民代表、山地原住民區民代表應於上屆任期屆滿之日，第一屆山地原住民區民代表應於改制日，依宣誓條例規定宣誓就職。不依規定宣誓者，視同未就職。」「宣誓就職典禮，在直轄市議會、縣（市）議會、鄉（鎮、市）民代表會、山地原住民區民代表會所在地舉行，分別由行政院、內政部、縣政府、直轄市政府召集，並由直轄市議員、縣（市）議員、鄉（鎮、市）民代表當選人互推一人主持之。其推選會議，由曾任議員、代表之資深者主持之；年資相同者，由年長者主持之。」

　　實務上，成立大會就是在上屆地方民意代表任期屆滿之日，由新當選地方民意代表進行宣誓就職，組成新組織體的重要會議。慣例也都在新組

---

31 江大樹，〈我國地方議會會期制度初探〉，《政治科學論叢》，第11期，1999年12月，頁73-102。

織體成立後，推舉議長、副議長或主席、副主席。

2. 定期會

　　本法第34條規定：「直轄市議會、縣（市）議會、鄉（鎮、市）民代表會會議，除每屆成立大會外，定期會每六個月開會一次，由議長、主席召集之，議長、主席如未依法召集時，由副議長、副主席召集之；副議長、副主席亦不依法召集時，由過半數議員、代表互推一人召集之。」其議事日程，於議會由程序委員會審定，代表會則由主席審定，並分別報請行政院、內政部、縣政府備查。

　　定期會集會的議程，只要與其職權行使有關，均本議會自律原則自主辦理。其召開日期，亦由各地方立法機關參酌預算審議期程規定及合理運作的需要，自行決定[32]。但議事日程如經報備查並開始開會後，即應依議程所定程序開會，不得逕自改訂議事日程[33]。

　　本來地方立法機關應依議程所定程序與議案，循序處理。如會期結束，未處理完竣，原得決議不予處理或延至下個會期繼續處理。但鑑於預算乃政府收入支出的預定總計畫，涉及政府施政的財政基礎，本法第40條特規定總預算案送審及審議完成的期限，俾應實際需要。但如確無法依期限完成審議者[34]，為維持基本施政能持續運轉，本法第40條第3項雖採「暫定預算制度」[35]的措施，第4項又另規定報請上級協商的補救之道。

　　但此終屬權宜，基於議會主權與民主制衡體制，仍以由立法機關自行完成預算審議，方為正途。本法第34條第2項特規定，得應地方行政首長的要求，或由議長、主席或議員、代表三分之一以上連署，提經大會決

---

[32] 內政部96年2月16日台內民字第0960031324號函參照。

[33] 內政部90年5月29日台（90）內民字第9004565號函參照。

[34] 1980年代，宜蘭縣議會曾在會期最後一天晚上12時，故意將時鐘停止走動，繼續開會數天，以符法制上形式要求。

[35] 本規定性質上屬於應急性的「暫定預算」，而非取代本預算據以施行整個會計年度之「施行預算」，因此仍須使本預算成立，才算完成預算的法定程序。參閱蔡茂寅，〈預算法之基礎理論〉，《全國律師》，第1卷第12期，1997年12月，頁58以下。

議延長會期。延長的會期，直轄市議會不得超過10日，縣（市）議會、鄉（鎮、市）民代表會不得超過5日。本項並規定：「延長的會期，僅限於審議地方政府總預算，不得作為質詢之用。」換言之，得進行質詢的會議，僅限於定期會及臨時會，至於延會期間即不得進行質詢。《地方立法機關組織準則》第22條第2項並規定：縣（市）議會定期會的質詢日期，不得超過會期總日數五分之一；鄉（鎮、市）民代表會不得超過四分之一。

3. 臨時會

「臨時會」，顧名思義是指在定期會範圍以外，為因應特殊情事需要，所召開的會議[36]。除本法第34條第3項規定，遇有地方行政首長、議長、主席或議員、代表三分之一以上的請求，或有第39條第4項處理覆議案的情事，均得召開臨時會。第4項規定：「前項臨時會之召開，議長、主席應於10日內為之……」，本法僅規定請求召開的要件，要件成就，議長、主席即應於10日內召集臨時會，無逕行決定不予召開的裁量權；惟如臨時會議事日程於開議前提報預備會議討論後，決議不予召開臨時會，自毋庸開議[37]。

此外，地方立法機關組織準則第19條第2項，如議長、副議長或主席、副主席出缺時，分別由議會，代表會議決補選之。同時出缺時，分別由行政院、內政部、縣政府指定議員、代表一人暫行議長、主席職務，並於備查之日起30日內召集臨時會，分別補選之。

據此規定，議長、副議長或主席、副主席於休會期間同時出缺時，基於會務運作需要，應於一定時間內召開臨時會補選之，固不待言。如僅議

---

[36] 臨時會的任務僅在處理召開臨時會的特定事項，不得安排質詢（內政部106年5月19日台內民法字第10611027212號函參照）。如於臨時會議事日程安排市政討論，也應以討論特定市政議題為限，不得比照質詢議程安排固定時段之詢答，且詢問事項應以與該特定市政議題相關者為主，始符臨時會係為處理特定事項而召開之意旨（內政部107年9月20日台內民字第1070444559號函參照）。

[37] 內政部90年6月6日台內民字第9004880號函參照。

長或主席出缺，於會期內得依會議議決補選或不補選[38]。至休會期間出缺時，本得由副議長、副主席代理即可，俟定期會或其他依第34條第3項召開的臨時會，再補選即可，毋庸另召集臨時會單獨進行補選；惟如議會或代表會仍召集臨時會補選，亦無不可。問題是為補選而召開的臨時會，是否受第34條第4項有關會期及會次的限制？主管機關實務上前後有不同見解，有認仍應依本法第34條第4項規定辦理[39]，有認應不受限制[40]。從母法嚴格解釋，前見解固有理由；但從維持議會正常運作的現實需要，後見解似較符實際；尤其，會期、會次及開會日數的限制，其立法意旨乃在防止議會擅自擴權，規範行政與立法機關的互動[41]，議長的補選純屬議會內部事務，無涉府會關係，應無嚴格限制的理由。

4. 預備會議

地方立法機關於定期會或臨時會前，有時會就程序的進行、議案等事項（特別是臨時會議事日程），於開議前，先提報「會前會」討論，行政實務上稱之為「預備會議」[42]。

（二）會期、會次與日數

所謂「會期」（session）是指立法機關具有活動能力的期間，立法機關既係在一定期間內開會，此項開會的期間，稱為「會期」；「會次」則為依序開會的次第。立法機關為合議制組織，非開會不能行使職權，會期的長短與如何集會等，與議會職權行使有密切關係，一方面是對行政機關監督功能的發揮程度，另一方面是反映民意的程度，深刻影響行政機關

---

[38] 內政部90年12月13日台內民字第9008136號函參照。

[39] 內政部90年12月13日台內民字第9008136號函參照。

[40] 內政部91年10月25日台內民字第0910006856號函參照。

[41] 內政部92年11月24日台內民字第09200656642號函參照。

[42] 內政部90年6月6日台內民字第9004880號函參照。

與立法機關權力的消長[43]。議會召集開會的次數多寡及日期長短，象徵組織職能的重要性高低[44]，本法對定期會及其延長會期的期間、臨時會的次數、期間，均按機關層級高低與議員人數多寡二項指標，明定其限制[45]。

本條規定適用上有幾個問題：

1. 逾越規定召開的會議，是否均不得支領相關費用？

依第52條規定，僅違反第34條第4項規定召開的會議，不得支領出席費、交通會及膳食費；該項僅為臨時會的規定。如定期會或其延長會議日數，逾越同條第2、3項規定，是否亦受限制？

2. 如因處理覆議案召開的臨時會，有無次數的限制？

第34條第4項規定的臨時會次數與日數，但書規定「有第39條第4項之情事時，不在此限。」該項規定即為為處理覆議案召開的臨時會。依第39條第4項規定，覆議案如為休會期間，應於7日內召集臨時會，並於開議3日內作成決議；逾期未議決者，原決議即失效。有此情形依第5項，即應

---

[43] 林紀東，《中華民國憲法逐條釋義》（臺北：三民書局，1988年），頁391；廖達琪，《地方民意代表員額與會期之研究》（內政部委託研究，2009年），頁46。

[44] 江大樹，〈我國地方議會會期制度初探〉，《政治科學論叢》，第11期，1999年12月，頁73-102。

[45] 地制法第34條規定地方立法機關每12個月會期、會次與日數限制一覽表：

會期日數 議會名稱	定期會			延會期			臨時會			總計
	日數 上限	會次	合計	日數	會次	合計	日數	會次	合計	
直轄市議會	不分多寡	70	2	140	10	1	10	10	8	80	230
縣（市）議會	41人以上	40	2	80	5	1	5	5	6	30	115
	40人以下	30	2	60							95
鄉（鎮、市）民代表會	21人以上	16	2	32	5	1	5	3	5	15	52
	20人以下	12	2	24							44

註：不包括覆議的會議日數。

就行政機關原提案重行議決；又如原決議被臨時會議決推翻而失效，也應重行議決。此二種情形？是否可另行召開臨時會？

內政部函示：原決議失效時，應於同次臨時會就原提案重行議決[46]。換言之，即不能另行召開臨時會。後一種情形較單純，因有作成決議，當然可以接續重行議決；但前一種情形，則邏輯上有問題，因既已逾期未作決議，即表示3日臨時會期限已過，何來同次臨時會？是否意味該次臨時會得延長時日？該日數，是否即不受第4項的3日內的限制？得延長多久？

3. 臨時會會次、日數規定究屬強行規定或訓示規定？如逾規定會次、日期限制，其效力如何？

內政部原見解認為，依本法第52條第2項規定，僅不得支領相關費用，其會議的決議，仍屬有效[47]。但嗣又變更見解，其主要理由，乃認本法對會期、會次及開會日數予以明確規範，立法意旨係在防止議會擅自擴權，並明確規範行政、立法互動關係；倘立法機關得恣意召開，逾越規定限制，即與該法規定臨時會的意旨不符，其會議議決無效[48]。

持平而論，各國憲法對於立法機關開會期間，規範體例不一，有僅規定下限者（至少多少日），如比利時憲法、土耳其共和憲法；有僅規定定期會的日期上限者，如法國第五共和憲法；有明定定期會與臨時會的開會日數上限者，如大韓民國憲法；有不加限制者，如德國基本法、義大利憲法、日本國憲法、澳大利亞聯邦基本法。

我國憲法有關立法院的會期規定，與法國同，僅規定「立法院會期，每年兩次，自行集會。第一次自2月至5月底，第二次自9月至12月底，必要時得延長之。」（§68）延長多久，任由立法院決定，憲法無

---

[46] 內政部102年10月1日內授中民字第1025004039號函參照。

[47] 內政部88年3月29日台（88）內民字第8803459號函參照；江大樹，〈我國地方議會會期制度初探〉，《政治科學論叢》，第11期，1999年12月，頁90。

[48] 內政部92年11月24日台內民字第09200656642號函參照。

限制[49]。另即使在休會期間，立法院因總統咨請或立法委員四分之一以上請求，還得召開臨時會（§69），對其次數與時間也未加任何限制。

　　因此，內政部謂本法的限制規範是基於防止議會擅自擴權，明確規範行政、立法互動關係，參酌各國法例與我國憲法，未必有堅實的法理基礎。於地方制度法草案研議時，曾引起北、高二市議會強烈反彈，其表面上的理由，即認嚴格限制其會期、會次，無異剝奪議會自主權，如因確有需要，但臨時會會次已「使用」完畢，將會發生無會可開的情況。內政部官員，即曾明確指出「超出規定的臨時會，沒有會議無效問題，差別只在於超出的會期不能支領出席費而已。」[50]已隱然透露本法規範的真正目的。

　　探究內政部之所以會變更見解，其實應該是基於政治上的考量，因2003年間直轄市議會議長選舉，多位高雄市議員涉及賄選，議會即連續召開臨時會，以撐開「不受逮捕特權」的保護傘，嚴重干擾法院判決的進行，高雄地方法院乃函詢內政部其逾越規定召開臨時會的適法性[51]，內政部見解的變更，與其說是會議決議無效，毋寧是在配合司法，確認市議會的臨時會為「非合法的會議」，排除保護傘的適用。

---

[49] 資深民代時代，實務上曾發生第一次會延長至8月底，第二次又延長至1月底，形同全年均為定期會的情形。揆其不足為外人道的理由，乃在於延長開會始有「延會錢」可領（委員每天1,800元、職員900、工友也有300元）；嗣行政院不勝立法院全年開會，行政權運作終年被羈束，爰經主計機關協調，只要延一半時日，即發給全部延會錢；立法院即決定分別延長至7月15日、1月15日；國會改選後，一來民選立委須有更多時間經營選區，再者，借開會掙錢，社會觀感不佳，爰取消延會錢惡習，但仍將該筆費用化為「會期津貼」。立法院延會時日，即大幅縮減，一般多僅延至6月中旬或1月上旬。

[50] 江大樹，〈我國地方議會會期制度初探〉，《政治科學論叢》，第11期，1999年12月，頁73-102。

[51] 高雄地方法院92年11月18日雄院貴刑界九二選重訴一字第63449號函。

4. 會次如何計算

開會的次第如何安排？原屬立法機關內部自主的部分。但因涉及《地方立法機關組織準則》第24條會議成立合法性的問題，如何編定會次，即有討論的必要。原則上，大會與委員會（或小組會）會次個別並按開會日前後依序計算；開會一日，就是一會次。但為賦予立法機關成會的方便性，內政部將臨時會的每次會議，放寬認定，只要臨時會期間就同一議案所排定的各次會議，均是為同一會次[52]，如均在處理覆議案或進行專案質詢等[53]。

臨時會召開，其會期包括例假日或停會在內，所訂會期係處理經程序委員會審定之議事日程上所列各項議程的連續期間，所包含的例假日自應以列有議程日期之間所跨者為限，會期首二日的例假日如無議程，自不得計入該次會期內[54]。

（三）會議的成立

地方立法機關開會按一般會議原則，非有議員、代表總額減除出缺人數後過半數之出席，不得開議；惟如為進行施政報告及質詢議程時，不因出席議員、代表未達開會額數而延會（地方立法機關組織準則§23）。

又，定期會或臨時會之每次會議，因出席議員、代表人數不足未能成會時，應依原訂日程之會次順序繼續進行，經連續二次均未能成會時，應將其事實，於第三次舉行時間前通知議員、代表，第三次舉行時，實到人數已達議員、代表總額減除出缺人數後三分之一以上者，得以實到人數開會。第二次為本會期之末次會議時，視同第三次（準則§24）。

---

[52] 內政部104年4月27日台內民字第1040413608號函參照。

[53] 內政部函示原有其實務上的需求，但實務上有某議會排定臨時會10日，第一天議程為報到、三讀議案一讀會，第二天為市長就H5N8疫情專案報告，第三天聽取施政計畫，第四天就食安政策專案報告，內政部也認定屬一次會，似乎過於浮濫。

[54] 內政部108年11月1日台內民字第1080067857號函參照。

　　有問題的是，第23條僅規定得減除出缺（即辭職、去職或死亡）人數計算法定額數，如有第26條對於本身有利害關係事件應行迴避之情形，是否得減除？準則並未明定，惟會議實務上有認為迴避人數應予減除計算者[55]，可資參照。

第三節　地方行政機關

相關條文：

第55條

直轄市政府置市長一人，對外代表該市，綜理市政，由市民依法選舉之，每屆任期四年，連選得連任一屆。置副市長二人，襄助市長處理市政；人口在二百五十萬以上之直轄市，得增置副市長一人，職務均比照簡任第十四職等，由市長任命，並報請行政院備查。

直轄市政府置秘書長一人，由市長依公務人員任用法任免；其一級單位主管或所屬一級機關首長除主計、人事、警察及政風之主管或首長，依專屬人事管理法律任免外，其餘職務均比照簡任第十三職等，由市長任免之。

副市長及職務比照簡任第十三職等之主管或首長，於市長卸任、辭職、去職或死亡時，隨同離職。

依第一項選出之市長，應於上屆任期屆滿之日宣誓就職。

第56條（第1、2項）

縣（市）政府置縣（市）長一人，對外代表該縣（市），綜理縣（市）政，並指導監督所轄鄉（鎮、市）自治。縣（市）長由縣（市）民依法選舉之，每屆任期四年，連選得連任一屆。置副縣（市）長一人，

---

[55] 最高行政法院102年度判字第491號判決參照。本判決雖係針對訴願審議委員會委員的迴避而為，但如依法應迴避，又須計入出席（乃至表決）總額，似非合理，應可參照處理。

襄助縣（市）長處理縣（市）政，職務比照簡任第十三職等；人口在一百二十五萬人以上之縣（市），得增置副縣（市）長一人，均由縣（市）長任命，並報請內政部備查。

縣（市）政府置秘書長一人，由縣（市）長依公務人員任用法任免；其一級單位主管及所屬一級機關首長，除主計、人事、警察、稅捐及政風之主管或首長，依專屬人事管理法律任免，其總數二分之一得列政務職，職務比照簡任第十二職等，其餘均由縣（市）長依法任免之。

第57條（第1、2項）

鄉（鎮、市）公所置鄉（鎮、市）長一人，對外代表該鄉（鎮、市），綜理鄉（鎮、市）政，由鄉（鎮、市）民依法選舉之，每屆任期四年，連選得連任一屆；其中人口在三十萬人以上之縣轄市，得置副市長一人，襄助市長處理市政，以機要人員方式進用，或以簡任第十職等任用，以機要人員任用之副市長，於市長卸任、辭職、去職或死亡時，隨同離職。

山地鄉鄉長以山地原住民為限。依第八十二條規定派員代理者，亦同。

第58條

直轄市、市之區公所，置區長一人，由市長依法任用，承市長之命綜理區政，並指揮監督所屬人員。

直轄市之區由鄉（鎮、市）改制者，改制日前一日仍在職之鄉（鎮、市）長，由直轄市長以機要人員方式進用為區長；其任期自改制日起，為期四年。但有下列情事之一者，不得進用：一、涉嫌犯第七十八條第一項第一款及第二款所列之罪，經起訴。二、涉嫌犯總統副總統選舉罷免法、公職人員選舉罷免法、農會法或漁會法之賄選罪，經起訴。三、已連任二屆。四、依法代理。

前項以機要人員方式進用之區長，有下列情事之一者，應予免職：

一、有前項第一款、第二款或第七十九條第一項各款所列情事。

二、依刑事訴訟程序被羈押或通緝。

直轄市之區由山地鄉改制者，其區長以山地原住民為限。

第58條之1

鄉（鎮、市）改制為區者，改制日前一日仍在職之鄉（鎮、市）民代表，除依法停止職權者外，由直轄市長聘任為區政諮詢委員；其任期自改制日起，為期四年，期滿不再聘任。

區政諮詢委員職權如下：一、關於區政業務之諮詢事項。二、關於區政之興革建議事項。三、關於區行政區劃之諮詢事項。四、其他依法令賦予之事項。

區長應定期邀集區政諮詢委員召開會議。

區政諮詢委員為無給職，開會時得支出席費及交通費。

區政諮詢委員有下列情事之一者，應予解聘：一、依刑事訴訟程序被羈押或通緝。二、有第七十九條第一項各款所列情事。

第59條

村（里）置村（里）長一人，受鄉（鎮、市、區）長之指揮監督，辦理村（里）公務及交辦事項。由村（里）民依法選舉之，任期四年，連選得連任。

村（里）長選舉，經二次受理候選人登記，無人申請登記時，得由鄉（鎮、市、區）公所就該村（里）具村（里）長候選人資格之村（里）民遴聘之，其任期以本屆任期為限。

依第一項選出之村（里）長，應於上屆任期屆滿之日就職。

地方行政機關是地方自治團體的執行機關，直轄市政府、縣（市）政府及鄉（鎮、市）公所，對地方立法機關負責，一方面推動地方自治事務，另一方面也執行上級政府的委辦事務。相對於地方立法機關，本款規定相對單純，需特別闡述者不多。

一、人事

（一）首長

地方行政機關各置首長一人，對外代表地方自治團體，綜理地方事務，均直接由居民依法選舉產生，任期4年，連選得連任一次。並應於上屆任期屆滿之日宣誓就職。因此，首長任期4年的起算，係從上屆首長任期屆滿之日起算。

按地方民選行政首長「任期制」及「連任一次」規定的立法意旨，係為避免民選行政首長因長期久任，壟斷政治資源而產生流弊，故其所稱「連選得連任」，係指同一職務連續2屆均曾當選就任，不論改選或補選的任期均屬之；同一人於同一屆任期內參加補選並當選就任，僅係補足該屆所遺任期，應視為同一任[56]。如經法院判決當選無效確定，或經法院判決選舉無效確定，致影響其當選資格者，應由監督機關解除其職務，並自「解除職務」處分下達時，始喪失公職人員身分；因此，於權責機關解除職務前，既已有當選就職並行使職務的事實，故仍應計入「連選得連任」的任期[57]。

（二）副首長、幕僚長與單位主管

直轄市政府置副市長2人；人口在250萬人以上的直轄市，得增置副市長1人，職務均比照簡任第14職等，由市長任命，並報請行政院備查。縣（市）政府置副縣（市）長1人，職務比照簡任第13職等；人口在125萬人以上的縣（市），得增置副縣（市）長1人。鄉（鎮、市）公所原則上不置副首長，僅人口在30萬人以上的縣轄市，得置副市長1人，以機要人員方式進用，或以簡任第10職等任用。副首長襄助首長處理事務，由首長任用，報監督機關備查。

---

[56] 內政部101年12月18日台內民字第1010392405號令、102年7月3日台內民字第10202467691號函、臺灣高等法院臺中分院101年度選上字第3號判決參照。
[57] 內政部102年7月3日台內民字第10202467691號函參照。

　　直轄市政府與縣（市）政府均置秘書長爲幕僚長，由首長依公務人員任用法任免，屬事務官；前者職務列簡任第14職等，後者列簡任第11至12職等[58]。鄉鎮市人口在3萬人以上者，得置主任秘書1人，職務列薦任第8至9職等；未滿3萬人者，置秘書1人，職務列薦任第8職等。

　　爲賦予地方首長用人彈性，除所謂的中央人事一條鞭的職務外，直轄市政府一級單位主管或所屬一級機關首長，均爲政務官，由市長以比照簡任13職等任用；縣（市）政府則一級單位主管或所屬一級機關首長則僅二分之一得列政務職，職務比照簡任第12職等，其餘事務官，均由縣（市）長依法任免之。鄉（鎮、市）公所無所屬機關的編制，一級單位主管均爲事務官。

　　副首長及列政務職的主管或所屬一級機關首長，與民選首長同進退，於首長卸任、辭職、去職或死亡時，應隨同離職。

　　此節可討論者有二：

1. 地方人事的彈性化與政務化

　　於自治綱要時期，縣除了縣長係透過公民自治選舉產生外，綱要本身並無副縣長或其他輔佐人員的規定，更無任用方式或任用資格條件的規定；而是在中央與地方公務員一體化的原則下，由銓敘部依公務人員任用法規定，以「職務列等表」的方式呈現。在國家整體組織譜系中，縣（市）的一級單位主管或一級附屬機關首長，僅被歸類爲相當部會所屬四級機關的地位，爲薦任第9職等的事務官。嗣考試院才以78年8月28日考臺祕議字第2677號函「准」人口逾150萬的大縣市（如臺北縣），可跨到簡任第10職等。相反地，當時，省政府與直轄市政府則相當於部會層級，省主席或直轄市市長由行政院官派，其一級機關首長則相當於部會司處長，職務列簡任第12職等。

　　1994年自治法的施行，是地方首長人事權的一個關鍵變遷。首長均改由直接民選，並於法律中明定省政府與直轄市政府一級機關首長，職等

---

[58] 內政部96年8月8日台內民字第0960122727號函參照。

改列為比照簡任第13職等的政務官，副省長與秘書長則比照簡任第14職等。但縣市一級單位主管與一級機關首長，於2000年之前仍維持原狀，未予調整。至地方制度法施行後，始將縣市一級單位主管與附屬機關首長，不分大小縣市，一律調高為簡任第11職等，並參照人口多寡，單位主管有3至5人可以機要進用；2006年再修正地方制度法，更近一步將得機要進用的人員不分主管或首長，增至二分之一；2007年，機要進用又改列為比照簡任第12職等的政務官。

所謂「二分之一得列政務職」，係指包括中央一條鞭職務在內的二分之一，如人口125萬以上的縣市，含主計、人事及政風，共計得設26處、局（準則§15參照），二分之一即13個局、處長得列為政務職；又100萬以上未滿125萬縣市，得設25局、處，二分之一為12.5，不能超過二分之一，因此，僅12個得列政務職。但其中屬中央人事一條鞭的職務，仍須以其專屬人事管理法令，列事務官任免[59]。

2. 中央人事一條鞭的職務

所謂「人事一條鞭」，就是對特定職務的管理、監督與指揮命令權，由中央主管，其所服務的機關首長僅為「兼管長官」，不具完全的人事權；且其任用與管理，也不同於一般公務人員適用《公務人員任用法》，而由中央另定一套單獨的人事法律以為規範，此一體制就稱為「一條鞭制」，本法第55條所定直轄市政府依專屬人事管理法律任免的「主計、人事、警察及政風之主管或首長」，即屬之。

「一條鞭」體制的形成，係國民政府在「訓政」時期，希望透過建構一套專業人事人員的特殊甄補、訓練與遷調、考核系統，對全國各機關人事業務產生指揮監督與管制協調的作用，藉此逐步消除分贓用人官僚惡習，提升各級政府行政效率。制度建構的本意原在於「專業性」及業務本身所需的「一統性」考量，以達人事行政權內部運作的統一，並非專門針對「中央與地方關係」而設。所以，不僅地方政府機關中此類人員的任免

---

[59] 內政部98年12月29日台內民字第0980238946號函參照。

與管理，係由中央主管機關掌理；即使中央政府中任一機關同類人員的管理與任免，也是由中央主管機關統籌掌理。

　　早期，僅有人事、主計兩大「一條鞭」運作體制，係分別以《人事管理條例》與《主計機構人員設置管理條例》爲其法制依據；至於主要建制目標，前者強調由銓敘部統一指揮監督各機關的人事運作，用以落實「考試權」獨立，後者係由行政院主計處負責掌理全國歲計、會計、統計等主計事務，期待藉主計獨立來健全政府財政。1992年《政風機構人員設置管理條例》施行，爲建立廉能政府，將原來名義上隸屬人事單位，編制卻屬調查局人事查核系統的保防（即「人二」），改由法務部廉政署統一規劃、協調及指揮監督全國政風業務。

　　此外，關於警察人事，依憲法第108條及警察法第3條規定，警察官制、官規、教育、服制、勤務制度及其他全國性警察法制，由中央立法並執行之，或交由直轄市、縣（市）執行之。中央據以制定《警察人員人事條例》，其第21條明定「一、警監職務，由內政部遴任或報請行政院遴任。二、警正、警佐職務，由內政部遴任或交由直轄市政府遴任。」因此，本法特將警察亦列爲中央人事一條鞭的職務。

　　值得注意的是，地制法第56條雖將縣市「稅捐之主管或一級機關首長」亦規定爲「依專屬人事管理法律任免」，而與其他四類屬一條鞭體系人員並列；惟事實上，現階段並無稅捐人員任用、管理的專屬法律，故仍不屬「中央人事一條鞭」體制。另，鄉鎮市無警察權，故僅有人事、主計、政風三類一條鞭職務。

二、組織編制

（一）組織層級、名稱與數量限制

　　地方行政機關的組織編制，《地方行政機關組織準則》有非常詳盡的規範[60]，構成各級地方行政機關組織設計的基準與限制。本來，爲尊重地

---

[60] 本法第62條第3項規定「縣（市）政府一級單位定名爲處，所屬一級機關定名爲局，二

方組織自主權,本準則採框架式立法,於規定的單位或機關數限制內,地方政府得依業務及發展需要,自主決定組織的組設[61];但因上述採人事一條鞭的中央法律,如《人事管理條例》、《主計機構人員設置管理條例》與《政風機構人員設置管理條例》均明定,人事、主計、政風組織的設置,排擠其他機關、單位的組設,本準則特規定縣(市)主計、人事、政風三個一級單位數另計;但直轄市則未予排除。其要旨僅製表如下:

表12-1　組織層級、名稱與數量表

		一級單位與所屬機關		內部單位			備註
	層級	名稱	數量上限	名稱	上限	最低層級	
直轄市	一級單位	處或委員會	未滿200萬:29 200萬以上:32	科、組、室	9	科下並得設股	
	一級機關	局、處、委員會		科、組、室、中心	6	其下得設課、股	1.處限於輔助兼具業務性質之機關用之。 2.為執行業務需要所設派出單位,名稱、數量未設限。
	二級機關	處、大隊、所、中心	(未設限)	科、組、室、課	5	科、室下得設股	為執行特殊性質業務,得設廠、場、隊、站。

級單位及所屬一級機關之一級單位為科。」誠屬突兀。據悉,是地方政府自行運作立法的結果。

[61] 內政部就此曾以99年10月1日台內民字第0990206391號函轉行政院及所屬各機關於業務督導及訂定相關執行計畫時,避免要求地方政府設置專責單位或增加編制內原額執行該項業務。但就《原住民族基本法》第8條第1項規定:「直轄市及轄有原住民族地區之縣,其直轄市、縣政府應設原住民族專責單位,辦理原住民族事務;其餘之縣(市)政府得視實際需要,設原住民族專責單位或置專人,辦理原住民族事務。」原住民族委員會則以104年7月1日原民綜字第10400350762號令核釋,所稱「原住民族專責單位」,係指直轄市或縣(市)政府之組織法規規定,以原住民或原住民族事務為其主要掌理事項之一級機關或單位。內政部認該解釋令恐侵害地方自主組織權,影響地方政府組織修編及調整,對員額之配置也可能產生排擠效應,而持保留態度。

表12-1　組織層級、名稱與數量表（續）

一級單位與所屬機關			內部單位			備註
層級	名稱	數量上限	名稱	上限	最低層級	
一級單位 一級機關	處 局	（準則原依人口數多寡分別明定其一級單位與一級機關數量上限，因級距間落差甚大，2017年修正改採依一定公式合併計算[62]。但一級機關數仍限為7個）	科 科	7	 科人數10以上得分股	1.主計、人事、政風三個一級單位數另計。 2.一級機關所設派出單位，名稱、數量未設限。 3.處、局編制員額下限： (1)未滿5萬：10。 (2)5至20萬：15。 (3)20萬以上：20。
二級機關	隊、所	（未設限）	課、股、組、室	8		得依業務性質，於所轄鄉（鎮、市、區）分別設立。
一級單位	課、室	未滿5,000　　6 5,000至1萬　7 1至3萬　　　8 3至10萬　　9 10至15萬　10 15至30萬　11 30至50萬　12 50萬以上　13				情形特殊得不設課、室。
所屬機關	隊、所、館	依業務發展需要設置				

縣市 / 鄉鎮市

註：1.所稱委員會，以協調統合業務或處理特定事務，並採合議制方式運作者為限。

　　2.所屬機關之名稱，法律另有規定者，從其規定。

　　3.所屬機關，因性質特殊者，得依其性質另定名稱。但不得與不同層級之機關名稱混淆。

　　4.直轄市、縣市警察及消防機關，均不受上開規定的限制。

---

[62] 第15條第2、3項：縣（市）政府一級單位及所屬一級機關，除主計、人事及政風單位依專屬人事管理法律設立外，依下列公式計算之數值及第三項規定定其設立總數：〔各該縣（市）前一年十二月三十一日人口數÷10,000×80%〕＋〔各該縣（市）前一年十二月三十一日土地面積（平方公里）÷10,000×10%〕＋〔各該縣（市）前三年度

（二）員額編制

　　所謂地方行政機關員額，包括各該地方行政機關公職人員、政務人員及訂有職稱、官等人員；至聘（僱）用人員、技工、工友人數及用人計畫所需人事，另循預算程序辦理，不在此限。準則第21條採「總員額法」精神，明定直轄市政府、縣（市）政府、鄉（鎮、市）公所所屬各一級機關及所屬機關員額，由直轄市政府、縣（市）政府、鄉（鎮、市）公所於其員額總數分配之；所屬二級機關之員額，則由所屬一級機關於其員額總數分配之。並原則性規定「地方行政機關員額的設置及分配，應於其員額總數範圍內，依下列因素決定之：一、行政院員額管制政策及規定。二、業務職掌及功能。三、施政方針、計畫及優先順序。四、預算收支規模及自主財源。五、人力配置及運用狀況。」如法律規定應設立的組織，其員額也僅能於員額總數中派充之。

　　各級地方行政機關員額規定如下：

決算審定數之自有財源比率之平均數×10%〕。

依前項公式計算所得數值，縣（市）政府得設立之一級單位及所屬一級機關總數如下：

一、數值未滿二者：不得超過十三處、局。

二、數值在二以上，未滿五者：不得超過十四處、局。

三、數值在五以上，未滿九者：不得超過十五處、局。

四、數值在九以上，未滿十四者：不得超過十六處、局。

五、數值在十四以上，未滿三十者：不得超過十七處、局。

六、數值在三十以上，未滿四十六者：不得超過十八處、局。

七、數值在四十六以上，未滿五十二者：不得超過十九處、局。

八、數值在五十二以上，未滿五十九者：不得超過二十處、局。

九、數值在五十九以上，未滿六十七者：不得超過二十一處、局。

十、數值在六十七以上，未滿七十六者：不得超過二十二處、局。

十一、數值在七十六以上者：不得超過二十三處、局。

1. 直轄市

人口數（萬）	125-175	175-225	225-275	275-350	350以上	臺北市
員額上限	6,500	7,200	9,000	11,700	13,860	14,200

註：1.依準則第22條編製。
　　2.不包括警察及消防機關員額。
　　3.本準則中華民國99年6月14日修正條文施行前已設置直轄市政府，以14,200人為其員額總數。

2. 縣市

　　縣（市）政府員額的計算比較複雜，依準則第23條規定，是以中華民國88年7月1日的編制員額總數（警察及消防機關除外），為其總員額基準數。以該基準數加分配增加員額之和，為各該縣（市）政府員額總數。

　　分配增加員額的計算方式如下：

(1)以各該縣（市）中華民國87年12月底人口數除以縣（市）總人口數所得商之60%，為人口數所占分配比重。

(2)以各該縣（市）中華民國87年12月底各縣（市）面積除以縣（市）總面積所得商之10%，為面積所占分配比重。

(3)以各該縣（市）自主財源比率除以縣（市）自主財源比率之和，所得商之30%，為自主財源所占分配比重。

(4)以各縣（市）政府合計增加員額總數之5,000人乘前三款比重之和，所得之積數之整數為其分配增加員額。

　　前項第3款縣（市）自主財源比率，係指各縣（市）85年度至87年度之3年度歲入決算數中，扣除補助款收入、公債及借款收入、移用以前年度歲計賸餘後之數額，占各該縣（市）歲出決算數之平均值。

　　又金門、連江於戰地政務時期設立的事業機關（構），戰地政務終止後改隸縣政府者，因組織調整、合併或裁撤，其編制表所列之員額數，報經內政部轉行政院核定後，得納入該縣政府員額總數計算。

3. 鄉鎮市

　　各鄉（鎮、市）公所以中華民國88年7月1日的編制員額總數，為其

總員額基準數，以該基準數加依下列規定增加員額之和，爲其員額總數：

人口數	未滿3萬	3至6萬	6至10萬	10至20萬	20至30萬	30至50萬	50萬以上
增額上限	3	5	10	15	20	30	50

三、區公所建置

（一）一般建制

現行地制法上的「區」，原則上並非地方自治團體[63]，而是直轄市或市基於行政管轄需要，所作的區域劃分地方行政區域；區設區公所，置區長一人，由市長依法任用，承市長之命綜理區政，並指揮監督所屬人員（§58）；換言之，區在地方治理架構中並不具主體地位，區公所指掌理市政府授權事項或單純的執行市長交辦事項。

區公所爲市的派出機關，直接隸屬於直轄市政府，承市政府之命執行區政及交辦事項，本質上乃屬「地域性的機關」，是市政府根據服務各區居民或業務管理的需要，在各區分設的業務執行機關。

區公所一方面得以自己名義對外爲意思表示，具機關的單獨法定地位[64]；一方面各局處若有業務上的需要，也得以市長名義行文，請區公所協助辦理。區與各局處之間，並非上下隸屬關係；惟各直轄市所定的各區公所組織規程，除「承市長之命」外，都尚有「受民政處之指揮、監督」或「兼受民政局局長之指導監督」的文字[65]，易使人誤認區公所爲民政局的附屬機關。其實，民政局在區政運作中，應該只是扮演協調者的角色；不過，區公所在法制上既受一級機關民政局長的指揮監督，從組織理論上又似可推導出區公所的組織層級應低於市政府的一級機關。

---

[63] 直轄市山地原住民區，則屬例外。

[64] 區公所性質係屬直轄市政府或市政府的派出機關，非爲其內部單位。內政部99年1月25日台內民字第0990015330號函及高雄高等行政法院100年度訴字第446號判決參照。

[65] 此文字係嘉義、新竹、基隆等市各區公所組織規程所無，或因直轄市的民政局是機關，嘉義等市的民政處則爲內部單位。

　　至於業務執行層面，區公所執行市政府的交辦事務，非屬不同政府層級之間的委辦，固不待言；但也非現行法制所能涵蓋的事務委付的特殊類型，既非行政程序法上的上下隸屬關係的委任，各局處請區公所辦理的事務，也不屬無隸屬關係的委託，充其量只是由市府授權，經由分層負責代辦府稿的行政作用。因此，市政府或各局處以市長名義交由區公所辦理的事務，無須如行政程序法所規定的「應有法規的依據」，也無踐行公告的必要。惟如《新北市各區公所組織規程》第4條第1項規定：「區公所組織依各區人口數之多寡設置課、室數，分別辦理本府授權之各項業務、本府所屬一級機關委託辦理事務及指派或交付任務。」市府所屬一級機關亦得依行政程序法第15條規定的「委託」，將其業務權限移轉由「不相隸屬」的區公所行使。

　　另，實務上市政府也都於各行政區內設二級機關，或將二級機關設於各區公所內合署辦公，例如警察、消防、戶政、衛生機關、國民中小學校、區清潔隊、養護工程分隊、路燈工程分隊及園藝工程分隊等，關於協助推行行政區內自治業務、為民服務工作及區公所執行上級交辦事項，應受區長「指導」。但區公所與二級機關間的組織層級關係，原則上並不具有上下隸屬關係。僅於各行政區內的二級機關於執行與區政相關業務事項時，基於區長為綜理區政的法定權責首長，始例外地賦予區長對二級機關有指導的權限[66]。

（二）過渡設計

　　區長均由市長依公務人員任用法任免（準則§13、18），為常任文官；且區非地方自治團體，本無民意機關的設置。惟為配合縣市改制直轄市，原民選的鄉鎮市長及鄉鎮市民代表頓失繼續服公職的機會。地制法特針對鄉（鎮、市）改制為直轄市之區的原鄉（鎮、市）長、代表，增訂保

66 詹震榮，〈區公所組織功能現況及可能發展趨勢〉，《新北市政府法制局主辦「101年度直轄市法制及行政救濟業務研討會」會議實錄》，頁11-34。

障性質的過渡特別規定；換言之，本過渡條款僅適用於改制前的臺北縣、臺中縣、臺南縣、高雄縣以及桃園縣[67]。其內容如下：

1. 區長的特殊進用方式（§58 II、III）

改制日前一日仍在職的鄉（鎮、市）長，由直轄市長以機要人員方式進用為區長；其任期自改制日起，為期四年。但有幾個條件限制，即有下列情事之一者，不得進用：

(1)涉嫌犯第78條第1項第1款及第2款所列之罪（即內亂、外患、貪污治罪條例、組織犯罪防制條例或其他法定刑為死刑、無期徒刑或最輕本刑為五年以上有期徒刑之罪），經起訴。

(2)涉嫌犯總統副總統選舉罷免法、公職人員選舉罷免法、農會法或漁會法之賄選罪，經起訴。

(3)已連任二屆。

(4)依法代理；如首長本身因停職而由其副首長代理，或首長辭職、解職或死亡，由監督機關派員代理，該代理者均不適用本過渡條款。

又，以機要人員方式進用的區長，有下列情事之一者，應予免職：

(1)有前項第1款、第2款或第79條第1項各款所列情事。

(2)依刑事訴訟程序被羈押或通緝。

2. 區政諮詢委員的聘任（§58-1）

改制日前一日仍在職的鄉（鎮、市）民代表，除依法停止職權者外，由直轄市長聘任為區政諮詢委員；任期自改制日起，為期四年，期滿不再聘任。有下列情事之一者，應予解聘：(1)依刑事訴訟程序被羈押或通緝；(2)有第79條第1項各款所列情事。

區政諮詢委員為無給職。區長應定期邀集區政諮詢委員召開會議，開會時得支出席費及交通費。委員職權如下：(1)關於區政業務的諮詢事

---

[67] 本過渡規定於2018年12月25日第7屆直轄市長及第18屆縣（市）長就職後，應即無再適用之可能。

項；(2)關於區政的興革建議事項；(3)關於區行政區劃的諮詢事項；(4)其他依法令賦予的事項。

（三）補充函示

由於鄉鎮市改制為區的特別條款，屬過渡性規定，可能僅適用至2018年桃園縣改制為直轄市後的第四年，相關配套均欠闕如，只能透過主管機關的函示予以補充。其項目包括：

1. 區公所組織[68]

《地方行政機關組織準則》第13條就區公所的組織，業已明文規定，僅得設內部單位，並無所屬機關的建制，原鄉（鎮、市）公所所屬機關如清潔隊、圖書館、托兒所等，於改制為區公所後，均併入直轄市政府所屬機關。

2. 機要區長的權利義務[69]

(1)任命方式：該等人員參照政務人員以「任命令」方式進用，非屬公務人員任用法及各機關機要人員進用辦法所稱的機要人員，無職務列等，不予辦理銓敘審定，亦無公務人員考績法的適用。

(2)待遇：繼續參照原鄉（鎮、市）長待遇，以簡任第10職等本俸5級人員支給待遇，至任期屆滿為止。該等人員屬法定機關編制內有給專任人員，得適用公教人員保險法規定辦理保險。

(3)請假：該等人員職務係受有俸（薪）給文職人員，參照政務人員及民選地方行政機關首長得適用公務人員請假規則辦理請假，亦得適用公務人員請假規則辦理請假，並享有休假補助。

(4)退職、撫卹：比照鄉（鎮、市）長依《臺灣省縣市長鄉鎮縣轄市長退職酬勞金給與辦法》辦理退職，並得併計年資；並比照鄉（鎮、市）長依《臺灣省民選鄉鎮縣轄市長給卹辦法》辦理撫卹。

---

[68] 內政部99年10月25日台內民字第0990212830號函參照。

[69] 內政部99年10月20日台內民字第0990208515號函參照。

(5)調整職務的限制[70]：本法第58條第2項規定的立法精神係爲順利完成縣市改制作業，借重原任鄉（鎮、市）長對地方基層事務的瞭解及其施政治理、爲民服務的經驗，有助於日後區政推動及規劃行政區劃，故以機要人員方式進用之區長；因此僅得於其所服務的公所，以機要人員方式進用爲區長，不得調用至市政府其他機關任職。

3. 區政諮詢委員的權利義務

(1)爲無給職，開會時得支出席費及交通費合計2,000元，不得再加發其他薪給或費用項目[71]。

(2)區政諮詢委員不得以機關屬性的委員會形式設置，且不得設置專職人員及對外行文，惟得否設委員辦公室、區政諮詢委員會議每年或每月召開的次數期程、會議召開的程序等相關事項，由直轄市政府衡酌需要訂定自治法規予以規範[72]。

(3)區政諮詢委員非公務員服務法的適用對象，地制法亦無村（里）長或區政諮詢委員不得兼職的規定，鄉（鎮、市）民代表如當選里長，亦可兼任區政諮詢委員[73]。又直轄市議員助理爲議員所聘用，也非屬公務員，相關法令亦無不可兼職的規定，故區政諮詢委員得兼任地方民意代表助理[74]。

四、村（里）長

　　村（里）爲地方行政區域之一，屬村里人民的集合團體，但非地方自治團體公法人，亦無行政區域的法域功能，在法制上僅屬鄉鎮市區以內土

---

[70] 內政部99年4月20日台內民字第0990070423號函參照。

[71] 內政部99年12月22日台內民字第0990254091號函參照。

[72] 內政部99年12月22日台內民字第0990254091號函參照。

[73] 內政部99年4月7日台內民字第0990053291號函參照。

[74] 內政部99年8月23日內授中民字第0990035303號函參照。

地管轄的行政編組[75]，至多只是村里民所組成的地域性非法人團體（最高法院58年台上字第3473號判決參照）。

　　村（里）長係無給職的民選地方公職人員（§61），其事務補助費為村（里）長處理村（里）公務之公費，並非薪津[76]。依本法第59條第1項規定：「村（里）長一人，受鄉（鎮、市、區）長之指揮監督，辦理村（里）公務及交辦事項。」但村（里）長並非鄉（鎮、市、區）公所組織法規所定的編制人員，換言之，村里長不屬鄉（鎮、市、區）公所機關人員[77]。

---

[75] 中國地方自治社論，〈村里與社區體制存廢之考量〉，《中國地方自治》，第55卷第8期，2002年8月，頁2。

[76] 內政部88年10月27日台（88）內民字第8808186號參照。

[77] 內政部96年3月27日台內民字第0960049314號函參照。

自我評量

- ➤ 各國地方政府之建制樣態很多，從行政權與立法權的運作關係上可大致分別為二類：「權力一元制」與「權力分立制」。試舉例並說明兩者之內涵，以及我國地方政府之建制係屬於那一類？（106升等）
- ➤ 請分析比較中央政府與地方政府的差異，並闡述地方政府組織的基本特性。（110身障）
- ➤ 「分權」何謂市長議會制？市委員制？市經理制？我國現行地方政府採行何制？引進市經理制的可行性如何？試分別論述之。（100升等）
- ➤ 美國市經理制有那些特色？請比較分析美國市經理制與我國現行區長官派的異同。（104特原）
- ➤ 美國地方政府市經理制度常為公共管理學者所重視，試分析此市經理制的特色，並討論此制度與我國的市長制有何不同？（110地特）
- ➤ 何謂強市長制？有謂臺北市與東京都均屬強市長制，是否如此？請依二者的職權比較說明其間異同。（103地特）
- ➤ 地方政府組織結構有強首長制、弱首長制之分，其理論基礎為何？臺灣現行機制係基於何種法制採用強首長制？試述之。（94升等）
- ➤ 請分析美國市經理制度的組織及特點，並比較分析此制度與我國擬議中鄉（鎮、市）長官派制度有何異同？（93高）
- ➤ 鄉（鎮、市）民代表會之職權，原則上係採集體行使的理論基礎為何？有無專屬個人行使之職權？試述之。（100特原）
- ➤ 請說明我國縣（市）級選舉之選舉區劃分方式、選舉區形態以及選舉區劃分之機關。（101地特）
- ➤ 我國縣市議員選舉制度為何？該制度可能產生的政治影響為何？試說明之。（105地特）
- ➤ 2014年11月29日中華民國地方公職人員選舉，將是規模最大的一次「九合一選舉」。請問「九合一選舉」之項目為何？其選舉制度及競選形態又如何區分？請比較說明之。（103高）
- ➤ 今（107）年九合一大選已於11月24日投票結束，請以直轄市及縣

（市）長選舉為例，說明地方派系對選舉過程及結果的影響。（107地三）

➢ 直轄市議會議員、縣（市）議會議員、鄉（鎮、市）民代表之選舉，有關原住民代表總額如何規定？又對原住民婦女有何保障？（93特原）

➢ 原住民鄉（鎮、市）立法機關編制之職稱及員額，應如何規定之？立法機關擬訂編制員額時，應依哪些因素決定？（92特原）

➢ 試就地方制度法之規定，縣（市）議會議員之總額產生方式及其職權加以析論，又其如何對縣（市）長之職權加以監督？（98升等）

➢ 直轄市議會與縣（市）議會皆有原住民議員。試依地方制度法說明二者原住民議員產生方式之不同。（102特原）

➢ 地方各級議會的會期，有何規定？其質詢日期為何？議事日程如何決定？（92特原）

➢ 請說明我國地方立法機關（議會及代表會）之議員（代表）的權利保障和義務限制有那些？（102身障、96升等）

➢ 擔任地方議員或代表擁有什麼權利？又應履行那些義務或行為規範？（104高）

➢ 地方民意代表應否改為有給職，並准予支給退職金及撫卹金？地方民意代表若改為有給職，是否應限制其不得兼任民營事業機構的職務？（100普）

➢ 地方立法機關包括：直轄市議會、縣（市）議會、鄉（鎮、市）民代表會，請從規定名額、產生方式、補選制度，三方面說明其組成。（101地特）

➢ 為落實地方自治精神，爰有擴大地方縣市長人事任用權之倡議。試說明立法院於今（2005）年11月22日三讀通過地方制度法第56條修正條文的主要內容，並評論其利弊得失。（94地特）

➢ 「臺北市」、「臺北市政府」、「臺北市政府原住民事務委員會」三者，在地方制度法上的意義為何？請申述之。（94特原）

➢ 地方行政首長的法定地位為何？其對人民行使統治權之法理依據為何？試述之。（94升等）

➤ 縣市政府改制直轄市後，區公所的功能及業務隨之調整，請說明改制後區的法治定位、功能轉變及區長職權。（103原三）

➤ 試說明區長與里長之區別。（92普）

➤ 村、里長是否為公務人員？請從職掌、薪給、懲戒等相關規定說明村、里長角色及定位。（107地三）

➤ 直轄市政府之組織，如何擬定準則？其所屬機關學校組織規程，如何擬定？試分別說明之。（92特原）

➤ 依地方行政機關組織準則之規定，地方行政機關及其內部單位，應依什麼原則設立或調整？（92身障）

➤ 依地方制度法相關法規，直轄市長與各縣（市）長之人事任命權有無不同？請分析並評論之。（91基特）

➤ 地方制度法對於地方政府組織法制的規定，就直轄市而言，新設直轄市與原直轄市之規定有何不同？現行臺北縣與新北市又有何不同？試述之。（99地特）

➤ 各縣（市）政府員額總 及分配增加員額之計算方式為何？試就相關規定加以說明之。（101特原）

➤ 直轄市政府及縣（市）政府政務職有哪些？職務比照列等為何？如何產生？試就相關規定加以論述之。（101特原）

➤ 地方制度法中對直轄市政府及縣（市）政府政務職之相關規範為何？並就其基本精神加以析論之。（98高）

➤ 試以地方自治之觀點論述我國直轄市與縣市之自治組織權與自治人事權，並加以分析之。（98特退、關務）

➤ 請依地方行政機關組織準則，比較分析直轄市政府與縣（市）政府在組織編制、員額及人事任用權上之差異。（107高考三級一般民政、戶政）

➤ 某縣長就職後，欲在縣政府內新設置某一級單位，來落實特定競選承諾。請問其應考量哪些因素？（97高）

➤ 今日我國鄉（鎮、市）普遍有人事經費支出占機關總預算比例過高的問題。請分析其原因與未來可能採行的變革途徑。（96升等）

➢ 今日地方行政機關員額設置規定，對於地方自治可能產生哪些影響？（96升等）

➢ 地方政府之組織再造，係提升國家競爭力之重要環節。試問：1.地方制度法所規範之地方行政機關，其組織模式為何？2.官僚模式與同僚模式係組織改造的選擇，地方制度法採用官僚模式，其立法意旨為何？3.縣（市）長對組織改造之角色扮演為何？（94地特）

➢ 有人主張制定地方公務員法制，有人反對，試就正反之理由，加以詳細討論。（93地特）

➢ 原住民鄉鄉長有何資格限制？其鄉公所各單位主管如何任免？（92特原）

➢ 依現行地方行政機關組織準則，地方行政機關如何分層級設機關？試就其層級及名稱說明之。（91特原）

➢ 地方行政機關為何應予調整或裁撤？試述其可能的情形。（93特原）

CHAPTER

13

地方府會關係與議會自律

第一節 前 言

　　所謂「地方府會關係」，就是地方行政機關與地方立法機關兩個機構之間的權力運作關係。我國現行地方政府係採「議會—首長雙元權力分立制」，行政首長與立法機關成員均各由居民直接選舉產生，各擁有獨立的民意基礎，二者地位平等，各有權限，彼此分權制衡並直接向選民負責。因此，地方府會關係，在我國也就是大法官釋字第498號所稱：基於民意政治與責任政治，地方行政機關與立法機關之間的權責制衡關係。

　　地方立法機關負責議決地方重要事項並監督行政機關的執行，而行政機關則負責執行立法機關議決的事項與上級委辦事項。立法機關職權相當廣泛與重要，舉凡地方法規、年度預算、稅課等事項，均須經立法機關議決通過，再由行政機關據以執行；立法機關定期會開會時，地方行政機關首長亦有向立法機關提出施政報告並備詢的義務。然而，立法機關僅能對行政機關進行監督，不能介入行政機關的執行面向；行政機關對於送交立法機關的預算案，亦沒有干涉與控制議會決策的權力。行政機關如認立法機關決議事項窒礙難行，應循法定程序覆議，府會遇有爭議，亦得報請自治監督機關協商解決。

　　地方府會關係是地方政府制度的核心內容，府會的互動關係則為地方政治的樞紐。如果立法機關能依循法定的程序，進行質詢及法案與預算的審議，行政機關也能遵照議會的決議執行政策，兩者之間各守分際，制衡而非對立，分工且合作，彼此尊重，府會之間將能形成良性互動，地方事務也能順利推動。制度設計上，地方行政機關與立法機關基於憲法及地方制度法的規定，各有其法定的地位、角色與權限。

　　本章擬從地方立法機關的職權立論，歸整歷來地方府會衝突典型案例，再從法制面及自治監督實務處理方式，分別說明其調節機制，並簡述其他國家的具體法例。最後，並專節附論國內較少關注的議會自律的問題。

第二節　地方立法機關職權

相關條文：

第35條

直轄市議會之職權如下：

一、議決直轄市法規。

二、議決直轄市預算。

三、議決直轄市特別稅課、臨時稅課及附加稅課。

四、議決直轄市財產之處分。

五、議決直轄市政府組織自治條例及所屬事業機構組織自治條例。

六、議決直轄市政府提案事項。

七、審議直轄市決算之審核報告。

八、議決直轄市議員提案事項。

九、接受人民請願。

十、其他依法律賦予之職權。

第36條（縣（市）議會之職權）

第37條（鄉（鎮、市）民代表會之職權）

第40條

直轄市總預算案，直轄市政府應於會計年度開始三個月前送達直轄市議會；縣（市）、鄉（鎮、市）總預算案，縣（市）政府、鄉（鎮、市）公所應於會計年度開始二個月前送達縣（市）議會、鄉（鎮、市）民代表會。直轄市議會、縣（市）議會、鄉（鎮、市）民代表會應於會計年度開始一個月前審議完成，並於會計年度開始十五日前由直轄市政府、縣（市）政府、鄉（鎮、市）公所發布之。

直轄市議會、縣（市）議會、鄉（鎮、市）民代表會對於直轄市政府、縣（市）政府、鄉（鎮、市）公所所提預算案不得為增加支出之提議。

第41條（第1項）

直轄市、縣（市）、鄉（鎮、市）總預算案之審議，應注重歲出規模、

預算餘絀、計畫績效，優先順序，其中歲入以擬變更或擬設定之收入為主，審議時應就來源別分別決定之；歲出以擬變更或擬設定之支出為主，審議時應就機關別、政事別及基金別分別決定之。

第42條

直轄市、縣（市）決算案，應於會計年度結束後四個月內，提出於該管審計機關，審計機關應於決算送達後三個月內完成其審核，編造最終審定數額表，並提出決算審核報告於直轄市議會、縣（市）議會。總決算最終審定數額表，由審計機關送請直轄市、縣（市）政府公告。直轄市議會、縣（市）議會審議直轄市、縣（市）決算審核報告時，得邀請審計機關首長列席說明。

鄉（鎮、市）決算報告應於會計年度結束後六個月內送達鄉（鎮、市）民代表會審議，並由鄉（鎮、市）公所公告。

第48條

直轄市議會、縣（市）議會、鄉（鎮、市）民代表會定期會開會時，直轄市長、縣（市）長、鄉（鎮、市）長應提出施政報告；直轄市政府各一級單位主管及所屬一級機關首長、縣（市）政府、鄉（鎮、市）公所各一級單位主管及所屬機關首長，均應就主管業務提出報告。

直轄市議員、縣（市）議員、鄉（鎮、市）民代表於議會、代表會定期會開會時，有向前項各該首長或單位主管，就其主管業務質詢之權；其質詢分為施政總質詢及業務質詢。業務質詢時，相關之業務主管應列席備詢。

第49條

直轄市議會、縣（市）議會、鄉（鎮、市）民代表會大會開會時，對特定事項有明瞭必要者，得邀請前條第一項各該首長或單位主管列席說明。

直轄市議會、縣（市）議會委員會或鄉（鎮、市）民代表會小組開會時，對特定事項有明瞭必要者，得邀請各該直轄市長、縣（市）長、鄉（鎮、市）長以外之有關業務機關首長或單位主管列席說明。

　　立法機關的主要機能，即在於行使立法權；而立法權的主要特徵則在
於其爲一種綜合性權力體系。依本法第35條至第37條規定，地方立法機關
的職權，包括自治法規、預（決）算、稅課、財產處分、組織與所屬事業
組織自治條例、地方行政機關提案與議會或代表會成員提案事項的審議，
及人民請願的接受處理等。地方立法權可謂是地方的心臟，舉凡地方自治
團體所應擁有的立法、執行、規劃、人事、組織、財政等高權[1]，直接或
間接都歸屬於地方立法機關，而爲其進行行政監控的權限。

　　歸納言之，地方立法機關最重要的權限有三，即立法權、預算審議權
與質詢權。

一、立法權

　　「地方立法權」原有政治和法律兩個層面的涵義：其一，政治層面上
的立法權，廣泛地涵蓋前述各種職權。其二，法律層面上的涵義，則僅指
訂頒、修正及廢止地方法規的權力；於此所稱「立法權」係法律層面的涵
義，包括自治條例審議權、自律規則訂定權與自治規則的被知會權。

（一）自治條例的審議

　　地制法確認自治法規依其管轄權分配之所屬，可分別由地方立法機關
制定或由地方行政機關訂定，第25條明定：「自治法規經地方立法機關通
過，並由各該行政機關發布者，稱自治條例；自治法規由地方行政機關訂
定，並發布或下達者，稱自治規則。」

　　地方行政機關與立法機關都享有訂頒法規範的權力。爲防免兩者權限
的積極衝突，本法第28條特別就其間的關係作適度的區隔，該規定基本上
乃採民主原則與法治國原則的「法律保留」原理，凡涉及基本權利或其他
與民主原理有重要關聯的事項，即只能由地方立法機關制定自治條例規範
之。其情形有四，即：1.法律或自治條例規定應經地方立法機關議決者。

---

[1]　黃錦堂，《地方自治法治化問題之研究》（臺北：月旦，1998年），頁174。

2.創設、剝奪或限制地方自治團體居民之權利義務者。3.關於地方自治團體及所營事業機構之組織者。4.其他重要事項，經地方立法機關議決應以自治條例定之者。

　　一般言之，自治條例草案固均由行政機關擬具函請立法機關審議，但因法制上明定地方立法機關亦得議決議員（或代表）提案事項（§35～37⑧），參照大法官釋字第391號解釋立法委員亦有法律案提案權的意旨，議員亦應有依該議會議事規則提自治條例草案的權力，實務上採之[2]。

（二）自治法規的平行監督

　　自治法規的監督，除中央機關對地方自治團體的垂直監督外，也包含與地方立法機關對行政機關的平行監督。就此，地制法第27條第3項第2款規定：「直轄市政府、縣（市）政府及鄉（鎮、市）公所訂定之自治規則，除法律或自治條例另有規定外，其屬依自治條例授權訂定者，應於發布後函送各該地方立法機關查照。」除法律或自治條例另有規定外，採事後低度監督，法條文字用「查照」，其作用與「備查」同[3]，係知會的性質，僅於發布後送立法機關查照即可；且依本法須送立法機關查照的法規，亦僅及於「依法定職權或自治條例授權訂定的自治規則」，其屬法律授權訂定者或委辦規則，則未作此要求。惟依2014年修正的現行條文，已無此差別，明定除法律或基於法律授權之法規另有規定外，應於發布後函報自治監督機關備查，並函送各該地方立法機關查照。

2　內政部104年9月22日台內民字1040434357號函參照。

3　法規依其規範客體的不同，有些是制定機關得全權處理，自行完成法定效力；本機關原得獨立完成其效力，但法規有時可能規定應陳報或通知其他機關，使其得知悉該事實。此一事實行為，法制用語上多用「備查」；但立法實務上，如係以立法機關為對象，多使用「查照」字樣，如中央法規標準法第7條及本法第27條第3項第2款，以資區別。

二、預算審議權

(一) 內涵

　　預算案除以具體數字載明政府機關維持其正常運作及執行法定職掌所需的經費外，尚包括推行各種施政計畫所需的財政資源。且依現代財政經濟理論，預算負有導引經濟發展、影響景氣循環的功能。在代議民主的憲政制度下，立法機關所具有審議預算權限，不僅係以民意代表的立場監督財政支出、減輕國民賦稅負擔，抑且經由預算的審議，實現參與政府政策及施政計畫的形成，學理上稱為立法機關的參與決策權[4]。

(二) 審議原則

　　預算案的審查與決議，是立法機關最重要的一項任務，立法機關可以經由預算案議決權的行使，從財政方面對政府作為的每一步驟加以限制及監督。而依據國民主權原則及其所導出的權力分立原則，預算的提案權乃專屬於行政機關，立法機關則僅擁有預算同意權[5]。亦即程序上，先由行政機關根據施政計畫的實際需要，編製預算案；立法機關再根據國民主權原則，就各項收支的需要性予以審議認可後，再由行政機關據以執行；行政機關未編列的經費，立法機關即不得於審議時予以編列[6]。本法並規定立法機關審議總預算案「應注重歲出規模、預算餘絀、計畫績效，優先順序，其中歲入以擬變更或擬設定之收入為主，審議時應就來源別分別決定之；歲出以擬變更或擬設定之支出為主，審議時應就機關別、政事別及基金別分別決定之」（§41Ⅰ）。

4　司法院大法官釋字第520號解釋理由書參照。
5　陳慈陽，《憲法規範性與憲政現實性》（臺北：翰蘆圖書，1997年），頁206。
6　內政部88年11月17日台（88）內民字第8808568號函參照。

（三）增加支出的禁止

　　鑑於預算乃政府收入支出的預定總計畫，且以國民的負擔爲基礎，爲決定租稅及其他國民賦課限度的標準[7]。爲防止政府專擅，爲不必要的浪費支出，造成國家財政上及人民賦稅上的沉重負擔，立法機關預算高權的行使乃有其界限，即僅能刪減政府所提的預算案，至多維持原預算，禁止爲增加支出的提議，以避免議員爲討好選民及其支持者，而犧牲經濟性與節約性的原則[8]，違悖立法機關代表人民監督政府防止橫征暴斂的制度本旨，第40條第2項並明揭「議會、代表會對於直轄市政府、縣（市）政府、鄉（鎮、市）公所所提預算案不得爲增加支出之提議。」立法機關如就預算爲增加支出的提議，即與此規定牴觸，自不生效力（釋字第264號解釋參照）。

　　惟如地方立法機關自行通過自治條例，導致增加預算支出，則無違反本條規定的問題。

（四）刪減預算的限制

　　預算案有其特殊性而與自治條例案不同：自治條例案無論地方行政機關或地方民代皆有提案權，預算案則只許行政機關提出，此其一；自治條例案的提出及審議並無時程的限制，預算案則關係政府整體年度的收支，須在一定期間內完成立法程序，故提案及審議皆有其時限，此其二；除此之外，預算案、自治條例案尚有一項本質上的區別，即自治條例係對不特定人（包括政府機關與一般人民）的權利義務關係所作的抽象規定，並可無限制的反覆產生其規範效力，預算案係以具體數字記載政府機關維持其正常運作及執行各項施政計畫所須的經費，每一年度實施一次即失其效力，兩者規定的內容、拘束地對象及持續性完全不同，故預算案實質上爲

---

[7]　林紀東，《中華民國憲法逐條釋義（第一冊）》（臺北：三民書局，1988年），頁411。

[8]　陳慈陽，《憲法規範性與憲政現實性》（臺北：翰蘆圖書，1997年），頁212。

行政行為的一種，但基於民主憲政原理，預算案又必須由立法機關審議通過而具有法規的形式，故有稱之為「措施性法律」（Massnahmegesetz）者，以有別於通常意義的法律。

而現時立法機關審議預算案常有在某機關的科目下，刪減總額若干元，細節由該機關自行調整得決議，亦足以證明預算案的審議與自治條例案有其根本的差異，在自治條例案則絕不允許法案通過，文字或條次由主管機關自行調整得情事。是立法機關審議預算案具有批准行政措施即年度施政計畫地性質，其審議方式自不得比照自治條例案作逐條逐句地增刪修改，而對各機關所編列預算的數額，在款項目節間移動增減並追加或削減原預算的項目，實質上變動施政計畫的內容，造成政策成敗無所歸屬，政治責任難予釐清地結果，有違立法權與行政權分立的憲政原理（釋字第391號參照[9]）。

因此，立法機關審議預算案時雖得為合理的刪減，惟不得比照審議自治條例案的方式逐條逐句增刪修改，而對各機關所編列預算的數額，在款項目節間移動增減並追加或削減原預算的項目。又如，實務上，議會審議總預案主決議：「○○市地方教育發展基金預算數○○○○萬元，『計畫內容說明』修正為補助私立幼兒園公幼化經費及育兒津貼等經費」已變動施政計畫內容，將連帶使得相關展示內容、營運方向與經費支出項目及預算功能隨之調整，已涉及施政計畫內容之實質變動，致政策成敗無所歸屬並增加育兒津貼等經費，核屬增加支出之提議，與地方制度法第40條第2項規定未符，參照大法官解釋意旨，亦應為憲法所不許[10]。

又依預算法第6條第3項規定，歲入、歲出的差短，以公債、賒借或以前年度歲計賸餘撥補的意旨，係指總預算收支應維持平衡。同法第23條

---

[9]　本號解釋係就中央行政與立法的關係立論，闡明預算案與法律案性質與審議程序的不同，本文予以引申為地方行政權與立法權的關係，故論述時，將法律案改為自治條例案。

[10]　內政部92年2月17日台內民字第0920002727號函及107年11月27日台內民字第1070083313號函參照。

亦規定，政府經常收支，非因預算年度有異常情形，應保持平衡。如立法機關所刪減歲入預算超過歲出預算，致總預算不能平衡時，決議由行政機關自行調整，即有違行政、立法分立原則，且無從明確行政、立法權責，顯不適法[11]。

（五）決算的審議

　　地方立法機關的權責雖包括「審議決算之審核報告[12]」，直轄市、縣（市）決算案，應於會計年度結束後4個月內，提出於該管審計機關，審計機關應於決算送達後3個月內完成其審核，編造最終審定數額表，並提出決算審核報告於議會。總決算最終審定數額表，由審計機關送請直轄市、縣（市）政府公告。議會審議決算審核報告時，得邀請審計機關首長列席說明。至鄉（鎮、市）決算則較為單純，僅由鄉鎮市公所主計人員編製「決算報告」，於會計年度結束後6個月內送達民代表會審議，並由鄉（鎮、市）公所公告（§42）。

　　惟審計權屬監察院，依憲法所定，由中央立法並執行之（憲法§90、107⑬參照）。監察院為行使審計權設審計部，掌理審計事項，為建立隸屬於中央的統一審計體系，並於各地方設審計處（市），辦理地方財務的審計（釋字第235號理由書參照）。中央在地方設置的審計機關，與地方民意機關行使審議決算審核報告職權時的關係，地方立法機關只能對審核報告中有關預算的執行、政策的實施及特別事件的審核、救濟等事項，予以審議（決算法§27）。最終只能決議通過或不通過[13]，或據以提出對行政機關的處理意見，而不能如預算審議，予以刪減。

---

[11] 內政部100年1月27日內授中民字第1000030399號函參照。

[12] 鄉（鎮、市）民代表會規定為審議「決算報告」。

[13] 但立法機關若於審核報告送達後一年內未完成審議，視同審議通過。決算法第28條第1項參照。

三、質詢權

（一）質詢的意義

　　立法權與預算議決權，爲各國議會共有的職權，但監督權的內容與範圍，則不盡相同，大抵因體制的不同，包括質詢、不信任投票、彈劾等。其中，不信任投票與彈劾爲地制法所未採。

　　質詢爲議會質問或詢問政府施政情形的方法，亦即立法機關對行政機關所應負責之事，得以口頭或書面提出質問或詢問，要求行政機關答覆的權力。質問係責難的性質，帶有非難的意思；詢問則爲探詢的性質，僅在探明事實眞相。早在19世紀John Stuart Mill 即曾表示，英國平民院的主要功能，在於透過議會輿情所產生的影響力來監督控制政府[14]。議員可以利用辯論、質詢等場合，對政府形成一股輿論壓力。經驗顯示，質詢制度是行使議會職權相當重要的法定工具，甚至是最重要的監督方式[15]；既是議員在法律上享有的一種「權利」（right），也是議會在政治社會中依法賦予的「權力」（power）。尤其，口頭質詢一方面是議員問政最佳的利器，一方面也是測試議員問政能力及行政首長施政魄力與熟度的重要準繩[16]。

（二）質詢的種類與對象

　　依本法第48條規定：「議會、代表會定期會開會時，直轄市長、縣（市）長、鄉（鎮、市）長應提出施政報告；直轄市政府各一級單位主管及所屬一級機關首長、縣（市）政府、鄉（鎮、市）公所各一級單位主管及所屬機關首長，均應就主管業務提出報告。直轄市議員、縣（市）議員、鄉（鎮、市）民代表於議會、代表會定期會開會時，有向前項各該首

---

[14] Mill把平民院視爲「民怨委員會」，參閱朱志宏，《立法論》（臺北：三民書局，1995年），頁149。

[15] 劉慶瑞，《比較憲法》（臺北：三民書局，1971年），頁223。

[16] 陳淞山，《國會制度解讀》（臺北：月旦，1994年），頁161。

長或單位主管,就其主管業務質詢之權;其質詢分為施政總質詢及業務質詢。業務質詢時,相關之業務主管應列席備詢。」

據此,地方行政機關於立法機關定期會,有作施政報告及業務報告的義務;立法機關對於行政機關則有施政總質詢及業務質詢的權力。總質詢係對地方行政機關首長,業務質詢則針對單位主管或所屬機關首長。至副首長僅係襄助首長,而非業務主管,除有代理首長職務,應依規定於議會定期會開會時,提出施政報告並接受質詢外,非本條規定應列席議會定期會報告及接受質詢之人員[17]。本法雖僅規定地方行政機關之列席義務,而未及於地方立法機關人員,惟地方立法機關既有議決預算及審議決算審核報告之職權,如對上開事項有瞭解之必要,自得請地方立法機關行政單位相關主管列席說明[18]。

又,第49條規定,議會、代表會大會開會時,對特定事項有明瞭必要者,得邀請首長或單位主管列席說明。小組開會時,對特定事項有明瞭必要者,得邀請各該直轄市、縣(市)長、鄉(鎮、市)首長以外之有關業務機關首長或單位主管列席說明。

基於機關對等,僅大會開會時得邀地方行政機關首長列席說明。按各國議會制度通例,立法機關於大會之外均另設小組會或委員會,充為大會的準備機構。小組會較諸大會不拘儀式,也較少爭辯的衝動,成員可暢所欲言;為便於使各方人士陳述其對議案的贊成或反對的意見,或提供專門知識利於議案的處理,亦均有得邀請政府人員或相關人士列席的規定。地方行政首長或副首長並無列席小組會的義務;對於小組會的邀請,參酌釋字第498號解釋意旨,仍則得衡酌到會說明的必要,決定是否到會,但此究非其法定義務,縱不列席,亦無何違失之處[19]。

---

[17] 內政部88年3月16日台(88)內民字第8803107號函參照。

[18] 內政部105年9月5日台內民字第1050060646號函參照。

[19] 實務上,曾有因單位主管受小組會邀請列席,因不能為合理說明,小組會乃要求副首長列席,副首長並未拒絕。此係該副首長出於府會和諧的考量,非謂副首長有此義務。

（三）地方民意機關無調查權與文件調閱權

　　依我國體制，調查權係憲法賦予監察院的工具性、輔助性權力；而透過釋字第585號解釋，立法院為有效行使憲法所賦予的立法職權，也擁有一定的調查權，以主動獲取行使職權所需的相關資訊。至於地方自治團體立法機關，因地制法並未如日本《地方自治法》定有普通地方公共團體議會就地方公共團體的事務得進行調查的規定[20]，地方立法機關對地方行政機關及其人員，尚不得行使調查權。

　　又，釋字第325號解釋略以「……立法院為行使憲法所賦予之職權，……得經院會或委員會之決議，要求有關機關就議案涉及事項提供參考資料，必要時並得經院會決議調閱文件原本，受要求之機關非依法律規定或其他正當理由不得拒絕……」參照上開解釋意旨，各級地方立法機關於符合若干要件情形下，有依法行使調閱文件之權；惟現行地制法並無如《立法院職權行使法》第八章「文件調閱之處理」的規範，且上開解釋所指係立法機關的職權，與民意代表個人的職權無涉。現行民意代表個人行使的職權，一般僅有出席權、發言權、表決權、質詢權等，尚無得行使文件調閱權的法律依據。僅能依《行政程序法》及《政府資訊公開法》相關規定，以一般人民身分請求行政機關提供行政資訊[21]。

第三節　地方府會衝突的法制調節規範

相關條文：

第39條

直轄市政府對第三十五條第一款至第六款及第十款之議決案，如認為窒

---

[20] 日本地方自治法第100條明定：「普通地方公共團體議會就通地方公共團體的事務，除法令規定不適合議會調查的情況外，於認有特別需要進行調查時，得要求選民或其他相關人員列席與作證，並提交記錄。」

[21] 內政部90年6月5日台（90）內民字第9004896號函參照。

窒礙難行時，應於該議決案送達直轄市政府三十日內，就窒礙難行部分敘明理由送請直轄市議會覆議。第八款及第九款之議決案，如執行有困難時，應敘明理由函復直轄市議會。

縣（市）政府對第三十六條第一款至第六款及第十款之議決案，如認為窒礙難行時，應於該決案送達縣（市）政府三十日內，就窒礙難行部分敘明理由送請縣（市）議會覆議。第八款至第九款之議決案，如執行有困難時，應敘明理由函復縣（市）議會。

鄉（鎮、市）公所對第三十七條第一款至第六款及第十款之議決案，如認為窒礙難行時，應於該議決案送達鄉（鎮、市）公所三十日內，就窒礙難行部分敘明理由送請鄉（鎮、市）民代表會覆議。第八款及第九款之議決案，如執行有困難時，應敘明理由函復鄉（鎮、市）民代表會。

直轄市議會、縣（市）議會、鄉（鎮、市）民代表會對於直轄市政府、縣（市）政府、鄉（鎮、市）公所移送之覆議案，應於送達十五日內作成決議。如為休會期間，應於七日內召集臨時會，並於開議三日內作成決議。覆議案逾期未議決者，原決議失效。覆議時，如有出席議員、代表三分之二維持原議決案，直轄市政府、縣（市）政府、鄉（鎮、市）公所應即接受該決議。但有第四十條第五項或第四十三條第一項至第三項規定之情事者，不在此限。

直轄市、縣（市）、鄉（鎮、市）預算案之覆議案，如原決議失效，直轄市議會、縣（市）議會、鄉（鎮、市）民代表會應就直轄市政府、縣（市）政府、鄉（鎮、市）公所原提案重行議決，並不得再為相同之決議，各該行政機關亦不得再提覆議。

第40條（第3～5項）

直轄市、縣（市）、鄉（鎮、市）總預算案，如不能依第一項規定期限審議完成時，其預算之執行，依下列規定為之：

一、收入部分暫依上年度標準及實際發生數，覈實收入。

二、支出部分：

　　（一）新興資本支出及新增科目，須俟本年度預算完成審議程序後始得動支。

　　（二）前目以外之科目得依已獲授權之原訂計畫或上年度執行數，
　　　　覈實動支。
三、履行其他法定義務之收支。
四、因應前三款收支調度需要之債務舉借，覈實辦理。
直轄市、縣（市）、鄉（鎮、市）總預算案在年度開始後三個月內未完成
審議，直轄市政府、縣（市）政府、鄉（鎮、市）公所得就原提總預算案
未審議完成部分，報請行政院、內政部、縣政府邀集各有關機關協商，
於一個月內決定之；逾期未決定者，由邀集協商之機關逕為決定之。
直轄市、縣（市）、鄉（鎮、市）總預算案經覆議後，仍維持原決議，
或依前條第五項重行議決時，如對歲入、歲出之議決違反相關法律、基
於法律授權之法規規定或逾越權限，或對維持政府施政所必須之經費、
法律規定應負擔之經費及上年度已確定數額之繼續經費之刪除已造成窒
礙難行時，準用前項之規定。

第41條（第**2**、**3**項）
法定預算附加條件或期限者，從其所定。但該條件或期限為法律、自治
法規所不許者，不在此限。
直轄市議會、縣（市）議會、鄉（鎮、市）民代表會就預算案所為之附
帶決議，應由直轄市政府、縣（市）政府、鄉（鎮、市）公所參照法令
辦理。

一、典型案例

　　府會的互動關係是地方政治的樞紐，如果立法機關能依循法定的程
序，進行質詢及法案與預算的審議，行政機關也能遵照議會的決議執行政
策，兩者之間各守分際，彼此尊重，府會之間將能形成良性互動，地方事
務也能順利推動。然而，因地方府會關係是一種複雜的運作過程，影響其
穩定的變數甚多，往往不是單純法律制度面的設計所能涵蓋或解決；在政
治實作上，體制設計、選舉文化、黨派生態、利益糾葛、意識形態、個人
恩怨、行事風格等，都足以左右府會關係的和諧。

　　地制法對有關府會關係的爭議，雖已有較詳盡的規範，惟運作實務上，因互動不佳，致衍生預算於審議及執行時造成嚴重爭議，或於預算審議時因無法共識，產生府會失和，影響地方發展、犧牲居民福祉的情事，時有所聞；尤其，在基層鄉鎮市所會關係的惡質發展，迭遭監察院糾正，影響政府形象至鉅。學者甚至悲觀的指出，這是我國地方政治的歷史宿命，只有忍受，必須習慣[22]。

　　茲歸整歷年地方府會衝突典型事例如下：

（一）首長拒絕列席定期會提出施政報告並備詢問，立法機關對首長提出不信任案。

（二）年度預算，經代表會審議結果，歲出入不平衡，市公所依授權科目得自行調整，遂將代表會經費大幅刪減，致該會業務無法運作。

（三）鄉公所預算近二百項科目經費遭代表會分別刪減成1元及2元，公所提覆議，代表會僅分別就各項目再增加1元[23]。

（四）公所拒絕撥付法定義務性支出公款至市民代表會，致員工薪資及代表研究費等均無法發放。

（五）市公所預算被刪除歲入（出）各約11億，市代會並決議由公所本身預算自行調整，市公所竟將代表會預算由2,100萬刪減爲220萬。

（六）鄉（鎮、市）年度總預算雖經縣府核定，公所卻遲不發布。

（七）代表會預算經審議通過，經公所公布實施，事後又以「專案控管」名義緩撥或不撥代表會經費。

（八）市公所開辦社區巴士，依市代會決議通過的原提案附件的「交通運輸實施計畫案」，該巴士僅能行駛於市區內，市公所卻調整路線延駛至他鄉鎮市。

---

[22] 許宗力，〈從行政與立法的分際談府會關係〉，氏著，《憲法與法治國行政》（臺北：月旦，2007年），頁275。

[23] 1999年桃園縣議會審議「覆議88下半年及89年度預算編列推展縣府及所屬機關行政資訊化所編列之設備及投資經費案」，亦有類似決議。重新討論後，預算由全刪，改爲通過1元。

　　而府會惡鬥最嚴重者，莫過於澎湖縣白沙鄉，自2010年至2014年，從無中斷過。2010年代表會將鄉公所所編列臨時人員薪水悉數刪除；公所因窒礙難行提請覆議，仍經代表會議決維持原決議。該所即依據地制法第40條第5項規定，經費刪除造成窒礙難行，報請澎湖縣政府邀集各有關機關協商。惟公所並未將代表會部分併同報請該府同時協商。翌年，鄉公所藉編列預算之便，將代表研究費每人每月僅編列1元，以爲報復，並拒絕列席定期會作施政報告；2013年代表會又將公所預算大幅刪除剩五分之一，包括公所水電、電話網路經費全刪，2014年1月1日起，鄉公所自行斷水斷電，讓公務停擺，以爲抵制。

二、法制調節規範

　　我國現行法制就地方府會關係，係採雙元分立制，爲府會完全分立而相互對抗協調的制度。一方面採仿總統制，已如前述；但從其互動關係，首長需向立法機關做施政報告及備詢，又似爲內閣制的設計，卻又無不信任與解散的配套措施。兩者間各有其民意基礎，一旦府會發生重大爭議陷入僵局，參照主管機關的說法，似唯有寄望於政治手段的處理，或求諸於民選公職人員對民主體制的尊重，或由地方府會政治力自行發展解決[24]。

　　當然，爲維持地方府會關係能良性互動確保民眾的生計與權益，除了謀求法外空間的政治協商制度外，如何建構府會爭端解決的完善機制，也一直是法律規劃的重點所在，而無論是過去的自治二法，或現在的地制法，基本上都是採「上級自治監督機關」協調的機制，亦即由上級地方自治監督機關本其職權，矯正其違法、督導其失職及杜絕其流弊；然而在實際運作上，由於政黨派系的滲透，不但不可能順利化解衝突，甚至機制本身就是造成衝突的因素。因此，公正的、去政治化的裁決機能的導入，如行政爭訟程序或聲請大法官解釋，便受到相當程度的支持。

---

[24] 監察院1999年10月13日院台內字第881900842號函，就汐止府會衝突之調查報告說明。

　　茲就地方立法機關與行政機關職權行使較具衝突性的部分，分別列舉，並條列地制法規定的調節規範如下：

（一）立法權的衝突

1. 是否屬自治條例保留事項的爭議

　　本法第28條規定「自治條例保留」的事項，其中第4款並概括規定：「其他重要事項，經地方立法機關議決應以自治條例定之者，應以自治條例定之。」本款係採學說上所謂的「重要性理論」，至於何為重要事項，由地方立法機關以議決的方式認定。如就某一事項，地方立法機關已決議認定屬重要事項，應以自治條例規範者，行政機關即應予尊重。

　　惟立法機關僅能就個別、具體事項作成「重大」與否的決議，不能概括決議「所有事務均屬重要事項」[25]，否則以一決議凍結地制法賦予地方行政機關的自治規則立法權限，應屬無效。

　　其次，倘地方立法機關認為係屬重要事項，行政機關並不認為重要，而逕以自治規則定之，引起爭論時，如何解決？如立法機關先作出決議，行政機關未予遵循，仍定為自治規則，自治監督機關應可以該自治規則牴觸地方制度法第28條規定為由，函告其無效（§30IV）。

　　惟若該自治規則係發布於地方立法機關決議之前，除該自治規則本身另具無效的原因，或地方立法機關已另行制定自治條例而發生競合外，該已對外生效的自治規則，並不受影響。

　　過去於中央行政命令有此爭論時，論者雖多認為可依《立法院議事規則》第8條規定：如認為有違背、變更或牴觸法律者，或應以法律規定之事項而以命令規定者，經決議後，通知原機關變更或廢止之。而謂，認定之權仍在立法院[26]，惟並無強制規定，各機關未必依通知修正或廢止[27]。

---

[25] 1999年地制法施行伊始，高雄市議會曾作成類似決議。

[26] 羅成典，〈中央法規標準法釋論〉，《國會月刊》，第5卷第5期，1974年5月，頁7。

[27] 少數案例，如舊《監察院各委員會組織法》，僅有「各委員會各置秘書二人，一人簡

1999年制定公布的《立法院職權行使法》第62條第3項就此已有明文規定：「經通知更正或廢止之命令，原訂頒機關應於二個月內更正或廢止；逾期未更正或廢止者，該命令失效。」但一方面，爲避免行政命令之效力長久處於不確定狀態，第61條復規定：「各委員會審查行政命令，應於院會交付審查後三個月內完成之。逾期未完成者，視爲已經審查。但有特殊情形者，得經院會同意後展延；展延以一次爲限。」因事涉行政、立法兩權的互動，地制法既無類似規定，自無從比照處理。

2. 行政機關怠於自治條例的公布

自治條例經地方立法機關議決後，函送各該地方行政機關；地方行政機關收到後，除法律另有規定，或依第39條提起覆議、第43條規定報請上級政府予以函告無效或聲請司法院解釋者外，應在30日內公布。地方行政機關未依規定期限公布者該自治條例自期限屆滿之日起算至第三日起發生效力，並由地方立法機關代爲公布或發布。惟仍須由地方立法機關代爲公布，如地方立法機關亦怠於代爲公布，因該自治條例生效程序仍欠完備，故亦無從自期限屆滿之日起算至第三日起發生效力。是以，仍應自補行公布時，自公布日起算至第三日起始發生效力[28]。但經上級政府或委辦機關核定者，由核定機關代爲公布（§32Ⅰ、Ⅴ）。

任，一人薦任」的規定，而無「主任秘書」的職稱。惟監察院於1993年修正發布《監察院處務規程》、《監察院各委員會辦事規則》及《監察院會議規則》，卻創設了「各委員會主任秘書」的規定。送立法院查照，被院會改交法制、司法兩委員會聯席會議審查。作者時任立法院法制委員會科長，發現監察院內規與法律不符，經向聯席會報告後，聯席會認定該規定與母法不符，爰決議「通知監察院更正」。提報立法院院會後，於1994年7月11日以臺院議第1963號函，通知「監察院更正」。監察院法規研究委員會於1995年10月間，始將上述三法規的「主任秘書」，更正爲「簡任秘書」；但正式行文仍多以「主任秘書」或「簡任秘書兼主任秘書」稱之。直至2020年修正《監察院各委員會組織法》，作者任監察院副秘書長，即研擬修正條文，明定「各委員會主任秘書一人」，尋求立法院支持，在召集委員段宜康的協調促成下，順利完成審查，提院會三讀通過。近30年的「黑官」問題，才告解決。

28　內政部89年9月22日台（89）內民字第8907536號函參照。

　　基於行為價值預測可能性的法治原則，法規必須公開宣告，昭示週知，始能發生對外效力。質言之，法規的公開宣示，是法規生效的必要條件。自治條例本得由地方自治團體全權處理，除因定有罰則（§26IV）或法律、自治條例另有規定（§27III），應報經上級機關或監督機關核定，須俟核定後始能公布外，原則上，各該自治團體均得於完成立法程序後，即函由地方行政機關公布；至於公布後，是否另依規定踐行陳報備查的程序，都不影響該法規的法律關係或效力。

　　自治條例經地方立法機關議決通過後，函送各該地方行政機關，地方行政機關收到決議文後，應於30日內公布；地方行政機關如未依規定期限公布，除經核定者，由核定機關代為公布外，地方立法機關得代為公布。但有下列三種情形者，不在此限：第一，法律另有規定，如本法第26條第4項規定，應先報經核定；第二，地方行政機關認有窒礙難行，經依第39條規定，提起覆議者；第三，上級機關認有牴觸憲法、法律、上級法規等情事，依第43條規定函告其無效或聲請司法院解釋者；當然地方自治團體如有疑義，亦得聲請司法院解釋，此一情形，亦不受30日公布的期間限制。

3. 行政機關認自治條例窒礙難行

(1) 覆議的提出與處理

　　在總統制的國家元首與議會相互對立，議會固然可用立法權（尤其預算議決權），以監督制衡元首的行政權；元首對於議會通過的議案，亦得退還覆議，以牽制議會的立法權[29]。覆議是府會關係的一種政治運用，目的在防止立法權的過度膨脹、草率或濫權，原為總統制下的產物。我國地方制度係仿總統制設計，本法第39條即規定覆議制度，本條係一般性地就立法機關的議決案而為規定[30]，有關自治條例的議決亦包括在內；立法機關就行政機關函請審議的自治條例所作決議，行政機關固得提覆議，對於

---

[29] 薩孟武，《中國憲法新論》（臺北：三民書局，1986年），頁199。

[30] 但排除議員與鄉（鎮、市）民代表提案及人民請願案件的決議，就此二事項的議決，如執行有困難時，僅敘明理由函復立法機關即可，無覆議問題。

議員或代表所提自治條例草案所作決議[31]，亦然。

　　地方行政機關對於地方立法機關所通過的自治條例，如認為窒礙難行時，應於該議決案送達行政機關後30日內，就窒礙難行部分敘明理由，送請立法機關覆議。地方立法機關應於送達15日內作成決議；如為休會期間，應於7日內召集臨時會，並於開議3日內作成決議。覆議案逾期未議決者，原決議失效。覆議時，如有出席議員、代表三分之二維持原議決案，行政機關應即接受該決議。但有第43條第1項至第3項規定之情事者，不在此限（§39參照）。實務上曾發生地方行政機關認立法機關所通過自治法規窒礙難行，向議會提出覆議案，遭議會否決，地方行政機關又拒絕公告該法規的案例，只函請自治監督機關釋示處理疑義，惟監督機關並未具體指明是否違法[32]。

(2) 逾期未處理的效果

　　就法規覆議逾期未議決而失效，本法並無如第5項有關「預算案之覆議案，立法機關應就行政機關原提案重行議決，並不得再為相同之決議，各該行政機關亦不得再提覆議。」的規定，該法案自應確定失效，無重行議決的問題。

　　又覆議可以全部覆議，亦可一部覆議。如為全部覆議，因逾期未議決，整部法規失效，應無問題；但如僅一部覆議，發生一部失效，究應如何處理？本法並無規定，似應持「一部失效及於全部」的法理，解釋上

31　純就憲政理論，地方制度既採總統制，議員或代表當然享有提案權，甚至應有其專屬性。但實際上，地方制度法並未採制度上的當然法理，而似傾向於功能性的考慮，對於立法機關與行政機關的權力及權限之間的關係，主要是從調整、分配的功能著眼。是探討本問題不能單從理論上推演，而必須就各相關規定作結構上的分析。論者一般多從第35條至第37條所規定：地方立法機關的職權包含「議決議員或代表提案事項」，乃論定此提案應包括任何提案在內，立法提案自不應排斥。果所見無誤，則行政機關對於立法機關所通過的自治條例，即有忠誠執行的義務，如認窒礙難行，唯有提請覆議，而不能逕行函復立法機關了結。內政部98年4月15日內授中民字第0980032044號函即採此見解。

32　劉文仕，《情色危機：性交易管理法制新解》（臺北：元照，2013年），頁37-44。

應全部失效；但如除去該部分，仍有單獨施行價值者，則其他部分仍屬有效。

(3) 覆議的通過與否決

至如覆議案未達三分之二的多數決議，原決議亦屬失效，地方立法機關是否應就原提案重行議決？本法未規定，立法院於1990年10月17日就《勞動基準法》第4條修正條文覆議案，支持原決議者未達三分之二，該修正案即失效，立法院並未進一步就原提案重行審議，似採否定說。惟各地方立法機關現行議事規則多規定：仍得就原提案重為討論，但不得作與覆議前相同的決議。

所謂覆議，一般係限於議會通過的議案，如係遭議會否決的議案，可否提請覆議？鑑於覆議的結果，可由少數人的意思，推翻多數人的決議。如果用覆議方法，使其否決議會所通過的議案，不過係依少數人的意思，維持法律秩序的現狀；如用覆議方法，通過議會所否決的議案，便是依少數人的意思，使原有法律秩序發生變化。論者乃有謂：民主政治除尊重多數外，雖亦應保護少數，但少數人權利的保護，只能令少數人的意思發生消極的效果，絕不能令少數人的意思，發生積極的效果。

質言之，國家只能賦少數人以消極的阻止力，使少數人既得的權利或少數人所擁護的現行制度不生變化；絕不得給予少數人以積極的建設力，使少數人未得的權利可以獲得，或少數人認為有利而尚未存在的制度能夠建立。因此，一種議案經議會否決之後，各國絕不許提請覆議[33]。各地方立法機關議事規則規定：「提案被否決後，除提請復議（非「覆」議）外，同一會期內，不得再行提出。」，似即採否定說。但實務上，並未嚴格遵守此「一事不再議」的原則，如《基隆市政府組織自治條例草案》遭市議會第14屆第11次臨時會否決後，市政府旋於第12次臨時會提請覆議，並未見執此見解質疑者[34]。又，如非同一會期或自律規則並無限制規

---

[33] 薩孟武，《中國憲法新論》（臺北：三民書局，1986年），頁234、235。

[34] 嗣基隆市政府函請撤回，復又於第14屆第13次臨時會提出再覆議案，經市議會決議：維持原決議。

定，縱覆議被否決，實務認為地方行政機關仍得於日後就同一事項重行提案[35]。

另外，地制法僅規定地方行政機關對於預算案的覆議不可「再覆議」，對於「法案」的覆議可否提出「再覆議」，則乏明確規範。2002年高雄市議會審議《高雄市政府組織自治條例》覆議案，決議：「不維持原決議。」推翻原決議後重行議決：「照原決議通過。」表示覆議終局失敗。市政府原擬「再覆議」，但慮及地制法並未規定法規案覆議後的重行議決不得作相同決議，即使一再覆議亦無結果，故放棄再覆議，經協商後，改採修正案方式解決。

再者，覆議乃規範立法機關基於其職權範圍所為的議決，而行政機關認有窒礙難行者而言。至於立法機關的組織，依第54條第2項規定，應依準則擬訂組織自治條例，報內政部核定，尚非地方立法機關得自行決定，與上開第39條第2項規定得提請覆議之情形有別：自無得由地方行政機關提請覆議的餘地[36]。

（二）預算審議權的衝突

1. 限期審議的違反與補救

預算是一個會計年度中，國家財政行為的準則；根據預算，國家財政始能運營。且政府預算，須由國會逐年表決[37]，為便各年度預算的銜接，避免行政機關無預算可資執行，施政陷於停頓，各國預算法制，乃採限期審議原則，本法第40條第1項即參照此原則。然立法機關因故無法如期審議完成者，亦非不可能，為維持基本施政能持續運轉，同條文第3項援新預算法第54條的解決辦法，採「暫定預算制度」[38]，明定：直轄市、縣

---

[35] 內政部105年9月5日台內民字第1051103566號函參照。

[36] 內政部88年7月8日台（88）內民字第8805589號函參照。

[37] 曾繁康，《比較憲法》（臺北：三民書局，1985年），頁295。

[38] 本規定性質上屬於應急性的「暫定預算」，而非取代本預算據以施行整個會計年度之「施行預算」，因此仍須使本預算成立，才算完成預算的法定程序。參閱蔡茂寅，〈預算法之基礎理論〉，《全國律師》，第1卷第12期，頁58以下。

（市）、鄉（鎮、市）總預算案，如不能依期限審議完成時，其預算的執行，可依下列規定爲之[39]：

(1)收入部分暫依上年度標準及實際發生數，覈實收入。

(2)除個別資本支出係自本年度開始編列預算辦理的新興支出，及本年度始增設的業務計畫或工作計畫等新增計畫項目不得動支外，其餘計畫或支出得依已獲授權的原定計畫或上年度預算編列數較低之範圍內，配合工程進度覈實支用。但依合約規定必需支付者，不在此限。

(3)新增科目以外的原有經常性經費，可在上年度預算執行數或本年度預算編列數較低者的範圍內覈實支用，其每月的支用數應在前述範圍內按12個月平均支用。

(4)履行其他法定義務收支，需爲法律明文規定政府應負擔的經費（如各類保險法規定政府應負擔之保險費及虧損彌補或補貼候選人競選經費[40]），及法律明文規定政府應辦事項且已發生權責的支出（如依替代役實施條例已起徵之役男所需薪餉及主、副食費等支出），則可覈實支用。

(5)各行政機關依前述內容執行後，如經立法機關審議或自治監督機關協商結果有所刪減時，則由各行政機關相關經費調整支應，或補列以後年度預算。

(6)因應前述收支調度需要的債務舉借，覈實辦理。

　　本項立法目的在於執行預算乃行政機關的權限，爲避免造成地方行政機關因總預算未審議完畢，而延宕政務的施行，故訂定此一暫行處理措施。因此，縱立法機關對於總預算案作成「未決部分，不得動支」的決議，亦不具有拘束力，地方行政機關仍得適用本暫行措施處理[41]。

　　如已依法提覆議，尚待立法機關審議，亦視同總預算案未完成審

---

[39]　其中，(2)至(5)參照內政部90年2月14日台（90）內民字第9002596號函。

[40]　內政部95年3月13日台內民字第0950038300號函參照。

[41]　內政部97年1月15日台內民字第0970006053號函參照。

議，有關預算的執行，自得依本規定辦理[42]。

　　惟此終屬權宜之計，政府各年度施政究竟不同，如預算審議稽延太久，亦非所宜，第4項又另規定補救之道，明定：總預算案在年度開始後3個月內未完成審議，行政機關得就原提總預算案未審議完成部分，報請行政院、內政部或縣政府邀集各有關機關協商，於1個月內決定之；逾期未決定者，由邀集協商之機關逕為決定之。附屬單位預算如有未依法定期限完成審議的情形時，亦得適用本規定處理[43]。然立法機關既屬合議制，議長或代表會主席能否代表議會整體意思？非無疑問；因此，實際運作上，最後都由自治監督機關逕行介入決定。

　　而基於總預算收支應維持平衡的意旨，及維持所會正常運作，俾依法行使其職權，為自治監督機關協商時，本於自治監督權責，自治監督機關得視該自治團體財政狀況、預算編列事實及預算編列情況妥為處理，仍得連同未報請協商的預算予以協商決定，不以報請協商的預算為限[44]；且地制法僅規定邀集協商的程序，並未規定實體方面應予決定預算的額度及比例。惟仍應於尊重地方自治團體與維持政務正常推動的法律義務上為適當裁量，其得具體協商或逕為決定的預算項目或額度，自應與爭議的預算具有事實或法律上關連性，且以地方自治團體政務得以正常推動所必要者為範圍，並參考總預算案編列所根據之事實及參與協商機關的意見，而為協商或決定，以確保地方自治的有效運作[45]。

2. 覆議與重行審議的特別規定

　　議會得否經由主決議將某單位預算刪減至1元？國內向來以議會主權論為由，認為雖不妥當，但無不法。然如德國基本法第110條第4項所規定「預算審查夾帶禁止」的原則，國會不得透過預算決議以廢除或停止適用現行法律。依此推論，議會應無權經由預算審議以改變或迴避中央的法

---

[42] 內政部90年1月12日台（90）內民字第9002159號函參照。

[43] 內政部96年3月21日台內民字第0960043709號函參照。

[44] 行政院主計處100年8月30日處忠七字第1000005489號書函參照。

[45] 內政部107年2月12日台內民字第1070011457號函參照。

律，亦無權迴避地方法規的規定，除非先行修正法規。我國並無此制度，地方行政機關對於預算議決案若認有窒礙難行時，僅得提請立法機關覆議，類與自治條例的覆議相同。

但由於預算與施政的必要聯結特性，原決議如失效，如未重新作成決議，年度預算的動支仍無法的根據，本法就此乃特別規定，地方立法機關應就行政機關原提案重行議決。惟不得再為相同的決議，各該行政機關亦不得再提覆議（§39Ⅴ）。

惟因預算的內容只涉及數字計算，所謂相同決議與否？意義並非重要。如前舉鄉公所預算近二百項科目經費原遭代表會分別刪減成1元及2元，提覆議後，代表會分別就各項目再增加1元，似屬不同決議，但對實際需要毫無幫助，徒然陷於數字遊戲。或者立法機關仍維持原決議，而確實造成施政的嚴重困難，亦不能不思解決。

第40條第5項爰再規定：「總預算案經覆議後，仍維持原決議，或依第39條第5項重行議決時，如對歲入、歲出之議決違反相關法律、基於法律授權之法規規定或逾越權限，或對維持政府施政所必須之經費、法律規定應負擔之經費及上年度已確定數額之繼續經費之刪除，已造成窒礙難行時，準用前項之規定。」其所謂「窒礙難行」，係指因刪除「維持政府施政所必須之經費」、「法律規定應負擔之經費」及「上年度已確定數額之繼續經費」而對相關業務的推動造成阻礙，難以進行，並使相關經費無法支付[46]。至所稱「維持政府施政所必須之經費」，係指總預算案內各機關所列資本支出計畫及各新興的經常支出計畫以及第一、二預備金以外的各項計畫經費[47]。

又，經地方立法機關審議刪除的預算項目，如有依法律或自治條例增加業務或事業致增加經費、增設新機關、所辦事業因重大事故或重大政事經費超過法定預算，或依有關法律、直轄市及縣（市）單位預算執行要點或自治條例應補列追加預算的情形時，仍得於同一年度內提出追加預算，

[46] 內政部101年5月8日內授中民字第1015001650號函參照。
[47] 內政部91年3月20日台內民字第0910003184號函參照。

不因是否曾辦理覆議，而有所不同[48]。

3. 附附款的決議

　　本法第41條第2項規定「法定預算附加條件或期限者，從其所定。但該條件或期限爲法律、自治法規所不許者，不在此限。」所謂「條件」，指效力的發生或消滅，係於將來成就與否客觀上不確定的事實；所謂「期限」，則指效力的發生或消滅，繫於將來一定發生的確定事實（期限必然屆至）。

　　條件與期限有時仍有模糊地帶，如新成立交通局辦公廳舍預算予以通過，但附加「該項經費須俟組織自治條例報內政部備查時，始准動支。」的附款，究爲條件或期限？按條件或期限的區分，係以附款的發生是否具必然性爲準。必然發生，僅時間長短者，爲期間；如未必發生，發生與否繫於其他不確定因素者，爲條件。而依地制法第2條規定，所謂「備查」，係「就已生效者陳報監督機關知悉」之謂，內政部就該自治條例即無所謂「不准備查」的權力，因此，備查只是時間遲早而已，應解爲期限爲是。倘法規規定爲「核定」，則核定與否內政部仍有很大裁量空間，應爲條件。

　　立法機關所通過的「法定預算」，屬於對國家機關歲出、歲入及未來承諾的授權規範，其規範效力在於設定預算執行機關得動支的上限額度與動支目的、課予執行機關必須遵循預算法規定的會計與執行程序，並受決算程序與審計機關的監督，而法定預算的執行，均屬行政機關的職責（釋字第520解釋理由書參照）。因此，附款係與所通過的預算本身構成不可分割的一部分，不具獨立存在的意義，對行政機關固有法的拘束力[49]。惟該條件或期限因屬法定預算的附加，故應與法定預算有直接相關者爲

48 內政部106年4月21日台內民字第1060414793號函參照。
49 許宗力，〈從行政與立法的分際談府會關係〉，氏著，《憲法與法治國行政》（臺北：月旦，2007年），頁278。

限[50]，且不得侵犯行政機關的執行權。實務上，常見地方立法機關已完成預算審查法定程序，又決議，凍結已通過的預算，要求行政機關須再另案提經該會報告或同意解凍始得動支。此無異賦予立法機關再次審議預算權，與附加條件於條件成就時，其效力發生或消滅的意旨有別，非屬附加條件性質，基於預算不二審原則，該決議對行政機關應無拘束力[51]。

　　條文所稱「法律、自治法規所不許」，其情形包括(1)法律或自治法規所明文禁止；(2)違反法律或自治法規的立法意旨或作業條件；(3)法律或自治法規明文規定屬於行政機關權責，附加條件或期限影響行政機關職權行使者[52]。所作決議是否為「法律所不許」，應依實務上的決議內容個案加以判斷；如議會決議通過新設「觀光局」預算，但決議「應俟觀光局組織自治條例送議會審議通過後，始得動支。」即與地制法明定所屬機關僅須訂定組織規程的規定不符，為法律所不許。至何者為法律所不許，由業務及法律主管機關認定[53]。

4. 附帶決議

　　本法第41條第3項規定：「直轄市議會、縣（市）議會、鄉（鎮、市）民代表會就預算案所為之附帶決議，應由直轄市政府、縣（市）政府、鄉（鎮、市）公所參照法令辦理。」所謂「附帶決議」，即與預算的本體無關，而係就與預算相關的事項，作附帶的要求，其僅屬建議性質，不生法律上拘束力[54]，範圍較難限定。如通過民政局預算，但附帶要求縣府應盡速研討成立原住民行政局。附帶決議與預算決議本身有可分割性，只要預算通過行政機關即可動支該項預算；至於附帶作成的決議，地方行政機關仍應參照法令辦理，即令不予辦理亦不構成違法。

---

[50] 行政院主計處89年9月25日台（89）處實一字第11100號函參照。

[51] 內政部92年4月14日台內民字第0920003607號函參照。

[52] 行政院主計處89年9月25日台（89）處實一字第11100號函參照。

[53] 內政部107年3月16日台內民字第1070410958號函參照。

[54] 內政部107年3月16日台內民字第1070110958號函參照。

5. 執行怠惰或執行不當的處理

預算並非只是有關歲入、歲出的估算表，而是規律政府行為的法規範[55]。本於權力分立的原理，行政機關負有「誠實地執行法律」的義務，本法第38條規定：地方行政機關對對立法機關的議決案（含預算案）應予執行。如延不執行或執行不當，地方立法機關得請其說明理由，必要時得報請行政院、內政部、縣政府邀集各有關機關協商解決之。

這是政治性的解決方式，而非法律性的，因此，並未如司法之具有最後的、權威性的決定效力，在實務運作上直接援用此一方式而能調和府會爭執的，似不多見。其次，究竟何為「執行不當」？其本身就是「不確定的法律概念」，而具衝突因子。

又，基於總預算案係攸關政府整體年度的收支，必須於一定期間內完成法定程序，本法規定，地方立法機關應於會計年度開始1個月前審議完成，並於會計年度開始15日前由各級地方行政機關發布之（§40I）。倘行政機關遲不發布經自治監督機關核定的總預算案，自治監督機關自得援代行處理（詳後述）的規定代行發布[56]。

（三）備詢的拒絕

民選地方首長應提出施政報告及接受施政總質詢，乃民主憲政上莊嚴的憲法義務，亦為地方政府首長的法定職責。其立法意旨，在於使議員或代表瞭解全盤地方施政重點及地方自治事務的處理、發展方向，以為行使立法權與預算審議權的準據，並充分體現該條所揭示的民主憲政原則。因此，民選首長列席立法機關提出施政報告並接受質詢，不僅是依法行政、營造良好互動的府會關係的應有作為，更是展現對於民主體制的充分尊重，對民主憲政主流價值的積極維護，及實現為民服務、造福地方的崇高理想。

---

[55] 蘆部信喜著，李鴻禧譯，《憲法》（臺北：月旦，1995年），頁319。
[56] 內政部102年8月15日內授中民字第1025036421號函參照。

　　民選首長如「無故」不盡其法定職責，本法並未特別規定其法律效果，允宜採取輔助原則[57]，由地方立法機關運用職權予以監督制衡，即由地方府會政治力自行發展解決；質言之，也就是「政治解決」。唯有無法透過其他途徑解決或排除地方自治團體所造成的違法狀態時，國家始能介入，由自治監督機關矯正其違法、督導其失職及杜絕其流弊。必要時，亦得移送監察院，如認地方行政首長有違法失職的行為，即得提出彈劾案（監察法§6）；例如2015年8月4日，監察院就臺南市長賴清德拒不列席議會，首開地方自治史上「官員集體不進議會」之惡例，認破壞民主與法治原則侵害憲政體制，予以彈劾[58]。

　　惟於此，有兩個問題。其一、府會間對抗衝突由來已久，恩恩怨怨，因果錯綜複雜，民選首長拒絕列席立法機關最主要的原因都是出於府會關係惡化，對立法機關態度的相對報復性回應，如羞辱式的席位安排、質詢方式、非關職權的指摘，由單純最後的不前往備詢即直接導出彈劾結論，將不啻使地方首長屈膝於立法機關的施壓。尤其，府會衝突係行政機關與立法機關對立的雙方互動的結果，監察院只能對地方行政首長行使監察權，對地方民意代表則不能行使（釋字第14、33號解釋參照），單方求諸於行政首長，亦有欠公允。因此，現行府會體制強調分立、對抗，府會必須學習讓步協調，第三者高權介入並不妥當。

　　其二、監察院職司糾彈違失，地方行政首長拒絕列席議會，是否構成違法？其前提是首長是否有列席議會的「法定」義務？本法第48條規定議會、代表會「定期會」開會時，直轄市長、縣（市）長、鄉（鎮、市）長「應」提出施政報告；各一級單位主管及所屬一級機關首長，均「應」就主管業務提出報告。議員、代表於「定期會」開會時，有質詢之權；相關之業務主管「應」列席備詢。據此，地方行政首長「定期會」時，有列席備詢的「法定」義務，如無故不列席，自屬違法。

---

[57] 自治監督的輔助原則，詳第十五章第二節。

[58] 自治二法施行後，監察院雖有彈劾地方行政首長之案例，然其事由均屬個人或施政上的違失（如下表），因府會爭議而彈劾者，此應屬首例。

　　但第49條則僅規定，議會、代表會大會開會時，對特定事項有明瞭必要者，得邀請首長或單位主管列席說明。此所謂「大會」，包括定期會與臨時會；定期會部分，得適用第48條，課首長以備詢的義務。但臨時會部分，是否亦適用此一法定原則？

　　肯定說主要係參酌大法官釋字第461號解釋理由書意旨，該理由書略謂「行政院有向立法院提出施政方針及施政報告之責。立法委員在開會時，有向行政院院長及行政院各部會首長質詢之權……。此係憲法基於民意政治及責任政治原理所為之制度性設計。……立法委員對於不明瞭之事項，尚得經院會或委員會之決議，要求有關機關就議案涉及之事項，提供參考資料。受要求之機關，非依法律規定或其他正當理由，不得拒絕，業經釋字第325號解釋有案。立法委員於詢問以前，或不知有相關參考資料，須待詢問而後知之；於有關機關提供參考資料以後，倘對其內容發生疑義，須待進一步詢問，以期澄清者，其邀請到會之政府人員，尤不得置之不理。」

　　而依釋字第498號解釋理由書意旨，地方立法機關與地方行政機關，

彈劾時間	縣（市）	首長姓名	事由	懲戒結果
1995/3	臺中市	林柏榕	衛爾康西餐廳大火造成64人死亡	休職半年
1995/12	臺南市	施治明	黃金海岸休閒渡假村開發案違法	記過一次
1996/8	桃園縣	劉邦友	中壢農會擠兌事件	決議前死亡
1997/1	臺北縣	尤清	賀伯颱風防洪督導不周	記過一次
2000/6	苗栗縣	傅學鵬	三級古蹟五穀宮遭違法拆除	申誡
2000/11	嘉義縣	李雅景	八掌溪事件行政疏失	申誡
2009/1	臺東縣	鄺麗貞	颱風天出國未盡防颱責任	記過二次
2013/9	南投縣	李朝卿	災害修復工程弊端	先停職
2015/10	臺南市	賴清德	拒不應邀列席議會施政報告及備詢	申誡

同樣是基於民意政治及責任政治原則而設計的權責制衡關係，亦應有釋字第461號所揭示原則的適用，地方行政首長受地方立法機關邀請列席「大會」說明時，地方行政首長即有列席的義務，無分定期會或臨時會。另參酌第49條的立法說明略謂「本條規定委員會開會時，僅能邀請地方行政首長以外之主管列席說明，意旨乃在避免民選首長頻於出席各種會議，影響市政推動。」由此反推論，只要是大會，地方行政首長受邀時，即有列席義務[59]。

惟我國現行地方政府體制與中央行政、立法兩權關係的設計不同，憲法雖迭經增修，惟無論是1947年憲法原型的修正式內閣制設計、動員戡亂時期向總統制傾斜的憲政變遷，或四次增修有關半總統制的改良[60]，「行政院對立法院負責」、「行政院有向立法院提出施政方針及施政報告之責。立法委員在開會時，有向行政院院長及行政院各部會首長質詢之權。」的規範，並無變更（憲法§57及增修條文§3參照）。

但地方制度法所設計的地方政府體制，係採「議會─首長雙元權力分立制」，地方自治團體有行政與立法機關自治組織的設置，其首長與民意代表均由自治區域內的人民依法選舉、罷免之，各擁有獨立的民意基礎，二者地位平等，各有權限，彼此分權制衡並直接向選民負責。因此，地方府會關係是否當然適用釋字第461號解釋就中央政治結構所揭示的原則？即不無審究餘地。第49條的立法說明「避免民選首長頻於出席各種會議」，充其量只能說明只有大會能邀請地方行政首長列席，地方行政首長受邀請時，允應列席說明，惟此究屬法定義務？或基於府會對等尊重關係的一般原則？也應本此精神立論。

公務員懲戒委員會（現改制為懲戒法院）認直轄市長除有正當理由

---

[59] 內政部104年3月16日台內民字第1040018025號函參照；監察院104年8月4日104年劾字第10號即據以為作成決議理由之一。

[60] 劉文仕，〈97憲改十年的權力制衡結構變遷與實踐〉，《國會月刊》，第36卷第1期，2008年1月，頁56-73。

外，有列席議會臨時會開會的義務[61]，似採前見解。但，理由正當與否，又屬不確定法律概念，是否以請假爲必要？其結果仍回復到府會是否相互對等尊重的問題。

第四節　地方府會運作失靈的制度化調節機制

　　我國現行地制法雖採自治監督機關垂直介入的調處制與府會平行的覆議制兩個途徑[62]，但對覆議結果行政機關仍認窒礙難行時，又回歸報請自治監督機關協商調處的途徑（§40）。換言之，終局的解決仍賴於自治監督機關的決定。

　　理論上，自治監督機關固然必須尊重自治團體的公法人地位，但基於適應國家社會發展的需要，亦得於必要範圍內予以匡正，本其職權，矯正其違法、督導其失職及杜絕其流弊。自治監督機關經由立法授權介入地方府會的僵局，固屬可行[63]。但在實際運作上，由於政治利害的影響，仍多所限制，甚至不但不可能順利化解衝突，機制本身反而就是加劇衝突的因素。尤其，政治協調機制，「人治」的色彩重於「法治」，不僅不穩定，且容易流於分贓或利益交換，只求短暫問題的解決，而加劇議員需索的心態。

　　其實自治監督機關的介入調處，只在一般的爭議上可能發揮功用；對於府會嚴重僵局的化解，幫助不大，最理想的模式，應該是在能強化地

---

[61] 公務員懲戒委員會104年10月30日104年鑑字第13339號決議參照。

[62] 過去省參議會、臨時省議會時代省主席擁有解散議會的權限，但不能直接解散，而必須提經行政院會議通過。如《省參議會組織條例》第21條：「行政院院長對於省參議會之決議案，認爲有違反三民主義或國策情事，得提經行政院會議通過，呈請國民政府予以解散，依法重選。」《臺灣省臨時省議會組織規程》第24條：「臨時省議會之決議案，如有違反國策情事，經行政院之糾正仍不撤銷時，得提經行政院會議決議予以解散，依法重選。」

[63] 黃錦堂，《地方制度法基本問題之研究》（臺北：翰蘆圖書，2000年），頁223-224。

方行政與立法的效能、處理複雜的地方利益關係、落實責任政治、維持立法與行政的分權與平權的基本原則上[64]，改求其府會對等的平行折衝的模式，並輔以司法權與國民主權的最終局處理。

就此，各國立法例上因體制不同而有不同的方式，學者一般多以德日兩國的模式作討論。德國除首長對議會決議有異議權、特別緊急事務處理權及對違法法案的質疑權外，主要係仰賴於司法解決的模式，各邦均設憲法法院以仲裁邦憲法、法律的爭議，地方議會及行政首長均得向邦的憲法法院提起「地方機關權限爭議訴訟」。由司法權介入固有其中立的優點，但司法權應該著重於爭議的合法性確認，而府會的衝突則多涉及妥當性或政治利益分配的考量；另外，司法程序的遲緩，不能適時作出裁決，也難免影響地方事務的積極性，因此，司法權的介入有其侷限性。

至於日本模式的基本精神是行政至上，縮減議會權力，避免府會衝突的可能性[65]。依日本地方自治法規定，除覆議的一般的否決權外，尚有特別否決權、不信任權、專權處分權與解散議會權：

一、特別否決權（§176、177）：（一）首長如在客觀的事實範圍內認議會決議或選舉違法，可主動或報請自治大臣予以取消。（二）對窒礙難行的收支決議的覆議權。（三）對於依法令負擔或屬於義務性經費刪減決議的覆議權。（四）對非常災害復舊費或疫病預防費的刪除或核減的覆議權。如議會仍刪減該經費時，得視為不信任議決，首長得於10日內解散議會。

二、不信任權（§178）：地方議會得經三分之二以上之出席，出席議員四分之三以上之同意，對首長作不信任議決，議長應即通知首長，首長於接到通知10日內得解散議會或解除職務；議會解散後第一次所召集的地方議會仍作不信任議決時，首長應於接受議長通知之日起，解

除其職務；而本次決議僅需過半數之同意。

三、專權處分（§179、180）：應經議會議決之事項，有下列情形之一時，地方首長得代議會專權處分：（一）因議會不成立、不能開會或地方首長無暇召集，或故意拖延不予議決時，地方首長得專權處分，並於處分後下次會議向議會報告，徵求追認；如無法徵得追認時，不影響處分的法律效果，但首長需負政治責任。（二）屬議會權限內的簡易案件，委任地方首長時，得專權處分，並報告議會。

四、解散議會權：分選舉人的請求與行政首長的行為，使議會不致形成無法與政府施政或人民福祉配合情事。

　　另外，日本又專設地方自治爭議的解決機構，由自治大臣、地方行政首長與地方議會議長三方組成的「自治糾紛調停委員會」，進行調處；其裁決具準司法效力，可強制執行。地方行政首長或議會對調停或自治大臣裁決不服時，可於60日內提起行政訴訟，或提起憲法解釋、統一解釋法令[66]。

　　整體而言，日本地方府會衝突的解決，頗具自主性，互相制衡。符合上述基本原則，有其優越性，應可以作為下階段地方制度法修正的重要參考。

第五節　議會自律

相關條文：

第31條

地方立法機關得訂定自律規則。

自律規則除法律或自治條例另有規定外，由各該立法機關發布，並報各該上級政府備查。

---

[66] 張炳楠，〈中日兩國地方自治之比較探討〉，收錄於《中華綜合發展研究院主辦「台日地方自治與議會政治經驗交流」論文集》，2000年10月30日，頁66。

自律規則與憲法、法律、中央法規或上級自治法規牴觸者，無效。

第44條

直轄市議會、縣（市）議會置議長、副議長各一人，鄉（鎮、市）民代表會置主席、副主席各一人，由直轄市議員、縣（市）議員、鄉（鎮、市）民代表以記名投票分別互選或罷免之。但就職未滿一年者，不得罷免。議長、主席對外代表各該議會、代表會，對內綜理各該議會、代表會會務。

第45條

直轄市議會、縣（市）議會議長、副議長，鄉（鎮、市）民代表會主席、副主席之選舉，應於議員、代表宣誓就職典禮後即時舉行，並應有議員、代表總額過半數之出席，以得票達出席總數之過半數者為當選。選舉結果無人當選時，應立即舉行第二次投票，以得票較多者為當選；得票相同者，以抽籤定之。補選時亦同。

前項選舉，出席議員、代表人數不足時，應即訂定下一次選舉時間，並通知議員、代表。第三次舉行時，出席議員、代表已達議員、代表總額三分之一以上者，得以實到人數進行選舉，並均以得票較多者為當選；得票相同者，以抽籤定之。第二次及第三次選舉，均應於議員、代表宣誓就職當日舉行。

議長、副議長、主席、副主席選出後，應即依宣誓條例規定宣誓就職。

第一項選舉投票及前項宣誓就職，均由第三十三條第七項規定所推舉之主持人主持之。

第46條

直轄市議會、縣（市）議會議長、副議長，鄉（鎮、市）民代表會主席、副主席之罷免，依下列之規定：

一、罷免案應敘述理由，並有議員、代表總額三分之一以上之簽署，備具正、副本，分別向行政院、內政部、縣政府提出。

二、行政院、內政部、縣政府應於收到前款罷免案後七日內將副本送達各該議會、代表會於五日內轉交被罷免人。被罷免人如有答辯，應於收到副本後七日內將答辯書送交行政院、內政部、縣政府，由其

　　將罷免案及答辯書一併印送各議員、代表，逾期得將罷免案單獨印
　　送。

三、行政院、內政部、縣政府應於收到罷免案二十五日內，召集罷免投
　　票會議，由出席議員、代表就同意罷免或不同意罷免，以記名投票
　　表決之。

四、罷免案應有議員、代表總額過半數之出席，及出席總數三分之二以
　　上之同意罷免為通過。

五、罷免案如經否決，於該被罷免人之任期內，不得對其再為罷免案之
　　提出。

前項第三款之罷免投票，罷免議長、主席時，由副議長、副主席擔任主
席；罷免副議長、副主席時，由議長、主席擔任主席；議長、副議長、
主席、副主席同時被罷免時，由出席議員、代表互推一人擔任主席。

第一項罷免案，在未提會議前，得由原簽署人三分之二以上同意撤回
之。

提出會議後，應經原簽署人全體同意，並由主席徵詢全體出席議員、代
表無異議後，始得撤回。

第47條

除依前三條規定外，直轄市議會、縣（市）議會議長、副議長及鄉
（鎮、市）民代表會主席、副主席之選舉罷免，應於直轄市議會、縣
（市）議會、鄉（鎮、市）民代表會組織準則定之。

一、議會自律的內涵

　　議會自律權是源自英國議會形成初期，為對抗君主的打壓、干涉，而
逐漸形成的制度，也是從對議員個人的特殊保障，逐漸擴大到對議會全體
的保障，使議會運作不受干擾、獨立自主的發展過程。根據「各國議會聯
盟」（Inter-Parliamentary Union, IPU）1962年的一份報告指出，議會自律
不僅是任何自治團體就其內部組織的當然權限，也是近代立憲主義，本於

權力分立與制衡所需的必然原理[67]。學界與實務界多將言論免責與不受逮捕特權包含於議會自律原則的概念[68]，其實，三者各有不同的概念、意義與目的，彼此獨立而不互不相涉。議會自律原則係指議會就其組織與權能運作方式，有不受行政權與司法權的監督、介入，而能自主決定的自主權與自律權；所強調的是由議會自行以議事規則來規範議會內部的事務。其內涵大體包括內部組織的自由形成權、議員資格爭議的自主審定權、營運規範的排他決定權及議員非行的自律懲戒權[69]。

基於地方立法機關自律的原則，地方立法機關於其自律權限內，得訂定自律規則，乃法理所當然，其情形與國會自律權的行使，並無不同，本無待於特別規定，即得訂定。惟本法第31條第1項仍明定「地方立法機關得訂定自律規則。」第2項並明定「自律規則除法律或自治條例另有規定外，由各該立法機關發布，並報各該上級政府備查。」

此所稱自律規則，基本上即包含上述四個範疇：

（一）內部組織

議會或代表會內部組織架構及委員會或小組會的種類、議長、副議長、小組召集人的選任、權限等，如各審查委員會設置辦法、程序委員會設置辦法、各委員會或小組會席次抽籤辦法、議會政黨黨團辦公室設置辦法等。

有關地方立法機關內部組織的自律，最受關注的是議長、副議長選舉的問題。議會自律原則，是否因其規定於法律位階，或立法機關自訂

---

[67] 劉文仕，〈「不依規定」宣誓的程序規範及其實質內涵—從國會自律之觀點立論〉，《中國時報》，1996年4月10日，11版；《聯合報》，1996年4月25日，11版。

[68] 釋字第435號解釋即將議會自律原則與言論免責權兩個概念混淆理解。

[69] 美國聯邦憲法第1條第5項、德國基本法第11條、日本國憲法第55條等均賦予國會以議員資格爭議的自主審定權或議員的懲處權。德國聯邦憲法法院於1991年關於「議員、黨團或議會團體依議事規則的表達請求權」的判決「傍論」中，即確認國會在決定就自主組織及有秩序的議事進行需要何種規則，有概括而廣泛的形成餘地。

的自律規則，而異其性質？以議長、副議長、主席、副主席的選舉、罷免
爲例，地制法第44條第1項明定「以無記名投票」行之。有認爲此已非單
純的議會自律範疇，違反者，司法權即得介入。實務上，經常發生的「亮
票行爲」（即故意將其選票上所圈選的內容，以公開揭露方式出示於他
人），檢察官多以觸犯刑法第132條的洩漏國防以外秘密罪予以起訴。臺
灣高等法院臺南分院89年度上易字第272號刑事判決及臺中分院102年度上
易字第787號刑事判決也與判決有罪。惟臺灣高等法院高雄分院101年度上
易字第1107號、102年度原易字第7號、103年上易字第283號等刑事判決則
採否定說。

　　最高法院爲統一見解，於104年9月1日104年度第14次刑事庭會議決
議，結論採否定說。其理由乃以直轄市、縣（市）議會議員於投票選舉
議長、副議長時，其在選票上所圈選的內容，係議員依規定以「無記名
投票」的方法自由行使其投票權所形成的秘密，並非國家基於政務或事務
所形成的秘密。且議員投票時究竟圈選何人擔任議長、副議長，或故意投
廢票，僅涉及議員個人政治意向與理念，屬於議員自由行使其投票權的內
涵，與議長、副議長當選後所具有的職權功能，係屬不同層次的事項，自
不得混爲一談。故直轄市、縣（市）議會議員於投票選舉議長、副議長
時，其在選票上所圈選之內容，僅屬議員本身所保有的秘密，既非國家所
保有的秘密，亦與國家政務或事務無關，自非屬上開公務秘密。從而，除
刑法對此項「亮票行爲」有特別處罰規定外[70]，不能將此項行爲視爲「洩
密行爲」而加以處罰。

　　同此推論，議長、副議長選舉時，議員於行使投票權時，得否攜帶
手機或其他具有攝影功能器材進入投票處圈選投票的疑義，內政部也僅謂
爲維護選舉的公正性與公平性，並確保秘密性，仍請選舉人將攜帶手機暫
時關機，不宜使用，亦不宜攜帶其他具有攝影功能器材進入投票處圈選投
票。而不適用公職人員選舉罷免法有關「不得攜帶手機及其他攝影器材進

[70] 如《總統副總統選舉罷免法》第59條第2項、第91條、《公職人員選舉罷免法》第63條
　　第2項、第105條，及《公民投票法》第22條第2項、第49條。

入投票所,違者處罰」的規定[71]。2016年立法院三讀通過,將地制法第44條的無記名投票改採記名投票,此一爭議即不復存在。

(二)議員資格審定

例如議員未爲宣誓或不依法定方式及誓詞完成宣誓者,不得行使職權(釋字第254號解釋參照),地方立法機關組織準則第9條亦規定,地方民代應於上屆任期屆滿之日,依宣誓條例規定宣誓就職;不依規定宣誓者,視同未就職。至於其宣誓程序是否完備?允應由議會本自律原則認定之。

(三)營運規範

自行訂立議會內部提案、討論、表決等各種議事規則、議員質詢辦法、聽證辦法等。基於議會運作及功能上的需要,亦可自行調整認定。因此,有關違反議事規則與否,並非司法審判對象。於個案發生是否遵守內規之爭議時,地制法主管機關基於議會自律原則,態度上多不予介入,而函示「宜由議會本權責解釋認定」。其他如旁聽規則、錄影錄音規則等[72]。

(四)自律懲戒

民意代表並非監察權行使對象(釋字第14、33號),爲維持內部議事秩序,就國會紀律事項爲必要的規定,如訂定紀律委員會設置辦法,規定紀律委員會審議懲戒案件,得按其情節輕重予以口頭道歉、書面道歉、申誠或定期停止出席會議等不同程度的懲戒。又,議長或主席,雖有處理會務之責,但其民意代表身分並無變更,處理會務如有不當情事,也是由議會本身予以制裁(釋字第33號)。

---

[71] 內政部95年2月22日內授中民字第0950722240號函參照。

[72] 內政部110年9月1日台內民字第10223404號函參照。

　　自律懲戒與監督機關的解職[73]不同，未涉身分的剝奪，最嚴厲者爲定期停止出席會議。解職，有一定的行政爭訟規範的適用，至於自律懲戒是否應受司法審查？有認爲，停權處分屬議會自律原則下用來維持內部議事規範的內部處分，是在權力分立原則下「議會秩序權」所保障的法益，因此不屬司法審理範圍。惟最高行政法院則認爲，司法對議會自律權應予一定程度的尊重，是「司法審查密度」的問題，而非地方議會就自律事項所做的決定，不屬於司法審查對象。

二、自律規則的界限

（一）不得牴觸上位階法規範

　　「議會行使立法權的程序，於不牴觸憲法範圍內，得依其自行訂定的議事規範爲之，議事規範如何踐行係國會內部事項。依權力分立原則，行政、司法或其他國家機關均應予以尊重。」「民意代表機關其職權行使的程序，於不牴觸憲法範圍內，得依其自行訂定的議事規範爲之。」「自律事項的決定，應符合自由民主憲政秩序的原則。」分別有釋字第342號及第381號解釋可資參照[74]。本法第31條第3項爰明定「自律規則與憲法、法律、中央法規或上級自治法規牴觸者，無效。」因此，第2項雖規定事後監督的「備查」，如有牴觸憲法等情事者，本法雖無如第30條就自治法規或委辦規則得函告其無效的規定，自治監督機關仍得函告其無效，應屬當然。

　　即使自治監督機關未予函告，受自律規則規範而非屬自律原則適用的對象，亦得主張不受其規範。如《臺南市議會議員質詢辦法》第2條第2款規定：「業務質詢，在各相關委員會向市政府所屬各局處會及公營事業機

---

[73] 地方民意代表無停職的問題。

[74] 大法官多號有關議會自律的解釋，都是針對國會而來，但各級民意機關，包括立法院及各級議會與鄉鎮市民代表會，應該都有同原則的適用。

關提出，以其所職掌之業務爲範圍，由各有關機關首長或單位主管負責答覆。但如經由出席議員過半數之決議，市長必須列席。」但書部分與第48條、第49條規定不符，對市長無拘束力。

（二）限於內部事項

　　議會自律僅包括立法機關的內部事項（釋字第342號、第381號解釋參照），或「與行使職權有關係以及與此直接相關之附隨行爲」（釋字第435號解釋參照）。因此，自律規則只能規範地方立法機關的內部事項，倘涉及與其他機關權利義務的調整，則已非屬內部規範的性質，應以外部法規爲之。如發生於2001年11月1日的高雄市府會爭議，議會因不滿市長答詢內容，議長裁示請市長迴避離席，並要求市府各一級機關首長留下備詢。惟市政府以於法無據且與體制不合，一級機關首長亦隨同市長離席；議會鑑於議事無法進行，遂宣布散會。會後議會認市府違反議事規則，分向監察院與行政院要求懲處。

　　本案爭議問題之一，乃對於官員拒絕答詢行政院能否究問課責？有主張依《高雄市議會市政質詢辦法》第5條規定「市政總質詢時，所屬各局處會首長應列備詢。」第10條復規定：「市長對於議員之質詢不予答覆，本會應報請行政院核辦；所屬各局處會首長拒絕答覆者，應函請市政府處分；其情節重大者，本會得提不信任案。」遂採肯定見解。惟本辦法係屬自律規則，僅於議會內部（含議員相互關係）發生效力，除非另有法律依據，並不因此發生與行政機關權議的調整，對他機關亦不發生拘束的效果，此性質並不因該辦法業經自治監督機關備查而有所改變。因此，對於本爭議的處理仍須回歸地制法的規定。而不得逕以自律規則爲處理依據[75]。

---

[75] 內政部90年12月20日台（90）內民字第9008194號函參照。

自我評量

➤ 何謂地方府會關係，並請說明地方制度法就縣（市）府會關係有哪些重要之規定？（102身障）
➤ 試就分權制衡原理析論我國地方政府與地方議會間運作之相關規定；另就地方自治而言，尚有哪些問題有待解決？（95身障）
➤ 依據地方制度法的規定，地方民意機關與行政機關之間有何關係？請詳加討論。（93普、93特退）
➤ 請說明各種不同地方府會關係的內涵，並分析我國地方制度法下的府會關係。（110身障）
➤ 我國地方行政機關與地方立法機關的互動方式有哪些？（102升等）
➤ 地方制度採用權力分立制後，對府會關係和諧有何不利影響？試回答下列問題：1.府會關係的理性模式。2.府會關係惡化對地方發展的可能影響。（97地特）
➤ 地方政府（公所）對於地方議會（代表會）之議決案，有那些回應途徑？並請從這些途徑內容，分析我國地方「府會關係」特色。（97高、96特原）
➤ 地方府會關係中存在著合作與衝突並存的現象，請說明如何建構良善的府會關係。（103原三）
➤ 地方政府民選首長與地方立法機關互動時，享有什麼權利？又要履行那些義務？（104高）
➤ 縣市議會的主要職責之一是監督縣市政府，請問：1.縣市議員監督的工具有那些？請列舉三種可能的監督工具或方式，並說明之。2.針對前一小題所列舉的監督工具或方式，縣市議員在執行時，可能會有一些缺陷或負效果，請列舉兩項，並說明之。（110高）
➤ 依地方制度法規定，現行地方立法機關與地方行政機關職權行使時所引起的府會衝突類型為何？又存在那些制度化調節機制？請分述之。（105高三）
➤ 依地方制度法規定，直轄市議會對該市政府組織自治條例修正案之立法

權行使究係同意權抑或是議決權？（93特退）

➢ 試說明臺灣現行地方議會的預算審議制度有何主要問題？（100特原）

➢ 預算審議權為地方立法機關的重要職權，請說明預算審議權的內涵及審議原則。（104特原）

➢ 地方議會如果未能於規定期限內完成總預算案之審議時，應如何處理？（99特原）

➢ 依地方制度法之規定，分析地方政府總預算案審議，如未能於規定期限內完成審議時，應如何處理？（93高）

➢ 鄉（鎮、市）總預算案之審議，應注意那些事項？歲入、歲出如何決定？法定預算如附加條件或期限，如何處理？鄉（鎮、市）民代表會就預算案所為之附帶決議，如何處理？（93特原）

➢ 臺東縣的決算案如何提出？如何公告？如何審核？試分別說明之。（92特原）

➢ 地方立法機關召開定期會時，地方行政首長或其機關首長或單位主管有列席備詢之義務。試問：1.施政總質詢與業務質詢有何不同？2.如施政總質詢延至臨時會舉行，其行政首長有無列席備詢之義務？（94升等）

➢ 地方行政機關對同級立法機關依職權所為之決議，如認為窒礙難行時，可提覆議案要求立法機關重行審議，請依地方制度法第39條規定，就覆議之期限、效果及限制分別論述之。（100升等）

➢ 我國地方制度法第39條規定，縣（市）政府對縣（市）議會之議決案，如認為窒礙難行時，可向縣（市）議會提出覆議，請就該覆議流程、內容及效果簡要說明之。（100普、96普）

➢ 地方制度法與地方議會議事規則訂有「覆議」與「復議」，請說明兩者的定義與差異？（95特原）

➢ 地方政府對地方議會議決之預算案，如認為窒難行時，應如何處理？請依地方制度法規定說明之。（91特原）

➢ 直轄市政府、縣（市）政府、鄉（鎮、市）公所對同級立法機關之議決案，如認為窒礙難行時，應如何處理？請依地方制度法第39條規定說

明之。（102地特）

➢ 依地方制度法規定，我國直轄市、縣市議會對同級行政機關有監督之權，請就覆議案、議決案之執行分別申述之。（100升等）

➢ 我國地方制度法中有覆議制度之設計，請問其意義為何？其設計的原理主要為何？企圖保障的對象又為何？（97特原）

➢ 臺北縣烏來鄉鄉民代表的職權為何？鄉公所與鄉民代表會間的覆議關係為何？（92特原）

➢ 地方議會（代表會）開會時，若議員（代表）有違反議事規則或妨礙秩序情形時，會議主席應如何處置？（96特原）

➢ 鄉（鎮、市）民代表會主席、副主席如何產生？各該代表會主席、副主席如何罷免？各該代表會代表行使罷免權時，有何特別限制？試述之。（95特原）

➢ 臺北市議員曾提案，要求市警局統計自民國81年起，因違反電信法使用無照測試的測速照相器材進行超速開具的罰單，應將其罰鍰全數退還被裁罰者。但市議會僅通過決議「送市府依法辦理」，請問依地方制度法第39條有關「窒礙難行」之規定，市府應如何處理？（91臺北基）

➢ 何謂透明政府？我國應如何落實地方議會與政府透明化，以達成開放政府與廉能治理的目標？（108升等）

CHAPTER

14

自治財政

第一節　地方財政的法制基礎

相關條文：

第66條

直轄市、縣（市）、鄉（鎮、市）應分配之國稅、直轄市及縣（市）稅，依財政收支劃分法規定辦理。

第67條

直轄市、縣（市）、鄉（鎮、市）之收入及支出，應依本法及財政收支劃分法規定辦理。

地方稅之範圍及課徵，依地方稅法通則之規定。

地方政府規費之範圍及課徵原則，依規費法之規定；其未經法律規定者，須經各該立法機關之決議徵收之。

第68條

直轄市、縣（市）預算收支之差短，得以發行公債、借款或移用以前年度歲計賸餘彌平；鄉（鎮、市）預算收支之差短，得以借款或移用以前年度歲計賸餘彌平。

前項直轄市、縣（市）公債及借款之未償餘額比例，鄉（鎮、市）借款之未償餘額比例，依公共債務法之規定。

第83條之7

山地原住民區實施自治所需財源，由直轄市依下列因素予以設算補助，並維持改制前各該山地鄉統籌分配財源水準：

一、第八十三條之三所列山地原住民區之自治事項。

二、直轄市改制前各該山地鄉前三年度稅課收入平均數。

三、其他相關因素。

前項補助之項目、程序、方式及其他相關事項，由直轄市洽商山地原住民區定之。

　　所謂「自治財政」，指地方自治團體為執行其職務，透過租稅及財產管理等方式取得收入，加以管理運用，從而籌措處理地方公共事務所必要

的經費的總稱。「財政」為庶政之母，公共事務的實施與建設有賴於財政的挹注，地方財政可謂是自治團體最重要的物質基礎，地方財政屬自治行政即自治事務之一，是地方自治的血脈與核心內容，財政狀況的良窳，直接就影響到施政能力的強弱；「自有財源」（own-source revenues）的重要性，不言可喻；而充足的自有財源，又是地方「財政自主」的關鍵[1]。自有財源不足，一切施政都需仰賴於中央的補助，則一切地方自治權限均將流於空談，欠缺現實的實踐意義[2]。

　　地方財政自主包含幾個面向，即財源保障、稅課自主與財政自律管理。

　　財政自律管理主要是針對地方所擁有的財政資源進行管理與運用，例如預算編列、審議與執行的自治行政機能，已於自治組織與府會關係相關章節討論，於茲不贅。

　　至於財源保障涉及各級政府財政收支的分類、劃分與調整規範，稅課自主的內容主要為租稅自主規範權、規費徵收權。前者，釋字第550號解釋指出：「地方自治團體受憲法制度保障，其施政所需的經費負擔乃涉及財政自主權的事項，有法律保留原則的適用。」後者，釋字第277號解釋也說明，地方自治團體得依地方稅法通則規定，行使憲法所賦予的自治稅課立法權。另釋字第346號解釋亦曾指出：「有關納稅義務之事項，固宜於名為稅法之法律中規定之，惟憲法並未限制其應規定於何種法律，而立法機關就某種稅捐是否課徵，認為宜授權主管機關裁量，因而以目的特定、內容具體及範圍明確之方式，所為之授權規定，亦非憲法所不許。」也就是說，地方的單行性法規亦得作為地方稅課的立法依據。且於《地方稅法通則》施行後，得逕依該通則規定制定自治條例課稅，無須另有其他法律之特別授權。

　　本法有關地方財政的法制基礎，主要綱要性地揭示在第66條至第68

---

[1] 黃世鑫、郭建中，〈自有財源與地方財政自主？地方自治內涵之省視〉，《政策研究學報》，2002年，第7期，頁1-34。

[2] 蔡茂寅，〈當前地方自治重大問題及其因應之道的探討—政黨輪替下的思考〉，《新世紀智庫論壇》，2000年，第10期，頁39-40。

條，至其詳細內容，則分別制定有《財政收支劃分法》、《地方稅法通則》、《規費法》³及《公共債務法》。茲略述其要旨如下：

一、財政收支劃分法

　　《財政收支劃分法》是地方政府取得財源與各項經費運用的重要基礎，係根據憲法第107條，並參酌第147條規定精神，分別就其收入劃分財源，以保障地方政府自有財源，維護其適當程度的自主性，並就其支出劃分經費負擔，保障地方政府除法定支出之外，尚有能力追求政策目標或有抑制支出、縮減財政規模的彈性。本法施行於1951年，歷經10次修正。

　　本法現行規定將全國財政收支系統劃分為中央、直轄市、縣（市）與鄉（鎮、市）⁴；依2014年1月24日三讀通過的地制法第83條之2第2項雖規定「直轄市山地原住民區辦理自治事項及委辦事項，除法律另有規定外，準用本法關於鄉（鎮、市）之規定。」惟為避免山地原住民區對直轄市的稅課分成、統籌分配稅款造成影響，第83條之7並未賦予財政自主權，山地原住民區並不適用財政收支劃分法稅課與賒借收入相關條文及中央統籌分配稅款分配辦法⁵。

　　財劃法要點如下：

3　國家發展會議有關地方財政議題，包括「營業稅改為國稅，由中央全國統籌分配給地方」、「建立制度化、透明化統籌分配款及補助款之公式」（二者屬財劃法的範疇，筆者按）與「完成地方稅法通則及規費法之立法，充裕地方財政」。此三者，於國家發展會議時併稱為「地方財政三法」。

4　關於中央與地方稅收的劃分，財政學者有三種理論：即1.範圍數量說：收入範圍大，數量多者，劃歸中央，如關稅、貨物稅等是；收入範圍小，數量少者，劃歸地方，如房屋稅、娛樂稅等是。2.利益及能力說：凡依納稅人負擔能力為比例而課徵之稅，劃歸中央，如所得稅。凡賦稅用途，能使納稅人特別享受，其利益僅及於地方人民者，劃歸地方，如土地稅。3.徵收便利說：稅之便於中央徵收者劃歸中央，如關稅；便於地方徵收者，劃歸地方，如田賦。以上三各有缺點，「財政收支劃分法」對於稅收劃分之原則，可謂三說並容。

5　立法說明參照。

（一）稅目、統籌分配與分成

地方自治團體收入的項目，包括「一、稅課收入。二、工程受益費收入。三、罰款及賠償收入。四、規費收入。五、信託管理收入。六、財產收入。七、營業盈餘及事業收入。八、補助收入。九、捐獻及贈與收入。十、自治稅捐收入。十一、其他收入。」等11項。此與地方制度法第63條至第65條均相同，主要的差異在稅課收入：

表14-1 中央與地方財稅項目、分配成數與統籌分配表

國稅	直轄市	縣市	鄉鎮市
(一)所得稅：占總收入90%。	(一)土地稅	(一)土地稅 地價稅：在縣占總收入50%；在市全部為市收入。 田賦：在市全部為市收入。 土地增值稅：占總收入80%。	(一)地價稅：由縣在該鄉（鎮、市）徵起收入30%給與。 (二)田賦：由縣在該鄉（鎮、市）徵起收入全部給與。
(二)遺產及贈與稅：在直轄市占徵起收入50%；在縣（市）占20%。			
(三)關稅			
(四)營業稅：減除依第8條第2項由中央統籌分配直轄市、縣（市）及鄉（鎮、市）款項後之收入。	(二)房屋稅	(二)房屋稅：在縣占總收入40%；在市為全部。	(三)房屋稅：由縣在該鄉（鎮、市）徵起收入40%給與。
	(三)使用牌照稅	(三)使用牌照稅。	
(五)貨物稅：占總收入90%。	(四)契稅	(四)契稅：在市全部為市收入。	(四)契稅：由縣在該鄉（鎮、市）徵起收入80%給與。
	(五)印花稅	(五)印花稅	
	(六)娛樂稅	(六)娛樂稅：在市全部為市收入。	(五)娛樂稅：由縣在該鄉（鎮、市）徵起收入全部給與。
	(七)遺產及贈與稅：由中央在該直轄市徵起收入50%給與。	(七)遺產及贈與稅：由中央在該市徵起收入80%給與。	(六)遺產及贈與稅：由中央在該鄉（鎮、市）徵起收入80%給與。

表14-1　中央與地方財稅項目、分配成數與統籌分配表（續）

國稅	直轄市	縣市	鄉鎮市
(六)菸酒稅：占總收入80%。 (七)證券交易稅 (八)期貨交易稅 (九)礦區稅	(八)菸酒稅：依第8條第4項規定，應由中央分配該直轄市之稅課收入。 (九)統籌分配稅：依第16條之1第2項第3款及第4款規定，應由中央統籌分配該直轄市之收入。	(八)菸酒稅：依第8條第4項規定，應由中央分配該縣（市）之稅課收入。 (九)統籌分配稅：依第16條之1第2項第3款及第5款規定，應由中央統籌分配該縣（市）之稅課收入。	(七)統籌分配稅：依第16條之1第2項第3款、第6款及第4項規定由中央及縣統籌分配該鄉（鎮、市）之稅課收入。
(一○)臨時稅課	(一○)特別稅課 (一一)臨時稅課	(一○)特別稅課 (一一)臨時稅課	(八)臨時稅課
統籌分配稅			
所得稅總收入10%、營業稅總收入減除依法提撥之統一發票給獎獎金後之40%及貨物稅總收入10%，應統籌分配直轄市、縣（市）及鄉（鎮、市）。 遺產及贈與稅，應以在直轄市徵起之收入50%給該直轄市；在市徵起之收入80%給該市；在鄉（鎮、市）徵起之收入80%給該鄉（鎮、市）。 菸酒稅，應以其總收入80%按人口比例分配直轄市及臺灣省各縣（市）；2%按人口比例分配福建省金門及連江二縣。		地價稅，應以在鄉（鎮、市）徵起之收入30%給該鄉（鎮、市），20%統籌分配所屬鄉（鎮、市）；田賦，應以在鄉（鎮、市）徵起之收入全部給該鄉（鎮、市）；土地增值稅，在縣（市）徵起之收入20%，應繳由中央統籌分配各縣（市）。 房屋稅，應以在鄉（鎮、市）徵起之收入40%給該鄉（鎮、市），20%統籌分配所屬鄉（鎮、市）。 契稅，應以在鄉（鎮、市）徵起之收入80%給該鄉（鎮、市），20%統籌分配所屬鄉（鎮、市）。 娛樂稅，應以在鄉（鎮、市）徵起之收入全部給該鄉（鎮、市）。	

（二）地方課稅立法權

有關地方課稅立法權，除於地制法第67條第2項規定：「地方稅之範圍及課徵，依地方稅法通則之規定。」本法也規定：直轄市、縣（市）及鄉（鎮、市）於本法有明文規定者爲限，得依地方稅法通則的規定，立法課徵稅捐（§7）；爲適應特別需要，亦得經各該級民意機關立法，舉辦臨時性質稅課（§19）。另，直轄市、縣（市）爲適應地方自治需要，亦得經議會立法，課徵特別稅課（§12IV）[6]；鄉（鎮、市）則無特別稅課立法權。

但地方課稅立法權有幾個限制：1.特別稅課不得以已徵貨物稅或菸酒稅的貨物爲課徵對象（§12IV）；2.各級政府對他級或同級政府的稅課，不得重徵或附加。但直轄市政府、縣（市）政府爲辦理自治事項，籌措所需財源，依地方稅法通則規定附加徵收者，不在此限（§18I）；3.各級地方政府不得對入境貨物課入境稅或通過稅（§18II）；4.地方立法機關制（訂）定或自治法規，有減少收入者，應同時籌妥替代財源；需增加財政負擔者，應事先籌妥經費或於立法時明文規定相對收入來源（§38-1）。

（三）財政調劑措施

中央爲謀全國經濟平衡發展，得酌予補助地方政府。縣爲謀鄉（鎮、市）間經濟平衡發展，對於鄉（鎮、市）亦得酌予補助（§30、31）。各上級政府爲適應特別需要，對財力較優的下級政府得取得協助金（§33I）。中央對地方的補助，以下列事項爲限：1.計畫效益涵蓋面廣，且具整體性之計畫項目；2.跨越直轄市、縣（市）或二以上縣（市）之建設計畫；3.具有示範性作用之重大建設計畫；4.因應中央重大政策或

6　「特別稅課」與「臨時稅課」依地方稅法通則規定，似僅有課稅年限長短的區別，臨時稅課不能超過2年，特別稅課4年。地方實務上有就建築工地、營建剩餘土石方課徵臨時稅，就土石採取、特殊消費課徵特別稅。

建設，需由地方政府配合辦理之事項[7]。至於縣對鄉（鎮、市）的補助，本法並未設限，完全授權縣政府訂定補助辦法行之。

另為鼓勵地方政府開源節流，第35條之1並規定，地方政府預算未依行政院訂定之中央暨地方政府預算籌編原則辦理，或有依法得徵收之財源而不徵收時，其上級政府應視實際情形酌予減列或減撥補助款；對於努力開闢財源具有績效者，其上級政府得酌增補助款。

（四）支出的劃分與限制

基於財政自主原則，地方政府雖得自主決定其財政的支出，但為明確財政責任，並鼓勵開源節流，避免支出浮濫，造成財政枯竭，本法設有若干規定：

1. 支出應循法定預算程序

各級政府之一切支出，非經預算程序不得為之（§35）。各級政府年度總預算、追加預算與特別預算收支之籌劃、編製及共同性費用標準，除其他法律另有規定外，應依行政院訂定之中央暨地方政府預算籌編原則辦理（§35-1Ⅰ）。但地方政府如不依籌編原則辦理預算，上級政府也只能視實際情形酌予減列或減撥補助款，以為節制（§35-1Ⅱ）。

2. 支出的劃分原則

除明定各級政府行政區域內人民行使政權（如地方公職人員選舉、罷免與地方性公民投票）的費用，由各該政府負擔（§36）。其餘劃分如下：(1)由中央立法並執行者，歸中央；(2)由直轄市立法並執行者，歸直轄市；(3)由縣（市）立法並執行者，歸縣（市）；(4)由鄉（鎮、市）立法並執行者，歸鄉（鎮、市）。事務如需交由下級政府執行者，其經費之負擔，除法律另有規定外，屬委辦事項者，由委辦機關負擔；屬自治事項

---

[7] 地方制度法第69條意旨雖與此相同，但補助係以財力優劣為考量，僅限於財力較差的地方政府，財劃法則以事項的種類為考量。

者，由該自治團體自行負擔。另，二以上同級或不同級政府共同辦理者，其經費應由中央或各該直轄市、縣（市）、鄉（鎮、市）按比例分擔之（§37）。各級政府事務委託他級或同級政府辦理者，其經費由委託機關負擔（§38）。

3. 地方支出的限制

為避免地方政府將基準財政收入浮濫運用，移急就緩，再以法定義務不足支出為由，要求中央補助，故限制地方政府就其基準財政收入及其他經常性之收入，優先支應下列各項支出；辦理後，仍不足支應支出時，並應由其所獲分配之統籌分配稅款予以優先挹注：(1)地方政府編制內員額與經上級政府核定有案的人事費及相關費用；(2)一般經常性支出、公共設施管理維護及依法律規定必須負擔的經費；(3)地方基本設施或小型建設經費；(4)其他屬地方政府應行辦理的地方性事務經費（§37-1）。

二、地方稅法通則

《地方制度法》及《財政收支劃分法》雖明定賦予地方稅課立法權，但卻同時規定應依地方稅法通則規定，故如無本法，地方課稅立法權仍無由運作，從而亦將限制地方財政自主的空間與自治機能的需求。2002年通過的《地方稅法通則》，明確賦予地方自治團體開徵自治稅捐、調高地方稅率與附加稅課的權限，對我國地方財政法制的意義與影響甚大。於本法施行後，只要是自治事項，而無其他法律的限制（如§3），地方自治團體即得以本通則為基礎，訂定自治條例，開徵自治稅捐，無待其他法律的特別授權[8]。

8　惟有引釋字第426號解釋，認特別公課係對義務人課予繳納金錢的負擔，其徵收目的、對象、用途自應以法律定之，或符合具體明確的法律授權。不能逕依地方稅法通則制定自治條例開徵特別公課。內政部102年11月12日台內民字第1020347475號函所附會議紀錄參照。此見解恐係對地制法與財劃法規範效力認知有所不足所致；如依此邏輯，地方自治團體亦不能逕依地制法規定，制定有罰則的自治條例。如此，將嚴重弱化地方自治推展。

本通則要點如下：

（一）地方稅的種類

包括1.財政收支劃分法所稱直轄市及縣（市）稅、臨時稅課；2.地方制度法所稱直轄市及縣（市）特別稅課、臨時稅課及附加稅課；3.地方制度法所稱鄉（鎮、市）臨時稅課（§2）。其中，直轄市及縣市稅，均為法定稅課，由中央專屬立法，地方立法權無置喙餘地；至於，特別稅課、臨時稅課及附加稅課，才是真正的自治稅捐，方屬地方稅課立法權的範疇。

（二）開徵稅課的限制

直轄市政府、縣（市）政府、鄉（鎮、市）公所得視自治財政需要，開徵特別稅課、臨時稅課或附加稅課。但對下列事項不得開徵：1.轄區外的交易；2.流通至轄區外的天然資源或礦產品等；3.經營範圍跨越轄區的公用事業；4.損及國家整體利益或其他地方公共利益的事項。

課徵期限亦有規定，特別稅課及附加稅課至多4年，臨時稅課至多2年，年限屆滿仍需繼續課徵者，應重行辦理。此外，並明定特別稅課不得以已課徵貨物稅或菸酒稅之貨物為課徵對象；臨時稅課應指明課徵該稅課之目的，並應對所開徵之臨時稅課指定用途，並開立專款帳戶（§3）。

（三）地方稅法定稅率的調高

直轄市政府、縣（市）政府為辦理自治事項，充裕財源，除印花稅、土地增值稅外，得就其地方稅原規定稅率（額）上限，於百分之三十範圍內，予以調高，訂定徵收率（額）。但原規定稅率為累進稅率者，各級距稅率應同時調高，級距數目不得變更。該稅率（額）調整實施後，除因中央原規定稅率（額）上限調整而隨之調整外，2年內不得調高（§4）。

此等法規範乃為節制地方自治團體施政過於求成，造成財政需求急速

增加，而在短期間內迅速增稅，造成人民稅負過重（立法理由所稱「使納稅義務人可預測其應負擔稅捐」，乃屬較不精確之說法），亦不利全國總體預算規範之結果，要求地方稅之增長速率必須「平緩化」，不能讓起伏波動過大[9]。

（四）國稅附加稅的徵收與限制

直轄市政府、縣（市）政府為辦理自治事項，充裕財源，除關稅、貨物稅及加值型營業稅外，得就現有國稅中附加徵收。但其徵收率不得超過原規定稅率百分之三十。前項附加徵收之國稅，如其稅基已同時為特別稅課或臨時稅課之稅基者，不得另行徵收。附加徵收稅率除因配合中央政府增減稅率而調整外，公布實施後2年內不得調高（§5）。

（五）程序規範

開徵地方稅，應擬具地方稅自治條例，經直轄市議會、縣（市）議會、鄉（鎮、市）民代表會完成三讀立法程序後公布實施。地方稅自治條例公布前，應報請各該自治監督機關、財政部及行政院主計處備查（§6）。本規定所稱「備查」，相關機關就地方所陳報相關自治條例，仍具有實質監督及審查有無違法的權限[10]，與地制法第2條第5款僅具陳報知悉性質的「備查」不同，實務上多使用「不予備查」或「同意備查」的提法。

三、規費法

本法與《地方稅法通則》都係通過於2002年底，其立法意旨乃建立在使用者付費的基礎上，為健全規費制度，增進財政負擔公平，有效利用

9　最高行政法院109年度上字第962號判決參照。

10　最高行政法院100年度判字第492號判決、財政部105年7月25日台財稅字第1050077740號函參照。

公共資源。但兩者適用主體不同《地方稅法通則》係針對地方政府而爲規範，本法則適用於各級政府及所屬機關、學校，而不限於地制法第67條第3項所規定的「地方政府規費的範圍及課徵原則」。

規費分「行政規費」與「使用規費」（§6），除因公務需要辦理，得不徵收行政規費，或有本法第12條或第13條得免徵、減徵或停徵的事由外，均應依法徵收。直轄市政府、縣（市）政府、鄉（鎮、市）公所如違反規定不徵收者，其上級政府得視實際情形，酌予減列或減撥補助款（§21Ⅰ）。

各機關學校爲特定對象之權益辦理下列事項，應徵收行政規費：一、審查、審定、檢查、稽查、稽核、查核、勘查、履勘、認證、公證、驗證、審驗、檢驗、查驗、試驗、化驗、校驗、校正、測試、測量、指定、測定、評定、鑑定、檢定、檢疫、丈量、複丈、鑑價、監證、監視、加封、押運、審議、認可、評鑑、特許及許可。二、登記、權利註冊及設定。三、身分證、證明、證明書、證書、權狀、執照、證照、護照、簽證、牌照、戶口名簿、門牌、許可證、特許證、登記證及使用證之核發。四、考試、考驗、檢覈、甄選、甄試、測驗。五、爲公共利益而對其特定行爲或活動所爲之管制或許可。六、配額、頻率或其他限量、定額之特許。七、依其他法律規定應徵收行政規費之事項（§7）。

各機關學校交付特定對象或提供其使用下列項目，應徵收使用規費：一、公有道路、設施、設備及場所。二、標誌、資料（訊）、謄本、影本、抄件、公報、書刊、書狀、書表、簡章及圖說。三、資料（訊）之抄錄、郵寄、傳輸或檔案之閱覽。四、依其他法律規定應徵收使用規費之項目（§8）。

又，地制法第67條第3項後段雖規定：「（地方政府規費）其未經法律規定者，須經各該立法機關之決議徵收之。」但依規費法第10條規定：「業務主管機關應依下列原則，訂定或調整收費基準，並檢附成本資料，洽商該級政府規費主管機關同意，並送該級民意機關備查後公告之。」依法本來由業務主管機關訂定行政規則，並送該級民意機關備查即可；惟行政實務上以徵收規費的規定，係基於法律授權，對多數不特定人民就一般

事項所作抽象的對外發生法律效果的規定，爲「法規命令」性質，因此仍以中央法規標準法第3條所定7種命令名稱如「標準」、「準則」或「辦法」等爲之[11]。

　　本來，規費的徵收，是基於使用者付費原則，國家對特定人提供非一般性的服務，所收取的特別對價，因此，有一定的成本計算標準，行政規費應依直接材（物）料、人工及其他成本，並審酌間接費用定之；使用規費則依興建、購置、營運、維護、改良、管理及其他相關成本，並考量市場因素定之。這是國家財政公平負擔的機制，《規費法》特別賦予同級政府財政機關最終的同意權；只是對於立法機關的尊重，規定應送民意機關備查（即報請知悉）即得公告，無須經立法機關同意[12]，地方立法機關應不得援引地制法第28條第4款規定，認爲該收費事項爲其他重要事項，決議應以自治條例定之。惟實務上有不同做法[13]，於法似有未妥。

四、公共債務法

　　爲使地方財政得以平衡，本法第68條規定：「直轄市、縣（市）預算收支之差短，得以發行公債、借款或移用以前年度歲計賸餘彌平；鄉（鎮、市）預算收支之差短，得以借款或移用以前年度歲計賸餘彌平。」惟無論公債或借款，終屬政府債務，未來仍須償還本息，因此，舉債僅屬短暫性的平衡措施，爲維護政府債信與債權人權益，並穩固地方財政，避免任意擴大公共建設，浮濫增加公共支出，第2項特要求直轄市、縣

---

[11] 行政院秘書處92年7月22日院臺規字第0920088205號函參照。

[12] 財政部94年3月28日台財庫字第09403505710號函參照。

[13] 財政部94年9月27日台財庫字第09403515710號函即認爲「地方立法機關援引地方制度法第28條第4款規定，認爲該收費事項爲其他重要事項，決議以自治條例定之，非不得以自治條例定之。」換言之，原爲法律賦予財政機關的同意權，地方立法機關可決議變更法律規定；如立法機關決議不通過該自治條例，地方行政機關即無收取規費的依據，又與規費法第7條、第8條規定不符；如地方立法機關任意刪修，完全不依第10條所規定的成本計算，又當如何？其實，規費法的規定應視爲「行政保留」。

（市）公債及借款或鄉（鎮、市）借款的未償餘額比例，應依公共債務法規定。

（一）舉債的限制

公共債務係指中央及各地方政府為應公共事務支出所負擔的債務，其中，直轄市、縣（市）可以發行公債及國內外借款；鄉（鎮、市）則只能國內外借款。所稱借款，指各級政府以契約形式向國內外所借入的長期、短期及透支、展期款項。

公共債務法主要的規範就是讓舉債的總量隨經濟成長[14]而成長。各級政府必須衡量自己所得成長的能力，再決定舉債的額度，以及如何思考透過開源節流來償還債務。

地方政府總預算及特別預算每年度舉債額度，不得超過各該政府總預算及特別預算歲出總額之百分之十五。為調節庫款收支所舉借的未滿1年公共債務，其未償還的餘額，不得超過其當年度總預算及特別預算歲出總額百分之三十。地方政府所舉借的公共債務，如有超過本條所規定的債限者，於回復符合債限前，不得再行舉借（§5）。

（二）舉債的監督

為促使政府積極償還債務，避免債息支出增加，僵化財務結構，本法規定自治監督機關得派員查核直轄市、縣（市）或鄉（鎮、市）公共債務（§7）。有不能履行償債義務之虞時，得予以限制或停止其舉債[15]（§8）。有違反分配額度超額舉債或違反限制、停止舉債命令仍予舉債者，由監督機關命其於一定期限內改正或償還，逾期未改正或償還者，除

---

[14] 第5條明定為行政院主計處發布之前三年度名目國內生產毛額平均數之百分之五十。並按一定成數分配於各級政府。

[15] 惟中央主管機關查核直轄市、縣（市）債務或限制、停止其舉債，均應先報請行政院同意。

減少或停止其補助款外，並將該直轄市長、縣（市）長、鄉（鎮、市）長移送懲戒（§9）。

第二節　地方財政收入

相關條文：

第63至65條

下列各款為直轄市、縣（市）、鄉（鎮、市）收入：

一、稅課收入。

二、工程受益費收入。

三、罰款及賠償收入。

四、規費收入。

五、信託管理收入。

六、財產收入。

七、營業盈餘及事業收入。

八、補助收入（縣市另有協助收入）。

九、捐獻及贈與收入。

十、自治稅捐收入。

十一、其他收入。

　　地方自治團體依法辦理自治事項，財政收支劃分法第37條規定，其經費由該自治團體自行負擔。為推動自治事項自應有法定固定收入以為支應，且其所需經費與法定收入應相互均衡；否則收入無著，地方財政不足，不僅各項事務易遭牽制，難以按預定計畫推展，若事事仰賴上級政府補助，亦不合財政自主要求。本法第63條至第65條即分別規定直轄市、縣（市）與鄉（鎮、市）收入計11款，茲簡述如下：

一、稅課收入

　　本款乃專指法定稅課，然地方財政不同於國家財政，國家財政的收入主要以量能課徵的租稅為主，彈性較大，籌措財源方式比較適合量出為入原則，如所得稅、營業稅等；地方財政的收入則以非課稅收入為主，以應益課稅收入為輔，彈性較小，為鞏固財政基礎，宜採量入為出之原則，如使用牌照稅、房屋稅等。有關其稅目、統籌分配與分成，詳參本章第一節一之（一）。

二、工程受益費收入

　　財劃法第22條明定：「各級政府於該管區內對於因道路、堤防、溝渠、碼頭、港口或其他土地改良之水陸工程而直接享受利益之不動產或受益之船舶，得徵收工程受益費。」（Ⅰ）依本規定，是否徵收地方政府原有裁量權限。惟工程受益費徵收條例第2條規定，則與此不同，其規定為：「各級政府於該管區域內，因推行都市建設，提高土地使用，便利交通或防止天然災害，而建築或改善道路、橋樑、溝渠、港口、碼頭、水庫、堤防、疏濬水道及其他水陸等工程，應就直接受益之公私有土地及其改良物，徵收工程受益費；其無直接受益之土地者，就使用該項工程設施之車輛、船舶徵收之。」地方政府無不徵收的裁量餘地。

　　工程的舉辦與工程受益費的徵收，均應經過預算程序始得為之（財劃法同條第3項）。《工程受益費徵收條例》第5條並進一步規範：「各級地方政府徵收工程受益費，應擬具徵收計畫書，包括工程計畫、經費預算、受益範圍及徵收費率等，送經各該級民意機關決議後，報請中央主管機關備查。……各級地方民意機關對於工程受益費徵收計畫書，應連同該工程經費收支預算一併審定；如工程受益費徵收案予以延擱或否決，該工程經費收支預算應併同延緩或註銷。」

　　基於地方收入屬受益課徵的特性，如以眾人所有公共財興辦公共工程，僅特定人而受特別利益（如捷運站附近房價飛漲），基於公平原則

與財政穩固，自以工程受益費徵收條例規定較爲合理。惟臺北市政府制定
《工程受益費徵收費率自治條例》竟明定「本市市區各項工程，其工程受
益費徵收費率爲零」。內政部營建署認爲並未牴觸法律，而建請行政院予
以備查[16]。

三、罰款及賠償收入

財劃法第23條規定：「依法收入之罰金、罰鍰或沒收、沒入之財物
及賠償之收入，除法律另有規定外，應分別歸入各級政府之公庫。」其
中，罰金屬刑事法範疇，僅歸中央，地方無罰金收入；沒收亦同。因此，
地方僅有罰鍰或沒入之財物及民事賠償，一般言之，屬地方自治條例創設
的罰鍰，由該地方自治團體執行，歸入其公庫，自不待言；如爲法律所
定罰鍰或沒入，則須該法律明定由地方主管機關處罰者（如區域計畫法
§25），該收入始得歸於地方公庫。又，本款用「罰款」，解釋上採廣
義，除行政罰鍰外，也包括依行政執行法加徵的滯納金、怠金、代履行費
用與一般民事罰款，如工程契約罰款與違約金等。

四、規費收入

如第一節三所述，不贅。

五、信託管理收入

信託管理費指各級政府及其所屬機關依法爲信託管理或受委託代辦時
所收取的費用（財劃法§26）。

---

[16] 內政部100年8月5日台內營字第1000153803號函及行政院100年8月23日院臺建字第
1000042761號函參照。

六、財產收入

包括財產的孳息、售價及資本的收回（財劃法§27）。

七、營業盈餘及事業收入

營業收入與事業收入是稅課以外，政府最主要的收入來源。營業盈餘是企業一定時期內的經營成果，是一定時期的總產業與中間消耗之間的差額；指一定時期內產業生產者的增加值超過人員報酬、固定資本消耗及間接稅淨額後的餘額。營業盈餘只產生於產業部門，僅產業部門才能取得營業盈餘，相當於企業利潤，是企業可支配使用的淨收益。事業收入則指各機關所屬事業單位的業務收入繳入預算的資金。事業收入不同於規費收入，主要為事業單位執行各種技藝性服務所形成，如設計機構取得的設計收入、試驗研究檢驗收入、各種技術服務取得的收入等。

八、補助或協助收入

上級政府給予下級政府的財政挹注，可泛稱為「補助」；相對於此，上級政府取之於下級政府的財政支持，則為「協助金」。直轄市與鄉鎮市無下級政府，固不存在協助收入，僅縣得由鄉鎮市取得協助金，但縣向鄉鎮市取得協助金的情事，絕難想像，實務上也未曾聽聞。因此，事實上，各級地方政府都只有補助收入。

補助與統籌分配稅款均具有平衡各級地方政府財政收入垂直失衡與同級政府間財政收入水平失衡之功能，但其精神有很大不同，統籌分配款係由中央政府依法收取後，強制分配給地方自治團體的國稅，屬地方自治團體的應得權利，分配多寡有法定的公式、比例。至「補助款」則由上級政府評比地方的需求或施政績效後，從總預算的補助支出項目中發給地方的財政經費，上級政府通常有很大的裁量權（尤其是計畫型補助），對地方而言，常常流於恩給、施惠。

九、捐獻及贈與收入

十、自治稅捐收入

如第一節二所述，不贅。

十一、其他收入

如依法律規定或議會議決發行公債或為1年以上的國內、外借款（財劃法§34）。

第三節　地方財政的均衡與自助

相關條文：

第69條

各上級政府為謀地方均衡發展，對於財力較差之地方政府應酌予補助；對財力較優之地方政府，得取得協助金。

各級地方政府有依法得徵收之財源而不徵收時，其上級政府得酌減其補助款；對於努力開闢財源具有績效者，其上級政府得酌增其補助款。

第一項補助須明定補助項目、補助對象、補助比率及處理原則；其補助辦法，分別由行政院或縣定之。

第70條

中央費用與地方費用之區分，應明定由中央全額負擔、中央與地方自治團體分擔以及地方自治團體全額負擔之項目。中央不得將應自行負擔之經費，轉嫁予地方自治團體。

直轄市、縣（市）、鄉（鎮、市）辦理其自治事項，應就其自有財源優先編列預算支應之。

第一項費用之區分標準，應於相關法律定之。

第71條

直轄市、縣（市）、鄉（鎮、市）年度總預算、追加預算與特別預算收支之籌劃、編製及共同性費用標準，除其他法律另有規定外，應依行政院訂定之中央暨地方政府預算籌編原則辦理。

地方政府未依前項預算籌編原則辦理者，行政院或縣政府應視實際情形酌減補助款。

第72條

直轄市、縣（市）、鄉（鎮、市）新訂或修正自治法規，如有減少收入者，應同時規劃替代財源；其需增加財政負擔者，並應事先籌妥經費或於法規內規定相對收入來源。

第73條

縣（市）、鄉（鎮、市）應致力於公共造產；其獎助及管理辦法，由內政部定之。

第74條

直轄市、縣（市）、鄉（鎮、市）應設置公庫，其代理機關由直轄市政府、縣（市）政府、鄉（鎮、市）公所擬定，經各該直轄市議會、縣（市）議會、鄉（鎮、市）民代表會同意後設置之。

一、補助制度

　　財政補助[17]的制度，原為上級政府為謀地方均衡發展的設計，因此，地制法第69條明定「對於財力較差之地方政府應酌予補助；對財力較優之地方政府，得取得協助金。」著重於「一般性補助」，僅以財政狀況的優劣為考量，未限定用途，目的在為地方政府平衡預算支出；受補助的地方政府可自由支配、使用該項經費，不受其他條件限制。同時，為激勵地方的財政努力，鼓勵開闢財源，同條並明定「各級地方政府有依法得徵收之財源而不徵收時，其上級政府得酌減其補助款；對於努力開闢財源具有績

---

[17] 協助金實務上未曾發生，如前述，於此不再論。

效者，其上級政府得酌增其補助款。」

　　至於財劃法第30條規定，則與地制法不同，屬「計畫型補助」，上級政府得針對建設計畫的類別、條件，決定是否給予補助。下級政府的計畫必須符合上級政府的要求，才有可能取得補助款。規定限於下列事項始得酌予補助：（一）計畫效益涵蓋面廣且具整體性的計畫項目；（二）跨越直轄市、縣（市）或二以上縣（市）的建設計畫；（三）具有示範性作用的重大建設計畫；以及（四）因應中央重大政策或建設，需由地方政府配合辦理的事項。

　　惟行政院依財劃法第30條第2項及地制法第69條第3項授權訂定的《中央對直轄市及縣（市）政府補助辦法》第5條則兼括一般性補助與計畫型補助兩者，並規定對於直轄市及縣（市）政府重大事項的專案補助。另明定對基本財政收支差短及跨域建設計畫或合作事項，應優先予以補助。

二、釐清財務責任

　　政府支出的負擔，區分為由中央全額負擔、中央與地方自治團體分擔與地方自治團體全額負擔三種。其區分標準，應於相關法律定之。屬於中央應自行負擔的經費，中央不得轉嫁予地方自治團體。地方自治團體辦理其自治事項，也應就其自有財源優先編列預算支應之（地制法§70）。

　　財劃法第37條就此將各級政府的支出劃分如下：（一）由中央立法並執行者，歸中央。（二）由直轄市立法並執行者，歸直轄市。（三）由縣（市）立法並執行者，歸縣（市）。（四）由鄉（鎮、市）立法並執行者，歸鄉（鎮、市）（Ⅰ）。第1款及第3款如需交由下級政府執行者，其經費負擔，除法律另有規定外，屬委辦事項者，由委辦機關負擔；屬自治事項者，由該自治團體自行負擔（Ⅱ）。由中央或直轄市、縣（市）、鄉（鎮、市）二以上同級或不同級政府共同辦理者，其經費應由中央或各該直轄市、縣（市）、鄉（鎮、市）按比例分擔之（Ⅲ）。各級地方政府如未依規定負擔應負擔的經費時，其上級政府得扣減其補助款（Ⅳ）。

　　釋字第550號解釋就全民健康保險法第27條「責由地方自治團體按一定比例補助被保險人保費」的規定，即屬財劃法第37條第3項「二以上同級或不同級政府共同辦理者，其經費應由中央或各該直轄市、縣（市）、鄉（鎮、市）按比例分擔之。」的具體反映。

三、開源節流

（一）節制支出

　　財劃法第35條規定：「各級政府之一切支出，非經預算程序不得為之。」第35條之1並進一步規範：「各級政府年度總預算、追加預算與特別預算收支之籌劃、編製及共同性費用標準，除其他法律另有規定外，應依行政院訂定之中央暨地方政府預算籌編原則辦理。（Ⅰ）地方政府如不依籌編原則辦理預算，上級政府也只能視實際情形酌予減列或減撥補助款。（Ⅱ）」以為節制[18]。本法第71條規定與此相同。因此，基於財政自主原則，地方政府雖得自主決定其財政的支出，但為鼓勵開源節流，地方政府籌編預算，不僅在程序上仍須遵守行政院訂定的規範，中央亦可透過行政獎懲手段，節制地方支出的浮濫。

（二）規劃財務

　　本法第72條明定：「直轄市、縣（市）、鄉（鎮、市）新訂或修正

---

[18] 行政院主計總處為妥善運用國家整體資源，加強財務管理，每年均訂頒《中央及地方政府預算籌編原則》，其中如規定「中央及地方政府車輛配置及車種，應依一致標準」。另外又訂頒《縣（市）各機關採購公務車輛作業要點範例》（行政院102年7月31日院授主預督字第1020101933號函參照）。本來所謂「範例」，應僅具參考性，無法律拘束力，但該範例規定意旨，又似具強制性，並未給予任何彈性空間。地方政府質疑「既已授權地方政府得自行訂定購置及租賃公務車輛作業規定，復以訂定範例方式訂定一致標準，是否有矛盾之處？」其實，如未照辦，其效果仍回歸到財劃法第35條及地制法第71條規定處理。

自治法規，如有減少收入者，應同時規劃替代財源；其需增加財政負擔者，並應事先籌妥經費或於法規內規定相對收入來源。」財劃法第38條之1就此亦有相同意旨的規定。此究爲強制規定或訓示規定？財主機關有不同看法，前行政院主計處認爲「基於政府財政穩健原則，該條文規定仍應確實遵循；至若違反該規定的法規制（訂）定或修正是否仍具效力，似宜依本條文立法意旨及法律有無競合疑義等妥爲解釋[19]。」並無具體答案；財政部則以本法並未明定違反該條款的法律效果爲由，認爲本規定係「訓示規定」[20]。

（三）開闢財源

　　鑑於縣（市）、鄉（鎮、市）一般財政狀況均較不足，本法第73條一方面規定，縣（市）、鄉（鎮、市）應致力於公共造產；一方面並訂定辦法予以獎助。所謂公共造產，係指依地方特色及資源，所經營具有經濟價值的事業。其方式可以自己經營、合作開發經營或委託經營管理。就財政拮据的基層政府而言，如妥爲規劃、營運，公共造產不失爲拓展地方自治事業，充裕自治財源，加速經濟建設，促進地方繁榮最有效的方法。例如宜蘭縣政府以公共造產辦理蘭陽溪的疏浚，一方面保障人民生命財產安全，另方面可以防杜其他疏濬制度的弊端，提供砂石料源平穩砂石價格、支應重大公共工程所需的砂石料源，每年爲宜蘭縣政府增加數億元收入。

四、公庫的設置

　　地方政府依法擁有特定收入，有自行決定支出的權限，並能自行編製預算求取平衡，是財政自主的先決條件；在此條件下，地方政府現金收支，財物保管，允應自設公庫獨立處理，俾預算收支帳與現金收支帳相符，財政制度始能健全。本法第74條爰規定「直轄市、縣（市）、鄉

---

[19] 行政院主計處88年12月9日處忠字第12835號函參照。
[20] 財政部89年1月21日台財庫字第0880002705號函參照。

（鎮、市）應設置公庫，其代理機關由直轄市政府、縣（市）政府、鄉（鎮、市）公所擬定，經各該直轄市議會、縣（市）議會、鄉（鎮、市）民代表會同意後設置之。」依《公庫法》規定，公庫負責經管政府現金、票據、證券及其他財物；中央政府的公庫稱國庫，直轄市公庫稱直轄市庫，縣（市）公庫稱縣（市）庫，鄉（鎮、市）公庫稱鄉（鎮、市）庫。

　　為強化地方自治團體公庫管理，保障公庫存款的安全，本條特規定公庫代理的設置應經由地方立法機關民主程序的同意[21]。《公庫法》第3條並規定，各地方公庫主管機關只能就其轄區內的銀行遴選，經立法機關同意後委託其代理，並應報上級公庫主管機關備查。

---

[21] 內政部91年2月27日台內民字第0910002766號函參照。

自我評量

- ➤ 何謂「地方財政權」？請分別從地方與國家、地方與居民間的關係二方面陳述其意涵。（98普）
- ➤ 健全的財政是政府施政品質的重要因素，請說明地方政府財政之特性及地方財政能否自主的判斷標準。（103原三）
- ➤ 地方財政與國家財政有何差異？又，地方財政獨立應具備那些條件？試分別說明之。（93地特）
- ➤ 司法院釋字第550號解釋，首次於解釋文中出現地方自治團體受憲法制度保障之論述，試加以闡明之。（101特原）
- ➤ 中央與地方對財政負擔，地方制度法與財政收支劃分法皆有原則性之規定，試述之。兼述司法院大法官釋字第550號解釋意旨。（92高）
- ➤ 大法官會議釋字第550號保障了地方政府在「須要地方政府負擔經費之法律的制定過程中」有參與之權，請問此一解釋有無問題？如有問題，其問題何在？請說明之。（92升等）
- ➤ 地方制度法及財政收支劃分法對地方政府財政支出的相關規定為何？試就其內涵加以申論之。（102身障）
- ➤ 依據地方制度法及財政收支劃分法之相關規定，中央對於地方政府支用財源的管制方式有那些？試析述之。（106升等）
- ➤ 根據財政收支劃分法第30條之規定，中央為謀全國之經濟平衡發展，得酌予補助地方政府，請問以哪些事項為限？以及此補助制度對地方財政的意涵？（100地特）
- ➤ 何謂「財政均等化」（fiscal equalization）？如何健全地方財政，以達地方財政最適化？請說明之。（106高三）
- ➤ 財政收支劃分法有關稅源分配規定對地方財政的影響如何？中央補助款與統籌分配稅款如何區別？試述之。（99身障）
- ➤ 何謂統籌分配稅款？其主要類別及功用為何？試說明之。（105地特）
- ➤ 根據政治制度的差異，世界各國地方財政大致可歸納有那些制度？以及世界各國在考量中央政府和地方政府財政支出劃分時，會採取的原則有

哪些？（102身障）

➤ 地方制度法規定，縣市財政收入的主要來源別有那些？並請舉例說明之。（104地四）

➤ 長期以來地方政府財政結構普遍不佳，原因為何？試就法制與運作面分析之。（109地特）

➤ 儘管鄉（鎮、市）也是地方自治團體，然而其財政收支自主性或彈性空間卻不如直轄市與縣（市），請依據現行法制說明其理由，並提出可行的改進建議。（101高）

➤ 試就財政收支劃分法中的稅源分立與稅收分成之相關規範加以論述之。（102升等）

➤ 五直轄市形成後，財政收支劃分法應如何配合修正，以解決地方政府財政困難，請加以討論。（100升等）

➤ 試就所知分析我國府際財政關係的現況，並依己見提出可能的改善策略。（110身障）

➤ 依財政部國庫署統計，截至106年底為止，各級地方政府一年以上債務與未滿一年債務合計高達新臺幣1兆零89億，請問造成地方政府財政赤字的主要原因為何？如何修改財政收支劃分法，可解決部分地方財政赤字困境？（107地三）

➤ 依地方稅法通則之規定，地方政府得視自治財政需要，開徵哪些地方稅課？又其開徵的法定程序為何？（94地特）

➤ 地方稅法通則中有關地方稅、徵收率、各稅之受償等，有何相關規範？試加以論述之。（101特原）

➤ 何謂特別稅課？其與臨時稅課有何不同？試依相關法令規定比較說明之。（99地特）

➤ 依地方稅法通則規定，直轄市政府、縣（市）政府及鄉（鎮、市）公所得視自治財政需要，開徵何種附加稅課？哪些事項不得開徵附加稅課？試述之。（95特原、93特退、95高、92升等、96地特）

➤ 請說明地方自治團體開徵「特別稅課」時，要受到哪些條件的限制？（98特原）

➤ 請解釋行政規費與使用規費在性質上與調整收費基準上有哪些不同？
（96特原）

➤ 我國地方政府財政普遍困難，請依我國規費法相關規定，說明地方政府
規費使用之範圍及課徵原則。（104特原）

➤ 山地鄉一般言之，財源極其有限，需要上級政府的補助。試問：依地方
稅法通則山地鄉可否徵收新稅源？其如何善用規費法增加財源？試說明
之。（102特原）

➤ 試說明地方政府規費之範圍及課徵原則。（92地特）

➤ 試說明地方公債的特性為何？它與中央政府公債有何不同？如欲將地方
公債作為開拓地方財源時，請問應考慮哪些因素？（100高）

➤ 請依地方制度法有關規定，說明中央或上級政府欲謀求地方財政收支平
衡時，所可以採行的措施。（92地特）

➤ 各級地方政府紛紛喊窮，其原因何在？補救之道為何？請分述你的意
見。（91特原）

➤ 試就金門縣與連江縣比較，說明離島縣改善地方財政的策略治理模式。
（102高）

➤ 有人說：國家財政應以「量出為入」為原則，地方財政則應以「量入為
出」為原則，理由何在？您認為地方財政應該採取何種作法，才能達到
「量入為出」的原則？請扼要加以申述。（100地特）

➤ 今日縣（市）政府常有財政上「入不敷出」的問題，請根據地方制度法
相關規定，分析可採行的解決途徑。（100身障）

➤ 我國地方政府常有「財政狀況不佳」、「收支失衡」等問題。請問目前
在相關法制層面上，解決前述問題的規定有哪些？而在實作層面上，又
應如何落實這些規定？（99高）

➤ 如地方自治團體欲提高財政自主性，可能的做法有哪些？（97特原）

➤ 我國地方政府長期面對財政困窘的問題，請試依地方治理的觀念，提出
地方政府如何有效開源節流的作法。（96普、94高）

➤ 地方制度法有關中央與地方財政之調節有何規定？請扼要說明之。又，
有那些方案及做法可以充實地方財政並落實地方政府再造？試申己見。

（94地特、91臺北基、97高）

➤ 請評論「公共造產」對今日地方政府的意義、重要性，以及可能產生的問題為何？（96升等）

➤ 地方財政問題究應如何改善？試依下列問題回答之：1.公益彩券收益應用於何種科目支出？2.公共造產可否在直轄市推動？3.特別稅課可否在鄉（鎮、市）上附徵？（95地特）

➤ 臺北市與高雄市財政皆有趨於困難之現象，目前且有嚴重負債情形，試問該二直轄市的財政困境有何解決途徑？試舉例說明之。（94升等）

➤ 何謂統籌分配稅款及一般補助款？此二種不同形式的補助金有何本質及功能上的差異？試比較說明之。（91基特、98特退）

➤ 何謂統籌分配稅款？其與上級政府對下級政府之補助款有何不同？試舉例比較說明之。（103地特）

➤ 試就財政收支劃分法中稅課統籌分配部分，應本透明化及公式化原則分配之，其相關規定及立法精神加以析論。（98升等）

➤ 地方政府辦理補助案件，應否制定自治條例以為依據？請加以討論。（92高一、二級）

➤ 何謂補助金？請依地方制度法及相關法規說明其意義、類型及目的。（93普）

➤ A市政府為抑制房價，訂定「A市房屋標準價格及房屋現值評定作業要點」，其中第15點第1項規定：「房屋為鋼筋混凝土以上構造等級，經逐棟認定具有下列八項標準，為高級住宅，其房屋構造標準單價按該棟房屋座落地點之街路等級調整率加成核計：（一）獨棟建築（二）外觀豪華（三）地段絕佳（四）景觀甚好（五）每層戶少（六）戶戶車位（七）保全嚴密（八）管理週全」。某甲於A市有房屋數戶，經A市不動產評價委員會認定符合上述規定而為高級住宅，定其標準價格，並由稽徵機關核課較高之房屋稅。某甲不服，經依法定程序循序提起行政訴訟。問：1.A市政府訂定「A市房屋標準價格及房屋現值評定作業要點」第15點第1項之規定，據以評定房屋標準價格，是否違反法律保留原則？我國實務上就此有何不同見解？請分析說明之。2.在某甲所提起

之行政訴訟中，行政法院對於A市不動產評價委員會依據「A市房屋標準價格及房屋現值評定作業要點」第15點第1項所定之標準價格加以審查時，其審查密度如何？應注意那些事項？請說明之。（104律師）

CHAPTER

15

府際關係與自治監督

第一節　前　言

　　府際關係（intergovernmental relations）一詞乃源自1930年代的美國，用來描述聯邦政府和州政府間權力運作模式的改變，如Anderson定義府際關係為「發生在美國聯邦系統的所有形態和各層級政府間的行動或互動的重要體」[1]。經過學者的引申，府際關係被廣泛地運用在各級政府間的交互活動，也包括政府間決策制定基礎上及其決策行動的後果，在府際互動過程中行動者間所引發衝突問題，以及如何處理府際衝突問題的政策工具或管理機制。

　　英國學者Rhodes（1997）從網絡的權力依賴與治理的概念發展而成的府際關係理論，其所稱的府際關係就定義為中央與地方各級政府在網絡中透過權力依賴所形成的府際治理（intergovernmental governance）關係。這個網絡系統本身就是「地方政府的全國社群」，代表各地方政府組織的網絡，每個地方政府本質上並不在孤立的地區決定相關的政策，而要視全國性地方政府系統的策略作為行動的指引，建構全國性的指標[2]。

　　從政策網絡觀點分析，政策的產出乃是諸多行動者之間複雜互動關係產生的結果，其本質上是一種網絡結構的權力互動關係，重視各政府間彼此分享權力，具備相互依賴（interdependence）、複雜性（complexity）與妥協（bargaining）三項重要的特質[3]。網絡的與科層的（hierarchical）是一個相對的概念，其實質意義在於其有一個政策進行的過程，但無需建

---

[1]　William Anderson, Intergovernmental Relations in Review (Minneapolis: University of Minnesota Press, 1960), p. 3.

[2]　R. A. W. Rhodes, Understanding Governance: Policy Networks, Governance, Reflexivity and Accountability (Buckingham: Open University Press, 1997).

[3]　Laurence J. O'Toole, Jr., "American Intergovernmental Relations: An Overview," in Richard J. Stillman II, eds., Public Administration: Concepts and Cases (Boston: Houghton Mifflin. 2000), pp. 127-146.

構一個政策權力或主導中心，也因此不需由層級節制的權威加以協調[4]；擺脫官僚系統的形式主義，使政策在制定之前能從多個政策資源出發。

　　晚近，各民主先進國家不約而同興起「府際合作」（intergovernmental cooperation）的風潮，府際合作主要分為兩種類型，其一為地方自治體之間水平型的府際合作模式，此主要為第十章所述的跨域治理；其二為中央與地方之間垂直型的府際合作模式。學者也多從府際治理網絡推導出，中央與地方之間應建立對等協力的夥伴關係，而應摒棄傳統中央集權上對下的層層節制關係[5]。

　　但無論「對等協力」或「合作夥伴」，終究只能作為提供制度變革的理論指導觀念，或中央與地方動態的權力運作模式；現階段作為一種靜態的法制，地方自治團體終究是國家整體中的一部分，非國中之國，為維持國家統一於不墜，國家與地方自治團體間，仍須有一套制度聯繫存在，是即國家對地方自治團體的監督。此即釋字第498號解釋所稱，中央政府對地方自治團體辦理自治事項、委辦事項，依法得按事項的性質，為適法或適當與否之監督。單一國如此，聯邦國亦不例外；如德國基本法第28條第3項明定「聯邦有義務使各邦之憲法秩序符合基本權及第一項、第二項[6]之規定。」即賦予聯邦對各邦的監督權。

---

[4]　曹俊漢，《行政現代化的迷思─全球化下臺灣行政發展面臨的挑戰》（臺北：韋伯文化，2003），頁207。

[5]　陳建仁，〈單一制國家中央與地方夥伴關係之建構─以日本地方分權改革為例〉，《東吳政治學報》，第26卷第4期，2008年，頁97-143。

[6]　德國基本法第28條第1項規定：「各邦之憲法秩序應符合本基本法所定之共和、民主及社會法治國原則。各邦、縣市及鄉鎮人民應各有其經由普通、直接、自由、平等及秘密選舉而產生之代表機關。於縣市與鄉鎮之選舉，具有歐洲共同體成員國國籍之人，依歐洲共同體法之規定，亦享有選舉權與被選舉權。在鄉鎮得以鄉鎮民大會代替代表機關。」第2項規定：「各鄉鎮在法定限度內自行負責處理地方團體一切事務之權利，應予保障。各鄉鎮聯合區在其法定職權內依法應享有自治之權。自治權之保障應包含財政自主之基礎：各鄉鎮就具有經濟效力的稅源有稅率權（Hebesatzrecht）即屬前開財政自主之基礎。」

第二節　自治監督的原則

　　所謂自治監督，係指國家對於地方自治團體辦理公共事務所為的監管、審查、督飭、考核的作用。對於地方辦理公共事務的瑕疵，基於適應國家整體發展的需要，國家固得於必要範圍內予以匡正，本其職權，矯正其違法、督導其失職及杜絕其流弊。惟地方自治團體既被賦予「公法人」的地位，為權利的歸屬主體，在法律範圍內享有自主與獨立的地位，應受到一定的尊重。國家實施監督權時，允應遵循一定的原則。

　　然而，自治監督究應遵循哪些原則？歐洲地方自治憲章與世界地方自治憲章草案第8條，揭示了幾項原則，即一、依法監督原則：對地方自治團體之行政監督，應依憲法或法律所明定之程序及事項之範圍內，始得為之。二、自治事項適法性監督、委辦事務合目的性監督原則：對於地方自治團體有關自治事務處理之行政監督，僅得以確保憲法原則或法律之遵守為目的。有關地方自治團體受委任事務之執行，上級機關始得為合目的性之監督。三、便宜及比例原則：對於地方自治團體之行政監督，應衡酌因監督所保護利益之重要性，並應以符合比例之方法為之。

　　日本《地方自治法》則制定「關與」[7]的三個基本原則：一、法定主義的原則：在第245條之2規定，非依法律或基於法律授權之政令，地方自治體可不接受中央的「關與」；二、比例原則：第245條之3規定，中央之「關與」須為達成行政目的所必要之最小限度；三、自主確保原則：同條並規定，中央之關與應顧及地方之自主性與獨立性。

　　我國地方制度法僅於第30條、第43條及第75條，分別就自治法規、地方立法機關議決事項及地方行政機關執行業務，按其事務性質規定自治事項的合法性監督與委辦事項得妥當性監督，並無一般的指導性規範。惟如釋字第498號解釋所揭示「地方自治團體在憲法及法律保障之範圍內，享有自主與獨立之地位，國家機關自應予以尊重。」國家監督權行使的目

---

[7]　日本將中央對於地方事務的監督與干預等相關行為稱為「關與」。

的，並非在使地方自治團體的一切行為皆須受國家意志的拘束，而僅在確保其合法地履行其法定任務及義務，並保護地方自治團體及國家整體利益。因此，於實際行使監督權時，仍應注意遵循下列一般原則[8]：

一、輔助原則

所謂輔助原則（Subsidiaritsprinzip，又稱基層化原則），係指地方自治團體造成的違法狀態，若能透過其他途徑加以排除解決，自治監督權的行使相對於這些途徑，僅具輔助性地位。申言之，唯有無法透過其他途徑解決或排除地方自治團體所造成的違法狀態時，國家始能介入，發動監督權。由此觀之，輔助性原則至少包括兩大內涵：

（一）採取監督須出於確保國家整體利益或保護公益的考量

國家對地方自治團體之所以擁有監督權的憲法基礎，乃基於法治國原則的要求，透過監督機制，以避免國家整體法秩序因為實施地方自治而遭到破壞。因此，自治監督的目的，就在於確保公法賦予地方自治團體的自治行政任務，能夠合法的被履行。是所以自治監督當然就須以「保護公益」為最根本的出發點[9]。

（二）已窮盡地方自治團體的內部解決途徑

地方內部監督具雙重目標，一方面在實現最大的地方利益；另一方面維護地方自治機關依法行政；前者涉及到合目的性的領域，後者屬合法性審查的範疇。除國家對地方自治團體的監督外，地方自治團體內部的監督與制衡機制，也是防止違法行為出現、排除違法狀態或保護地方自治團體利益不可或缺的手段。基於地方自治機關對地方事務的相對熟悉，以及可

8　法治斌、董保城有關中央對地方自治監督原則加以整理、引申。參氏著，《憲法新論》（臺北：元照，2010年），頁495-501。

9　有學者由此另引申為「公益原則」。

就近立即排除違法行為的觀點，允應先採取地方內部監督體系，僅在地方
窮盡內部監督機制仍不足以排除違法狀態或現實上有窒礙難行的事由時，
國家才可以補充性地加以介入。

例如地方議會若作成違法決議，或地方行政機關認立法議會議決的
法規已牴觸中央法律者，提起覆議與報請上級政府予以函告無效二者之適
用，究屬擇一或有先後順序？因前者屬地方自治團體內部釐清或解決相關
爭議的處理機制，後者則係上級政府的外部監督機制，考量地方自治團體
在憲法及法律保障範圍內，享有自主與獨立的地位，其自治爭議允應由地
方立法與行政機關先循內部機制謀求解決，未獲解決時再由自治監督機關
就爭議事項進行適法性監督，地方行政機關如認地方立法機關議決窒礙
難行時，應先依法提起覆議，俟地方立法機關作成維持原決議的議決後，
再行報請上級機關予以函告無效，不得逕依第43條規定將該決議函告無
效[10]。

二、便宜（或權變）原則

地方自治團體行為若有違法，國家是否有採取監督手段加以介入的義
務？地制法並未預作規範，學說上有法定原則（Legalitätsprinzip）[11]與便
宜原則[12]兩種不同見解。

採法定原則者認為，自法治國原則中所發展出的依法行政原則，地
方自治監督機關負有執行法律所規定任務的義務，排除自治團體的違法行
為，維護國家整體法秩序，係國家基於公共利益所負有的基本義務，自治

---

[10] 惟實務上就此持不同見解，認地方行政機關如審酌爭議事項性質或個案具體情況決定
逕行報請上級政府予以函告無效，尚非法所不許（內政部107年7月18日台內民字第
1070432559號函參照）。

[11] 蔡宗珍，〈自治行政監督之研究〉，政治大學法學院主辦《地方自治之監督學術研討
會》成果報告，1999年，頁187。

[12] 李建良等，《行政法入門》（臺北：元照，2000年），頁173（陳愛娥執筆）；陳敏，
《行政法總論》（自刊，2003年），頁932。

監督機關並無選擇是否介入的裁量空間。

惟目前通說採便宜原則，認為自治監督雖係導源於法治國原理，但其性質毋寧是國家與自治行政之間的一種聯繫，國家行使監督權時，絕不能自居於監護人的地位，而需考量其與自治團體間的和睦關係，權衡個案違法情節輕重，決定是否採取監督措施予以介入；而非對於任何違法行為毫無漏洞且自動地加以譴責，並且一律機械式地加以追究；而係由國家依合義務性裁量來決定是否針對具體的個案行使其職權。

惟其裁量並非指盲目的寬容或恣意的任意，而係必須基於實質利益的要求，考慮是否以及在何種情況下必須採取監督措施，因此若是違法情況或違法後果越是嚴重時，則裁量權行使的結果則越接近產生介入之義務，例如地方決議侵害到國家權限時，如外交權的行使，則地方自治監督機關有義務加以排除。相對地，如其違法，僅造成地方府會間或單一機關（如議會內部）權限運作的障礙，未對居民權益造成廣泛的影響，則允應盡可能本府會政治協調或議會自律解決。

三、親善夥伴原則

學者認為此原則係從德國基本法第28條第2項規定發展而來[13]，為保障地方自治，避免國家權力的行使傷及地方自治的發展，因而要求國家在行使監督權時，均須採取親善夥伴理念，友善對待地方自治團體，不應對地方的自主負責態度、地方的創意乃至於地方的執行力，造成影響或壓抑。具體言之，就是要求國家必須充分理解地方的處境，從事各種監督行為時，應充分考量地方自治團體的利益，尊重其權限，以此作為國家權力行使的裁量界限。

---

[13] 張正修，《地方制度法理論與實用》（臺北：新學林，2009年），頁635。

四、比例原則

　　比例原則（Verhältnismäßigkeitsgrunsatz）是防止國家權力濫用的「法治國原則」之一，司法院大法官釋字第428、436、456、462……等號眾多解釋，已肯認比例原則具憲法第23條的基礎地位，國家各權力機關立法、行政及司法的所有行為均受其拘束；國家對地方自治團體的監督行為，屬國家行政機關的權力作用，自然也受到本原則的拘束。對地方自治團體的違法行為，倘經權衡個案情節，決定採取監督措施予以介入，如法律上規定多種的監督措施及方法可供選擇，各個措施對於地方自治團體所造成的侵害程度可能不相同，此時即比例原則地適用。所採取的措施必須適當，且有助於違法狀態的排除（適當性）；在許多可以達成相同目的的措施中，必須選擇對於地方自治團體侵害最輕的方式（必要性），以及採用該措施所達成的目的與該措施所造成的損害間不得不成比例（比例性原則），監督措施的選擇必須是一種「不得已」的合理手段，其強度不得超過達成監督目的所必需的範圍。

　　地方自治監督機關行使監督權時，究應遵循如何原則？地制法並無一般性的教示，過去實務執行上，也都只在依法行政、放任不管或束手無措之間，擺盪徘徊；不僅未見相關論述，即相關的理念運用也付闕如，2012年有關屏東縣議會第17屆議長補選爭議的處理，可謂難得而具典範價值的案例。

　　屏東縣議會第17屆議長因議長選舉時賄選，因被判處5年6個月有期徒刑確定，而遭解職。程序委員會依28位議員請求，召開會議審定議程等相關事宜，並由秘書長決行函發會議通知，召集臨時會經議員37席（逾法定人數）出席，補選出議長黃○○。惟代理議長與議員間，就召開臨時會及補選合法性問題有嚴重歧見。

　　經內政部派員調查，以本案議員三分之一以上請求得召開臨時會，議長並無不召開的權限，但法律亦賦予議長有10日的準備或決定期，逾越10日期限，議長未依法召集時，自得由副議長召集之，副議長亦不依法召集時，由過半數議員互推1人召集之。本案未待代理議長於10內決定是否召

集，秘書長即擅自於發文召開程序委員會，決定召開臨時會，違反地制法第34條規定至為明確；又，程序委員會的召開，內部作業程序、權責亦違反該議會自治條例、自律規則及內部分層負責明細表。

為符合法制，民政司原持法定原則，擬簽請依地制法第43條「縣（市）議會議決自治事項違法無效」的規定，予以函告無效，並要求該會重新依地制法及該會自律規則規定，重新召開程序委員會審定議事日程後，依法召開臨時會辦理議長補選。

惟筆者以其事屬議會內部議事運作產生的爭議，參酌各國通例，有關議事進行及紀律等事項，均屬議會自律的範圍，除成文規則外，尚包括各種不成文例規，於適用之際，且得依其決議予以變通，而由作此主張的議員自行負擔政治上的責任；議會有關議事規範的適用，與一般機關應依法規嚴格執行，並受監督及審查的情形，有所不同。基於輔助原則、親善夥伴原則與權變原則，認議會自律規範的衝突，允宜先由雙方本議事和諧精神，相互讓步，謀求解決；如窮盡議事規範的自律運作，仍不能化解爭議，再循自治監督程序強制介入。

部長李鴻源認同筆者意見，僅函請屏東縣議會「儘速依地方制度法及自律規則之規定，召集臨時會議決議長補選相關事宜」[14]，而未明確宣告違法無效與否，保留雙方協調空間；並指派筆者前往屏東縣議會，儘量促成雙方協調，以求圓滿化解爭端。在中央的權力自制與議會的自律互諒下，屏東縣議會終於依程序，順利而和諧地完成補選與交接作業，共同締造議會自律及中央與地方如何營造親善夥伴關係的重要案例[15]。

---

[14] 內政部101年10月4日內授中民字第1015730780號函參照。

[15] 事件始末及其生動的故事，詳參劉文仕，《文官說法—臺灣地方制度講古》（臺北：遠流出版社，2017年），頁248-267。

第三節　監督的方式

相關條文：

第2條（第4、5款）

本法用詞之定義如下：

四、核定：指上級政府或主管機關，對於下級政府或機關所陳報之事項，加以審查，並作成決定，以完成該事項之法定效力之謂。

五、備查：指下級政府或機關間就其得全權處理之業務，依法完成法定效力後，陳報上級政府或主管機關知悉之謂。

第75條

省政府辦理第八條事項違背憲法、法律、中央法令或逾越權限者，由中央各該主管機關報行政院予以撤銷、變更、廢止或停止其執行。

直轄市政府辦理自治事項違背憲法、法律或基於法律授權之法規者，由中央各該主管機關報行政院予以撤銷、變更、廢止或停止其執行。

直轄市政府辦理委辦事項違背憲法、法律、中央法令或逾越權限者，由中央各該主管機關報行政院予以撤銷、變更、廢止或停止其執行。

（第4項至第7項，係縣市與鄉鎮市辦理自治事項與委辦事項，意旨同直轄市，從略）

第二項、第四項及第六項之自治事項有無違背憲法、法律、中央法規、縣規章發生疑義時，得聲請司法院解釋之；在司法院解釋前，不得予以撤銷、變更、廢止或停止其執行。

　　國家對地方自治團體的監督，因自治理念的發展，監督的時機與密度已有所不同。從歷史發展上，總的來說，國家與地方自治團體的關係，是從上下隸屬的「監護」關係轉變為平等的「監督」關係；介入的時機，則從全面「事前審查」調整為「原則事後監督，例外才事前審查」；監督範圍也明顯縮小，對自治事項原則上只作「合法性監督」，對委辦事項才作「合目的性監督」。茲分別說明如次：

一、事前審查與事後監督

（一）事前審查（核定）

「事前審查」與「事後監督」都是「自治監督」的方式或手段，前者，地方自治團體不具獨立完成法效的權力，其作為應先報自治監督機關審核，經認可後，始得對外發生法律效力。該認可的行政作用，其法制用語，有不同的提法，如核准、同意、核定、許可[16]……等，不一而足，其意義均屬相同。惟在地方制度法上則統一使用「核定」一詞，第2條第4款規定「核定：指上級政府或主管機關，對於下級政府或機關所陳報之事項，加以審查，並作成決定，以完成該事項之法定效力之謂。」

本款分別規定上下級政府間與上下級機關間的關係，前者係就地方自治團體辦理自治事項的監督，後者應係指委辦事項或非自治事項的一般業務的監督。

委辦事項的辦理與委辦規則的訂定，原則上應事前報委辦機關核定（§29）；非屬自治事項的一般業務的辦理，於本法，例如地方自治團體名稱的變更（§6）、合併改制計畫（§7-1）、考銓業務等，應先報核定。

至於自治事項的辦理，則以事後審查為原則；例外如定有罰則的自治條例（§26）、立法機關組織自治條例（§54）；或法律另有規定（§26），才須先報經核定。就涉及自治事項須事前審查的法律，地方政府訂定區域性下水道計畫（下水道法§11）、共同管道系統（共同管道法§8）、畸零地使用規則（建築法§46）、建築管理規則（建築法§101）等，都須先陳報中央核定；間有規定須報請中央主管機關同意者，如劃設土石採取專區（土石採取法§7-1）；或規定應經中央主管機關核准者，利害涉及二直轄市、縣（市）以上水利事業的辦理（水利法§8）。

---

[16] 「許可」一般多使用於政府對人民申請案件，而較少出現在政府彼此間。

（二）事後審查（備查）

　　下級政府或機關就所處理的事務，具自主決定權力，僅因上級機關對其有監督的責任，故仍應將所處理的事務陳報上級機關，令其知悉，以供日後查考。本法第2條第5款規定「備查：指下級政府或機關間就其得全權處理之業務，依法完成法定效力後，陳報上級政府或主管機關知悉之謂。」即此之謂。「備查」只是一種資訊性的管理措施，一般而言，所處理事務已對外發生效力，備查的目的，僅在於讓監督機關知悉已經過的事實如何，監督機關並沒有決定權及責任，只是知悉而已，不必另有其他作為。且備查的性質，與所陳報事項的效力無關；監督機關無論備查與否，均不影響該備查案所生的法律效力[17]。

　　換言之，倘該備查案的內容不合法，不因監督機關予以備查而變成合法，亦不因不予備查而變成不合法[18]；監督機關對所陳報事項，在公文程式上，應只單純地寫明「予以備查」或「業已備查」，無所謂「准不准」或「同不同意」的問題[19]；函覆備查的性質，屬「觀念通知」或「事實通知」，非行政處分。

　　例如高雄市政府訂定《都市計畫住宅區旅館設置辦法》陳報行政院備查，行政院於2013年6月6日以院臺建字第1020029631號函告與都市計畫法有違，應自即日起無效。行政院訴願會認該函告係依地制法第27條第3項及第30條第4項規定授予法規審查權限而為，非就具體事件所為的決定，非行政處分；如有不同意見，應依地制法第30條第5項及釋字第527號解釋意旨，聲請司法院解釋，非得提起訴願尋求救濟[20]。

　　立法院於2018年12月18日三讀通過、總統於2019年1月4日公布、

---

[17]　臺北高等行政法院95年度訴字第799號裁定。

[18]　如欲否定其效力，應具體指明其違法之處，並宣告其無效。

[19]　行政實務上經常看到「准予備查」或「同意備查」的公文，應非正確。

[20]　行政院102年11月20日院臺訴字第1020152497號訴願決定書參照；臺北高等行政法院103年6月30日訴字第118號裁定也同此見解。

2022年1月4日施行的《憲法訴訟法》[21]，本於憲法法庭之補充性，於第83條第1項第1款明定：地方自治團體，就自治法規，經監督機關函告無效或函告不予核定之事項，依法定程序用盡審級救濟而受之不利確定終局裁判，認為損害其受憲法所保障之地方自治權者，得聲請憲法法庭為宣告違憲之判決。

　　依此規定，地方自治團體明知訴願及行政訴訟的結果，仍須先踐行訴訟先行程序，受不利的確定終局判決，始得聲請憲法法庭為宣告違憲的判決，徒然耗費訟累。

　　另須辨明的是，上述說明僅適用於地制法上所規定的「備查」，如辦理跨域合作（§24-1）、訂定自治法規、自律規則（§25～32）、任命副首長（§55、56）的備查。其他法律（特別是過去法制作業觀念尚未完備的法律）亦常使用「備查」，仍應就其規範意旨整體觀察，不能一概援用地制法的定義，例如《地方稅法通則》第6條規定：「直轄市政府、縣（市）政府、鄉（鎮、市）公所開徵地方稅，應擬具地方稅自治條例，經直轄市議會、縣（市）議會、鄉（鎮、市）民代表會完成三讀立法程序後公布實施。」、「地方稅自治條例公布前，應報請各該自治監督機關、財政部及行政院主計處備查。」為此，財政部訂頒有「地方稅自治條例報中央機關備查之統一處理程序」，明定財政部對報請備查之案件，須先彙整各機關意見，並召開審查委員會審議，再依據委員會之決議內容擬具函稿，足見財政部對於地方政府開徵地方稅，本於法律之授權，具有實質監督及審查「地方稅自治條例」是否違法之權限，其「備查」實為核定，非僅「報請知悉」性質[22]。

二、合法性監督與合目的性監督

　　國家對地方自治團體的監督，在監督密度上可分為合法性監督（或

---

[21] 本法於公布後3年（即2022年1月4日）始施行。

[22] 最高行政法院98年度判字第726號判決、司法院大法官99年4月30日第1356次會議決議參照。

稱適法性監督）與合目的性監督（或稱適當性監督）。如釋字第498號解釋謂：「中央政府或其他上級政府對地方自治團體辦理自治事項、委辦事項，依法僅得按事項之性質，為適法或適當與否之監督。」

（一）合法性監督

合法性監督，其監督密度較低，僅在透過監督機制，確保地方自治團體的所有作為能合法合憲；相對地，只要其合法性沒有瑕疵，其自主性即不受干預。無論是法規的訂定（§30）、地方立法機關的議決（§43）或地方行政機關的業務執行（§75），一般而言，對自治事項只作合法性監督，合目的性監督僅施於委辦事項。

至於如何檢驗合法於否？其判準，即審查是否與憲法、法律或基於法律授權之法規相牴觸。憲法，包括大法官解釋；法律，指立法院所通過的國家法律；法規，以符合法律授權明確性原則所訂定的法規命令，不含職權命令與行政規則。

（二）合目的性監督

合目的性監督，監督密度較強，除應審查地方自治團體的作為是否合法合憲外，尚求進一步審查其作為是否能確保國家整體目的的達成。如釋字第553號解釋謂：「地方自治團體處理其自治事項與承中央主管機關之命辦理委辦事項不同，前者中央之監督僅能就適法性為之，其情形與行政訴訟中之法院行使審查權相似（參照訴願法§79III）；後者除適法性之外，亦得就行政作業之合目的性等實施全面監督。」

因為地方自治團體辦理委辦事項，僅負執行責任，政策得失責任仍歸委辦機關，而執行妥當與否，能否圓滿達成委辦機關交付的任務，往往攸關政策成敗；因此，委辦機關對此允應有較強度的監督，不僅於事前即行介入，且行目的性監督，除審查是否合乎憲法與法律外，並審查是否與中央法令相牴觸。法令的範圍非常廣，除法規命令外，也包括一切職權命令、行政規則，甚至一個函示、訓令，均屬之。如有關地方政府執行土地

建物拆遷補償，均係直接依內政部考量國家經濟及財政狀況，依資源有效利用原則所函頒的各種查估基準[23]。

　　此外，地方行政機關執行業務，尚應審查有無逾越權限，解釋上也包括濫用權限[24]。

　　對此類事件的審查密度，釋字第553號解釋理由書，援引學理整理下列各點可資參酌：1.事件的性質影響審查的密度，單純不確定法律概念的解釋與同時涉及科技、環保、醫藥、能力或學識測驗者，對原判斷的尊重即有差異。又其判斷若涉及人民基本權的限制，應採較高的審查密度。2.原判斷的決策過程，係由該機關首長單獨為之，抑由專業及獨立行使職權的成員合議機構作成，均應予以考量。3.有無應遵守的法律程序？決策過程是否踐行？4.法律概念涉及事實關係時，其涵攝有無錯誤？5.對法律概念的解釋有無明顯違背解釋法則或牴觸既存的上位規範。6.是否尚有其他重要事項漏未斟酌。

---

[23] 如89年12月30日台（89）內地字第8971250號函訂頒《建築改良物徵收補償費查估基準》、90年2月20日台（90）內地字第9060327號函訂頒《農作改良物徵收補償費查估基準》。

[24] 「逾越權限」在地方制度法上，僅屬行政執行的合目的性監督的範圍，惟行政訴訟法第4條第3項規定：「逾越權限或濫用權力之行政處分，以違法論。」可否反推論，對於委辦法規、地方立法機關決議的審查，乃至自治事項的合法性監督，也都應審究有無逾越權限的情形？此應屬當然之理，第75條「逾越權限」的文字，似屬多餘。如釋字第553號解釋謂：「上級監督機關為適法性監督之際，固應尊重該地方自治團體所為合法性之判斷，但如其判斷有恣意濫用及其他違法情事，上級監督機關尚非不得依法撤銷或變更。」

第四節 監督的類型

相關條文：

第75條（如前引）

第76條

直轄市、縣（市）、鄉（鎮、市）依法應作為而不作為，致嚴重危害公益或妨礙地方政務正常運作，其適於代行處理者，得分別由行政院、中央各該主管機關、縣政府命其於一定期限內為之；逾時仍不作為者，得代行處理。但情況急迫時，得逕予代行處理。

直轄市、縣（市）、鄉（鎮、市）對前項處分如認為窒礙難行時，應於期限屆滿前提出申訴。行政院、中央各該主管機關、縣政府得審酌事實變更或撤銷原處分。

行政院、中央各該主管機關、縣政府決定代行處理前，應函知被代行處理之機關及該自治團體相關機關，經權責機關通知代行處理後，該事項即轉移至代行處理機關，直至代行處理完竣。

代行處理所支出之費用，應由被代行處理之機關負擔，各該地方機關如拒絕支付該項費用，上級政府得自以後年度之補助款中扣減抵充之。

直轄市、縣（市）、鄉（鎮、市）對於代行處理之處分，如認為有違法時，依行政救濟程序辦理之。

一、業務監督

　　國家行使監督權，如認地方自治團體辦理自治事項違法，或辦理委辦事項失當，究應如何處置？有些國家規定，自治監督機關得實施權力性強制措施，以命令或禁止的方式要求地方自治團體作為、不作為或忍受的義務，如日本《地方自治法》。有些國家規定，自治監督機關不能逕自宣告其違法，只能提請行政法院裁決；必要時，也僅得聲請行政法院要求地域

團體暫停執行，如法國《市鎮、省和大區權利與自由法》[25]；且實務上，遭省督提請行政法庭裁決的非常罕見。

我國地制法採直接強制措施，包括函告無效、撤銷、變更、廢止或停止執行等。其中，函告無效，係行諸於法規（§30）與地方立法機關議決事項（§43）的監督；撤銷、變更、廢止或停止執行等，則係針對地方行政機關執行業務所採行的措施[26]。茲分別說明如下：

（一）函告無效

此一措施，係對法規或地方立法機關決議的合法性或妥當性予以指責駁斥。如屬應經核定的法規，核定機關不予核定，自不生法規效力問題，應毋庸另行函告其無效[27]；如屬應報備查的自治法規或地方立法機關議決事項，因已對外發生效力，非由自治監督機關函告其無效，不足以否定其效力，且該宣告應屬對於地方自治團體的確認處分性質，其違失部分，原則上應自始、確定不生效力[28]。

有疑義的是，如為委辦規則，卻誤為自治規則而逕行發布，或應經核定未先報核定即公布或發布，監督機關或委辦機關究應以其違法，依第30條函告其無效？或以其未經核定，函知其不生效力即可？似以後者為是，因其未必違法或不當，此種情形，基於行政效率，毋庸函告無效，而僅函知，應於核定後重新辦理發布或公布。

---

[25] 該法第3條第1項規定，中央派駐地方機關（按，即省督）於接到市鎮議會通知後，如認有違法之虞，得依職權或具利害關係之第三人的請求，在通知到達後兩個月內，向地方行政法庭（Tribunal administratif）提出撤銷訴訟。

[26] 惟學者認為，自治監督機關初未注意地方法規的違法性，其後始發現者，仍得廢止該法規。參李惠宗，《憲法要義》（臺北：元照，2001年），頁653。

[27] 委辦法規依規定均應送委辦機關核定，但第30條第4項後段卻規定「由委辦機關予以函告無效」，似屬餘贅。

[28] 惟實務上有認應「函告即日起無效」，行政院102年11月20日院臺訴字第1020152497號訴願決定書參照。

（二）撤銷、廢止、變更與停止執行

撤銷係指就已發生效力的行政行為（包括行政處分及事實行為），因其行為本身自始即具違法性，由監督機關以強制命令，使該行為的效力原則上溯及既往失其效力；但為維護公益或為避免國民信賴利益的不當損失，監督機關必要時得另定失效日期。廢止係指就地方自治團體原已成立生效且行為當時並無瑕疵的行政作為，嗣後因法律、政策或事實變更，如使該行為繼續有效，恐有違法或不當之處，為維持法秩序或政策的整體性，故予以廢棄，使該行政行為自廢止時或自監督機關所指定較後之日時起，失其效力。

監督機關就地方自治團體違法的行政行為，如逕以強制力，予以撤銷，令其歸於無效，可能不符合公益，於基礎事實關係相同的條件下，以監督機關的立場，不影響已生效的原行政行為，變更其內容[29]。停止執行，係監督機關認為如任由自治團體違法或不當的行政行為繼續執行，將發生難於回復的損害，且有急迫情事者，得以強制措施，命令地方自治團體暫時停止其實施，俟適當時機再予恢復。

實務上，地方自治團體因辦理自治事項而被監督機關廢止、變更者，似未見其例；停止執行偶見於訴願程序[30]；但地方政府行政處分違法而遭上級機關撤銷者，則大量地發生在訴願程序中；至於由監督機關直接依本法第75條予以撤銷者，2002年臺北市政府因決定延期辦理里長選舉，中央主管機關內政部認其決定違背地方制度法第83條第1項規定，經報行政院依同法第75條第2項予以撤銷，應屬極罕見的典型案例。

---

[29] 變更處分在實務上尟有案例，可能的情況，如為興辦公共設施徵收土地，適用法令錯誤致合計補償價額超過規定數額，被徵收人都已領取價額，如以其違法悉予撤銷，恐致爭議，如不追回又有失公平，故僅變更原計列數額，對超過部分要求繳回。

[30] 訴願法第93條第2項：「原行政處分之合法性顯有疑義者，或原行政處分之執行將發生難以回復之損害，且有急迫情事，並非為維護重大公共利益所必要者，受理訴願機關或原行政處分機關得依職權或依申請，就原行政處分之全部或一部，停止執行。」

二、代行處理

　　代行處理係地方自治團體怠於履行其法定義務時，國家基於維護公益或法規範秩序的必要，所採取的強烈監督措施，由監督機關代地方政府作成特定作為。其監督的密度兼及合目的性監督與合法性監督，標的主要為行政行為；理論上，不排除人事問題與地方立法機關有關立法性的行為[31]，實務上未見其例[32]。

　　代行處理在性質上，屬於自治監督的一環，高度介入地方自治團體的自主性與獨立性，一旦啟動代行權，即發生權限移轉的作用，其監督措施不僅須具有法律基礎，且此種監督手段甚為強烈，實踐上須特別注意比例原則，除依比例原則的界限外，另須遵守權變原則，應於非不得已時行使，以避免掏空憲法所保障地方自治權的核心內容。德國Hessen、Sachsen等邦的鄉鎮自治法、日本地方自治法就此均有周延的規範，我國地制法僅於第76條以一個條文規定之，甚為簡化[33]，實用上允宜力求嚴謹。

---

[31] 李惠宗，《憲法要義》（臺北：元照，2012年），頁693。

[32] 較類似的案例，例如地制法增置副縣（市）長的規定，議會遲不依法制定組織自治條例，致任命無據。內政部即以函示謂「各縣（市）政府置副縣（市）長一至二人，係地方制度法明定設置之職位，在縣（市）政府組織未依地方制度法規定訂定各該組織自治條例前，得由縣（市）長依法先行任命。」（內政部88年5月24日台內民字第8804652號函參照）。大法官釋字第527號解釋指出「職位之設置法律已有明確規定，地方立法機關對於是否設置或員額多寡並無裁量之餘地，而訂定相關規章尚須相當時日者，經中央主管機關同意由各該地方行政機關先行設置並依法任命人員，係因應業務實際需要之措施，於過渡期間內，尚非法所不許。」

[33] 《文化資產保存法》於2005年修正時仿本法意旨，於第11章「附則」第101條也規定「直轄市、縣（市）主管機關依本法應作為而不作為，致危害文化資產保存時，得由行政院、中央主管機關命其於一定期限內為之；屆期仍不作為者，得代行處理。但情況急迫時，得逕予代行處理。」更屬簡略。

（一）實體要件

1. 地方自治團體依法應作為而不作為

　　所謂「依法應作爲而不作爲」，係指直轄市、縣（市）、鄉（鎮、市）依據法規有作爲的義務而無裁量是否作爲的權限[34]。其標的，一般認爲限於委辦事項[35]，實務上則認爲地方自治團體依法應辦理的自治或委辦事項，均得代行處理[36]。

　　惟委辦事項本即屬委辦機關權責，而依法交由受委辦機關，以委辦機關的經費執行；受委辦機關怠於執行，如循本條規定代行處理，則後續所生「權限移轉」與「費用支出及扣減補助款」的效果，邏輯上不無矛盾。理論上，逕以命令收回權限，固屬可行，但依法又嫌無據。

　　其次，自治事項是否均得代行處理？亦不能一概而論。如屬「自由或自願辦理事項」（freiwillige Aufgaben），地方自治團體就「是否」辦理及「如何」辦理，享有高度的裁量空間，爲尊重其自治權，應不在代行處理的射程範圍內；但如爲「負承辦義務但不受上級指令拘束的事項」（Pflichtaufgabenohne Weisungen），一般都屬法定的義務，地方自治團體就「如何」辦理固享有不受中央指令拘束的自主決定權，但卻無權決定「是否」辦理，此一部分即有代行處理的適用。

　　例如《廢棄物清理法》第40條規定「事業於貯存、清除或處理事業廢棄物，危害人體健康或農、漁業時，主管機關應立即命其改善，並採取緊急措施。必要時，得命其停工或停業。」要件合致，主管機關即有命改善與採取緊急措施、命停工或停業的法定義務，無裁量餘地；採何措施、是否命停工、停業，則有裁量空間。但如其裁量權，因客觀危急狀況而收縮至零時（如國民生命、身體、健康正遭受危險，非爲某一特定行爲將不足以維持其憲法規範所保障法益的最低標準），行政機關即應作成唯一的行爲，此時，如行政機關不爲該唯一之行爲（例如立刻命其停工），則屬

---

[34] 內政部90年11月19日台（90）內民字第9066125號函參照。

[35] 李惠宗，《憲法要義》（臺北：元照，2012年），頁698引述。

[36] 法務部90年4月6日（90）法律字第008362號函參照。

「依法應作爲而不作爲」而有怠於執行職務的情形[37]。

2. 致嚴重危害公益或妨礙地方政務運作

作不作爲既屬地方自治團體的裁量權限，除非其不作爲將嚴重危害公益或妨礙地方政務的正常運作，且其間存在因果關係，監督機關始得介入代行處理。惟此所稱「因果關係」，相對於民法或刑法上的因果關係，允應有較大的彈性，而由代行處理機關本於職權判斷；且不限於具體結果的發生，如監督機關依行政經驗判斷，倘任由地方自治團體怠於作爲，將有危害或妨礙之虞的抽像後果，從行政的積極性，當不能坐視不理，膠柱鼓瑟地認爲必俟結果具體發生始得介入處理。

例如根據《災害防救法》第24條規定「爲保護人民生命、財產安全或防止災害擴大，直轄市、縣（市）政府及鄉（鎮、市、區）、山地原住民區公所於災害發生或有發生之虞時，應勸告或強制其撤離，並作適當之安置。」採取如何措施，柔性勸告或強制撤離係屬地方政府權限，本應由地方政府視災情需要決定之；中央政府（例如農委會）所發的「土石流危險潛勢」的通報，及以黃色或紅色警戒作爲疏散避難勸告或強制其撤離的標準，也僅屬「行政指導」的性質，用以輔導、協助、勸告、建議，促請地方政府爲一定作爲，並不具法律上強制力。即使中央政府認爲應該強制撤離居民，但地方政府衡酌情況，認以不採強制措施爲宜，中央仍應予尊重，而由地方政府負政策決定及行政執行的責任。但如該災害已有相當的危險性、迫切性，地方政府的裁量權限已「限縮至零」，強制遷離變成唯一的選項，地方政府竟仍怠於行使，或放任居民「切結自負責任」死守家園，中央政府綜合相關資料研判，如不強制撤離，將造成人民生命、財產重大危害，即得代行處理。

3. 須該標的適於代行處理

是否適於代行處理？所考量的因素很多，並不限於事務的性質本

---

[37] 法務部90年4月6日（90）法律字第008362號函參照。

身[38]，基於輔助原則，是否適於也應考慮事務的範圍、監督機關的執行能量，並符合效率性與經濟性的要求。

例如，《身心障礙者權益保障法》第57條第3項規定：「（舊有）公共建築物及活動場所之無障礙設備及設施不符合規定者，各級目的事業主管機關應令其所有權人或管理機關負責人改善。但因……建築物構造或設備限制等特殊情形，設置無障礙設備及設施確有困難者，得由所有權人或管理機關負責人提具替代改善計畫，申報各級目的事業主管機關核定，並核定改善期限。」第88條並規定「違反第五十七條第三項規定未改善或未提具替代改善計畫或未依核定改善計畫之期限改善完成者，各級目的事業主管機關除得勒令停止其使用外，處其所有權人或管理機關負責人新臺幣六萬元以上三十萬元以下罰鍰，並限期改善；屆期未改善者，得按次處罰至其改善完成為止；必要時，得停止供水、供電或封閉、強制拆除。」

由於管理機關都為地方政府，尤其縣（市）政府及鄉（鎮、市）公所，然地方政府長久以來均怠於改善，也未提具改善計畫。縣市政府既不可能勒令停止所管理的建物場所之使用，欲求工務局處罰縣市長，更是強人所難，因此只能任由怠於改善，損及身心障礙者使用公共建築物及活動場所的權益。

改善不符無障礙規定的設備或設施，或提具改善計畫，性質上非不適於代行；內政部營建署原擬依地制法代行處理，但全國數千個不符規定的設施、場所，豈營建署建管組區區數十人所能執行；其實從執行能量及效率考量，可行的方式，應是代行縣市政府職權，依規定處罰怠於改善的縣市首長。

（二）程序要件

1. 限期作為，逾期仍不作為

代行處理既屬高度介入地方自治團體自主權的強烈手段，原則上允應

---

38 法務部90年4月6日（90）法律字第008362號函認為「須性質上適於代行處理」。

先予告誡，給予一定期間履行法定任務。如逾越期限，仍不作為時，不得已才實施代行處理。但如情況急迫時，非立即介入無法排除危害時，亦可不經告誡，逕予代行，例如前引災害防救事例。

2. 函知被代行機關

代行處理將發生權限移轉的效果，改變管轄恆定，因此於決定實施前應如同《行政執行法》第27條規定，須先以書面函知被代行機關；且無論一般情況或急迫情況，均應履行此一程序。

（三）效果

1. 權限移轉

代行處理係發生「權限移轉」效果的特殊法律設計，屬「管轄恆定原則」的例外或權限變更之一。一但發動代行權，經權責機關通知代行處理後，即發生權限移轉的效果，由代行機關代行處理直至處理完竣。代行處理所為的處分，除對於被監督機關所為者外，尚包括因代行處理而對人民為行政處分；就後者，應以代行處理機關的名義為之[39]；人民如不服代行處分，其救濟程序，比照代行處理機關一般行政處分的規定辦理。

2. 費用負擔

代行處理雖發生「權限移轉」效果，但該事項仍屬被代行機關的法定任務，只是執行權限轉移至代行處理機關，因此本法規定代行處理所支出的費用，仍應由被代行處理的機關負擔；各該地方機關如拒絕支付該項費用，上級政府得自以後年度補助款中扣減抵充之。依本規定，僅得由「補助款」中扣抵，有關「統籌分配稅」依財政收支劃分法規定為各級地方自治團體的自有財源，不得作為扣抵費用的標的[40]。

---

[39] 內政部90年4月17日台（90）內民字第9004017號函。

[40] 內政部90年10月15日台（90）內民字第9007122號函及91年3月26日台內民字第0910003329號函參照。

是否扣減？代行機關得自行審酌裁量，如不扣抵而自行吸收，亦非不可；尤其，如屬執行委辦事項，其經費本應由委辦機關負擔，受委辦機關怠於執行，委辦機關「收回」自辦，本無費用損益問題，何來扣減抵充？

（四）救濟

被代行機關對代行處分如認為窒礙難行時，應於期限屆滿前提出申訴；代行機關得審酌事實變更或撤銷原處分。對於代行處理之處分，如認為有違法時，依行政救濟程序辦理之。依此規定，申訴似僅能施諸於限期作為的情形；如期限已過，或逕行代行的情形，既已發生權限移轉效果，除有違法得依行政爭訴程序尋求救濟外，已無申訴實益。

三、人事監督

相關條文：

第78條（地方行政首長與村（里）長的停職）

第79條（地方公職人員的解職）

第80條

直轄市長、縣（市）長、鄉（鎮、市）長、村（里）長，因罹患重病，致不能執行職務繼續一年以上，或因故不執行職務連續達六個月以上者，應依前條第一項規定程序解除其職務；直轄市議員、縣（市）議員、鄉（鎮、市）民代表連續未出席定期會達二會期者，亦解除其職權。

第81條

直轄市議員、縣（市）議員、鄉（鎮、市）民代表辭職、去職或死亡，其缺額達總名額十分之三以上或同一選舉區缺額達二分之一以上時，均應補選。但其所遺任期不足二年，且缺額未達總名額二分之一時，不再補選。

前項補選之直轄市議員、縣（市）議員、鄉（鎮、市）民代表，以補足所遺任期為限。

第一項直轄市議員、縣（市）議員、鄉（鎮、市）民代表之辭職，應以書面向直轄市議會、縣（市）議會、鄉（鎮、市）民代表會提出，於辭職書送達議會、代表會時，即行生效。

第82條

直轄市長、縣（市）長、鄉（鎮、市）長及村（里）長辭職、去職、死亡者，直轄市長由行政院派員代理；縣（市）長由內政部報請行政院派員代理；鄉（鎮、市）長由縣政府派員代理；村（里）長由鄉（鎮、市、區）公所派員代理。

直轄市長停職者，由副市長代理，副市長出缺或不能代理者，由行政院派員代理。縣（市）長停職者，由副縣（市）長代理，副縣（市）長出缺或不能代理者，由內政部報請行政院派員代理。鄉（鎮、市）長停職者，由縣政府派員代理，置有副市長者，由副市長代理。村（里）長停職者，由鄉（鎮、市、區）公所派員代理。

前二項之代理人，不得為被代理者之配偶、前配偶、四親等內之血親、三親等內之姻親關係。

直轄市長、縣（市）長、鄉（鎮、市）長及村（里）長辭職、去職或死亡者，應自事實發生之日起三個月內完成補選。但所遺任期不足二年者，不再補選，由代理人代理至該屆任期屆滿為止。

前項補選之當選人應於公告當選後十日內宣誓就職，其任期以補足該屆所遺任期為限，並視為一屆。

第一項人員之辭職，應以書面為之。直轄市長應向行政院提出並經核准；縣（市）長應向內政部提出，由內政部轉報行政院核准；鄉（鎮、市）長應向縣政府提出並經核准；村（里）長應向鄉（鎮、市、區）公所提出並經核准，均自核准辭職日生效。

第83條

直轄市議員、直轄市長、縣（市）議員、縣（市）長、鄉（鎮、市）民代表、鄉（鎮、市）長及村（里）長任期屆滿或出缺應改選或補選時，如因特殊事故，得延期辦理改選或補選。

直轄市議員、直轄市長、縣（市）議員、縣（市）長依前項延期辦理改

選或補選，分別由行政院、內政部核准後辦理。

鄉（鎮、市）民代表、鄉（鎮、市）長、村（里）長依第一項延期辦理改選或補選，由各該縣（市）政府核准後辦理。

依前三項規定延期辦理改選時，其本屆任期依事實延長之。如於延長任期中出缺時，均不補選。

（一）停職

1. 立法意旨與適用對象

按「停職」是懲戒處分的一種[41]，受處分的公務員雖仍保有公職人員的身分，但於一定期間內，不得執行其職務行為。地制法第78條有關民選公職人員的停職規定，僅適用於直轄市長、縣（市）長、鄉（鎮、市）長與村（里）長，地方民代則不適用停職規定[42]。主要是配合政府肅貪政風，預防組織犯罪，以建立廉能政府需要[43]，其立法意旨係考量民選地方行政首長或村（里）長如涉嫌犯特定之罪經判處有期徒刑以上之刑，其判決雖未確定，然已影響國家及人民對該人員的信任關係，為免政府公權力及業務的推行產生不良影響，爰明定應先予停止其職務[44]，其法理主要是建立在確保公共利益考量的類似抽象危險犯的基礎上[45]。

---

[41] 惟最高行政法院103年度判字第620號判決有不同見解，認：「公務員相關法律所謂『停職』，乃『停止公務員職務』，核非懲戒或懲處公務員之處分，係為調查公務員行政責任、刑事責任時，所必要之附屬性暫時措施，並非藉由停職處分以達懲戒或懲處公務員之目的。」

[42] 惟公職人員選舉罷免法第117條有關行求、期約、交付賄絡經法院判處有期徒刑以上之刑而未受緩刑之宣告者，自判決之日起，當然停止其職務或職權。屬地制法的特別規定，因此，地方民意代表亦有停職問題，如地方議會議長依本條規定當然停職者，於停職期間所為職務上之行為，不具任何效力。內政部105年7月19日台內民字第1050051817號函參照。

[43] 內政部90年10月24日台（90）內民字第9007286號函參照。

[44] 內政部90年10月24日台（90）內民字第9007104號函參照。

[45] 被羈押或被留置，則是考量其空間隔絕，事實不能處理公務，故亦規定停止其職務。

2. 要件

有該當於第78條規定情事之一者，無論該犯罪事實是否發生於其任內[46]，自治監督機關即應依法予以停止其職務[47]，且只要屬第1、2款之罪，經第一審或第二審判處有期徒刑，雖同時諭知緩刑，依法仍應予以停止職務[48]。其情形列舉如下：

(1)涉嫌犯內亂、外患、貪污治罪條例或組織犯罪防制條例之罪，經第一審判處有期徒刑以上之刑者。但涉嫌貪污治罪條例上之圖利罪者，須經第二審判處有期徒刑以上之刑者。

(2)涉嫌犯前款以外，法定刑為死刑、無期徒刑或最輕本刑為5年以上有期徒刑之罪，經第一審判處有罪者。

(3)依刑事訴訟程序被羈押或通緝者。

有關停止職務係屬法律強制規定，如符合法律構成要件時，各該自治監督機關應依法行政，並無暫緩執行的行政裁量權，縱同一當事人涉案，前罪受停職處分中，後案如符合停止職務要件，仍應併執行[49]。

3. 效力的發生與中止

第78條所定情事雖為停職的條件，但《公職人員選舉罷免法》並未以之為登記候選人的消極資格，即可能發生例如涉嫌貪污經第一審判處有期徒刑以上之刑者仍當選的情形；然其以該當的停職事由，並不因當選而解除，自治監督機關仍應依法予以停職。惟所謂停職既係以職務的存在為前提，因此，仍應於當選人依法宣誓就職後，始得為停職處分[50]。

---

[46] 內政部92年1月2日台內民字第0910008517號函參照。

[47] 內政部91年12月2日台內民字第0910007924號函參照。

[48] 內政部91年1月25日台內民字第0910002227號函參照。

[49] 內政部97年11月20日內授中民字第0970735097號函參照。

[50] 2005年12月3日縣長選舉，臺東縣由吳○○以59.18%得票率當選。然吳○○因涉及貪污罪嫌經二審法院判決有罪，同月20日宣誓就職典禮，吳○○於甫讀誓詞後就逕行簽名，並即刻宣布布達其「前妻」為副縣長。惟監誓人內政部代表當即先表示因監誓人尚未簽署誓詞，宣誓程序尚未完備，人事布達法律效力如何仍有爭議；後始取筆在

　　有問題的是，停職處分究自何時發生效力？實務上，分不同事由而異其作業，依第1、2款事由停職者，曾採「自發布之停職令送達被停職人服務機關之翌日起執行」的見解[51]，惟嗣後則變更見解，函示「除停職命令另定停職日期外，自送達當事人時起發生效力」。至於依第3、4款事由停職者，過去實務謂「自事實發生之日執行」，嗣後變更函示謂「自被羈押、通緝或留置之日起生效」[52]。

　　鑑於法律既無限制被停職者不得參選原公職，如受停職者辭職或任期屆滿後，再經人民以民主程序信賴其擔任公職的適格性，殊無於其當選並就職後，又以原相同的停職依據，再度停職之理，同條第3項爰明定「依第一項規定予以停止其職務之人員，經依法參選，再度當選原公職並就職者，不再適用該項之規定。」以平衡民主原則與法治要求。惟公職當選人就職後未履行選民付託，因故辭職，如依規定須進行補選，該公職人員又再參與補選，出爾反爾，浪費國家資源，顯與誠實信用與禁反言的法律原則有違，立法院爰於2016年11月18日修正通過《公職人員選舉罷免法》第27條第3項，規定「當選人就職後辭職……者，不得申請登記為該次公職人員補選候選人。」本修正條文業於同年12月7日公布施行，地制法第78條第3項規定僅適用於停職者任期屆滿後再參選的情形。

誓詞上簽名。同時，內政部一方面另派專人將停職處分令送達縣府收發室完成送達程序，一方面即由監誓人以自治監督機關代表人身分宣布停職處分令。

[51] 行政院84年5月17日台（84）內字第17482號函參照。過去作業之所以有「翌日起執行」的寬限期，完全是出於執行層面的考量，因為被停職人員已在職，人事已定，是否即刻執行，對既有秩序的改變影響不大，給予適當寬限，有利善後。該函係於自治二法時期所作，業於91年配合地制法施行停止適用（內政部95年2月27日台內民字第0950037030號函參照）。前揭臺東縣長案例之所以未採過去作業方式，突然一進一出，反而破壞現有法律秩序。因此，多數認為應回歸法理，不宜採取「寬限」的執行方式。這完全是法理見解的論辯與執行層次的考量，無關「上級」或其他的任何政治考量。

[52] 內政部95年2月27日台內民字第0950037030號函參照。

本項適用要件，除須已依第1項規定受停職處分外，經依法再度參選並當選之職務，僅限於原公職。又如屬新發生的停職原因，如某地方行政首長原係因被羈押，復因交保獲釋而復職，於任期屆滿後經再度參選並當選原職務，其後原案始經二審法院以貪污治罪條例之圖利罪判處有期徒刑時，係屬新發生的停職原因，與同條第3項規定的要件不符，仍應依同條第1項第1款但書規定予以停止職務[53]。

4. 復職

地方公職人員，係經地方居民選舉產生，予以停職，不僅是對民主原則的否定，也對地方自治造成某種程度的傷害；尤其，基於無罪推定主義，於法院判決有罪確定前，之所以停止其職務，考量當事人訴訟纏累，並鑑於職務特性，為確保公務環境的純潔性，其本質應屬暫時性措置。考量其係任期制，由於訴訟實務，經常稽延冗長[54]，而導致如同實質解除職務效果，對民選公職人員權益影響至鉅。同條第2項及第4項乃分別規定「依前項第一款或第二款停止職務之人員，如經改判無罪時，或依前項第三款停止職務之人員，經撤銷通緝或釋放時，於其任期屆滿前，得准其先行復職。」、「依第一項規定予以停止其職務之人員，經刑事判決確定，非第七十九條應予解除職務者，於其任期屆滿前，均應准其復職。」

按地制法第78條規定是源自於1950年《臺灣省各縣市實施地方自治綱要》第5條及1994年《省縣自治法》第58條，該規定原僅限於「判決確定」，始有「應」許其復職的問題。1999年地制法立法時，鑑於「考量民選地方首長係任期制之人員，如在第一審或第二審判決過程中即予停職，常因司法程序冗長而導致如同解職之效果」，才特別增訂第2項「得准其先行復職」（參立法理由）。由此可推知，條文雖使用「得」，但是否可

---

[53] 內政部90年2月9日台（90）內民字第9002563號函參照。

[54] 如前臺北縣汐止鎮鎮長廖○○涉違反貪污治罪條例案件，即從1993年偵查起訴，纏訟到2011年最高法院更三審始告確定。

以解釋為就是要賦予監督機關廣泛概括的自由裁量權？恐有待討論[55]。實務上，內政部於受停職者申請復職案，除有其他法律規定的特別理由（如後述《公務員懲戒法》的問題），均謹守權力自我節制的法治要求，立即准予復職，並未運用裁量權限。

其次，所謂「改判無罪」，不限於第二審法院撤銷原審論罪科刑，改判被告全部無罪之情形，如第二審撤銷原判決，並改判非同條第1項第1款或第2款之罪者，亦有適用[56]。惟如一審法院判決有期徒刑11年2月，褫奪公權3年，經依法停職，案經上訴高等法院撤銷原判決改判無罪，依法予以復職，嗣再經最高法院撤銷高等法院無罪判決發回更審，為避免司法判決未確定前反覆停職及復職，致地方政務難以推動，實務上即不再予以停職[57]。惟此僅限於經改判無罪准其復職的情形，如未經改判無罪，縱使最高法院撤銷該第二審判決，發回臺灣高等法院更審，仍與得准其復職的情形有別，仍應依第1項第1款但書規定停止其職務[58]。

因案停職，經第二審更審判決無罪而復職，再經第三審撤銷無罪判決發回更審並判處有期徒刑以上之刑，此時當事人既係處於經第二審法院判決有期徒刑以上之刑之狀態，符合地方制度法第78條第1項第1款但書應停止其職務之規定。故本案依法仍應停止其職務[59]。

又，如經依不同事由停職者，需於各該停職原因均消滅時，始可准許復職[60]。

<hr/>

[55] 司法實務認為自治監督機關是否准其復職，仍應視個案事實予以判斷，有其裁量權限，非一概僅能准其復職，臺北高等行政法院103年度全字第91號、103年度全字第99號裁定及104年度訴字第175號判決參照。

[56] 內政部99年6月18日台內民字第0990124972號函參照。

[57] 內政部90年10月24日台（90）內民字第9007286號函參照。

[58] 內政部90年5月3日台（90）內民字第9004307號函及89年4月11日台（89）內民字第8903985號函參照。

[59] 內政部99年4月9日台內民字第0990071611號函參照。

[60] 內政部97年11月20日內授中民字第0970735097號函參照。

5. 地制法與公務員懲戒法的關係

　　地方制度法是建構與維繫地方自治的根本規範，為施行地方自治，規範各級地方政府組織、運作與功能發揮，並確立中央與地方基本關係的綱要性依據。本來，中央對地方人事監督權的行使，除非確有必要，否則仍應優先適用地方制度法。公懲法第5條係就公務員的一般規範，地制法第78條則為就地方公職人員的特別規範，二者間是否具特別規定與普通規定的關係？似不無審究餘地[61]。

　　按，有關停職的規定，地制法第78條第1項序文已明定「不適用公務員懲戒法第三條[62]之規定」。其立法理由乃因「依刑事確定判決，受褫奪公權之宣告或受徒刑之宣告在執行中者」，依公懲法第3條第2、3款規定，僅係「當然停職」的事由，但依地制法第79條則為構成「解職」事由，「為避免兩法規定發生適用上爭議」，爰明定不適用公懲法第3條規定。

　　惟地制法僅排除公懲法第3條「當然停職」的規定，而非完全排除公懲法的適用；換言之，公懲法第4條[63]「依職權停職」的規定，仍有適用餘地[64]。過去實務，內政部即曾因縣市首長違法失職，依（舊）公懲法第19條規定，移送監察院審查，監察院決議彈劾後交公懲會審議的案例，監察院與公懲會均予受理並實質審查；而主管長官依第19條規定移請監察院審查如「認為情節重大者，得依職權先行停止其職務」，既為公懲法第4

---

[61] 行政院訴願會於2014年5月28日就南投縣長李○○申請復職的訴願案進行言詞辯論，委員就此意見分歧。最後決議雖認依公懲法停職之處理，適法性雖無不可，但仍多所保留。臺北高等行政法院104年11月24日訴字第175號判決採否定說，認地制法第78條並非為公懲法第4條之特別法。

[62] 2016年5月2日施行的新《公務員懲戒法》，條次已修正為第4條，本法第78條未配合修正。

[63] 新法已修正為第5條。

[64] 臺北高等行政法院104年度訴字第175號判決同此見解，認地制法第78條僅排除公懲法第3條規定之適用，依「明示其一排除其他」之法理，公懲法第4條（停職）即仍有適用餘地，地制法第78條尚難謂公懲法第4條第2項之特別規定。

條所明定，雖不存在第3條當然停止的事由，自治監督機關長官仍得依第4條規定，予以停職；惟若非由自治監督機關送請監察院審查者，不具此程序要件，自治監督機關即無由依此規定將其停職[65]。

然而，誠如1985年《世界地方自治宣言》（IULA World Wide Declaration of Local Self-Government）第4條規定「法律定有地方行政機關主要人員之停職者，應依正當程序行之，並盡可能於法定之短時間內回復機關功能。」對單純起訴而未經法院判決有罪的地方行政首長，將其停職，原屬不得已的處理。公懲法第4條終究係針對第3條當然停職以外違法失職的「概括性」事由[66]，如輕易動用，將民選地方行政首長停職，對地方自治的傷害，不可謂不大，因此，相關法律的適用，允應特別審慎。

（二）解職

1. 意義與適用對象

解職與停職不同，被停職者仍保有其身分，只是不能行使職權，解職則係解除公職人員擔任職務的行為，其身分地位連帶喪失。因此，如有地制法第78條第1項規定停止職務的原因，而嗣後再有同法第79條第1項規定解除職務的原因者，雖已停止職務，仍須依法予以解除職務，使其確定喪失公職身分[67]。

---

[65] 如臺南市長賴清德於2015年8月5日被監察院彈劾，臺南市議會於翌（6）日決議，要求行政院依公務員懲戒法規定，先予停職。惟本案係臺南市議會向監察院舉發，非行政院移送，行政院不得予以停職。

[66] 有關「情節重大」的裁量，立法上雖係以「不確定法律概念」予以規範，而賦予行政機關相當程度的判斷餘地，應受尊重；惟其判斷仍不得有恣意濫用或其他違法情事，例如：1.出於與事物無關之考量，違反不當連結之禁止；2.違反法定之正當程序；3.違反相關法治國家應遵守之原理原則，如平等原則、公益原則及比例原則等。最高行政法院103年判字第62號判決參照。2016年5月2日施行的《公務員懲戒法》修正條文，就此已有較為嚴謹的要件，須「認為有免除職務、撤職或休職等情節重大之虞者」始可先行停職。

[67] 內政部88年12月28日台（88）內民字第8809495號函參照。

相對於停職係以行為操守上不能適任職務或空間阻絕致不能行使職務為前提，解職則廣泛地建立在當選基礎的喪失、民主正當性的缺乏、事實上執行職務的不可能，乃至身心狀態的不能勝任。

停職僅適用於地方行政首長與村（里）長，解職不僅適用於地方行政首長與村（里）長，也適用於地方民代；不同者，前者因擁有可執行的日常行政業務，故所解除者為其職務，後者所解除者則為地方民代所擁有的議決自治事項的權能與附隨於其個人身分上所享有的權利，故所解除者為其職權。

2. 要件

解職在地制法上規定於第79條與第80條。其情形如下：

(1) 當選基礎的喪失

經法院判決當選無效確定（§79Ⅰ①前段）；經法院判決選舉無效確定，致影響其當選資格者（§79Ⅰ①後段）；褫奪公權尚未復權者（§79Ⅰ⑦）。

依刑法第36條規定，褫奪公權本即剝奪其擔任公務員或公職候選人的資格，地方公職人員如被宣告褫奪公權，自應解除其職務或職權。

又當選無效之訴係以選舉有效為前提，而由未當選的候選人，就其效力產生爭議[68]，以當選者和各選舉為員會為被告，所提起的訴訟。選舉無效之訴則是由於選舉委員會辦理選舉違法，足以影響選舉結果，由檢察官、候選人，以各該選舉委員會為被告，所提起的訴訟。

「當選無效」只係對該次選舉而言，故如因賄選案於任期屆滿前提出辭職，參與補選再度當選，嗣該賄選案經二審法院判決當選無效定讞，尚不影響其補選當選的效力，無本款的適用。惟其賄選案刑事確定判決如有

---

[68] 提起當選無效之情形如1.當選人資格不符規定；2.當選票數不實，足認有影響選舉結果之虞；3.對於候選人、有投票權人或選務人員，以強暴、脅迫或其他非法之方法，妨害他人競選、自由行使投票權或執行職務；4.對於候選人或具有候選人資格者，行求期約或交付賄賂或其他不正利益，而約其放棄競選或為一定之競選活動；5.對於有投票權之人，行求期約或交付賄賂或其他不正利益，而約其不行使投票權或為一定之行使等。

同條項第4款或第7款所定情事者，仍應依法解職[69]。

(2) 民主正當性的缺乏

戶籍遷出各該行政區域4個月以上者（§79Ⅰ⑥）。

地方自治最重要的內涵之一，就是要與特定區域具一定的連結性，公職人員候選人應於該區域連續居住一定時間，對於該區域內的公共事務具有一定程度的瞭解，始能代表該選舉區的民意，競選公職。當選後，既受選區託付，允應繼續居住該區域，為居民服務。倘於任期內，將戶籍遷出該行政區域4個月以上，實不再具有該行政區域內民意的代表性及正當性，已不適合再繼續擔任該項職務，故列為解除職務的原因事由。

惟選舉區與行政區域概念不全然相同，選舉區劃分的主要目的，係考量選務作業方便及使民意代表名額的分配具有代表性。依《公職人員選舉罷免法》第36條第2款規定，縣（市）議員、鄉（鎮、市）民代表選舉以其行政區域為選舉區，並得各在其行政區域內劃分選舉區。是以，有關本款規定，縣（市）議員、鄉（鎮、市）民代表戶籍遷出各該行政區域4個月以上者，由內政部、縣政府解除其職權。其中所稱「各該行政區域」，係指縣（市）、鄉（鎮、市）行政區域而言。縣（市）議員、鄉（鎮、市）民代表如將戶籍遷至同一縣（市）、鄉（鎮、市）行政區域的其他選舉區內，尚不生解除職權問題[70]。但有關村（里）長戶籍遷出該「行政區域」4個月以上，其所指之「行政區域」，係指村（里）而言[71]。「4個月以上」期間之計算，參酌選罷法第15條第1項規定，以一次繼續性遷出的時間為斷[72]。

(3) 事實上執行職務的不可能

犯內亂、外患或貪污罪，經判刑確定者（§79Ⅰ②）；犯組織犯罪防制條例之罪，經判處有期徒刑以上之刑確定者（§79Ⅰ③）；犯前二款

---

[69] 內政部99年8月17日台內民字第0990162871號函參照。

[70] 內政部93年6月10日台內民字第0930005576號函參照。

[71] 內政部95年3月17日台內民字第0950050746號函參照。

[72] 內政部94年1月25日台內民字第0940002295號函參照。

以外之罪，受有期徒刑以上刑之判決確定，而未受緩刑之宣告、未執行易科罰金或不得易服社會勞動者（§79Ⅰ④）；受保安處分或感訓處分之裁判確定者。但因緩刑而付保護管束者，不在此限（§79Ⅰ⑤）。

(4) 身心狀態的不能勝任或不適任

受監護或輔助宣告尚未撤銷者（§79Ⅰ⑧）；直轄市長、縣（市）長、鄉（鎮、市）長、村（里）長，因罹患重病，致不能執行職務繼續1年以上（§80前段）；直轄市長、縣（市）長、鄉（鎮、市）長、村（里）長，因故不執行職務連續達6個月以上（§80中段）；直轄市議員、縣（市）議員、鄉（鎮、市）民代表連續未出席定期會達二會期者（§80後段）；鑑於延長會為原定期會之天數延長，解釋上，此定期會自包括延長會在內[73]。

(5) 依其他法律應予解除職權或職務者

如依公職人員選舉罷免法第91條規定「罷免案通過者，被罷免人應自公告之日起，解除職務。」

如依刑事訴訟程序遭法院裁准羈押，並非不執行職務，與因故不執行職務之情事有別[74]，只能依第78條予以停職，不能依第80條予以解職。至所稱「罹患重病致不能執行職務」或「因故不執行職務」，均屬不確定法律概念，尚無從以固定的病名、症狀或事由加以涵蓋，惟其不能執行職務或不執行職務連續達一定時間至為明確，應由主管機關視具體個案情況加以判斷[75]。

又，只要連續未出席定期會達2會期者，應解除其職權。至其有無請假，均在所不問[76]。

---

[73] 內政部104年10月29日台內民字第1040439076號函參照。

[74] 內政部92年11月28日內授中民字第0920009412號函參照。

[75] 內政部96年4月11日台內民字第0960055854號函參照。

[76] 內政部89年10月18日台（89）內民字第8908369號函參照。

3. 生效

　　解職處分究自何時發生效力？實務上，分各種情況由有不同處理[77]；而解職處分生效日起至解職處分送達日期間，即不具地方民選公職人員身分，相關薪給或各項費用，即應予以停支[78]：

(1)依第79條第1項第1款至第5款事由解職者，自判決或裁定確定之日起執行。但第4款因判決確定受有期徒刑以上之刑，得易科罰金而未執行者，應自有期徒刑執行之日起，始生解職效力。

(2)依第79條第1項第6款事由解職者，除解職命令另定解職日期外，自解職命令送達當事人時起始發生解職效力。

(3)依第79條第1項第7款事由解職者，自裁判確定之日起生效。按，裁判應於確定後執行之，此為確定判決的執行力。而褫奪公權係從刑之一種，並於裁判時與主刑同時宣告，故經判決宣告褫奪公權者，即已發生執行力，本即應開始執行。褫奪公權期間若與有期徒刑期間併同起算，將使褫奪公權的效力一部或全部消失於有期徒刑中，並非合理；故刑法第37條第4項後段乃規定宣告6月以上有期徒刑並宣告褫奪公權者，自主刑執行完畢或赦免之日起算，此係褫奪公權宣告的執行力發生時間與起算日期的不同[79]。

(4)依第79條第1項第8款事由解職者，自監護或輔助宣告發生效力之日，即自監護或輔助宣告人之法定代理人，或依法律應為監護人之人收受送達時起發生效力。

(5)依第79條第1項第9款及第10款事由解職者，除本法、其他法律或解職命令另有規定外，自解職命令送達當事人時起發生解職效力[80]。

---

[77] 內政部95年2月27日台內民字第0950037030號函參照。

[78] 內政部96年8月14日台內民字第0960125409號函參照。

[79] 法務部88年1月8日法（88）檢字第000008號函、內政部94年12月15日內授中民字第0940036903號函參照。

[80] 內政部95年2月27日台內民字第0950037030號函參照。

4. 撤銷

解職是對公職人員最嚴厲的懲罰，對地方自治團體的自治運作及受處分人公權的行使，均有相當程度的傷害；因此，本法第79條第2項特設補救規定，如解職的原因消失而有下列情事之一，其原職任期未滿，且尚未經選舉機關公告補選時，解除職權或職務的處分均應予撤銷：

(1)因前項第2款至第4款情事而解除職權或職務，經再審或非常上訴判決無罪確定者。

(2)因前項第5款情事而解除職權或職務，保安處分經依法撤銷，感訓處分經重新審理為不付感訓處分之裁定確定者。

(3)因前項第8款情事而解除職權或職務，經提起撤銷監護或輔助宣告之訴，為法院判決撤銷宣告監護或輔助確定者。

本項規定，並不及於第79條第1項第7款因褫奪公權尚未復權而被解職的情形；因此，如經法院判處有期徒刑確定，並宣告褫奪公權而解除職務，於褫奪公權期滿後，縱使該屆任期尚未屆滿，仍不得據以撤銷原解職處分或回復原職務[81]。又如受保安處分之裁判確定，自治監督機關未及時解除其職務，致其保安處分已執行完畢並仍任職者，仍應予以解除職務。此係保安處分執行完畢，與同條第2項第2款「保安處分經依法撤銷」的規定尚有不同，故亦無該款解除職務處分應予撤銷的適用[82]。

（三）派代與補選

依本法第81條及第82條規定，地方公職人員因辭職、去職或死亡而喪失身分。死亡包括自然死亡與宣告死亡；去職，依本法第2條第6款規定，係指依《公務員懲戒法》規定受撤職之懲戒處分、依《公職人員選舉罷免法》規定被罷免或依本法規定被解除職權或職務；「辭職」則係指自願辭去其職務，使身分確定消失。

---

[81] 內政部94年2月1日內授中民字第0940030266號函參照。

[82] 內政部89年10月23日台（89）內民字第8908291號函參照。

地方民意代表的辭職，應以書面向地方立法機關提出，且於辭職書送達地方立法機關時，即行生效（§81Ⅲ）。至於地方行政首長因地方行政事務的經常性與不可中斷特質，其辭職程序較為嚴謹，除應以書面為之外，直轄市長應向行政院提出並經核准；縣（市）長應向內政部提出，由內政部轉報行政院核准；鄉（鎮、市）長應向縣政府提出並經核准；村（里）長應向鄉（鎮、市、區）公所提出並經核准，且均自核准辭職日生效（§82Ⅵ）。

地方公職人員因辭職、去職或死亡而出缺後，其所遺職缺是否遞補或代理，本法因其職權屬性與是否影響機關權力行使的正當性而有不同的設計。

1. 地方民意代表

第81條第1項規定「缺額達總名額十分之三以上或同一選舉區缺額達二分之一以上時，均應補選。但其所遺任期不足二年，且缺額未達總名額二分之一時，則不再補選。」其排列組合應補選的情況為(1)缺額達總名額十分之三以上，且其所遺任期尚有2年以上；(2)所遺任期雖不足2年，但缺額已達總名額二分之一；(3)同一選舉區缺額達二分之一以上，且其所遺任期尚有2年以上。補選的地方民代都以補足所遺任期為限。

惟當選人於涉有當選無效訴訟案件情形下先行辭職，其辭職後的缺額處理，基於《公職人員選舉罷免法》第74條第2項定有地方民代當選人經判決當選無效確定的出缺遞補規定，旨在鼓勵檢舉賄選，保障應當選而未當選的候選人的權益，並已明文不適用缺額補選的規定，係屬本法第81條第1項有關缺額補選的特別規定，應予注意。

2. 地方行政首長、村（里）長

(1) 代理

地方行政首長如受停職處分，因仍保有公職人員的身分，只是於一定期間內，不得執行其職務行為；其政務副首長身分不受影響，第82條第2項爰規定，原則上由副首長代理即可；如副首長也出缺或不能代理（如亦受停職處分），始由自治監督機關派員代理。村（里）長受停職處分者，因無副手的建置，也由鄉（鎮、市、區）公所派員代理。

　　地方行政首長如因辭職、去職或死亡而出缺，其副首長依規定應隨同離職，無法直接代理，第82條第1項規定，由自治監督機關派員代理。村（里）長辭職、去職、死亡者，亦同。

　　代理人的職權及身分，本法原未有特別限制規定，故如相關人事法律無特別限制，應有全部業務代理之權，包括對於所屬人員的任免權[83]。因此，早期實務上較爲審慎，都核派現職公務員代理。後來變更見解，認既未明文限制代理人員學經歷、背景或資格，自治監督機關自得本於行政裁量權，在通盤考量代理人員的學經歷、品德操守、領導能力、公務行政經驗及社會接受度等因素後，爲最適當的指派，尚不以現職人員爲限[84]。

　　此完全係出於基層樁腳的政治考量，致實務上弊端叢生，甚至核派其配偶、子女或兄弟姊妹代理的情形。主關機關雖一再補充函示謂，考量代理地方行政首長有綜理地方自治團體施政的權責，爲利地方政務推動，於核派代理人員時，仍宜派任相當層級或具有一定行政經驗的人員；又代理者雖非選舉產生的公職人員，惟其既代理民選的公職，則代理人員自亦不得有《公職人員選舉罷免法》對於候選人所定消極資格情事[85]。或謂，里長因案經解除職務，未指定正式編制職員代理而由其配偶代理，致造成里長違法遭解職，實質上仍執行里長職務（名義上由其配偶代理）的不合理現象，爲避免實務上不合理的現象及社會接受度，實不宜由該里長之配偶代理其里長職務[86]。但僅屬勸告性質，不具拘束力。

　　2022年5月10日經立法院三讀通過的地制法修正第82條增列第3項，明定「前二項之代理人，不得爲被代理者之配偶、前配偶、四親等內之血親、三親等內之姻親關係。」此一由內政部以函示放寬派代人員資格所造成的荒謬亂象，終告解決。第57條並修正，山地原住民鄉鄉長之派代，也應以山地原住民爲限。

---

[83] 內政部88年11月29日台（88）內民字第8808990號函參照。

[84] 內政部94年6月1日台內民字第0940005080號函參照。

[85] 內政部94年6月1日台內民字第0940005080號函參照。

[86] 內政部94年9月30日內授中民字第0940035551號函參照。

地方制度法上的派代係屬全權的代理，得行使地方行政首長全部的權利，並負其義務。但如尚未派員代理前，上級政府先行指派人員暫代職務，則係基於政務運作及推展所為的暫時性權宜措枑，其代理權範圍應以維持基本縣政運作為限，不應處理人員任用及重要政策的決定[87]。

(2) 補選

派員代理終不具民主正當性，應屬暫時救濟措施，除非出缺者所遺任期不足2年，慮及選舉勞師動眾，不再辦理補選，由代理人代理至該屆任期屆滿為止。否則，所遺任期如尚足2年以上，第82條第4、5項規定，應自事實發生之日起3個月內完成補選。補選的當選人應於公告當選後10日內宣誓就職，其任期以補足該屆所遺任期為限，並視為一屆。

「3個月」的補選期間，究其立法目的的，係在於地方行政首長對外代表該地方自治團體，對內綜理政務，其職責重大，不宜懸缺過久，爰明定辦理補選的期間為3個月，以避免延宕而影響政務推行。實務上認為是原則性規定，倘非因選務機關的故意或過失，致無法於3個月內完成補選者，其補選結果，尚不受影響[88]。但依第83條規定，地方公職人員任期屆滿或出缺應改選或補選時，僅於因特殊事故[89]，經自治監督機關核准，始

---

[87] 內政部107年9月14日台內民字第1070444111號函參照。

[88] 內政部96年8月31日台內民字第0960137417號函參照。

[89] 大法官釋字第553號解釋謂：所謂特殊事故，在概念上無從以固定之事故項目加以涵蓋，而係泛指不能預見之非尋常事故，致不克按法定日期改選或補選，或如期辦理有事實足認將造成不正確之結果或發生立即嚴重之後果或將產生與實現地方自治之合理及必要之行政目的不符等情形者而言。又特殊事故不以影響及於全國或某一縣市全部轄區為限，即僅於特定選區存在之特殊事故如符合比例原則之考量時，亦屬之。上開法條使用不確定法律概念，即係賦予該管行政機關相當程度之判斷餘地，蓋地方自治團體處理其自治事項與承中央主管機關之命辦理委辦事項不同，前者中央之監督僅能就適法性為之，其情形與行政訴訟中之法院行使審查權相似（參照訴願法§79Ⅲ）；後者得就適法性之外，行政作業之合目的性等實施全面監督。本件既屬地方自治事項又涉及不確定法律概念，上級監督機關為適法性監督之際，固應尊重地方自治團體所為合法性之判斷，但如其判斷有恣意濫用及其他違法情事，上級監督機關尚非不得依法撤銷或變更。

得延期辦理改選或補選，似採強制說。

（四）懲戒處分

　　地方行政首長係依法令從事於公務而受有俸給的人員，屬廣義的公務員，本法第84條規定，其行為規範適用公務員服務法；惟其身分因屬民選公職人員，不同於一般事務官，如其行為有違法、廢弛職務或其他失職情事者，應如何處置？民選地方行政首長究非一般公務人員，其懲戒方式自亦有所不同，其身分屬性較類似於負施政成敗責任而又有任期限制的政務人員，同條特規定「準用政務人員之懲戒規定」。

　　所謂「準用」係指法律明定將關於某種事項（法律事實）所設規定，適用於其相類似的另一事項。過去，依舊《公務員懲戒法》第9條，懲戒處分項目僅有撤職、休職、降級、減俸、記過、申誡等6種，第2項明定政務官不適用休職、降級、減俸、記過處分。亦即應僅適用撤職與申誡的規定，惟實務上，公務員懲戒委員會就民選地方行政首長的懲戒，曾有休職[90]、記過等處分[91]，並不以撤職與申誡為限。而依2016年5月2日施行的《公務員懲戒法》全案修正第9條擴大懲戒處分項目：「一、免除職務。二、撤職。三、剝奪、減少退休（職、伍）金。四、休職。五、降級。六、減俸。七、罰款。八、記過。九、申誡。」第4項明定，僅第4款、第5款及第8款之處分於政務人員不適用之。因此，仍得為免除職務、撤職、剝奪或減少退職金、減俸、罰款、申誡。且依第3項規定：「第七款得與第三款、第六款以外之其餘各款併為處分。」

　　較嚴重而須特別注意的是，新增第11條明定：「免除職務，免其現職，並不得再任用為公務員。」立法說明指出「於政務人員亦適用之」。未來也將準用於公職人員，不可不戒之慎之。

---

[90] 如2005年前臺中市長林○○因衛爾康餐廳大火事件。惟當時的《省縣自治法》並無《地方制度法》有關準用政務官懲戒之規定。

[91] 如前臺東縣長鄺○○、臺東縣達仁鄉鄉長王○○違法失職，即均懲戒「記過貳次」。公務員懲戒委員會98年8月28日98年度鑑字第12026號及100年7月29日100年度鑑字第11497號參照。

另依舊懲戒法第11條規定：「撤職，除撤其現職外，並於一定期間停止任用，其期間至少爲一年。」而無上限規定[92]，新法第12條則明定「撤職，撤其現職，並於一定期間停止任用；其期間爲一年以上、五年以下。」一旦被懲戒停止任用，依《公職人員選舉罷免法》第26條規定，於停止任用期滿前，不得登記爲候選人。

又本法第78條第1項規定，地方行政首長與村里長不適用公務員懲戒法第4條當然停職的規定，但仍有第5條依職權停止其職務的適用，已如前述。依公務員懲戒法第6條規定：「停止職務之公務員，在停職中所爲之職務上行爲，不生效力。」故地方公職人員依法停止職務或職權者，於停止職務或職權期間，所爲職務上的行爲，即不具任何效力[93]。

第五節　府際衝突及其解決

相關條文：

第30條（第5項）

自治法規與憲法、法律、基於法律授權之法規、上級自治團體自治條例或該自治團體自治條例有無牴觸發生疑義時，得聲請司法院解釋之。

第43條（第5項）

（地方立法機關）議決自治事項與憲法、法律、中央法規、縣規章有無牴觸發生疑義時，得聲請司法院解釋之。

第75條（第8項）

（地方行政機關）辦理自治事項有無違背憲法、法律、中央法規、縣規章發生疑義時，得聲請司法院解釋之；在司法院解釋前，不得予以撤

---

[92] 實務上有停止任用1年（如前高雄縣甲仙鄉鄉長劉○○）及2年（如澎湖縣望安鄉鄉長葉○○），公務員懲戒委員會100年6月17日100年度鑑字第11993號及102年10月11日102年度鑑字第12629號參照。

[93] 內政部96年12月6日台內民字第09601873671號函參照。

銷、變更、廢止或停止其執行。
第76條（第5項）
直轄市、縣（市）、鄉（鎮、市）對於代行處理之處分，如認為有違法時，依行政救濟程序辦理之。
第77條
中央與直轄市、縣（市）間，權限遇有爭議時，由立法院院會議決之；縣與鄉（鎮、市）間，自治事項遇有爭議時，由內政部會同中央各該主管機關解決之。
直轄市間、直轄市與縣（市）間，事權發生爭議時，由行政院解決之；縣（市）間，事權發生爭議時，由中央各該主管機關解決之；鄉（鎮、市）間，事權發生爭議時，由縣政府解決之。

　　府際衝突包括地方自治體之間水平型的府際衝突，以及中央與地方之間垂直型的府際衝突。

　　單一國家建構的地方自治體系，中央與地方關係上，多半係採「中央負責全國性政策決定，地方執行」以及「地方負責地方區域性政策決定並執行」的重疊機制，中央與地方各有競爭，又相輔相成，相互依存。我國也屬單一體制國家，但在90年代威權統治解構以前，中央、省（市）與縣（市）的關係，一直維持上層統屬下層的階層性節制指揮體系，中央集權。權限劃分上，雖有重疊模式的形式，但在實際運作上，卻傾向於地方政府對中央的單方依賴[94]，中央政府掌握一切政治權力與資源，最

---

[94] 對於中央與地方關係的研究，日本學者曾建立四種運作模式，包括「相互獨立」（mutual independence）、「地方政府對中央的單方依賴」（unilateral dependence of local government on the center）、「中央對地方政府的單方依賴」（unilateral dependence of the center on local government）及「重疊機制」（overlapping authority）等；這些模式在中央與地方互動上，是隨時存在的。而研究美國府際關係學者，亦提出中央與地方各自獨立相互對等的「對等權力模式」（coordinate-authority）、中央擴大對地方掌控的「包含性權力模式」（inclusive-authority model）以及中央與地方相互制約、協商的「重疊性權力模式」（overlapping-authority model）三種政治權力運作模

高統治者擁有調整中央與地方權限的最終決策權,垂直的府際衝突,殆難以想像[95]。至於地方平行的府際衝突,大多是發生於同一自治團體內的府會失和,或毗鄰自治團體間的事務糾紛,如垃圾大戰;多屬於個別的、單線的、偶發的,中央或官派的省政府正可藉由「自治監督與調停者」的角色,充分展現其不容挑戰的「權威」,多透過上級自治監督機關行政協調解決。

直至地制法頒行,配合臺灣民主化的進程與地方自治意識的抬頭,才改變以往上對下垂直監督關係,逐漸在「權責分明」、「行政一體」的基礎上,朝向中央與地方「相互合作」、「共生共榮」、「相輔相成」、「互通有無」的夥伴關係的建構。為因應地方分權的全球趨勢,如何建構一種公平合理而合乎體制,且便於操作的監督機制,一方面能促進地方自治的健全發展,相對又能連帶保證國家的整體進步,在面臨平行或垂直的府際衝突時,仍能保持權力機制的順利運轉,無疑是地方制度法最重要也最棘手的議題。

依本法的設計,有關府際間衝突的解決,殆分為行政解決、立法解決與司法解決三種途徑。

一、行政解決途徑

除地方府會間的衝突與跨域事務的協力辦理,已於相關章節中論述。第77條第1項後段與第2項,提供了行政解決的概括性的規範。

式。參Muamatsu Michio (Bestsey Scheiner and James White, translated), Local Power in the Japanese State, Berkeley: University of California Press, 1997, pp. 132-133.

[95] 垂直的府際衝突,殆始於90年代左右。如1990年間,部分縣市違反中央政策,片面將辦公及學生上課時間,由五天半縮減為五天。民主進步黨「民主有線電視臺」試播,違反廣播電視法,行政院新聞局依法取締,但部分民進黨執政縣市首長指示所屬單位,不必配合上級主管機關認合取締行動。澎湖縣長違反法令,宣布脫離南部區域計畫圈。中央為此研議關於「縣市長違反法令或政策應如何處理之對策」(行政院秘書長79年10月1日台(79)規字第28216號函參照)。

　　第2項原規定：「直轄市間或直轄市與縣（市）間的事權爭議，由行政院解決；縣（市）間的事權爭議，由內政部解決；鄉（鎮、市）間的事權爭議時，由縣政府解決。」基本上，第2項在解決同層級的地方自治團體間的事權爭議，而賦予自治監督機關一定的角色；此所謂「事權」，通常反映在管轄的歸屬，包括積極地爭奪管轄權與消極地「拒斥」管轄權。本項爭議的處理，原則上是具體個案的解決，往往爭議的背後，其實隱藏著政治利益或實質利益，或不利益的分擔所衍生的分配不均；尤其，政黨角逐的影射，極可能衍發為政治衝突，期待自治監督機關公正不偏私地進行協調，無異緣木求魚。

　　至於縣與鄉（鎮、市）不同層級間的衝突則與此不同，處理的重點偏重於法律規範欠缺或不明時[96]，某事項究竟應屬縣的自治事項，或屬轄區內鄉（鎮、市）的自治事項？遇有爭議時，其解決，不單純是自治監督機關行政協調的問題，同時也涉及到相關專業法律規範的解釋、適用；因此，特規定由內政部會同中央各該主管機關（通常即法律所定的中央主管機關）解決。本爭議，與第2項略有差異，本項規定主要是從具體個案所衍生的抽象規範的解釋，解釋後就形成通案，適用於全國；因此，傾向於事務屬性的客觀認定，較不會受到政治的干擾[97]。

　　本法就行政解決途徑僅簡略地規定其權責機關，對於如何運作、效力如何等，既均付諸闕如，機制設計上也缺乏現代行政應有的能動性，對於中央與地方的權限爭議、衝突，並不能提供適時有效化解的途徑，無助於夥伴關係的型塑。如大法官釋字第553號解釋理由書所示：「地方制度法關於自治監督之制度設計，除該法規定之監督方法外，缺乏自治團體與監督機關間之溝通協調機制，致影響地方自治功能之發揮。從憲法對地方自

---

[96] 更具體的說，在實體法律除極少數例外，如殯葬管理條例、祭祀公業條例，很少處理到鄉鎮市的自治事項問題。

[97] 此一微妙差異，原蘊含條文結構安排的用心。但2014年修法時不查其意旨，僅基於行政考量，將第2項規定的「內政部」修正為「中央各該主管機關」，遂模糊了箇中真味，不無商榷餘地。

治之制度性保障觀點，立法者應本憲法意旨，增加適當機制之設計。」

二、立法解決途徑

一般聯邦國家憲法，僅規定中央或地方一方的權限，他方則概括其餘；我國則以絕非聯邦國家所採行的剩餘權分配方式處理剩餘權問題，亦即有未列舉事項時，於第111條規定「有全國一致之性質者屬於中央，有全省一致之性質者屬於省，有一縣之性質者屬於縣。」依事務性質採「均權理論」定其權責歸屬；若發生爭議，則由立法院解決。本法重申此旨，中央與直轄市、縣（市）間，權限遇有爭議時，第77條第1項前段亦規定「由立法院院會議決之」。

申言之，涉及中央或地方權限劃分之爭議時，首應探究憲法本文及其增修條文是否已有明文規定，或可據以解釋而劃分中央與地方間之權限。於無明文且無從經由解釋而決定其性質究屬中央或地方之權限時，始由立法院依憲法第111條規定解決之（司法院釋字第769號解釋參照）。

「由立法院解決」，憲判字第6號稱此為「政治解決途徑」，其意為何？過去主流見解，曾認為立法院才是解決中央與地方權限爭議最終的權力歸宿，部分論者甚至主張該權限具專屬性與排他性，並進而倡議立法院應設置「地方自治權爭議解決委員會」，專責處理類似爭議事件[98]。

從憲法上開規定的實質涵義、立法權的本質及司法違憲審查價值體系的觀點論之，上述見解似不無商榷餘地。

本來，有關中央與地方權限的衝突，各國憲政實例類多循司法途徑解決，如美、加的最高法院，德、奧的憲法法院[99]；已故憲法權威學者劉慶瑞及大法官林紀東均認為，該項爭執係屬憲法爭議，應由大法官會議解決，較為妥當；惟憲法乃捨正道而弗由，規定由立法院解決，法理上未

---

[98] 《立法院議案關係文書》，院總字第23號，委員提案第1163號。

[99] 耿雲卿，《中華民國憲法論》（臺北：華欣書局，1982年），頁164。

必妥善[100]；薩孟武教授亦批評，立法院常屬爭議當事人之一方，由其解決有如球員兼裁判，有失公平[101]；林紀東並質疑「其用意何在，殊難索解」[102]。

其實，本條規定的實質，與其謂係在賦立法院以自治法律適用爭議的最後裁決權，毋寧認為僅在突顯我國係單一制國家的特色，有別於聯邦制國家，故除於憲法第107條至第110條分別列舉中央、省、縣的專屬權及共有權外，並於第111條規定「剩餘權」的分配原則，而其因事務性質認知差距所引發的爭議，最後決定權仍歸屬於中央政府的立法機關，不歸地方政府。

至於立法院如何行使該項權力，則仍受實質與程序的雙重限制，前者即事務屬性的限制，即應秉持「有全國一致之性質者屬於中央，有全省一致之性質者屬於省，有一縣之性質者屬於縣。」的原則予以分配；後者則謂，其行使的程序及方式應受立法權本質的限制。

所謂「立法權」係規定或制定法律的權限，亦即在多元的、彼此對立衝突的社會利益及不同團體的政治確信與目的中，透過協商討論的過程，有意識地創設規律、統合特定利益或事務的一般性、抽象性規範的權力；至於特定具體事件的個別處置，則非屬立法權的範疇[103]。基於這一特質，對剩餘權爭議的解決，立法院仍應以制定法律的方式與程序為之[104]，而此正為單一制國家得以法律賦予地方自治事項的特色；非謂可

---

[100] 劉慶瑞，《中華民國憲法要義》（臺北：三民書局，1987年），頁241、242；林紀東，《中華民國憲法逐條釋義（四）》（臺北市：三民書局，1988年），頁87。

[101] 薩孟武，《中國憲法新論》（臺北市：三民書局，1986年），頁528。

[102] 林紀東，《中華民國憲法逐條釋義（四）》（臺北市：三民書局，1988年），頁87。

[103] 吳庚，《行政法之理論與實用》（臺北：三民書局，2005年），頁38，有關「處置性法律」與「個別性法律」的討論，可資對照。

[104] 司法院於2013年1月8日發布的《司法院大法官審理案件法》修正草案（2018年三讀修正名稱為《憲法訴訟法》）第85條規定：「地方自治團體因行使職權，與中央機關或其他地方機關發生憲法上權限之爭議，或憲法適用上之爭議，於依地方制度法第77條協商未果後，認對其受憲法所保障之地方自治有造成損害之虞者，得聲請憲法法庭為機關爭議之判決。前項聲請，應於爭議發生起六個月內提出。」揆其理由，似認立法

以援第111條規定，主張個別地裁決具體的地方自治爭議事件，亦不能據以排除司法違憲審查，該法律終究仍屬於憲法第171條司法審查的對象。

　　換言之，憲法第111條的適用邏輯是，當遇有憲法第107條至第110條未列舉的事務，先依事務屬性，分配其權限歸屬；如有爭議時，則由立法院以立法方式進行分配，法律無規範時（如新興的基因改造植物GMO的管理），則制定新法律；現行法律規定不周延或不明確，則修正現行法律。倘中央或地方政府對法律的合憲性有爭議，則仍循程序聲請司法院解釋以為終局解決。唯其如此解釋，立法權與司法權的分際，方得以各安其位，不相齟齬。

三、司法解決途徑

　　司法解決途徑包括行政爭訟與憲法訴訟，茲分別述之如下：

（一）行政爭訟

　　行政爭訟即訴願[105]及行政訴訟，又分1.上級政府行政機關個案處理侵害地方自主權，以及2.地方自主權的實施遭受自治監督機關違法監督的處置兩個類型。

1.類型

(1)地方自治團體第一類型的訴願

　　地方自治團體為公法人，為權利義務主體，如因國家行政機關的處分，損害其權利，地方自治團體有無訴願的權能？訴願法第1條第1項規

院也是透過協商方式處理具體個案的爭議，有待商榷。經筆者向主事的司法院前副院長蘇永欽反應後，2018年重擬草案已將本條條文刪除，應屬正確。

[105] 訴願本屬行政程序的一種，為行政機關自省的救濟。但因各機關訴願審議委員會具「半獨立性」性格，其職權的行使與決定的形式，也有司法化的傾向；於撤銷之訴與課予義務之訴，訴願與行政訴訟又有前置與終局確定的連繫關係，本書特一併於司法解決途徑中論列。

定：「人民對於中央或地方機關之行政處分，認為違法或不當，致損害其權利或利益者，得依本法提起訴願。」

　　依過去的見解，若行政機關的處分不獨對於地方自治團體為之，對於一般人民具有同一情形亦可能為同一的處分；地方自治團體即係以與一般人民同一的地位而受處分，不能因其為公法人，遂剝奪其提起訴願的權利[106]。例如內政部為核准徵收地方自治團體公有土地的違法處分時，地方自治團體如有不服，自得以地方自治團體為訴願人，而地方行政首長為其代表人，即由地方行政首長以地方自治團體的名義，提起訴願[107]。此即屬上述第一類型的訴願。

　　(2)地方自治團體第二類型的訴願

　　至於上級政府若係以自治監督機關的名義，對地方自治團體的行政作為進行監督處置（如核辦、核定）等，過去司法實務，認地方自治團體係以行政主體的地位，作為統治組織的一部分，無訴願的權能；如縣政府就鄉鎮民代表會關於鄉鎮公有財產決議案覆議結果所為核辦的處分，鄉鎮雖有不服，亦不得提起訴願[108]。

　　此見解於自治綱要中央集權時期，固有其時代背景，但終究不符地方自治的現代思潮；1996年修正訴願法時，於第1條增訂第2項規定：「各級地方自治團體或其他公法人對上級監督機關之行政處分，認為違法或不當，致損害其權利或利益者，亦同。」賦予地方自治團體對自治監督機關因監督處置而侵害其權益時，亦得提起訴願。此即屬第二類型的訴願。

2.實務問題與檢討

　　學者及實務對於地方自治團體的訴願，多僅含混地表述得依訴願法第一條規定，提起訴願；然究依第1項或第2項，屬第一類或第二類？均未作如上的區隔。釋字第553號解釋可謂是少數的例外，該解釋具體指出地方

---

[106] 司法院34年院解字第2990號解釋參照。

[107] 最高行政法院47年裁字第51號、49年裁字第22號判例參照。

[108] 司法院34年院解字第2990號解釋參照。

自治團體對自治監督機關依地制法第75條所爲撤銷等處分，地方自治團體
如認該處分侵害其公法人的自治權或其他公法上的利益時，自得由該地方
自治團體，依訴願法第1條第2項、行政訴訟法第4條提起救濟請求撤銷，
並由訴願受理機關及行政法院就上開監督機關所爲處分之適法性問題爲終
局之判斷。

　　上述訴願類型的區別，法制上有其實益。如爲第一類型的訴願，依訴
願法第82條規定：「受理訴願機關認爲有理由者，應指定相當期間，命應
作爲之機關速爲一定之處分。」但第二類型的訴願，則未有類似規定；質
言之，訴願機關僅得爲撤銷決定，而不能爲「一定處分」的決定。

　　有問題的是，除釋字第553號所明揭的地制法第75條外，其他自治監
督機關對地方自治團體所爲的個案處置，是否屬行政處分？是否均得提起
行政爭訟？尚有討論餘地。

　　(1)如依法函報自治監督機關核定的事項[109]，自治監督機關不予核
定，應屬於有法效性的意思表示，屬行政處分，可參照釋字第553號解
釋，提起行政爭訟。

　　(2)直轄市、縣（市）、鄉（鎮、市）對於自治監督機關代行處理的
處分，如認爲有違法時，本法第76條僅規定「依行政救濟程序辦理之」。
鑑於該處分係本於自治監督權責的立場，所爲具法效性的意思表示，應屬
行政處分，其救濟程序應可參照釋字第553號解釋，提起行政爭訟。

　　(3)如依地制法第30條第4項規定，認定地方立法權的行使牴觸上級規
範，而函告其無效；該函告行爲應僅屬觀念通知的性質，實務上認係依地

---

[109] 如地制法第6條地方自治團體名稱的變更、第7條之1合併改制計畫、第26條訂有罰則
的自治條例、第54條地方立法機關組織自治條例等。但大法官在處理行政院環境保護
署「不予核定」《雲林縣碳費徵收自治條例》一案時，卻決議「行政院或中央各該主
管機關對報請核定之自治條例不予核定，地方自治機關如何救濟，地方制度法並未明
文，宜由立法解決之。」（司法院大法官101年11月21日第1396次會議決參照）。就
「臺北縣建築物設置行動電話基地台管理自治條例」，國家通訊傳播委員會函告不予
核定，大法官亦同此見解（101年9月14日大法官第1393次會議議決參照）。

制法所授予的抽象法規審查權限而爲，並非就具體事件所爲的決定，非行政處分；地方自治團體如對函告無效的內容持不同意見，非得循行政爭訟程序尋求救濟，僅能依地制法第30條第5項規定及參照釋字第527號解釋意旨，聲請司法院解釋之[110]。

如受函告無效者爲自治條例，該地方立法機關經會議決議得視其性質聲請司法院解釋憲法或統一解釋法令；如受函告無效者爲自治規則由該地方自治團體最高層級的行政機關聲請。

(4)至自治監督機關依地制法第43條第4項規定，認定地方立法機關單純決議無效，所爲的函告，參照同(2)理由，得經地方立法機關會議決議，聲請司法院解釋。

惟各級地方行政機關與立法機關的個別立法及立法機關的單純決議，因監督行爲所生規範衝突的爭議，如均不能循行政爭訟救濟，直接湧入司法院解釋，其數量之龐大恐非大法官所能承受。

《憲法訴訟法》第83條第1項明訂，「地方自治團體，就下列各款事項，依法定程序用盡審級救濟而受之不利確定終局裁判，認爲損害其受憲法所保障之地方自治權者，得聲請憲法法庭爲宣告違憲之判決（各款事項詳後）。」

本條文雖未如原《大法官審理案件法》修正草案第86條規定，明確規定地方自治團體均得「準用」行政訴訟法第4條至第6條規定，提起行政訴訟；惟從其條文所定「均得依法定程序尋求行政救濟」，似將監督機關所爲的撤銷、變更、廢止或停止執行、函告等行爲，均定性爲行政處分[111]。

---

[110] 行政院訴願委員會102年11月25日院臺訴字第1020152497號決定書、最高行政法院103年9月11日裁字第1310號裁定參照。

[111] 函告無效是否爲行政處分，非無爭議。學者程明修認爲不應以函告之標的認定是否爲行政處分，而應以函告本質認定其是否行政處分。

（二）憲法訴訟與司法院解釋

1.類型

司法院大法官職司憲法解釋，是憲政運作過程中的核心機制，其於衝突解決與維持國家權威等明顯的政治活動中，扮演著非常重要的角色；大法官是「憲法的維護者」，也是「憲法的發言人」，不僅可以就國家與個人之間的爭議，進行裁決；亦可就主要政府機關之間的爭議，進行裁決。

地方自治團體既受憲法制度性保障，其與自治監督機關因地方自治事項運作所生爭議，地制法特設有得聲請司法院解釋的規定，如地方制度法第30條第5項、第43條第5項、第75條第8項分別就地方的立法權、地方立法機關的單純決議與地方行政機關辦理自治事項有無牴觸上級規範發生疑義等，而就事件性質兼及解釋憲法與統一解釋法令。

惟究竟哪些自治監督的作為，得聲請解釋？直接聲請或應先經行政爭訟程序？聲請的主體為何？是否應經自治監督機關層轉？因各該規定過於概括籠統，實務上迭生齟齬[112]，而多賴於大法官解釋予以補充。其中，最主要有第527號與第553號兩號解釋。

立法院於2018年12月18日三讀通過、2022年1月4日施行的《憲法訴訟法》，除於第1條第2項保留「其他法律規定得聲請司法院解釋」的程序外，第1條第1項及第七章並列舉憲法訴訟的程序類型，新增地方自治保障案件的類型，納入部分過去大法官解釋所規整的處理方式，略予具體化。

相較於過去的《大法官審理案件法》，《憲法訴訟法》有如下幾點可予論述：

(1)沿襲大審法第5條第1項第1款關於抽象規範審查的規定，第82條明定：「地方自治團體之立法或行政機關，因行使職權，認所應適用之中央

---

[112] 如發生於2002年的臺北市里長延選案，內政部與臺北市政府迥異對立的立場，引起中央地方首長達二個多月的緊張論戰，一方面顯現各界對自治學理認知的歧異，一方面亦暴露現行法制在處理權限爭議相關機制的不足與僵化。參劉文仕，〈臺北市里長延選案的法理分析：釋字553實體爭點與調解機制的探討〉，收錄於氏著《地方制度改造的憲政基礎與問題》（臺北市：學林文化公司，2003年）。

法規範牴觸憲法，對其受憲法所保障之地方自治權有造成損害之虞者，得聲請憲法法庭爲宣告違憲之判決。」

　　(2)增訂準裁判憲法審查，第83條第1項明訂：「地方自治團體，就下列各款事項，依法定程序用盡審級救濟而受之不利確定終局裁判，認爲損害其受憲法所保障之地方自治權者，得聲請憲法法庭爲宣告違憲之判決：一、自治法規，經監督機關函告無效或函告不予核定。二、其立法機關議決之自治事項，經監督機關函告無效。三、其行政機關辦理之自治事項，經監督機關撤銷、變更、廢止或停止其執行。」

　　其規範意旨有三[113]：首先，就列舉監督機關所爲的撤銷、變更、廢止或停止執行、函告均定性爲行政處分；其次，以地方自治團體基於憲法所保障的地方自治權受侵害，類同於人民憲法所保障的基本權受侵害，而使其得就監督機關所爲行政處分提起行政爭訟。最後，本於憲法法庭的補充性，當地方自治團體用盡審級救濟途徑，仍受不利確定終局裁判之情形下，許其同於人民的地位，聲請憲法法庭爲裁判憲法審查。此時，憲法法庭並以該確定終局裁判爲審查標的，此即爲準裁判憲法審查。

　　(3)保留得聲請司法院解釋應適用的程序：地制法第30條第5項、第43條第5項及第75條第8項分別規定「自治法規」、「地方立法機關議決自治事項」及「地方行政機關辦理之自治事項」與憲法、法律、基於法律授權之法規、上級自治團體自治條例或該自治團體自治條例有無牴觸發生疑義時，得聲請司法院解釋之。於《憲法訴訟法》施行後，究應如何聲請解釋？《憲法訴訟法》第1條第2項規定：「其他法律規定得聲請司法院解釋者，其聲請程序應依其性質，分別適用解釋憲法或統一解釋法律及命令之規定。」以肆應此等聲請案件的程序規範需求。

2.實務問題與檢討

　　相較於憲訴法所列舉的其他憲法訴訟類型，第七章就「地方自治保障

---

[113] 許辰舟，〈憲法訴訟法簡介及相關問題淺析〉，《司法周刊》（2021年12月10日，2054期司法文選別冊），頁3。

案件」專章，卻僅區區2個條文，如何規範分權體制運作如此重要而複雜的各種情況？確實仍有待觀察。尤其，地制法相關條文都僅非常概括地規定「得聲請司法院解釋」？程序要件如何？正待憲訴法進一步細緻規範。第1條第2項卻又僅概括規定：「其他法律規定得聲請司法院解釋者，其聲請程序應依其性質，分別適用解釋憲法或統一解釋法律及命令之規定。」但檢視各該章節的程序規範，未必得逕為適用，或無適用餘地。

　　具指標性的憲判字第6號指出，憲訴法第1條第2項規定的文義及立法意旨係指，縱使其他法律另有得聲請司法院解釋的規定，仍須符合憲訴法所定之各該訴訟類型及其要件，始得受理。

　　而聲請統一解釋法令，依憲訴法第84條第1項規定，須「人民就其依法定程序用盡審級救濟之案件，對於受不利確定終局裁判適用法規範所表示之見解，認與不同審判權終審法院之確定終局裁判適用同一法規範已表示之見解有異」始得為之。地制法上開三個條文，實即憲訴法第83條第1項所列舉的三種類型[114]，且都已被定性為行政處分而須以訴願與行政訴訟程序尋求救濟，很難想像會發生「不同審判權終審法院之確定終局裁判」的情形，也就不存在聲請統一解釋法令的前提要件。尤其，憲判字第6號更明示：「憲訴法第八章關於聲請統一解釋法律及命令案件之規定，已經刪除機關聲請之類型，是地方自治團體或其行政、立法機關已不得為統一解釋之聲請主體。」無異宣告統一解釋法令已排除於地方自治保障的範疇。

　　至於所謂「適用解釋憲法之規定」，地制法上開三個條文，是憲訴法第83條第1項所列舉的三種類型的重複規定，已如前述；憲訴法既已規定「得聲請憲法法庭為宣告違憲之判決」，有無違背或牴觸憲法的疑義，就直接適用第83條，以該函告等行政處分的理由聲請違憲判決，似不存在

---

[114] 「一、自治法規，經監督機關函告無效或函告不予核定。」是地制法第30條規範的事項；「二、其立法機關議決之自治事項，經監督機關函告無效。」是第43條規定；「三、其行政機關辦理之自治事項，經監督機關撤銷、變更、廢止或停止其執行。」是第75條規定。

須另行依地制法聲請解釋憲法的空間。花蓮縣政府因地方稅務事務事件，就所受不利確定終局裁判及法規範，聲請為宣告違憲之判決，111年憲裁字第217號指出「尚不得逕依地方制度法第30條第5項之規定而為聲請」尚無從獨立予以審酌，是否即隱含這樣的意旨？因無進一步闡述，尚無從確知。

實務界有認為，第1條第2項規定，與其說是在提供「其他法律規定得聲請司法院解釋案件」的具體程序規定，不如說是在藉此再次強調，憲法法庭的審判權嚴守列舉原則，相關法律規定的聲請案件，其程序亦應分別適用解釋憲法、統一解釋法令之規定。如仍有規範疑義，欠缺得適用之程序規範時，大法官於必要時應有填補法律漏洞之義務以及正當性。憲訴法有關地方自治保障程序之規定，與地制法及以地制法為前提所作成的釋字第527號解釋形塑的程序內容不同，將如何重塑其制度內容，有待憲法法庭再為明確宣示[115]。

問題在於，地方自治保障案件層出不窮，案例類型不一，除憲訴法第92條第2項有過渡時期準用之規定外[116]，若必待未來再填補法律漏洞，是否影響制度規範的可預見性與判決的可信度？過去大法官解釋所規整的處理方式，究竟是要一刀切地不再適用？或在必要的部分，仍有援以補充規範不足的可能？

於此特將大法官於大審法（甚至更早期的大法官會議法）時期所作解釋，特別是釋字第527號與第553號，規整要旨如下，並討論憲訴法施行後，可能的司法作為：

---

[115] 許辰舟，〈憲法訴訟法簡介及相關問題淺析〉，《司法周刊》（2021年12月10日，2054期司法文選別冊），頁4。

[116] 憲訴法第92條第2項：「……或第八十三條第一項之案件，聲請人所受之確定終局裁判於本法修正施行前已送達者，六個月之聲請期間，自本法修正施行日起算；其案件之審理，準用第九十條第一項但書及第九十一條之規定。」

(1)得聲請解釋的自治監督作為

A.自治法規，經有監督權的各級主管機關依第30條函告無效。但如受函告的法規為委辦規則，依地制法第29條規定，原須經上級委辦機關核定後始生效力，受函告無效的地方行政機關應即接受，不得聲請司法院解釋。

B.地方立法機關的單純決議，經有監督權的各級主管機關依第43條函告無效。如屬地方行政機關對同級立法機關議決事項發生執行的爭議，應依第38條、第39條等相關規定處理，不得聲請解釋。

C.前二項的自治法規或決議，是否牴觸憲法、法律或其他上位規範尚有疑義，有監督權的各級主管機關未逕予函告無效。

D.地方自治團體辦理的自治事項，經有監督權的各級主管機關依第75條撤銷、變更、廢止或停止其執行。

E.有監督權的各級主管機關，對於地方自治團體報請核定事項，不予核定。

F.除此之外，實務上，地方自治團體的機關如認中央所制定的法律有牴觸憲法疑義，亦得直接依大審法（過去的《司法院大法官會議法》），聲請司法院解釋，如釋字第260號有關臺灣省議會就「立法院有無就特定省府及省議會組織逕予立法的權限」，釋字第277號有關高雄市議會就「財政收支劃分法由中央定稅法通則，以為地方立法依據的規定」，臺北市議會與基隆市議會就「地方自治團體得就省警政及縣警衛業務編預算」、臺北市政府依臺北市議會決議就「全民健康保險法責地方政府補助保費」。

G.若無關地方自治團體決議事項或自治法規效力問題，亦不屬前開得提起行政訴訟之事項，而純為中央與地方自治團體間或上下級地方自治團體間（指縣與鄉鎮市間及直轄市與山地原住民區間）的權限爭議，則應循地制法第77條解決之，尚不得逕向司法院聲請解釋。

上開意旨，A與B應可繼續適用；C雖函告，但並非「函告無效」或「函告不予核定」，可能只是列出一些問題，要地方自治團體從新檢討，與憲訴法第83條第1項第1款規定要件並不完全契合，但其結果，形同不

予核定，允應繼續適用；D屬憲訴法第83條第1項第1款規定的事項，得直接適用該條文。E大法官曾認為該自治條例僅屬未完成立法程序的草案而已，不生法定效力，尚無與憲法、法律或上位規範發生牴觸疑義的可能，自不得據以為聲請釋憲的客體[117]，憲訴法施行後，則可適用第83條第1項第1款規定。

至於F，部分屬於憲訴法第83條第1項規定的內容，可逕依該規定處理；但有一種情況，地方自治團體因行使職權，與中央機關或其他地方機關發生憲法上權限之爭議，或憲法適用上之爭議，……認對其受憲法所保障之地方自治有造成損害之虞的情形，原大審法修正草案第85條，曾有明文，而憲訴法並未作規定，此部分，仍應比照相關大法官解釋意旨，容許聲請司法院解釋。

G雖僅屬法理論述，若保留援用，也有助於無謂爭議。

(2)應否先經行政爭訟程序

衡諸憲法設立釋憲制度的本旨，係授予釋憲機關從事規範審查權限（參照憲法§78），除由大法官組成的憲法法庭審理政黨違憲解散事項外（參照憲法增修條文§5），尚不及於具體處分行為違憲或違法的審查。

釋字第553號解釋確認就自治監督機關依第75條所為處分屬於有法效性的意思表示，係行政處分，地方自治團體如有所不服，認其處分行為有損害地方自治團體的權利或法律上利益，乃屬地方自治團體與中央監督機關間公法上的爭議；惟既屬行政處分是否違法的審理問題，不能逕行聲請司法院解釋，僅能由地方自治團體的行政機關代表地方自治團體，依訴願法第1條第2項、行政訴訟法第4條提起救濟請求撤銷，並由訴願受理機關及行政法院，就上開監督機關所為處分的適法性問題為終局的判斷。於窮盡訴訟的審級救濟後，若仍發生法律或其他上位規範違憲疑義，而合於大審法第5條第1項第2款的要件，始得聲請司法院解釋。

大審法修正草案原增訂第86條規定，就地制法第75條所為處分或依同法不予核定、函告無效的情形，地方自治團體均得「準用」行政訴訟法

---

[117] 司法院大法官101年11月21日第1396次會議議決參照。

第4條至第6條規定，提起行政訴訟；固同時解決了地制法第75條所爲處分與第30條、第43條所生規範衝突得否尋求行政爭訟救濟的難題；但另一方面，卻變更了釋字第553號解釋意旨。該解釋確認第75條所爲處分，其行政爭訟程序包括訴願與行政訴訟；但依本修正條文則規定爲「準用」而非「適用」，似又不認爲該處置是行政處分，且依規定意旨，似不再經訴願程序，直接進行行政訴訟。

憲訴法第83條就此已明文入法，第83條第1項所列的各款自治監督作爲，「依法定程序用盡審級救濟而受之不利確定終局裁判，認爲損害其受憲法所保障之地方自治權者，得聲請憲法法庭爲宣告違憲之判決。」條文並未如一般法律所慣用的「行政救濟」、「司法或行政救濟」等術語，僅謂「用盡審級救濟」，從文義解釋，「行政訴訟」才有「審級」，「訴願」並非「審級」的一部分；如此便產生本條所規定的「審級救濟」，是否包括「訴願」？若法條意旨，確如論者所稱，是將上開各自治監督作爲均定性爲「行政處分」，則應依法定程序先提訴願，不服訴願決定，再提起行政訴訟，當無問題。

但憲判字第6號與憲裁字第217號，就此並無明白宣告；若有爭議，釋字第553號解釋，應仍有參酌餘地。

又，地方自治團體的行政機關對自治監督機關所爲處分行爲，如認爲已涉及辦理自治事項所依據的自治法規因違反上位規範而生的效力問題，且該自治法規並未經上級主管機關函告無效。這一情形，並非憲訴法第83條第1項所列的各款情形，未來發生個案爭議時，如何處理？是否仍需參照釋字第553號解釋意旨，自治團體的行政機關得例外不經行政爭訟程序，而逕依地制法第75條第8項向司法院聲請解釋？

3. 聲請的主體及應否經自治監督機關層轉

就有監督權的各級主管機關依第75條撤銷等處分，經行政爭訟程序終局判斷，仍發生法律或其他上位規範違憲疑義者，由地方自治團體的行政機關聲請。依第30條函告自治法規無效者，視受函告無效者爲自治條例抑自治規則而異其處理，前者由地方立法機關（即直轄市、縣、市議會或

鄉、鎮、市民代表會），後者由該地方自治團體最高層級的行政機關（即直轄市、縣、市政府或鄉、鎮、市公所）聲請。依第43條函告地方立法機關決議無效者，與自治條例同，亦由地方立法機關聲請[118]。

　　而無論上述何種情形的聲請，因解釋的標的係中央主管機關或上級政府函告無效，內容涉及地方自治團體的自治權限，該中央主管機關或上級政府已成為爭議的一造，基於憲法對地方自治建立制度保障的之意旨，各該地方政府得不經層轉逕向司法院聲請解釋。

　　至於地方自治團體行使職權，就非屬前述之事項，非依地制法而直接依大審法聲請解釋憲法或統一解釋法律的個案，多由地方立法機關提出，或應由地方行政機關首長經議會同意，代表該地方自治團體為之[119]。其聲請程序應分別以觀：(1)地方立法機關經各該議會之決議，得依大審法第5條第5項第5款或第7條第1項第1款，分別聲請憲法解釋或統一解釋，無須經由上級機關層轉（參照釋字第260號、第293號、第307號解釋）。(2)直轄市、縣（市）之行政機關（即各該政府）辦理自治事項，發生上開大審法第5條第1項第1款之疑義或爭議，或同法第7條第1項第1款見解歧異，且依其性質均無受中央主管機關所表示關於憲法或法令之見解拘束者，基於憲法對地方自治建立制度保障之意旨，各該地方政府亦得不經層轉逕向本院聲請解釋。

　　聲請主體為何？憲訴法第82條僅規定「地方自治團體之立法或行政機關」得聲請，究竟何事項是由立法機關或行政機關聲請？並未進一步區分；第83條第1項雖可略知第2款是由立法機關，第3款由行政機關提出，第1款則有待進一步確認。如依第1條第2項聲請解釋憲法或統一解釋法令，則完全未置一詞。

---

[118] 就「臺中市行動電話基地臺設置管理自治條例」，國家通訊傳播委員會函告無效，臺中市政府聲請司法院解釋，大法官即以其非由地方立法機關之臺中市議會依法提出，核與釋字第527號解釋意旨不合，不予受理（司法院大法官101年6月22日第1389次會議議決參照）。

[119] 大法官審理案件法修正草案第87條大體上將此原則予以明文化。

　　如憲裁字第217號就花蓮縣政府因地方稅務事務事件，聲請為宣告違憲之判決乙案。憲法法庭不予受理的理由之一為「憲訴法第59條第1項規定所稱人民，係指享有憲法基本權利保障之基本權主體，並不包括非立於人民地位之行使公權力之行政主體或行政機關。」由此，是否排除「地方自治團體」聲請的權利？或「地方自治團體」亦得立於與「人民」相同地位聲請，本裁定只是未說明應如何聲請？

　　因此，由釋字第527號等解釋所建構的程序規範，似不失參考價值。

　　尤其，值得關切的是，鄉（鎮、市）是否得依憲訴法規定行使憲法救濟聲請權？

　　實務論者有謂：「鄉（鎮、市）雖係地制法第2條之地方自治團體，但並非憲法所保障之地方自治團體，不在憲法訴訟法得聲請憲法法庭裁判之地方自治團體之列，從而，鄉（鎮、市）之有關地方自治爭議，似只能循行政爭訟途徑處理。」[120]是否排除所有類型的聲請權？

　　其實，在大審法時期，大法官並不排除鄉（鎮、市）的釋憲聲請權，如釋字第527號解釋就是由雲林縣林內鄉公所所提出。且憲訴法也僅在第82條條文說明指出「本條第一項所稱之地方自治團體，限於直轄市及省所監督之縣（市），而尚不及於鄉（鎮、市）。」並未概括及於第1條第2項及第83條。因此，鄉（鎮、市）是否得沿襲釋字第527號解釋精神，許其聲請解釋憲法、統一解釋法令及第83條的各類型的違憲判決？則不無再審酌餘地。

---

[120] 許辰舟，〈憲法訴訟法簡介及相關問題淺析〉，《司法周刊》（2021年12月10日，2054期司法文選別冊），頁2。

自我評量

➤ 試說明何謂在府際關係中的多層次治理（multi-level governance）？其與傳統府際關係有何差別？（98普）

➤ 請析論府際關係比較研究的多元面向。（110身障）

➤ 何謂府際關係？試以直轄市與縣市為例說明其與中央的府際關係屬於何種互動模式？有何尚需改進之處？（98特退、99普）

➤ 試從理論與實務的觀點，分別論述「從地方分權到協力觀點下的夥伴關係」此項課題具體意涵為何？（96地特）

➤ 何謂府際關係？其意義及範圍為何？請以大法官釋字第550號解釋文來分析我國府際間互動有爭議時的解決方式。（96高）

➤ 中央與地方之府際關係，應依何種關係理論設計？試依地方制度法之規定申論之。（91臺北基）

➤ 公元2000年後府際關係面臨新轉變，稱之為「新府際關係」，其轉變的原因為何？新府際關係所展現之特徵又為何？（103高）

➤ 試從區域治理觀點析論府際協力之重要性，並舉相關實例以說明之。（95身障）

➤ 地方行政首長出缺，其處理方式為何？試依地方制度法規定說明之。（94升等）

➤ 請問何以當初制定地方制度法時，政府將「自治監督」的章名修改為「中央與地方及地方間之關係」？其體現了我國在地方自治思維上的何種轉變？並請說明其落實的程度與問題點？（108升等）

➤ 何謂自治監督？地方制度法對我國中央與地方垂直監督體系與方式，有何規範？請說明之。（103關務、身障、99地特、94升等）

➤ 依據地方制度法規定，請說明地方政府受到何種立法監督。（108地特）

➤ 請分析在今日地方環境中，對地方政府運作產生監督或影響作用的組織或團體有那些？其監督或影響內涵為何？（97特原）

➤ 現行地方制度法用詞中有所謂的「核定」及「備查」，兩者有何差別？

試說明之。（91普、91升等、93特原、98身障）

➢ 請就地方制度法的規範，說明地方自治團體有那些作為應報上級政府或主管機關備查。（103普）

➢ 地方自治團體從事那些作為時，需要報請上級政府或機關「核定」？又，請分析經由此核定程序，可能會對地方自治團體運作產生哪些影響？（97高）

➢ 地方制度法對停職與解職之規定有何不同？試依下列問題回答之：1.停職與解職之法律意義。2.停職後可否經由辭職再參選復職。3.解職係因法定原因造成的態樣。（97地特）

➢ 何謂自治監督？中央政府或上級政府對地方自治團體的自治監督方式有哪些種類？試說明之。（93地特、93高）

➢ 上級政府對於下級政府之監督，可分為適法性監督與適當性監督，試比較說明其異同；兼述司法院大法官釋字第553號解釋意旨。（92高）

➢ 地方自治團體接受自治監督的必要性為何？上級政府對下級政府辦理自治事項與委辦事項之監督有何不同？試述之。（104身障）

➢ 直轄市政府、縣（市）政府辦理自治事項違背法律者，依法各應如何予以撤銷、變更、廢止或停止其事項之執行？若該等事項之執行是否違法存有疑義時，在哪些情形下可聲請司法院大法官解釋？（93升等）

➢ 地方政府或公所辦理自治事項違背憲法、法律、中央法規或縣規章者，由自治監督機關予以撤銷、變更、廢止或停止其執行。請解釋：何謂撤銷、變更、廢止或停止其執行？（92身障、94特原）

➢ 地方政府依法應作為而不作為，致嚴重危害公益或妨礙地方政務正常運作時，應如何處理？（97普、96地特、91臺灣基）

➢ 地方自治監督之意義為何？上級行政機關對下級行政機關之應作為而不作為之事項，在何種情況下可以代行處理？請依地方制度法第76條相關規定論述之。（102地特、94特原）

➢ 試述地方公職人員的停職規定，地方行政首長與地方民意代表有何不同？兼述上揭人員申請復職的情況。（102高）

➢ 請問我國民選地方首長在何種情況下會遭「停職」？在何種情況下會遭

「解職」？在「停職」或「解職」後，根據地方制度法的規定，接下來應進行何種程序？（101地特、97身障）

➤ 試舉例說明地方公職人員停職與解職之規定。（98身障、92身障）

➤ 地方制度法第82條規定直轄市長、縣（市）長、鄉（鎮、市）長及村（里）長之代理及補選機制，請敘述其詳細的規定，並加以申論。（95高）

➤ 民選地方行政首長發生派員代理的原因為何？其派員代理的權責機關及程序為何？請依地方制度法相關規定說明之。（93普）

➤ 何謂「停止職務」？「解除職務」？○○鄉鄉長因涉嫌違反貪污治罪條例，經地方法院判處「有期徒刑14年，褫奪公權6年」，縣政府應如何處理？（94特原）

➤ 縣（市）長之辭職，其程序為何？請依地方制度法規定說明之。（91特原）

➤ 中央政府與地方自治團體間，或地方自治團體與地方自治團體間，關於權限或事權有爭議時，依地方制度法之規定，應如何解決？（91升等、91基特）

➤ 我國中央與地方政府的關係裡，相關事項中央有「核准權」的，規範在地方制度法（第82條及第83條）中，請敘述該等事項的內容，並申述己見。（92高一、二級）

➤ 請依憲法及地方制度法相關規定，說明中央與地方政府間發生權限劃分或自治事權爭議時處理的機制。（100高）

➤ 對地方自治團體所為的監督，或可分為行政、立法、司法、考試與監察監督，試說明各種監督之意義，及可能行使之監督手段。（97特原）

➤ 試就中華民國憲法及地方制度法之相關規定析論何謂自治事項？何謂委辦事項？權限遇有爭議時，應如何解決之？（95身障、94高）

➤ 地方自治團體有無法令解釋權？有關地方自治團體之法令解釋權，所引起的爭議為何？請加以申論分析。（95高）

➤ 臺北市與中央的關係，一般謂之「府際關係」，試問：1.府際關係之基本意含為何？2.府際關係如分為垂直式與水平式，其合作關係如何建

構？3.臺北市與中央之權限爭議，司法院大法官歷次解釋之要旨為何？試舉一例說明之。（94地特）

➤ 同級地方自治團體之間，發生事權爭議時，依地方制度法之規定應如何解決？又地方制度法此種規定，如從行政法之法理來看，是否妥當？請說明之。（94特原）

➤ 同級地方自治團體與地方自治團體之間， 發生權限或事權爭議時，依地方制度法及相關法規之規定，應如何處置？請說明之。（105高三）

➤ 近來高雄氣爆事件及該市公告實施「既有工業管線管理自治條例」及「環境維護管理自治條例」、雲林縣通過「工商廠場禁止使用生煤及石油焦自治條例」，均突顯出中央與地方協調機制的迫切性。試說明「權限爭議」與「事權爭議」概念之差異？以及析論近些年來有關環境保護議題涉案時，行政機關介入協調績效不彰的原因，並提出有效強化爭議協調的作為？（106升等）

➤ 自治條例訂有罰則時，應分別報經行政院、中央各該主管機關核定後公布，後者可以：核定、不予核定及宣告無效，請詳細討論每一種情形發生時，其後續行為應如何處理？（93地特）

國家圖書館出版品預行編目資料

地方制度法釋義／劉文仕著. -- 五版. --
臺北市：五南圖書出版股份有限公司,
2022.09
　面；　公分
ISBN 978-626-343-153-9（平裝）

1.CST: 地方自治　2.CST: 地方法規
3.CST: 論述分析

588.22　　　　　　　　111012082

1RA1
地方制度法釋義

作　　者 ─ 劉文仕（345.2）

發 行 人 ─ 楊榮川

總 經 理 ─ 楊士清

總 編 輯 ─ 楊秀麗

副總編輯 ─ 劉靜芬

責任編輯 ─ 黃郁婷、李孝怡

封面設計 ─ 王麗娟

出 版 者 ─ 五南圖書出版股份有限公司

地　　址：106臺北市大安區和平東路二段339號4樓

電　　話：(02)2705-5066　　傳　真：(02)2706-6100

網　　址：https://www.wunan.com.tw

電子郵件：wunan@wunan.com.tw

劃撥帳號：01068953

戶　　名：五南圖書出版股份有限公司

法律顧問　林勝安律師事務所　林勝安律師

出版日期　2014年9月初版一刷
　　　　　2016年8月二版一刷
　　　　　2017年9月二版二刷
　　　　　2018年7月三版一刷
　　　　　2020年8月四版一刷
　　　　　2022年9月五版一刷

定　　價　新臺幣600元

※版權所有·欲利用本書內容，必須徵求本公司同意※